21世纪普通高等院校汽车专业系列教材

汽车保险与理赔

QICHE BAOXIAN YU LIPEI

● 主　编　邵海忠

● 副主编　宋玉林

华南理工大学出版社

SOUTH CHINA UNIVERSITY OF TECHNOLOGY PRESS

·广州·

内容简介

本书从保险概论和汽车保险概述出发，系统地介绍了我国的汽车保险市场、保险产品、保险与理赔原则，以通俗易懂的语言解说了晦涩难懂的保险条款，以真实生动的案例、丰富翔实的数据资料系统地介绍了承保、查勘、定损、理赔等方面的实际操作。

本书可作为应用型本科、高职高专汽车保险理赔专业的教学用书，也可作为保险公司、保险中介公司、4S店及维修厂家等单位对从业人员培训的教材。同时还可作为有车一族的白领朋友熟悉保险理赔知识的普及读物。

图书在版编目(CIP)数据

汽车保险与理赔/邵海忠主编.—广州:华南理工大学出版社,2010.8(2019.8重印)
21世纪普通高等院校汽车专业系列教材
ISBN 978-7-5623-2860-5

Ⅰ.①汽… Ⅱ.①邵… Ⅲ.①汽车保险-理赔-中国-高等学校-教材 Ⅳ.①F842.63

中国版本图书馆CIP数据核字(2010)第158470号

总 发 行：华南理工大学出版社（广州五山华南理工大学17号楼，邮编510640）
营销部电话:020-87113487 87110964 87111048(传真)
E-mail:scutc13@scut.edu.cn **http://www.scutpress.com.cn**
责任编辑：吴翠微
技术编辑：杨小丽
印 刷 者：虎彩印艺股份有限公司
开 本：787mm×1092mm 1/16 印张：16.25 字数：406千
版 次：2010年8月第1版 2019年8月第5次印刷
印 数：6001～6500册
定 价：38.00元

前　言

当今社会，汽车已成为一种大宗商品，梦以成真地走进了寻常百姓家。随着国民经济的快速发展，汽车的保有量还会迅猛增加，汽车消费者的保险意识增强，从汽车出险概率的分析可以预知，我国汽车保险市场的份额将越来越大。在财产保险领域，从事汽车保险的人员越来越多，本书就是为了适应高等院校培养汽车保险与理赔应用型人才而编写的。

随着经济全球化、金融自由化、保险市场国际化趋势的日渐增强以及国内保险市场不断发展壮大，保险市场对保险人才提出了更高更新的要求，汽车保险与理赔人员不仅要懂保险、懂汽车、懂汽车保险理赔与社会之间复杂的依存关系，而且还要会经营、会管理、会查勘鉴定，能进行合理赔付，即汽车保险与理赔的复合型、应用型人才。我们正是本着这样的思路编排教材内容的。

为了发展汽车支柱产业，减少汽车对汽车消费者和社会产生的负面影响，政府构建了汽车保险市场，运用法律的、行政的手段加强了对汽车保险市场的宏观管理，1995 年制定《保险法》之后，在短短的 10 多年的时间内，先后在 2002 年和 2009 年进行了 2 次修订；2006 年 7 月 1 日，我国又颁布和实施了《机动车交通事故责任强制保险条例》；中国保监会从 2000 年到 2007 年对保险市场的经营主体、保险险种、费率和条款等重大问题上作了许多重大的改革和调整。在这些前所未有的改革变化中，以往的汽车保险与理赔教材已不能反映这些新变化，我们就是在国家对保险理赔业的大政落定以后编写的这本教材，突出了“新”的特点。

本书从保险概论出发，系统地介绍了我国的汽车保险市场、保险产品、保险与理赔原则，以通俗易懂的语言解说了保险条款，以真实生动的案例、丰富翔实的数据资料系统地介绍了承保、查勘、定损、理赔等方面的实务。在内容编排上有学习要点、本章小结、复习思考题、案例等，便于组织教学。

本书由武汉理工大学华夏学院邵海忠担任主编，吉林大学珠海学院宋玉林任副主编，全书由邵海忠统稿，第一章由华南理工大学广州汽车学院丁伟华编写，第二章由吉林大学珠海学院杨卓编写，第三章由武汉理工大学华夏学院李晓娜编写，第四章由北京理工大学珠海学院包凡彪编写，第五章、第六章分别由宋玉林和邵海忠编写，第七章由武汉市公安局交通管理局罗万青编写。

本书在编写过程中，平安保险公司湖北分公司车险部袁正跃给我们提供了许多宝贵意见和建议，在此表示感谢。同时，还参考借鉴了一些相关的图书、论文资料及部分保险公司的培训教材资料，在此一并表示诚挚的谢意。

由于作者水平局限，书中错误、疏漏及不足之处恳请广大读者和同行批评指正。

编　者

2010 年 6 月

目　录

第一章　绪　　论

【学习要点】

- 熟悉风险的含义与特征；
- 熟悉保险及其分类；
- 了解国内外汽车保险市场概况；
- 掌握汽车保险特点、功能与作用；
- 了解汽车保险市场及其管理体系。

第一节　风险与保险概论

一、风险概述

（一）风险含义

人们在日常生活中经常会遇到一些难以预料的事故和自然灾害，小到失窃、交通事故，大到地震、洪涝灾害，意外事故和自然灾害都具有不确定性。不幸事件一旦发生，就会造成人员伤亡、财产损失。我们把这种无法预测的可能损失称之为风险。

风险是客观存在的，不以人的意志为转移。它的存在与客观环境及一定的时空条件有关，且脱离不了人类活动。

（二）风险要素

通常我们认为风险由风险因素、风险事故和风险损失共同构成，共同决定风险的存在、发展和变化。

1. 风险因素

风险因素是指促成风险事故发生的条件和原因，是造成损失的内在或间接原因，如粗心大意导致失窃，冰冻路滑造成车辆失控而引发车祸，其中粗心和冰冻路滑就分别是失窃和车祸等风险事故的风险因素。

风险因素可大致分为四大类：自然风险因素、道德风险因素、心理风险因素和社会风险因素。

自然风险因素是指由自然力量或物质条件所构成的风险因素，如闪电、暴雨、干燥树林、木质结构的房屋等。

道德风险因素是指与人的品行修养有关的无形因素，如抢道行驶、违规超车等。

心理风险因素是指与人的心理有关的无形因素，如人的疏忽、疲劳驾驶等。

社会风险因素是指由社会经济状况产生的风险因素，如动乱、战争、通货膨胀、生产力进步等。

2. 风险事故

风险事故是指造成人身伤亡或财产损失的偶然事件，是造成损失的直接原因或条件，也是风险因素诱发的结果，风险事故使风险的可能性转化成现实。如司机醉酒驾车酿成车祸从而导致人员伤亡，司机醉酒驾车是风险因素，车祸是风险事故，人员伤亡是损失。风险事故与风险因素的区分有时候并不是绝对的，关键要看是否直接引起损失。例如：山体滑坡引起交通车损毁，那么山体滑坡就是风险事故；如果山体滑坡引起道路崎岖，引发交通事故，那么山体滑坡就是风险因素，而交通事故就是风险事故。

3. 风险损失

风险损失是指人身伤害与伤亡以及价值的非故意、非预期的减少和消失，有时也指精神上的危害。在风险管理中，风险损失包括两方面的条件：其一是非故意和非预期；其二是经济价值，即经济损失必须能以货币来衡量。

4. 风险要素之间的关系

通过上述分析，风险构成三要素之间的关系可概括为：风险因素引发风险事故，风险事故导致风险损失。风险因素是风险事故的隐患，是事故发生的诱因，在一定条件下可能引起风险事故。风险事故引发风险损失，风险损失是风险事故的直接结果。三者之间具有一定的联系，但是并不具有必然联系，即风险因素并不一定引起风险事故，风险事故也不一定导致风险损失。

（三）风险特征

1. 风险存在的客观性

风险是不以人的意识为转移的，人们只能采取办法降低风险发生的频率和损失程度，而不能彻底消除风险。

2. 风险存在的普遍性

风险存在于各行各业，存在于社会、企业和个人生活的方方面面。社会面临自然灾害、战争；科技进步提高了社会生产力，同时也面临新技术带来的各种污染、辐射以及巨额损失；企业面临自然风险、技术风险、经济风险以及政治风险等；个人则面临生老病死、意外伤害、失业等风险。风险与人们的生活密切相关。

3. 个别风险的偶然性

虽然风险客观存在，但就某一具体风险而言，它的发生具有不确定性，是一种随机现象。首先是风险因素的多样性，其次是风险事故发生的偶然性，还有就是风险损失的不确定性。风险构成要素的三方面的特征使得风险具有不确定性和偶然性。

4. 大量风险发生的必然性

个别风险事故发生是偶然的，但是从整个社会角度来说，大量风险的发生却是必然的。我们可以利用概率论和数理统计的办法测算风险事故发生的概率与损失程度，并且建立损失分布的模型，对未来大量风险的发生进行预测。

5. 风险的可变性

一方面随着生产技术的提升，人们认识的深入以及治理防范意识的提高，某些风险事故发生的可能性会越来越低；另一方面新事物的产生又会引发新的风险的存在。

（四）风险管理

风险管理是指个人、家庭和组织对可能遇到的风险进行识别、估测和评价，并在此基础上采取一定的措施对风险实施有效控制和妥善处理，使风险所致损失降低到最小。风险管理是以最小的成本获得最大的安全保障的决策和行动过程。

风险管理对个人、企业和社会都有着重要的意义。风险管理能够促使决策的科学化、合理化，使个人和企业面临的风险损失降到最小，并且能在损失后得到及时合理的经济补偿，直接或间接地减少费用支出。对于社会而言，风险管理是积极地防止和控制风险，通过风险的避免、预防和转移等方式，提供最大的安全保障，减少生产者对于风险的担忧，使人们生活在一个安定的社会经济环境中，有助于社会生产的顺利进行，促进经济的稳定发展。

风险管理的基本程序分为风险识别、风险估测、风险评价、选择风险管理技术和风险管理效果评价五个环节。

（1）风险识别，是指对企业、家庭或个人面临的和潜在的风险加以判断、归类和对风险性质进行鉴定的过程。即对尚未发生的、潜在的和客观存在的各种风险系统地、连续地进行识别和归类，并分析产生风险事故的原因。风险识别主要包括风险感知和风险分析两方面内容。

（2）风险估测，是指在风险识别的基础上，通过对所收集的大量资料进行分析，利用概率统计理论，估计和预测风险发生的概率和损失严重程度。

（3）风险评价，是指在风险识别和风险估测的基础上，对风险发生的概率、损失程度，结合其他因素全面进行考虑，评估发生风险的可能性及其危害程度，并与公认的安全指标相比较，以衡量风险的程度，并决定是否需要采取相应的措施。

（4）选择风险管理技术，是指在做好风险识别的前提下，根据风险评价结果，为实现风险管理目标，选择最佳的风险管理技术并加以实施是风险管理中最为重要的环节。风险管理技术分为控制型和财务型两大类。控制型的目的是降低损失频率和减少损失程度，重点在于改变引起意外事故和扩大损失的各种条件，通常采用的方式有避免、预防和抑制三种。

财务型的目的是以提供基金的方式，对无法控制的风险做财务上的安排，常有自我承担和转移风险两种方式。

（5）风险管理效果评价，是指对风险管理技术适用性及收益性情况的分析、检查、修正和评估。风险处理对策是否最佳，可通过评估风险管理的效益来判断，即是否能以最小的风险成本取得最大的安全保障。

风险的发生直接影响社会生产过程的继续运行和家庭正常的生活，因而产生了人们对损失进行补偿的需要。保险正是基于这种需要应运而生的。通过保险，人们把不能自行承担的集中风险转嫁给保险人，以小额的固定支出换取对巨额风险的保障。保险成为人们处理应对风险的有效管理措施。

二、保险及其类型

（一）保险概念

从概念上讲，保险有广义保险与狭义保险之分。广义的保险是指通过建立专门用途的后备基金或保障基金，用于补偿自然灾害和意外造成的损失，是为社会安定发展而建立物质储备的一种经济补偿制度。因此广义的保险包括国家政府部门经办的社会保险、按商业原则经营的商业保险以及由保险集资人合办的合作保险等，范围很广。狭义的保险仅指商业保险，即按照商业化的原则，通过合同的形式，采用科学的计算方法，集合多数单位和个人，收取保险费，建立保险基金，用于在合同范围内的灾害事故所造成的损失进行补偿的经济保障制度。本书所指保险包括基于公共政策必须购买的交通事故责任强制保险和上述所说狭义的商业保险。

保险可从经济和法律两方面解释。从经济角度说，保险是分摊意外事故损失的一种财务机制，实质是应对风险的一种管理手段。投保人参保，实际上是将他不确定的大额损失变成确定的小额支出，即保险费。而保险人集中了大量的同类风险，能借助大数法则来正确地预见损失的发生额，并根据保险标的的损失概率制定保险费率。通过向所有被保险人收取保险费建立保险基金，用于补偿少数被保险人遭受的意外事故损失。从法律角度说，保险是一种合同行为，根据保险合同约定，一方承担支付保险费的义务，换取另一方为其提供的经济补偿或给付的权利，体现的是一种民事法律关系，即主体之间的权利义务关系。

（二）保险要素

保险要素是指保险得以成立的基本条件，包括以下五个方面。

1. 必须以存在的不确定的风险为前提

保险制度的功能在于分散危险、转移风险。保险以风险为经营对象，没有风险，就无所谓保险。但是并非所有的风险都可成为保险的对象，只有不确定的风险，才是可投保的风险。不确定风险的特点是：

（1）风险究竟能否发生不能确定，即风险的因素是客观存在的，但是否发生却不能确定。绝对不可能发生的风险和一定会发生的风险，都不是保险风险。

（2）风险发生的时间不能确定，即风险肯定会发生，但是究竟何时会发生是不能确定的。如人的死亡，一定会发生，但无法确定发生的时间，因而死亡是保险人承保的风险。

（3）风险所导致的后果不能确定，即某一自然灾害或者意外事故是否会造成损失以及造成损失有多大是无法确定的。如每年都会有大量的交通事故发生，但是每一起事故所导致的损失都不定，有的损失很轻，有的相当严重。

2. 大量同质风险的集合与分散

保险的过程既是风险的集合过程，又是风险的分散过程。大量投保人通过缴纳保险费将其面临的风险转移给保险人，保险人通过承保将大量风险集合起来。当发生保险责任范围内的损失时，保险人将少数被保险人的风险损失通过保险补偿行为分摊给全部投保人，实现风险分散转移。保险风险的集合与分散应具备两个前提条件：一是大量风险存在。如果只有少数人存在这些风险，就无所谓风险集合与分散。二是同类风险。如果风险为不同类风险，那么风险发生的概率就无法统计，保险人也就无法集合风险与转移风险。

3. 保险费率的厘定

保险费率是保险人计算保险费的依据，它是保险人向被保险人收取的每单位保险金额的保险费，通常都用百分率或千分率来表示。保险费率一般由纯保险费率和附加保险费率组成。保险从经济角度上讲是一种商业行为，其实质是一种特殊商品交换行为。如果保险费率过高，则保险商品的价格就会偏高，必然会影响保险的社会需求，也违背了保险的原则；相反，如果保险费率过低，则会出现保险行业的亏损，保险人无力支付保险赔款，投保人损失得不到保障，因此，保险费率的厘定必须合理。

4. 保险基金的建立

保险基金是指为了补偿意外灾害事故造成的经济损失，或因人身伤亡、丧失工作能力等引起的经济需要而建立的专用基金。通常是根据政府有关法律规定或业务特定需要，从保费收入或盈余中提取的与其所承担的保险责任相对应的一定数量的准备金，以保证各保险公司具备与其保险业务规模相应的赔付能力。

5. 签订保险合同

保险合同是指投保人和保险人双方在自愿的基础上订立的一种具有法律效力的协议。投保人向保险人交付保险费，保险人按规定对投保人负赔偿责任（或支付一定金额），投保人和保险人的这种经济关系是通过合同的订立来确定的。同时保险合同又从法律角度使保险人的权利和义务得到了保障。保险是针对不确定的风险及其造成的损失来给予赔偿的，会不会发生、何时发生、会导致什么结果、如何赔偿、损失如何等都是不确定的。假如不具备在法律或合同上规定的各自权利与义务，那么保险经济关系就很难成立。因此，订立保险合同是保险得以成立的基本要素，它是保险成立的法律保证。

（三）保险分类

随着经济的发展以及社会的进步，保险种类越来越丰富，涉及了人类社会的许多领域。

1. 按保险的性质分类

保险按具体的性质可分为社会保险、商业保险和政策性保险。

（1）社会保险，是指国家通过立法手段对公民强制征收保险费，形成保险基金，以对其中因年老、疾病、生育、伤残、死亡和失业而致丧失劳动能力或失去工作机会的成员提供基本生活保障的一种社会保障制度。社会保险不以盈利为目标，运行中若出现赤字，国家财政将给予支持。

（2）商业保险，又称金融保险，是相对于社会保险而言的。商业保险组织根据保险合同约定，向保险人支付保险费，保险人对于合同约定的风险导致的被保险人的财产损失承担赔偿责任。商业保险一般是自愿保险。

（3）政策性保险，是由国家财政直接投资成立的公司或国家委托独家代办的商业保险机构，为了体现一定的国家政策，如产业政策、国际贸易等，通常会以国家财政为后盾，举办一些不以盈利为目的的保险。这类保险所投保的风险一般损失程度较高，但出于种种考虑而收取较低保费，若经营者发生亏损，国家财政将给予补偿。常见的政策性保险有出口信用保险、投资保险和农业保险等。

2. 按保险标的分类

保险标的是指保险合同中所载明的投保对象。按不同的标的，保险可分为财产保险、责任保险、信用保证保险和人身保险四类。

（1）财产保险，是指以各种有形财产及其相关利益为保险，保险人承担对各种保险财产及相关利益因遭受保险合同承保范围内的自然灾害、意外事故等风险，因其发生所造成的损失负赔偿责任。财产保险的种类繁多，主要有海上保险、运输货物保险、运输工具保险、火灾保险、工程保险、盗窃保险、农业保险等。

（2）责任保险。责任保险的标的是被保险人依法应对第三者承担的民事损害赔偿责任。在责任保险中，凡根据法律或合同规定，由于被保险人的疏忽或过失造成他人的财产损失或人身伤害所应付的经济赔偿责任，由保险人负责赔偿。常见的责任保险有公众责任保险、雇主责任保险、产品责任保险、职业责任保险等。

（3）信用保证保险。信用保证保险的标的是合同双方权利人和义务人约定的经济信用。信用保证保险是一种担保性质的保险。按照投保人的不同，信用保证保险又可分为信用保险和保证保险两种类型：①信用保险的投保人和被保险人都是权利人，所承担的是契约的一方因另一方不履约而遭受的损失。例如在出口信用保险中，保险人对出口人（投保人、被保险人）因进口人不按合同规定支付货款而遭受的损失负赔偿责任。②保证保险的投保人是义务人，被保险人是权利人，保证当投保人不履行合同义务或有不法行为使权利人蒙受经济损失时，由保险人承担赔偿责任。例如在履约保证保险中，保险人担保在承包工程业务中的工程承包人不能如期完工或工程质量不符合规定致使权利人遭受经济损失时，承担赔偿责任。综上所述，无论是信用保险还是保证保险，保险人所保障的都是义务人的信用，最终获得补偿的都是权利人。目前，信用保证保险的主要险种有雇员忠诚保证保险、履约保证保险、信用保险等。

（4）人身保险，是指以人的身体或生命为标的的一种保险。人身保险以伤残、疾病、死亡等人身风险为保险内容，被保险人在保险期间因保险事故的发生或生存到保险期满，保险人依照合同规定对被保险人给付保险金。由于人的价值无法用金钱衡量，具体的保险金额是根据被保险人的生活需要和投保人所支付的保险费，由投保人和保险人协商确定。人身保险主要包括人寿保险、健康保险和人身意外伤害保险。

3. 按保险实施的形式分类

按保险的实施形式不同，保险分为自愿保险和强制保险。

（1）自愿保险，是保险人和投保人采取自愿的方式，通过签订保险合同而建立保险关系的一种保险。换句话说，是否投保和承保，参加什么保险，保险合同的具体内容，完全由双方自愿自主决定，不受任何第三者干预。

（2）强制保险，又称法定保险，是以国家的有关法律、行政法规为依据而建立保险关系的一种保险。只有根据法律、行政法规规定，才可以实行强制保险，法律、行政法规未作规定的，保险公司不得强制他人订立保险合同。

4. 按业务承保方式分类

按业务承保方式的形式不同分为原保险、再保险、重复保险、共同保险。

（1）原保险，是保险人与投保人签订保险合同，构成投保人与保险人权利义务关系的保险。它由投保人与保险人直接签订保险合同而形成保险关系，即保险需求者将风险转嫁给保险人。

（2）再保险，又称分保，是一方保险人将原承保的部分或全部保险业务转让给另一方承担的保险，即对保险人的保险。它是保险人将其承担的保险业务以承保形式，部分或全部转移给其他保险人的行为。

（3）重复保险，是投保人对同一保险标的、同一保险利益、同一保险事故同时分别向两个以上保险人订立保险合同，其保险金额之和超过保险价值的保险。

（4）共同保险，是由两个或两个以上的保险人同时联合直接承保同一保险标的、同一保险利益、同一保险事故而保险金额之和不超过保险价值的保险，简称共保。

5. 按保额确定的方式分类

按照保额确定的方式分类，保险可分为定值保险和不定值保险。

（1）定值保险，是指保险双方当事人按照投保当时的实际价值，事先确定保险标的的保险价值，并在合同中载明该实际价值，以确定保险金额。保险事故发生后，保险人按照约定的保险价值作为给付保险赔偿金的基础。定值保险多适用于艺术品、古玩、字画等不易确定价值的特殊商品。

（2）不定值保险，是指保险双方当事人对保险标的不预先确定价值，而在保险事故之后再估算价值，确定损失的保险形式。在此类保险合同中只列明保险的金额作为赔偿的最高限额。

第二节 汽车保险概述

一、汽车保险的基本概念与特点

（一）汽车保险的含义

汽车保险是指对汽车由于自然灾害或意外事故所造成的人身伤亡或财产损失负赔偿责任的一种商业财产保险，即汽车保险是财产保险的一种，是以汽车本身及其第三者责任为保险标的的一种运输工具保险。

汽车保险承保的保险标的包括：汽车、电车、电瓶车、摩托车、拖拉机、特种车等，其范围已扩大到所有的机动车辆。

从概念陈述可知，汽车保险的保险对象为汽车及其相关的经济责任，所以汽车保险既属于财产保险又属于责任保险的范畴，是一种综合性的险种。

（二）与汽车保险相关的基本概念

1. 保险标的

保险标的是保险保障的目标和实体，指保险合同双方当事人权利和义务所指的对象。汽车保险标的是汽车及其相关经济责任。

2. 保险人

保险人又称承保人，是经营保险业务、收取保险费和在保险事故发生后负责给付保险金的人。保险人以法人经营为主，通常称为保险公司。

3. 投保人

投保人是指对保险标的具有可保利益，向保险人申请订立保险合同，并负有交付保险费义务的人。投保人可以是自然人，也可以是法人。

4. 被保险人

被保险人是指因保险事故发生而遭受损失的人。在汽车保险合同中，被保险人是保险车辆的所有人或者具有相关利益的人。

5. 保险责任

保险责任是指保险人承担的经济损失补偿或者人身保险金给付的责任，即保险合同中约定由保险人承担的危险范围。在保险事故发生时所负的赔偿责任，包括损害赔偿、责任赔偿、保险金给付、施救费用、救助费用、诉讼费用等。

6. 保险金额

保险金额简称保额，是保险利益的货币价值表现，是投保时给保险标的确定金额，是一个保险合同项下保险公司承担赔偿或给付保险金责任的最高限额，及投保人对保险标的的实际投保金额。

7. 保险费

保险费是投保人参加保险时所交付给保险人的费用，缴纳保险费是投保人的义务。

8. 保险代理人

保险代理人是指根据保险人的委托，在保险人授权的范围内代为办理保险业务，并依法向保险人收取代理手续费的单位或者个人。

9. 保险经纪人

保险经纪人是代表投保人、被保险人利益的保险中介组织。

10. 保险公估人

保险公估人是站在第三者的立场上，依法为保险合同当事人办理保险标的的查勘、鉴定、损失估计及理赔款项清算业务并予证明的人。

（三）汽车保险的特点

1. 保险标的的流动性

汽车保险承担的保险标的是通过移动来完成工作的，属于财产中的动产，这就决定了汽车保险具有一定的流动性。

汽车保险的流动性特点直接影响到其面临的风险以及风险的种类，也影响到汽车保险的市场营销、核保、出单、查勘、理算等各个环节。

（1）保险标的的流动性导致其风险概率增大，加大了核保和理赔的难度。因此，保险人除了需要研究保险条款和费率外，还应该研究核保和理赔技术以及风险管理技术。

（2）保险标的的流动性加大了“验标承保”的难度。因为保险人不能亲自检验每一辆承保的汽车，只能依赖投保人的诚信，失去对风险的实际控制能力，所以保险人更应该注意防范道德风险和完善监控机制。

（3）保险标的的流动性为查勘、理赔工作增加了难度。因此，保险人应该建立和完善保险事故查勘检验的实务规程，还应该建设和完善查勘的内外代理网络。

2. 保险标的出险率高

据统计，全世界平均每半分钟就发生一起交通事故，每年因交通事故死亡的人数约50万，其中中国死亡人数占全世界的16%左右，这就决定了汽车保险相对于其他财产保险而言具有高风险性。

这是由于保险标的的流动性特点，容易出险，造成财产损失与人员伤亡。同时，汽车数量的迅速增加，而一些地区的道路交通设施及管理水平跟不上汽车的发展速度，再加上驾驶员的疏忽、过失行为等原因，使交通事故的发生概率增大。

影响汽车出险的因素很多，一般包括以下几点：

（1）汽车自身因素。汽车的产品质量、性能、排量、车龄等。

（2）外部环境因素。主要体现在使用环境上，即行驶与停放环境，尤其是汽车行驶的道路环境对其风险影响很大。

（3）使用因素。如车辆用途风险，不同用途的汽车风险显然不同，出租车、公司用车和私家车的使用频率和状态都有很大的差异；再如车辆驾驶员风险，不同的驾驶员的风险也不一样，主要涉及驾驶员的年龄、性别、驾驶年限、驾驶技术等。

3. 保险对象的广泛性

这里广泛性有两层含义：第一层含义是指被保险人具有广泛性，具体体现是：汽车日益成为人们普遍采用的交通工具，企业和个人更加广泛地拥有汽车，尤其是私人拥有汽车的数量不断增加，使汽车逐步成为人们生活的必需品，使得汽车与每个人的生活息息相关。第二层含义是指汽车保险业务量大，普及率高。由于汽车出险概率较高，汽车的所有者需要寻求以保险费方式转嫁风险。各国政府在不断改善交通设施、严格规定交通规章的同时，为了保障受害人的基本利益，大多数国家和地区都对汽车第三者责任保险作了强制或法定要求；保险人为适应投保人转嫁风险的不同需要，为了对被保险人提供更全面的保障，在开展汽车损失险和第三者责任险的基础上，推出了一系列附加险，使汽车保险成为财产保险中业务量大、普及率高的一个险种。

4. 保险对象的差异性

保险对象的广泛性，决定了保险对象的差异性。

首先，汽车本身存在较大差异。我国汽车从国产到整车进口，从合资建厂生产到独资生产，从生产用车为主，逐步发展到以生活用车为主。汽车的类型逐年增多，且同类车辆的车型品种繁多，性能各异，汽车的价格也不同，存在较大的差异性。

其次，差异性来源于汽车的普及。不同类型的企业、不同类型的家庭、不同的个人、不同的风险倾向使得汽车保险具有差异性。这就要求保险业不断创新，推出个性化产品，满足用户需要。而正是因为汽车拥有者的广泛性，必然存在差异性，不同类型的企业、不同类型的家庭、不同的个人、不同的风险倾向均是这种差异性的体现。

5. 保险合同的不定值性

定值保险合同是指双方当事人事先确定保险标的保险价值，在保险标的全部损失的情况下，不论标的的实际价值是多少，保险人都应按照约定的保险价值赔付。而在不定值保险中，即使保险标的发生全损，赔偿金额仍将受很多因素的制约。

目前的机动车辆保险条款均已明确其保险性质为不定值保险，其保险合同也是不定值保险合同。即双方当事人在订立保险合同时，不预先确定保险标的的实际价值，仅约定了最高赔偿限额，而将保险标的实际价值的估算，留待保险事故发生、需要确定保险赔偿额时再去进行。

保险金额是指一个保险合同项下保险公司承担赔偿或给付保险金责任的最高限额，其中汽车损失险的保险金额可以根据投保时保险汽车的新车购置价或实际价值选择确定，也可以由保险双方在保险车辆的实际价值以内协商确定，并将保险金额作为最高赔偿限额；第三者责任险责任限额的确定，可以根据实际情况选择不同档次的责任限额作为保险责任的最高赔偿限额。

通常以保险事故发生时机动车辆的实际价值来确定保险标的的价值。需要指出的是：在保险期间内，保险标的的实际价值有可能会因市场、自然磨损等因素的影响而发生变动。但是，无论保险车辆的实际价值发生多大变化，保险人对于保险车辆所遭受损失的赔偿，均不得超过合同所约定的保险金额。也就是说，双方约定的保险金额是保险人的最高赔偿额，如果实际损失大于保险金额，保险人的赔偿责任仅以保险金额为限；如果实际损失小于保险金额，保险人仅赔偿实际损失。

二、汽车保险的作用

随着科学技术的发展，人民生活水平的提高，汽车已走进千家万户。汽车在给人们生活带来便利的同时，也给人们带来了因汽车运输中的碰撞、倾覆等意外事故造成的财产损失和人身伤亡。其在使用过程中遭受自然灾害风险和发生意外事故的概率较大，特别是在发生第三者责任的事故中，其损失赔偿是难以通过自我补偿的。汽车保险在此基础上产生与发展起来，其基本职能就是针对交通事故所造成的损失给予经济补偿和实现保险金的给付。

自1980年我国国内保险业务恢复以来，汽车保险业务已经取得了迅速发展，尤其是伴随着汽车进入百姓日常生活。汽车保险正在逐步成为与人们生活密切相关的经济活动，其重要性和社会性也正逐步突现，作用更加明显。

1. 促进汽车工业的发展，扩大对汽车的需求

汽车工业已成为我国经济健康、稳定发展的重要动力之一。一方面，汽车保险业务自身的发展对于汽车工业的发展起到了有力的推动作用。汽车保险的出现，解除了企业与个人对使用汽车过程中可能出现的风险的担心，一定程度上提高了消费者购买汽车的欲望，扩大了对汽车的需求。另一方面，保险公司和汽车厂商为了自身利益，常常联手合作，不断改进汽车性能，促进汽车安全可靠性能不断提升。此外，汽车消费贷款保证保险和汽车售车信用保险亦对促进汽车消费具有重要作用。

2. 稳定社会公共秩序，促进社会和谐发展

随着我国经济的发展和人民生活水平的提高，汽车作为重要的生产运输和代步的工具，已成为社会经济及人们生活中不可缺少的一部分，其作用是显而易见的。汽车作为一种保险标的，其数量巨大而且分布广泛。车辆所有者既有党政部门，也有工商企业和个人。他们为了转嫁使用汽车带来的风险，愿意支付一定的保险费投保，汽车出险后，从保险公司获得经济补偿，以减少交通事故给受害者及其家属带来的伤害和减轻用人单位的负担，不至于停工停产造成更大的损失，减少劳动争议和劳资纠纷，避免因此给社会带来诸多不稳定因素。由此可以看出，开展汽车保险既有利于保险合同当事人的合法权益，又有利于社会稳定，促进社会的和谐发展。

3. 促进汽车安全性能的提高

汽车安全可以说是造就和谐社会的一项重要因素，这对汽车工业提出了更高期望和信心，汽车相关行业要为生产更安全汽车作出艰巨的努力。

在汽车保险业务中，经营管理与汽车安全性能、汽车维修价格水平密切相关。汽车保险公司从自身和社会效益的角度出发，联合汽车生产厂家、汽车维修企业开展汽车事故原因的统计分析，研究汽车安全新技术，并为此投入大量的人力和财力，从而促进汽车安全性能方面的提高。同时，在汽车保险的经营成本中，事故车辆的维修费用是其中重要的组成部分，车辆的维修质量在一定程度上体现了汽车被保险产品的质量。保险公司出于有效控制经营成本和风险的需要，除了加强自身的经营业务管理外，必然会加大事故车辆修复工作的管理，一定程度上提高了汽车维修质量管理的水平。

4. 汽车保险业务在财产保险中占有重要的地位

目前，大多数发达国家的汽车保险业务在整个财产保险业务中占有十分重要的地

位。美国汽车保险费收入，占财产保险总保险费的45%左右，占全部保险费的20%左右。日本和中国台湾地区汽车的保险费占整个财产保险总保险费的比例更是高达58%左右。

在国内各保险公司中，汽车保险业务保险费收入占其财产保险业务总保险费收入的50%以上，部分公司的汽车保险业务保险费收入占其财产保险业务总保险费收入的60%以上。汽车保险业务已经成为财产保险公司的“支柱险种”。其经营的盈亏，直接关系到整个财产保险公司效益。

三、国内外汽车保险发展简史

汽车保险是近代发展起来的，它晚于其他保险险种。保险公司承保汽车的保险基础是根据水险、火险、盗窃险和综合责任险的实践经验而来的。英国法律事故保险公司于1896年首先开办了汽车保险，成为汽车保险“第一家”，当时，签发了保险费为10～100英镑的第三者责任保险单。1899年，汽车保险责任扩展到与其他车辆发生碰撞所造成的损失。这些保险单是由意外险部的综合第三者责任险组签发的。1901年开始，保险公司提供的汽车险保单，已具备了现在综合责任险的条件，在上述承保的责任险范围内，增加了碰撞、盗窃和火灾等责任。1906年，英国成立了汽车保险有限公司，每年该公司的工程技术人员免费检查保险车辆一次，其防灾防损意识领先于其他西方大国。

1898年，美国最早开始承保汽车第三者责任险，由美国旅行者保险公司签发了第一份汽车人身伤害责任保险。1899年汽车碰撞损失险保单问世，1902年开办汽车车身保险业务。此后，美国汽车保险发展迅速，在短短的近百年时间内，汽车保险业务量已居世界第一。资料显示，美国现有740余家保险公司中，有260家从事汽车保险业务。2000年汽车保有量达2.2亿辆，全国汽车保险的保费收入达1 360亿美元，占美国财产保费总收入的45.12%。美国车险市场准入和市场退出都相对自由，激烈的市场竞争，较为完善的法律法规，使美国成为世界上最发达的车险市场。

我国的汽车保险业经历了一个曲折的发展历程。在鸦片战争以后，汽车保险业务已进入我国，但由于其在外国保险公司的垄断与控制之下，且旧中国的工业不发达，汽车使用规模有限，我国的汽车保险发展比较缓慢。

新中国成立以后，1950年，中国人民保险公司开办了汽车保险。但不久出现人们认识上的偏颇，对此项保险提出争议，有人认为汽车保险以及第三者责任保险对于肇事者予以经济补偿，会导致交通事故的增加，对社会产生负面影响。于是，中国人民保险公司于1955年停止了汽车保险业务。直到20世纪70年代中期，为了满足各国驻华领使馆等外国人拥有的汽车保险的需要，开始办理以涉外业务为主的汽车保险业务。

我国全面实现改革开放后，1980年，中国人民保险公司逐步全面恢复中断了近25年之久的汽车保险业务，以适应国内企业与个人对于汽车保险的需要，适应公路交通运输业迅速发展、事故日益频繁的客观需要，但当时汽车保险仅占财产保险市场份额的2%。随着改革开放的快速发展，社会经济和人民生活也发生了巨大的变化，尤其是中国汽车工业增长迅猛，汽车迅速走进千家万户，汽车保险业务也随之得到了迅速发展。到1988年，汽车保险的保费收入超过了20亿元，占财产保险份额的37.6%，第一次超过了企业财产险（35.99%）。从此以后，汽车保险在财产保险市场中始终发挥着重要的作用，一直是财产保险业务中的第一大险种，并保持高增长率，我国的汽车保险业务进入了高速发展的时期。2006年，我国机动车辆保险保费收入为1 107.87亿元，占财产险公司业务比重的70.1%。

与此同时，我国机动车辆保险条款、费率以及经营管理也日趋完善，尤其是中国保监会的成立，进一步完善了机动车辆保险的条款，加大了对于费率、保险单证以及保险人经营活动的监管力度，加速建设并完善了机动车辆保险中介市场，对全面规范市场，促进机动车辆保险业务的发展起到了积极的作用。

第三节 汽车保险市场与管理体系

一、汽车保险市场的地位

保险市场是指保险商品供给与需求关系的总和。保险市场的主体是指保险市场交易活动的参与者，包括保险商品的供给者、需求方和充当供需双方媒介的中介方。交易对象是保险人为消费者提供的保险保障，即各类保险商品。现代保险市场已经突破了传统的有形市场的概念，它既可以指固定的交易场所，如保险交易所，也可以是所有实现保险商品交换的各种媒介，如电话、因特网、保险中介方等。

随着我国经济的快速发展和人民生活水平的日益提高，汽车作为现代化的交通工具，已使人们实现了对移动、自由和身份的渴望，汽车进入家庭已经从梦想变成现实。近几年来，尤其是在经济发达的大中城市，汽车已成为人们生活中必不可少的交通工具。

随着我国保险费率管理制度的改革，汽车保险业务继续保持较快的增长，汽车保险产品越来越注重多样化、个性化，服务理念日益深入到车险业务经营中，汽车保险市场化进程明显加快。汽车保险占据着我国财产保险市场的半壁江山，在保险市场的地位非常重要。主要体现在以下几方面：

（1）汽车保险业务所占的比例已经对整个市场起到了“举足轻重”的作用，在国内保险公司，汽车保险业务保费收入已占财产保险业务总收入的60%以上，已成为保险公司的支柱险种，其经营的盈亏将直接影响保险业的健康发展。

（2）与其他保险不同，汽车保险具有出险率高的特点，保险公司的理赔专业技术和服务水平将成为一个十分突出的问题，它将直接影响保险公司的盈利亏损和保险行业的健康发展。

（3）汽车保险，尤其是交强险，在稳定社会关系和维护社会公共秩序方面的特殊作用，使其不仅仅是合同双方的经济活动，而且逐步成为社会法制体系的一个重要组成部分。

（4）由被保险人的广泛性决定，汽车保险不再是以企业和单位为主要对象的业务，而是逐步发展成为以私人为主要对象的业务，汽车保险正在成为与人们生活息息相关的一个险种。

因此，汽车保险不能简单地视为一种普通的经济合同，它对于人们生产和生活的影响已经超出了合同双方的范围，成为一种具有一定社会意义的经济制度，对汽车保险的经营与监管提出了更高要求。

二、汽车保险市场的运行机制

保险市场的运行机制是指将市场机制应用于保险经济活动中所形成的价值规律、供求规律和竞争规律三者之间相互制约、相互作用的关系。由于保险市场具有不同于一般市场的独有特征，市场机制在保险市场上表现出特殊的作用。自 1980 年恢复国内保险业务，特别是保监会成立以来，我国保险业的改革不断深入，市场规模不断扩大，功能作用不断增强，风险防范水平不断提高，市场机制不断完善，目前已经基本形成了在保险监管部门监督管理下分业经营、快速发展的格局。

1. 价值规律在保险市场上的作用

价值规律对于保险费率的自发调节只能限于凝结在费率中的附加费率部分的社会必要劳动时间，对于保险商品的价值形成方面具有一定的局限性，只能通过要求保险企业改进经营技术，提高服务效率来降低附加费率成本。

2. 供求规律在保险市场上的作用

保险市场上保险费率的形成，一方面取决于风险发生的频率，另一方面取决于保险商品的供求情况。保险市场的保险费率不是完全由市场的供求情况决定，相反，要由专门的精算技术予以确立。

3. 竞争规律在保险市场上的作用

在保险市场上，由于交易的对象与风险直接相关，使得保险商品的费率的形成并不完全取决于供求力量的对比，相反，风险发生的频率即保额损失率等才是决定费率的主要因素，供求仅仅是费率形成的一个次要因素。因此，一般商品市场价格竞争机制，在保险市场上必然受到某种程度的限制。

在我国汽车保险业务的发展过程中，曾一度出现一些公司为追求短期利润和局部利益，置价值规律、供求规律于不顾，进行恶性竞争的现象，具体体现为：盲目降低费率、向投保人支付高额回扣、无限提高代理费用、随意放宽赔偿条件等。这些做法严重违背了市场经济的价值规律、供求规律，最终受到了经济规律的惩罚，整个市场也为此付出了巨大代价。随着社会的进步，人们对于竞争已经有了理性的认识，市场竞争已从单纯的价格竞争转变为服务等非价格竞争。

三、汽车保险市场的营销模式

汽车保险市场营销是指以汽车保险为商品，以市场为中心，以满足被保险人需要为目的，实现保险人目标的一系列整体活动。其对象是目标市场的准保户。目标不仅是为了推销保险商品获得利润，而且还是为了提高保险企业在市场上的地位或占有率，在社会上树立良好的信誉。从整体来看，保险市场营销活动由三个阶段组成，即分析保险市场机会、研究和选择目标市场、制定营销策略。

保险市场营销模式是指保险公司获得业务的渠道和模式。各家保险公司可以根据本公司的具体情况和市场特点，选择市场营销模式。其中包括直接营销模式与间接营销模式。

（一）直接营销模式

直接营销模式是指保险公司利用自己的职员进行市场营销获得业务的模式。这种模式可以通过保险公司的职员拜访客户或者接待客户上门获得业务，适合于实力雄厚、分支机构健全的保险公司。直接营销模式的优势在于：

（1）保险公司的业务人员由于工作的稳定性强又比较熟悉保险业务，因而有利于控制保险欺诈行为的发生，不容易发生因不熟悉保险业务而欺骗投保人的道德风险，给保险消费者增加了安全感。

（2）保险公司的业务人员直接代表保险公司开展业务，具有较强的公司特征，从而有利于在客户中树立公司良好的外部形象。

（3）如果保险公司业务人员在完成或超额完成预期任务的情况下，则维持营销系统的成本较低。

然而，直接营销模式也存在弊端，如个别业务人员的工作积极性不高，难于争取更多的客户、扩大保险业务的经营范围。

（二）间接营销模式

间接营销模式是指保险企业通过保险代理人、保险经纪人和保险公估人等中介机构推销保险商品。

1. 保险代理人

保险代理人是指从事保险代理活动的人。保险代理制度是代理保险公司招揽和经营保险业务的一种制度。保险代理人与被代理的保险公司在法律上被视为同一人。保险代理人根据保险公司的授权代为办理保险业务的行为，由保险公司承担责任。

（1）保险代理人根据不同的标准，可分为不同的种类：

①按授权范围不同，保险代理人可分为总代理人、地方代理人和特约代理人。

总代理人是指保险公司在代理协议中指定的特定地区的全权代表，他可以在该指定地区代表保险公司行使签订协议、收取保费、查勘定损、赔偿等汽车保险所有业务。总代理人具有很大的代理权限，并且代理的地域范围比较大。

地方代理人是指保险公司在某特定地方的代理人，可以在该地方范围内代为办理保险业务。地方代理人代理的范围要比总代理人小很多。

特约代理人是指保险公司就某一区域或某方面业务专门约定的代理人。特约代理人只能在约定的范围内代为办理事务。

②按代理性质的不同，保险代理人可分为专业代理人、兼业代理人和个人代理人。

专业代理人是指从事保险代理业务的保险代理公司。它是唯一具有独立法人资格的保险代理人，可以是合伙企业、有限责任公司和股份有限公司三种形式。

兼业代理人是指受保险人委托，在从事本身业务的同时，指定专人为保险人代办保险业务的单位。申请保险兼业代理资格必须具有工商行政管理机关核发的营业执照，有同经营主业直接相关的一定规模的保险代理业务来源，有固定的营业场所和在其经营场所直接代理保险业务的便利条件。它在授权范围内代理保险业务的行为所产生的法律责任由保险人承担。

个人代理人是指根据保险公司委托，向被保险人收取保险费，并在保险公司授权范围内办理保险业务的个人。我国保险代理人只能代理销售保险单和收取保险费，不得办理企业财产保险业务和团体人身保险业务，不得签发保险单，不得兼职。

（2）保险代理人制度的优势在于：

①有利于保险企业降低保险成本，提高经济效益。

②有利于提高保险企业的供给能力，促进保险商品销售。

③有利于提高保险企业的服务质量，增强其在市场竞争中的实力。

④有利于保险企业迅速建立和健全更为有效的保险信息网络，提高保险企业的经营水平。

（3）保险代理人制度也存在一定的弊端：

①保险企业与保险代理人之间始终存在着的核保与推销之间的冲突难以解决。

②保险代理人单纯为代理手续费而开展业务的做法，导致保险企业承保质量下降。

③保险代理人滥用代理权，从而有损于保险人的利益。

④保险人的行为缺乏规范化管理，从而造成保险代理市场的混乱。

2. 保险经纪人

保险经纪人是代表投保人或被保险人的利益参与保险活动的人，保险经纪制度是指保险人依靠保险经纪人争取保险业务、推销保险单的一种保险市场营销方式。

（1）保险经纪人模式的优势在于：

①保险经纪人提供服务的专业性强。

②保险经纪人作为被保险人的代表，独立承担法律责任。

③保险经纪人的服务不增加投保人或被保险人的经济负担。

（2）保险经纪人模式的弊端在于：由于保险经纪人不依托某家保险公司进行中介活动，因此如果保险经纪人缺乏法律、法规的限制，就可能导致保险经纪人以中介为名，行欺诈之实。例如提供虚假信息来牟取暴利，使交易者在经济上蒙受损失，扰乱保险市场的正常秩序。

目前，我国的保险经纪人较少涉足汽车保险业务。

3. 保险公估人

保险公估人是站在第三方的立场上，依法为保险合同当事人办理保险标的的查勘、鉴定、损失评估及理赔款项清算业务并给予证明的人。其主要任务是在风险事故发生后判断损失的原因及程度，并出具公证书。公证书不具有强制力，但它是有关部门处理保险争议的权威性依据。

保险公估人通常都是由具有专业知识和技术的专家组成，具有公正公平的立场，因而权威性较高。所做的公证书通常为保险双方当事人接受，成为建立保险关系、履行保险合同、解决保险纠纷的有力保障。保险人和被保险人都有权委托保险公估人办理相关事宜。

四、汽车保险市场的经营概况

近年来，我国汽车保险保费收入稳步增长，汽车保险占财产险保费比例一直维持在60%以上，个别财产险公司这一比例甚至达到80%。车险市场的发展状况对于财产险市场有着举足轻重的作用。

然而，国内汽车保险，特别是2003年以后汽车保险的经营状况并不乐观，车险市场赔付率增长速度大大快于保费收入增长速度，特别是营运车辆的高赔付，是车险赔付率高的首祸，如图1－1所示。导致保险公司的赔付压力过大，支出超过预算，公司盈利水平明显下降。

面对汽车保险经营亏损的严峻形势，各家财产险公司纷纷采取各种举措降低汽车保险

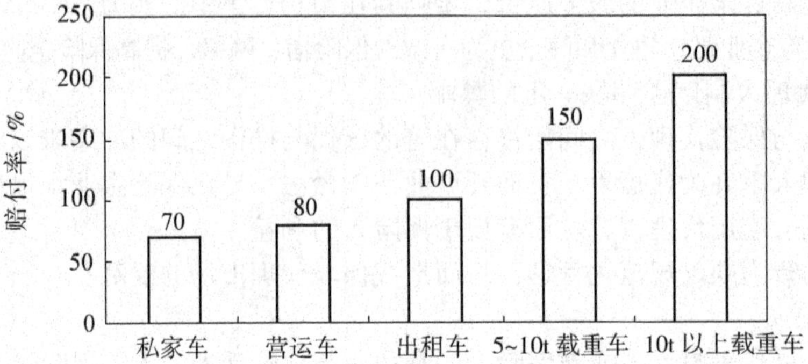

图 1－1　我国车险市场赔付率统计

亏损，推行制度改革与产品创新，确保汽车保险的经营效益。

1. 控制赔付率的上涨趋势

（1）建立科学、完善的核保体系来控制风险。核保贯穿从受理投保到保单终止的车险业务流程的始终，是业务流程的核心，是经营管理的重点。

（2）查勘定损严格把关，加强理赔管理。只有在查勘定损上严格把关，制定合理的理赔程序才能有效地控制高赔付的风险。

（3）道德风险的控制。据估计，车险赔偿案例中骗赔欺诈比例占 20%～30%，其中人为诈保占了相当大的部分。

（4）优化业务结构。要使机动车辆保险业务结构优化，一要提高非营业用车、家庭自用车的承保比例；二要提高附加险承保比例。

2. 推行免赔额条款

推行免赔额条款会抑制道德风险、减少逆向选择、增加投保人的选择自由度、降低单车保费、增强驾车责任心和注意力、抑制交通事故发生；同时，也会降低保险公司经营成本和增强风险控制能力，最终也使被保险人受益。

3. 降低经营成本、提高服务水平

通过简化投保、理赔程序，控制手续费等措施降低经营成本。同时，各保险公司需要形成独具特色、内涵丰富的公司服务文化，更多地为用户考虑在各环节提供的售后服务，如销售、维修、保养以及发生事故后的索赔、自修复等一整套的服务系统，为客户提供高质量、高水平的专业化服务。

五、汽车保险市场的管理体系

（一）保险管理机构

1. 保险监督管理委员会

随着保险业务的发展，保险对人们生产和生活的影响也不断加大，为此，加强对于保险业的监督和管理问题日益突出。长期以来，我国对保险业的监督和管理问题一直未能得到应有的重视，直到 1998 年中国保险监督管理委员会的成立，保险业的监督和管理才真正地走上了专业和规范的轨道。

中国保险监督管理委员会（简称中国保监会）成立于1998年11月18日，是国务院直属事业单位。根据国务院授权履行行政管理职能，依照法律、法规统一监督管理全国保险市场，维护保险业的合法、稳健运行。2003年，国务院决定，将中国保监会由国务院直属副部级事业单位改为国务院直属正部级事业单位，并相应增加职能部门、派出机构和人员编制。中国保监会内设15个职能机构，并在全国各省、直辖市、自治区、计划单列市设有35个派出机构，其主要职能是：拟订保险业的发展战略、行业规划和政策，会同有关部门拟订保险监管的方针政策及防范化解风险的措施，开展保险理论研究工作，负责指导和协调中国保险学会开展研究工作，承办对财产保险公司的监管工作，检查规范市场行为，查处违法违规行为，拟订有关保险监管规章制度；审核各机关各部门草拟的监管规章；监督、协调有关法律法规的执行。

2. 保险行业协会

保监会对我国保险业的宏观和全局性的问题进行监督和管理，对于我国保险业的发展起到不可替代的作用。但是，要确保我国保险业能够健康发展，仅仅依赖于中国保监会的力量是不够的。对于保险市场中的一些具体问题还是需要保险人自己进行协调和解决，于是，保险行业协会这种保险业的管理组织就应运而生。

截至2010年初，中国保险行业协会共有会员176家，其中保险公司105家、保险中介机构36家、地方保险行业协会35家。中国保险行业协会的最高权力机构是会员代表大会。理事会是会员代表大会的执行机构，理事会选举产生会长、副会长、常务理事。协会实行专职会长负责制，由专职会长负责协会日常工作。协会根据工作需要聘任秘书长和副秘书长。协会通过每年度召开理事会的形式共同商讨协会的工作。协会下设财产保险工作委员会、人身保险工作委员会、保险中介工作委员会和保险营销工作委员会4个二级机构，各工作委员会的日常工作由协会相应部门承担。协会还通过定期召开全国地方协会秘书长联席会议，交流情况，协调工作。目前，协会日常办事机构由办公室、法律法规部、财产保险工作部、人身保险工作部、保险中介工作部、信息统计部、培训认证部7个部门组成。中国保险行业协会的职责主要体现在以下四个方面：

（1）自律：维护公平竞争的市场环境，通过签订自律公约、制定行业标准和行业指导性条款来约束不正当行为；弘扬诚实守信的职业道德，建立健全保险业诚信体系；加强保险从业人员和中介机构的自律管理，监督执业行为，进行自律惩戒。

（2）维权：参与决策论证，提出有利于行业发展的建议；开展调查研究，反映行业呼声；加强与监管机关和政府部门沟通，维护会员和消费者合法权益。

（3）服务：以会员需要和行业发展需求为导向，切实增强提供服务的主动性和针对性，努力为会员单位、保险消费者及决策机关提供服务，促进行业健康发展。

（4）交流：通过协会会员间、与国内外保险业间、与其他行业间的交流与合作，沟通情况、收集信息、引进技术、推广经验、反映业内动态，为会员、保险公司客户和社会公众服务。

这些自律组织对于规范和协调当地的保险市场起到了积极的作用，其中机动车辆保险行业协会的表现尤为突出。不少地方的保险行业协会或者是机动车辆保险行业协会在协调市场行为，包括在费率的执行、保险金额的确定、机动车辆修理市场的管理等方面均起到了不可替代的积极作用。

（二）保险组织机构

目前，我国经营机动车辆保险业务的保险组织机构主要有中国人民财产保险股份有限公司（简称人保）、中国太平洋财产保险股份有限公司（简称太保）、中国平安财产保险股份有限公司（简称平保）、华泰财产保险股份有限公司、天安保险股份有限公司、华安财产保险股份有限公司、大众保险股份有限公司、中华联合财产保险公司、太平保险股份有限公司、永安财产保险股份有限公司、香港民安保险有限公司海口分公司以及美亚保险公司上海分公司，等等。

各保险公司是保险业务的组织者和管理者。各公司根据保险市场的需要，推出保险产品和相关保险服务，开展具体保险理赔业务，培训保险从业者以及开发保险理赔管理软件，提高保险服务效率，参与制定相关保险法律法规等。如中国人保在全国范围内推广事故车辆定损系统，互碰赔案快速定损办法和“异地出险、就地理赔”服务网络，开发了具有国际先进水平的事故车辆定损系统，在事故车辆定损中对车型信息、零部件信息和维修工时及价格等实现了标准化、规范化处理，使消费者可以得到准确、迅速、合理的定损服务。中国太保根据市场需求推出了具有“无缝隙”特点的产品，将一些风险较大但客户迫切需要的功能纳入产品，此外还增加了法律援助、代步车等服务性特约条款；为体现对客户平等的观念，该公司在条款中推出汽车损失险保险金额按全部损失和部分损失确定的方法，以解决以往车险产品投保与赔付不对价的问题。中国平保推出“代步车费用附加保险”、“交通事故精神损害补偿附加险”、“他人恶意行为损失附加险”等新险种，用于满足不同客户保险需要。

另外，保险中介机构也属于保险管理体系中的一部分。保险中介机构是介于保险公司和投保人之间的一种市场媒介，主要包括保险代理人、保险经纪人和保险公估人等，通过这种媒介作用，促进保险业务的增长，推动保险业的发展。

【本章小结】

风险是指日常生活中经常会遇到的一些难以预料的事故和自然灾害，一旦风险事故发生，风险损失便不可避免。为有效控制和减少风险事故发生，保险便应运而生。保险是分摊意外事故损失的一种财务机制。通过合同的形式，采用科学的计算方法，集合多数单位和个人，收取保险费，建立保险基金，用于在合同范围内的灾害事故所造成的损失进行补偿的经济保障举措。汽车保险是专门针对机动车辆由于自然灾害或意外事故所造成的人身伤亡或财产损失负赔偿责任的一种商业财产保险。汽车保险在促进汽车工业发展与社会和谐稳定方面发挥着重要作用，在财产保险中占有重要地位。通过本章的学习，学生可以对汽车保险相关知识有比较全面的了解。

【复习思考题】

1. 简述风险的含义与要素。
2. 什么叫保险？它是怎样分类的？
3. 阐述汽车保险的特点及其功用。
4. 简述我国汽车保险市场及其管理体系。

第二章　汽车保险产品与费率

【学习要点】

- 了解我国汽车保险产品的类别；
- 了解交强险产生的背景、目的以及相关定义；
- 了解汽车商业保险的类别；
- 理解保险金额计算方法、赔偿限额的定义、免赔率的使用、责任免除等规定；
- 掌握汽车损失保险和第三者责任保险的含义和相关规定。

第一节　概　　述

一、汽车保险产品的分类

根据我国的汽车保险政策，目前在保险实务中，因为保险性质的不同，汽车保险一般分为机动车交通事故责任强制保险（简称交强险）和汽车商业保险两大类。

（一）机动车交通事故责任强制保险

《机动车交通事故责任强制保险条例》于2006年3月1日公布，并于2006年7月1日起开始执行实施。其中第3条规定："本条例所称机动车交通事故责任强制保险，是指由保险公司对保险机动车发生道路交通事故造成本国人员，被保险人以外的受害人的人身伤亡、财产损失，在责任限额内予以赔偿的强制性责任保险。"我们理解其核心内容如下：

（1）该保险只承保机动车上的人员、被保险人之外的第三者所遭受的损害。

（2）第三者所遭受的损害包括人身损害和财产损失，但是不包括精神损害。

（3）该保险有一定的责任限额，保险人只在限额内承担保险金的赔偿责任。

交强险是实行强制性投保和承保的险种，不随个人或者保险公司的意愿而转移，是必须进行投保的险种。

（二）汽车商业保险

我国的交强险采取限额保险制度，在交强险之外，还有汽车商业保险，用于弥补一旦发生交通事故而且赔偿金额超过交强险赔偿额度的部分。汽车商业保险又分为基本险和附加险。

基本险：基本险也称为主险，主要包括汽车损失保险（简称车损险）和第三者责任保险（简称三者险）。也有的保险公司把全车盗抢险和车上人员责任险等险种列入基本险内。

附加险：附加险是指附加在主险之上的保险，是对主险险种的补充，它承保的一般是主险险种不予承保的自然灾害或者意外事故。附加险种不能够单独承保，必须投保相应的险种之后才能承保。主要包括全车盗抢险、车上人员责任险、车载货物掉落责任险、玻璃单独破碎险、车辆停驶损失险、自燃损失险、新增加设备损失险、不计免赔特约险等险种。

汽车商业保险是建立在保险人和被保险人自愿基础上的一种保险。这一点与交强险有着根本的区别。汽车商业保险各险种的基本含义如下：

（1）汽车损失险负责赔偿由于自然灾害和意外事故造成车辆自身的损失。这是汽车商业保险中最主要的险种。少的投入可以获得很大保障。对于大多数车主来说都是应该投保的险种。

（2）汽车第三者责任保险负责赔偿保险车辆由于意外事故，造成第三者遭受人身伤亡或者财产的直接损失，保险人按照保险合同的规定给予赔偿。投保这个险种很有必要，投保时可以根据自身的需要选择不同档次责任限额的第三者责任保险。但是在这里要说明一点，由于道德风险的存在，被保险人及其家庭成员的人身伤亡和财产损失是不在赔偿范围内的。

（3）全车盗抢险负责赔偿车辆由于被盗窃、被抢劫造成车辆的全部损失，以及被盗窃、被抢劫期间由于车辆损失或者车上零部件、附属设备丢失所造成的损失。

（4）车上责任险负责赔偿车辆发生意外事故造成车上人员的人身伤亡（及所载货物）的损失。对于营运的车辆投保这个险种是十分必要的。

（5）车载货物掉落责任险是指车上的货物掉落导致它物受损，该责任属于车载货物掉落责任险范畴，即对于车载货物从车上掉下来造成他人人身伤亡、财产损失，保险公司予以赔偿。

（6）玻璃单独破碎险是指车辆在停驶过程中，其他部分没有损坏，仅有挡风玻璃和车窗单独破碎，保险公司予以赔偿，这个险种对于高档车辆是很必要的。

（7）车辆停驶损失险负责赔偿保险车辆发生保险事故造成车辆损坏，因为停驶而产生的损失。保险人在双方约定的修复时间内按照保险单约定的日赔偿金额乘以从送修之日起至修复竣工之日的实际天数计算赔偿。为了避免产生过多的间接损失，对于专业营运车辆来说，这是一个很好的险种。

（8）自燃损失险负责赔偿保险车辆因为本车电器、线路、供油系统发生故障及运载货物自身原因起火燃烧，造成保险车辆损失，但是由于外界原因而导致的车辆燃烧则不在责任范围内。虽然车辆发生自燃的概率比较低，但由于自燃会导致十分严重的经济损失，因此建议在经济许可的条件下，应该投保这个险种。尤其是已经行使了一定里程和时间的“旧车”。

（9）新增加设备险负责赔偿车辆发生保险事故后造成车上新增加设备的直接损失。所谓新增加设备是指某些设备不是车辆出厂时配置的，而是由车主自己根据个人需要安装的。例如，加装的高级音响、电视等设备。

（10）不计免赔特约险，这个险种只是针对汽车损失险和第三者责任范围内的损失，不适用附加险的免赔规定。投保了这个险种，当车主发生事故后，保险公司将不再按照原来的免赔规定进行免赔，而是按照规定计算实际损失进行赔偿。

二、汽车保险费率

（一）汽车保险产品的理论价格

汽车保险产品属于一种特殊的商品，具有商品的一般属性，从经济学的角度分析，商品的价格取决于商品的价值，价格围绕价值在市场的调节下上下波动，保险企业在经营保险产品的过程中也必须遵循这个规律。汽车保险产品的理论价格由纯费率和附加费率两部分构成，也称为毛费率。

纯费率也称技术费率，是通过精算得来的，被用于补偿经济损失，用来赔付和其他用途的准备金。相当于汽车保险产品的价值，通常是在过去一定期限内的平均保险金额损失率的基础上再加上一定数量的风险附加费率构成。

纯费率 = 损失成本 + 稳定系数

汽车平均保险金额损失率 = 一定时期保险赔款综合 / 一定时期保险金额总和

附加费率则根据企业的自身经营水平、赋税和预期利润水平以及市场需求情况等因素进行上下浮动。

（二）汽车保险费率的厘定

汽车保险作为财产保险的一部分，在厘定费率的时候除了要采用非寿险精算的方法确定费率，在实际经营过程中还要考虑一些基本原则。

1. 公平合理原则

公平合理原则的核心是保证每个保险人的保费负担能够反映保险标的的危险程度。

（1）在保险人和被保险人之间：保险人的总体收费应当符合保险价格确定的基本原理，至于保险人自身造成的不合理的经营成本和利润不应由被保险人承担。

（2）在不同的被保险人之间：由于不同的保险人的保险标的的危险程度可能存在很大的差异，保险人对不同的被保险人收取的保险费用应该可以反映这种差异。保险人应该根据汽车的使用用途、车型种类、使用地区等因素综合考虑这种差异。尽管绝对的公平合理是不可能实现的，但是保险人在确定保费的过程中应该注意体现公平合理的倾向，力求尽可能的相对公平合理。

2. 保证赔付原则

汽车保险的最基本的功能是损失补偿。这个功能的实现是建立在汽车保险基金的基础上的。汽车保险基金由两部分构成：一个是开业资金，另一个是保险费。保险费是保险标的遭受损失时补偿的基本资金。所以厘定费率应该保证保险公司具有相应的赔偿能力。如果保险费过低，将直接影响保险公司的偿付能力。这不仅会使被保险人的利益受到影响，也会影响保险业的经营秩序和稳定，进而对整个社会产生影响。

3. 相对稳定原则

在确定保险费率的时候应该充分考虑各种可能影响费率的因素，建立科学的费率体系，并且对未来的发展趋势要有科学而准确的预测，确保保险费率不会轻易变动，由于汽车保险业务存在保费总量大、单量多的特点，保费的变动将增加保险公司的业务量，导致成本上升。同时会给投保人带来诸多不便，从而影响汽车保险业务的开展。

但是，一旦经营的外部环境发生了重大的变化，保险费率就必须进行相应的调整以保证公平合理原则。例如，我国 2000 年 7 月 1 日开始实施《汽车保险条款》，采取统一费率，2003 年 1 月 1 日汽车保险费率厘定政策放开，统一保险条款费率将不复存在，汽车保险费率全面市场化，可以由各家保险公司自主制定，向保监会申报、审批。2006 年 7 月 1 日起汽车保险费率又趋于统一。

4. 促进防灾、防损原则

保险公司在经营过程中应该协调某一风险群体的利益，积极推动和参与这个风险群体的预防灾害和损失的活动，尽量减少或者避免不必要的事故发生。这样不仅可以减少保险公司的赔付金额和减少被保险人的损失，更重要的是有利于保障企业经营、人民生活安定、促进社会经济发展。所以，在保险人厘定保险费率的过程中应该将防灾防损的费用列入成本。

（三）汽车保险费率模式

保险人在经营汽车保险过程中将风险因素分成两种：一种是与汽车相关的风险因素，主要包括汽车种类、使用情况、行驶区域等；另一种是与驾驶员相关的风险因素，主要包括性格、年龄、性别、职业等。由此各国汽车保险费率模式基本可以划分为两大类，即从车费率模式和从人费率模式。

1. 从车费率模式

从车费率模式是以被保险车辆的风险因素为主来确定保险费率主要因素的费率确定模式。我国以前使用的就是这种模式。

（1）根据车辆的使用性质划分：营业性车辆和非营业性车辆。

（2）根据车辆的生产地划分：进口车辆和国产车辆。

（3）根据车辆的种类划分：车辆种类与吨位。

除了上述因素外，也有的保险公司将汽车行驶区域作为一个确定保险费率的因素。

按照从车费率模式确定费率具有体系简单、操作容易的优点，但是同时具有很大的弊端，因为没有考虑车辆驾驶人风险同样具有决定性因素。随着经济的发展和人民生活水平的提高，我国的汽车市场已经从“公车”向“私车”转化，在公车时代由于驾驶人和车辆不存在必然的联系，现在汽车已经走入家庭，纯粹的从车费率模式已经向从人费率模式发展。

2. 从人费率模式

从人费率模式是以驾驶被保险汽车人员的风险因素为主来确定保险费率主要因素的费率确定模式。目前大多数国家采用这种模式。

（1）根据驾驶人的年龄划分：通常将驾驶人按照年龄分为三组：

24 岁以下青年人：年轻气盛，性情不稳，喜欢开快车，因而发生交通事故的概率较高，且易导致恶性事故。

54 岁以上老年人：驾车速度较慢，但因反应相对迟钝，也易导致事故，但致命事故比较少，一般为小事故。

24 岁至 54 岁之间中年人：除生理条件具有一定的优势外，一般具有一定驾驶经验，分析和判断能力较强，同时，有稳健的心态和较强的责任感，所以，驾车相对安全。

（2）根据驾驶人的性别划分：交通肇事与性别有密切关系，从整体情况上看男性驾驶员重大事故肇事概率较女性高。主要原因：男性性别特征决定其更具冒险性，整体车速较快；酗酒肇事事故中男性比例明显高于女性。

（3）根据驾驶人的驾龄划分：驾龄长短可以从一个侧面反映驾驶人的驾驶经验，通常认为初次领证后的 1～3 年为事故多发期。在实际参保的时候有经验的老驾驶员经常可以比新驾驶员少付一定的保险金额，但获得的理赔并不会减少。

（4）根据安全记录划分：安全记录反映驾驶员的驾驶心理素质和对待风险的态度，经常发生交通事故的驾驶员可能存在某一方面的缺陷。对于一年多次出险的“马大哈”

驾驶员，车险将有所“上浮”。

从上述两种费率模式可以看出，从人费率模式更加科学和合理，我国现在正逐步向从人费率模式过渡。

第二节　汽车交通事故责任强制保险

一、国外汽车交通事故责任强制保险制度

（一）汽车交通事故责任强制保险的产生

第一次世界大战以后，汽车产业得到迅速发展，随着汽车大量生产和价格的下降，尤其是一些国家和规模大的汽车制造商采取分期付款的促销方式，使汽车不再是奢侈品，而是作为生活必需品走进了平民家庭。但是由于一些车主在购买汽车的时候几乎花费了所有的积蓄，出现了许多没有能力购买汽车保险或者无相应财产做担保的驾驶人，当然也存在主观上不愿意购买汽车保险的驾驶人。当发生交通事故的时候，使受害人的人身伤亡或者财产损失不能得到及时的赔偿。因此，许多国家的政府开始制订法令，强制实行汽车责任保险，以保障交通事故受害人的权益。

最初将汽车损害看作社会问题的是美国的马萨诸塞州，该州认为公路是为全体行人修建的，驾驶人在使用汽车时对其他人会构成威胁，如果发生事故，则应该具有赔偿能力。并于1919年推出《赔偿能力担保法》，该法案规定汽车所有人必须在汽车注册登记时，提供保单或者债券作为车辆发生交通事故时赔偿能力的担保。1925年，该州起草了保险史上闻名的汽车责任强制保险法，并于1927年开始实施。强制保险法规定驾驶人在发生意外事故后，必须证明有经济赔偿能力，否则认为属于非法驾驶，同时该法还要求驾车人在申请车牌时，必须有汽车责任保险单或者提供证明自己有能力赔偿的保证金。

随后英国、德国、日本等国家相继实施了汽车责任强制保险，目前世界上绝大多数国家和地区都实行了汽车责任强制保险制度。

（二）汽车交通事故责任强制保险的定义

责任保险指被保险人依法应该对第三者承担的损害赔偿责任为保险标的的保险。汽车责任强制保险是国家政府基于公共政策的考虑，为了维护社会普遍利益，以颁布法律法规的形式实施的汽车责任保险。实施此保险的国家广泛采用“法定保险，商业经营”，一方面用法律法规的手段强制被保险人必须参加责任保险；另一方面保险人也必须承保汽车责任保险。其根本目的是为了保障交通事故的受害者能够得到基本的赔偿。

（三）汽车交通事故责任强制保险的特征

1. 强制性

一方面体现在投保上，一般的汽车责任保险都依据自愿原则办理，而汽车责任强制保险根据强制保险的相应法规办理，汽车拥有人必须购买，否则禁止上路行使。另一方面体现在承保上具有经营交强险资格的保险公司不能拒绝承保交强险业务，也不能随意解除交强险合同。违反强制性规定的机动车所有人、管理者或者保险公司将受到处罚。

2. 不可选择性

一般的汽车责任保险，投保人可以根据个人的需要和缴费能力自愿选择责任限额。而

汽车责任强制保险的责任限额是固定的，不能够自愿选择。

3. 对第三方利益具有基本保障性

各个国家为了使大多数人都有购买能力，在制定责任限额时都定得比较低，因此这个较低限额只是对事故受害者的一个基本保障。

4. 以无过失责任为基础

一般汽车责任保险依据保险合同的规定，以被保险人在事故中所负的责任比例确定损害赔偿的范围和大小，因此是以过失责任为归责原则，而汽车责任强制保险根据相关法律规定，大多基于损害的存在对受害者予以补偿，因此多采用无过失责任作为归责原则。我国采用的是过失责任和无过失责任相结合的原则。

5. 公益性

一般汽车保险责任的费率厘定是考虑保险公司盈利的，而汽车责任强制保险的费率由政府统一定制，而且不考虑盈利，所以费率相对较低，具有公益性。

二、我国汽车交通事故责任强制保险概述

（一）我国汽车交通事故责任强制保险的产生背景

随着社会经济的发展，汽车给人们带来了舒适和便捷，同时也给人们带来了负面效应，汽车责任交通工具造成的人员伤亡是当今和平年代威胁人民生命财产的主要因素之一。在现代社会，人权逐渐被人们所重视，发达国家采取了一系列措施，最大限度地减轻这种负面效应。汽车责任强制保险就是其中的一项有效措施。我国借鉴发达国家的做法于1983年由国务院颁发了第27号文件，首次要求个人与联户的机动车必须参加机动车第三者责任保险，1984年国务院发布的151号文件，提出了对汽车的第三者责任保险问题。以后公安部发出规定，对于没有参加第三者责任保险的汽车不发放牌照。这些措施实质上可以说已经在我国实行了汽车责任强制保险。2004年5月1日实施的《道路交通安全法》，该法第17条规定，国家实行机动车第三者责任强制保险制度，设立道路交通社会救助基金，此法对机动车责任强制保险做了一个原则性的规定。到了2006年3月21日，国务院总理温家宝签署了第462号国务院令，颁布了《机动车交通事故责任强制保险条例》（简称《条例》），此条例于2006年7月1日起正式实施，它代表我国的汽车保险发展一大进步，弥补了我国机动车责任强制保险的法律空白，起到保障机动车道路交通事故受害人依法得到赔偿，促进道路交通安全的作用。

（二）《机动车交通事故责任强制保险条例》的主要特点

《条例》借鉴了国外发达国家成熟法律法规，结合了中国的实际国情，具有较强的针对性和鲜明的特点：

1. 突出了“以人为本”

将保障受害人得到及时有效的赔偿作为首要的目标。《条例》规定，被保险机动车发生道路交通事故造成本车人员、被保险人以外的受害人人身伤亡、财产损失的，由保险公司依法在交强险责任限额范围内予以赔偿。

2. 体现了“奖优惩劣”

通过经济手段提高驾驶员守法意识，促进道路交通安全。《条例》要求有关部门要逐步建立交强险与道路交通安全违法行为和交通事故的信息共享机制，被保险人缴纳的保险

费与是否有交通违章挂钩。安全驾驶者享有优惠的费率，经常肇事者将负担高额的保费。

3. 坚持社会效益原则

《条例》要求保险公司经营交强险不以盈利为目的，而且交强险业务必须与其他业务分开管理、实行单独核算。为保证广大投保人的权益，保监会将定期核查保险公司经营交强险业务的盈亏情况。

4. 实行商业化运作

交强险条款费率由保险公司制定，保监会按照交强险业务总体上不盈利、不亏损原则进行审批。实行全国统一条款和基础费率。

(三)《机动车交通事故责任强制保险条例》条款解析

交强险是以《条例》的形式制定的，机动车包含汽车、电车、摩托车、电瓶车、拖拉机以及各种专用机械车辆、特种车。交强险是我国首个由国家法律规定实行的强制保险制度。条款的内容一共分为10个部分，分别为总则、定义、保险责任、垫付与追偿、责任免除、保险期间、投保人及被保险人义务、赔偿处理、合同变更与终止、附则。

1. 总则

此部分主要是对条款制定依据、合同的组成与形式、费率的影响因素等内容进行阐述。

交强险条款制定的法律依据主要是《道路交通安全法》、《保险法》、《条例》等。明示条款制定的法律依据，有利于突出交强险条款的权威性和严肃性。

交强险合同的组成基本上用了目前商业性保险合同构成的要素，包括交强险条款、投保单、保险单、批单和特别约定等，这也是为法律界和保险界普遍认可的一种保险合同组成。条款要求所有涉及合同的约定，均应采用书面形式，以利于明确合同当事人的权利和义务。

交强险费率按照中国保监会批准的费率执行，同时实行与被保险机动车道路交通安全违法行为、交通事故记录相联系的浮动机制。这可促进被保险机动车驾驶人遵守交通安全法规，同时体现了交强险具有通过费率机制实现社会管理的功能，有利于推动国家道路交通安全状况的好转。

2. 定义

此部分主要对交强险合同中的被保险人、投保人、受害人、责任限额、抢救费用等术语作出解释。

(1) 被保险人是指投保人及其允许的合法驾驶人。

(2) 投保人是指与保险人订立合同，并按合同负有支付保险费义务的机动车的所有人、管理人。

(3) 受害人是指因被保险机动车发生交通事故遭受人身伤亡或者财产损失的人，但不包括被保险机动车本车车上人员、被保险人。

(4) 责任限额是指被保险机动车发生交通事故，保险人对每次保险事故所有受害人的人身伤亡和财产损失所承担的最高赔偿金额。责任限额分为死亡伤残赔偿限额、医疗费用赔偿限额、财产损失赔偿限额以及被保险人在道路交通事故中无责任的赔偿限额。其中无责任的赔偿限额分为无责任死亡伤残赔偿限额、无责任医疗费用赔偿限额以及无责任财产损失赔偿限额。

（5）抢救费用是指被保险机动车发生交通事故导致受害人受伤时，医疗机构对生命体征不平稳和虽然生命体征平稳但如果不采取处理措施会产生生命危险，或者导致残疾、器官功能障碍，或者导致病程明显延长的受害人，参照国务院卫生主管部门组织制定的交通事故人员创伤临床诊疗指南和国家基本医疗保险标准，采取必要的处理措施所发生的医疗费用。本定义对临床医疗指南明确为“交通事故人员创伤临床诊疗指南”，以防止“指南”的指向不清，造成实践中的混乱；再就是，本定义以“国家基本医疗保险”作为医疗机构的参照标准，规范医疗机构治疗行为，以避免加重被保险人的经济负担或在不同受害人之间造成不公平。

3. 保险责任

此部分主要规定了交强险的保险责任的具体内容和具体责任限额的数额。保险责任的成立应满足四个条件：一是被保险机动车在中华人民共和国境内使用；二是发生交通事故；三是造成受害人的人身或财产损失；四是依法应当由被保险人承担损害赔偿责任。

（1）赔偿限额，具体数额规定如表 2－1 所示。

表 2－1　机动车交通事故责任强制保险责任限额　　单位：元

	死亡伤残赔偿限额	医疗费用赔偿限额	财产损失赔偿限额
有责任	110 000	10 000	2 000
无责任	11 000	1 000	100

由表 2－1 可以得出，每次交通事故的赔偿上限是 122 000 元。

【案例 2－1】

张某的车在停车场停车的过程中撞到了李某停靠在车位的车辆上，二者都投保了交强险，经过保险公司核赔部门估损，认定为修复车辆的费用在 2 000 元以下，此时保险公司应该如何理赔？

【案例分析】

此次事故分析由张某负 100% 的责任，那么由张某投保的保险公司对二者的车辆受损情况进行修复赔偿，而后张某投保的保险公司会要求李某投保的保险公司赔偿 100 元。

在此需要注意一点，对于李某车辆的估计损失金额必须由李某投保的保险公司认定或者得到李某的保险公司认可才能够生效。

现在为了使交通能够在发生小事故情况下尽快恢复畅通，使事故车主尽快解决问题，许多城市都成立了交通事故“快处快赔中心”，它处理交通事故基于的原则就是责任划分明确并且估计财产损失在2 000元以内。而湖北省武汉市公安局交管局在 2010 年 6 月对汽车交通事故快速处理理赔作出了更大胆的尝试，即取消了车损2 000元以下的限制条款，只要不涉及人员伤亡、车辆能够移动的道路交通事故，都应该到快速理赔中心解决。

（2）人身伤亡和医疗费用赔偿限额的赔偿费用项目。规定如下：

死亡伤残赔偿限额和无责任死亡伤残赔偿限额项目下负责赔偿丧葬费、死亡补偿费、受害人亲属办理丧葬事宜支出的交通费用、残疾赔偿金、残疾辅助器具费、护理费、康复费、交通费、被抚养人生活费、住宿费、误工费，被保险人依照法院判决或者调解承担的精神损害抚慰金。

医疗费用赔偿限额和无责任医疗费用赔偿限额项目下负责赔偿医药费、诊疗费、住院费、住院伙食补助费，必要的、合理的后续治疗费、整容费、营养费。

4. 垫付与追偿

此部分主要规定了垫付的条件、标准和具体操作，同时规定了四种情形下保险人向受害人垫付抢救费用后有权向致害人追偿垫付费用。

对于垫付的抢救费用，保险人有权向致害人追偿的四种情形为：

（1）驾驶人未取得驾驶资格的。

（2）驾驶人醉酒的。

（3）被保险机动车在被盗抢期间肇事的。

（4）被保险人故意制造交通事故的。

被保险机动车在发生以上任何一种交通事故，造成受害人受伤需要抢救的，保险人在接到公安机关交通管理部门的书面通知和医疗机构出具的抢救费用清单后，按照国务院卫生主管部门组织制定的交通事故人员创伤临床诊疗指南和国家基本医疗保险标准进行核实，对于符合规定的抢救费用，保险人在医疗费用赔偿限额内垫付。被保险人在交通事故中无责任的，保险人在无责任医疗费用赔偿限额内垫付。对于其他损失和费用，保险人不负责垫付和赔偿。

需要注意的是，强调“醉酒”而不是商业三者险的“酒后免责”，也就是说饮酒后血液中没有达到醉酒时的酒精含量，那么一旦发生交通事故交强险仍然有效。

5. 责任免除

此部分主要列明保险公司在以下情况下发生交通以外不负责赔偿和垫付损失及费用，具体如下：

（1）因受害人故意造成的交通事故的损失。

（2）被保险人所有的财产及被保险机动车上的财产遭受的损失。

（3）被保险机动车发生交通事故，致使受害人停业、停驶、停电、停水、停气、停产、通信或者网络中断、数据丢失、电压变化等造成的损失以及受害人财产因市场价格变动造成的贬值、修理后因价值降低造成的损失等其他各种间接损失。

（4）因交通事故产生的仲裁或者诉讼费用以及其他相关费用。

6. 保险期限

交强险合同的保险期限一般为一年，并以保险单载明的具体起止时间为准。以下四种情形下，保险期限可少于一年，为短期交强险：

（1）境外机动车临时入境的。

（2）机动车临时上道路行驶的。

（3）机动车距规定的报废期限不足一年的。

（4）保监会规定的其他情形。

7. 投保人及被保险人义务

投保人及被保险人义务主要是根据相关法律规定，在进行车辆投保时要列明投保人、被保险人的具体义务，包括：

（1）投保人投保时，应如实填写投保单，向保险人如实告知重要事项，并提供被保险机动车的行驶证复印件。投保人未如实告知重要事项，对保险费计算有影响的，保险人重新核定保险费。

重要事项包括机动车的种类、厂牌型号、识别代码、号牌号码、使用性质和机动车所有人或者管理人的姓名（名称）、性别、年龄、住所、身份证或者驾驶证号码（组织机构代码）、续保前该机动车发生事故的情况及保监会规定的其他事项。

（2）签订交强险合同时，投保人应一次性支付全部保险费。不得在保险条款和保险费率之外，向保险公司提出附加其他条件的要求。

（3）投保人续保时，应提供被保险机动车上一年度交强险的保险单。

（4）在保险合同有效期内，被保险机动车因改装、加装、使用性质改变等导致危险程度增加的，被保险人应及时通知保险人，并办理批改手续。保险人重新核定保险费。

（5）被保险机动车发生交通事故时，被保险人应及时采取合理、必要的施救和保护措施，并在事故发生后及时通知保险人。

（6）发生保险事故后，被保险人应积极协助保险人进行现场查勘和事故调查。同时，发生与保险赔偿有关仲裁或者诉讼时，被保险人应及时书面通知保险人。

8. 赔偿处理

此部分规定了被保险人发生交通事故提出索赔时应提供的材料、人身伤亡的赔偿核定以及赔偿方面注意事项。

（1）申请赔偿保险金。被保险机动车发生交通事故后，由被保险人向保险人申请赔偿保险金。被保险人索赔时，应向保险人提供以下材料：

① 交强险保险单。

② 被保险人出具的索赔申请书。

③ 被保险人和受害人的有效身份证明、被保险机动车行驶证和驾驶人的驾驶证。

④ 公安机关交通管理部门出具的事故证明，或者人民法院等机构出具的法律文书及其他证明。

⑤ 被保险人根据有关法律法规规定选择自行协商方式处理交通事故的，应当提供依照《交通事故处理程序》规定的记录交通事故情况的协议书。

⑥ 受害人财产损失程度证明、人身伤残程度证明、相关医疗证明及有关损失清单和费用单据。

⑦ 与确认保险事故的性质、原因、损失程度等有关的证明和资料。

（2）人身伤亡赔偿金额的核定。

① 保险事故发生以后，保险人按照国家有关法律法规规定的赔偿范围、项目和标准以及交强险合同的约定，并且根据国务院卫生主管部门组织制定的交通事故人员创伤临床诊疗指南和国家基本医疗保险标准，在交强险的责任限额内核定人身伤亡的赔偿金额。

② 被保险机动车发生涉及受害人受伤的交通事故，因为抢救受害人需要保险人支付抢救费用的，保险人在接到公安机关交通管理部门的书面通知和医疗机构出具的抢救费用清单以后，按照国务院卫生主管部门组织制定的交通事故人员创伤临床诊疗指南和国家基

本医疗保险标准进行核实。对于符合规定的抢救费用，保险人在医疗费用赔偿限额内支付。保险人在交通事故中无责任的，保险人在无责任医疗费用限额内支付。

（3）赔偿注意事项。

① 因保险事故造成受害人人身伤亡的，被保险人不应自行承诺或支付赔偿金额，应争得保险人书面同意。对被保险人自行承诺或支付的赔偿金额，保险人在交强险责任限额内有权重新核定。

② 因保险事故损坏的受害人财产需要修理的，被保险人应当在修理前会同保险人检验，协商确定修理或者更换项目、方式和费用。否则，保险人在交强险责任限额内有权重新核定。

9. 合同变更与终止

在交强险合同有效期内，被保险机动车所有权发生转移的，投保人应及时通知保险人，并办理合同变更手续。

在下列三种情况下，投保人可要求解除交强险合同：

（1）被保险机动车被依法注销登记的。

（2）被保险机动车办理停驶的。

（3）被保险机动车经公安机关证实丢失的。

交强险合同解除后，保险人按照日费率收取自保险责任开始之日起至合同解除之日止期间的保险费，退还剩余保险费，而投保人应及时将保险单、保险标志交还保险人；无法交回保险标志的，应当向保险人说明情况，征得保险人同意。

10. 附则

交强险合同争议的解决有三种方式：

（1）由合同当事人协商解决。

（2）协商不成的，提交保险单载明的仲裁机构仲裁。

（3）保险单未载明仲裁机构或者争议发生后未达成仲裁协议的，可向人民法院起诉。

交强险合同争议处理适用中华人民共和国法律。

（四）《机动车交通事故责任强制保险条例》费率

1. 我国交强险费率厘定概述

交强险实行统一的保险条款和基础保险费率。保监会按照总体上不盈利不亏损的原则审批保险费率。保险公司经营此项业务应当与其他业务分开管理、单独核算。交强险费率厘定，是以保险公司历史赔付数据为基础，在充分考虑新环境下赔偿原则、保障范围、赔偿标准、强制性要求、机动车数量增加及投保面扩大等因素对出险频率和案均赔款的影响下，测算出了交强险费率水平，然后由保监会进行审批。确定第一年先实行全国统一保险价格，之后通过实行“奖优罚劣”的费率浮动机制，即交强险要实行费率与交通违章挂钩，安全驾驶者可以享有优惠的费率，经常肇事者将负担高额保费。并根据各地区经营情况，逐步在费率中加入地区差异化因素等，进而实行差异化费率。另外为了更好地实行“奖优罚劣”这个政策，保监会、国务院公安部门以及其他部门正在逐步建立有关机动车道路交通事故的信息共享机制。

2. 交强险基础费率

目前统一执行的交强险基础费率（2008 版）如表2－2 所示。

表 2-2 机动车交通事故责任强制保险基础费率表

车辆大类	序号	车辆明细分类	保费/元
家庭自用汽车	1	家庭自用汽车 6 座以下	950
	2	家庭自用汽车 6 座及以上	1 100
非营业客车	3	企业非营业汽车 6 座以下	1 000
	4	企业非营业汽车 6～10 座	1 130
	5	企业非营业汽车 10～20 座	1 220
	6	企业非营业汽车 20 座以上	1 270
	7	机关非营业汽车 6 座以下	950
	8	机关非营业汽车 6～10 座	1 070
	9	机关非营业汽车 10～20 座	1 140
	10	机关非营业汽车 20 座以上	1 320
营业客车	11	营业出租租赁 6 座以下	1 800
	12	营业出租租赁 6～10 座	2 360
	13	营业出租租赁 10～20 座	2 400
	14	营业出租租赁 20～36 座	2 560
	15	营业出租租赁 36 座以上	3 530
	16	营业城市公交 6～10 座	2 250
	17	营业城市公交 10～20 座	2 520
	18	营业城市公交 20～36 座	3 020
	19	营业城市公交 36 座以上	3 140
	20	营业公路客运 6～10 座	2 350
	21	营业公路客运 10～20 座	2 620
	22	营业公路客运 20～36 座	3 420
	23	营业公路客运 36 座以上	4 690
非营业货车	24	非营业货车 2t 以下	1 200
	25	非营业货车 2～5t	1 470
	26	非营业货车 5～10t	1 650
	27	非营业货车 10t 以上	2 220
营业货车	28	营业货车 2t 以下	1 850
	29	营业货车 2～5t	3 070
	30	营业货车 5～10t	3 450
	31	营业货车 10 t 以上	4 480

续表 2－2

车辆大类	序号	车辆明细分类	保费/元
特种车	32	特种车一	3 710
	33	特种车二	2 430
	34	特种车三	1 080
	35	特种车四	3 980
摩托车	36	摩托车 50mL 及以下	80
	37	摩托车 50～250mL（含）	120
	38	摩托车 250mL 以上及侧三轮	400
拖拉机	39	农用型拖拉机 14.7kW 及以下	按保监产险［2007］53 号实行地区差别费率
	40	农用型拖拉机 14.7kW 以上	
	41	运输型拖拉机 14.7kW 及以下	
	42	运输型拖拉机 14.7kW 以上	

注：①座位和吨位的分类都按照“含起点不含终点”的原则来解释。

②特种车一：油罐车、汽罐车、液罐车、冷藏车；

特种车二：专用净水车、特种车一以外的罐式货车，以及用于清障、清扫、清洁、起重、装卸、升降、搅拌、挖掘、推土、冷藏、保温等各种专用机动车；

特种车三：装有固定专用仪器设备从事专业工作的监测、消防、运钞、医疗、电视转播等各种专用机动车；

特种车四：集装箱车头。

③挂车根据实际的使用性质并按照对应吨位货车的 50% 计算。

④低速载货汽车参照运输型拖拉机 14.7kW 以上的费率执行。

由表 2－2 可见，交强险按种类、使用性质将机动车分为 8 种类型。下面对其进行一一定义和解释：

（1）家庭自用汽车是指家庭或个人所有，且用途为非营业性的客车。

（2）非营业客车是指党政机关、企事业单位、社会团体、使领馆等机构从事公务或在生产经营活动中不以直接或间接方式收取运费或租金的客车。包括党政机关、企事业单位、社会团体、使领馆等机构从事公务或在生产经营活动中承租且租赁期为 1 年或者 1 年以上的客车。

非营业客车分为党政机关事业团体客车、企业客车。

用于驾驶教练、邮政公司用于邮递业务及快递公司用于快递业务的客车，警车，普通囚车，医院的普通救护车，殡葬车按照其行驶证上载明的核定载客数，适用对应的企业非营业客车的费率。

（3）营业客车是指用于旅客运输或租赁，并以直接或间接方式收取运费或租金的客车。

营业客车分为城市公交客车，公路客运客车，出租、租赁客车。

旅游客运车按照其行驶证上载明的核定载客数，适用对应的公路客运车费率。

（4）非营业货车是指党政机关、企事业单位、社会团体自用或仅用于个人及家庭生活，不以直接或间接方式收取运费或租金的货车（包括客货两用车）。货车是指载货机动车、厢式货车、半挂牵引车、自卸车、电瓶运输车、装有起重机械但以载重为主的起重运输车。

用于驾驶教练、邮政公司用于邮递业务、快递公司用于快递业务的货车按照其行驶证上载明的核定载质量，适用对应的企业非营业货车的费率。

（5）营业货车是指用于货物运输或租赁，并以直接或间接方式收取运费或租金的货车（包括客货两用车）。货车是指载货机动车、厢式货车、半挂牵引车、自卸车、电瓶运输车、装有起重机械但以载重为主的起重运输车。

（6）特种车是指各类装载油料、气体、液体等专用罐车，或用于清障、清扫、清洁、起重、装卸（不含自卸车）、升降、搅拌、挖掘、推土、压路等各种专用机动车，或适用于装有冷冻或加热设备的厢式机动车；或车内装有固定专用仪器设备，从事专业工作的监测、消防、运钞、医疗、电视转播、雷达、X 光检查等机动车，或专门用于牵引集装箱箱体（货柜）的集装箱拖头。

特种车按用途不同分成 4 类，不同类型特种车采用不同收费标准。

（7）摩托车是指以燃料或电瓶为动力的各种两轮、三轮摩托车。

摩托车按排量分为 3 类：摩托车 50CC 及以下、摩托车 50 ～ 250CC（含）、摩托车 250CC 以上及侧三轮。

正三轮摩托车按照排气量分类执行相应的费率。

（8）拖拉机按其使用性质分为兼用型拖拉机和运输型拖拉机。

兼用型拖拉机是指以田间作业为主，通过铰接连接牵引挂车可进行运输作业的拖拉机，兼用型拖拉机分为 14.7kW 及以下与 14.7kW 以上两种。

运输型拖拉机是指货箱与底盘一体，不通过牵引挂车可运输作业的拖拉机。运输型拖拉机分为 14.7kW 及以下与 14.7kW 以上两种。

低速载货汽车参照运输型拖拉机 14.7kW 以上的费率执行。

（9）挂车是指其设计和技术特征需汽车牵引才能正常使用的一种无动力的道路机动车。

挂车保费根据实际使用性质并按照对应吨位货车保费的 50% 计算。

装置有油罐、气罐、液罐的挂车按照特种车一的 30% 计算。

（10）补充说明：《机动车交通事故责任强制保险基础费率表》中各车型的座位和吨位的分类都按照“含起点不含终点”的原则来解释（表中另外有说明的除外）。各车型的座位按行驶证上载明的核定载客数计算；各车型的吨位按行驶证上载明的核定载质量计算。

3. 基础保险费的计算

（1）一年期基础保险费的计算：投保一年期交强险的，根据《机动车交通事故责任强制保险基础费率表》中相对应的金额确定基础保险费。

（2）短期基础保险费的计算：投保保险期间不足一年的机动车交强险的，按短期费率系数计收保险费，不足一个月按照一个月计算。具体为：先按《机动车交通事故责任强制保险基础费率表》中对应的金额确定基础保险费，再根据投保期限选择相对应的短期月费率（见表 2－3），两者相乘即为短期基础保险费：

短期基础保险费 = 年基础保险费 × 短期月费率

表 2-3　短期月费率

保险期间/月	1	2	3	4	5	6	7	8	9	10	11	12
短期月费率/%	10	20	30	40	50	60	70	80	85	90	95	100

4. 费率浮动比率

交强险基础费率浮动因素比率按照《机动车交通事故责任强制保险费率浮动暂行办法》（保监发［2007］52 号）执行，参照表 2-4。

表 2-4　费率浮动计算表

浮 动 因 数		浮动比率/%
与道路交通事故相联系的浮动	上一个年度未发生有责任道路交通事故	-10
	上两个年度未发生有责任道路交通事故	-20
	上三个及以上年度未发生有责任道路交通事故	-30
	上一个年度发生一次有责任不涉及死亡的道路交通事故	0
	上一个年度发生两次及两次以上有责任道路交通事故	10
	上一个年度发生有责任死亡的道路交通事故	30

5. 保险费的计算方法

交强险最终保险费 = 交强险基础保险费 ×（1 + 与道路交通事故相联系的浮动费率）

6. 解除保险合同保险费计算方法

有关解除保险合同保险费的计算方法见第四章第四节有关退保内容的介绍。

第三节　汽车商业保险产品与费率

一、汽车商业保险产品概况

汽车商业保险是与汽车责任强制保险相对而言的，目前我国各家财产保险公司经营的汽车保险业务还是以商业保险为主，汽车商业保险按照保障的责任范围分为基本险（也称为主险）和附加险，保险公司可以根据自身特点确定主险险种和附加险险种，各家保险公司的险种结构不完全相同，但是所有保险公司都把车损险和三者险列为主险范畴。

2003 年前，我国采用严格的机动车辆保险条款管理制度，各保险公司统一实行 2000

年由保监会颁布的条款。随着我国机动车辆保险业务的发展，为了提高保险公司经营管理水平和服务质量，保监会于2002年3月4日发布《改革机动车辆保险条款费率管理办法有关问题的通知》，规定机动车辆保险条款费率不再由保监会统一制定，而是由各保险公司自主制定、修改和调整，经保监会备案后，向社会颁布使用。同年8月15日保监会又发布《关于改革机动车辆保险条款费率管理制度的通知》，规定自2003年1月1日起在全国范围内实施新的机动车辆保险条款费率管理制度，2000年颁布的机动车辆保险条款不再在全国统一执行。经过几年的放开，保险监督管理部门看到汽车保险行业出现了一些不正常竞争，严重干扰了汽车保险市场的秩序，为规范市场行为，促进汽车保险行业的有序竞争和良性发展，2006年7月1日，伴随着交强险的实施，车损险和三者险发生重大变化。中国保险行业协会率先提出，各保险公司经营的商业车险将使用同一条款和费率，这一规定于2006年7月1日起正式实施。

2007年3月保监会统一了车险中的主险部分，即车损险和三者险的条款，而对于附加车险，仍允许保险公司进行差异化经营。中国保险行业协会为目前现有的财产保险公司统一制定了包括车损险和三者险的A、B、C三套条款，各保险公司任选其一备案即可。

（一）现行机动车保险险种

目前，各保险公司的主险险种都包括车辆损失险和第三者责任险。除此之外，保险公司把主险险种进行了丰富，如人保公司把提车保险、车上人员责任险补充为主险险种，另外从2007年4月1日起，人保公司将全车盗抢险由以前的购买机动车损失主险的附加险改为可以单独购买的主险。平保把全车盗抢险、车上人员责任险、单程提车三者险补充为主险险种等。根据目前我国保险行业协会的要求，汽车损失险和第三者责任险共制定A、B、C三套条款，各公司在三套中任选一套，选择情况如表2-5所示。

表2-5 我国财产保险公司选择条款情况

条款类别	适用公司	市场占有率/%
A款	阳光、人保、中华联合、大地、天安、永安、安邦、华泰、大众、国寿财险、东京海上等共11家	74.66
B款	平安、华安、太平、永诚、阳光农业、都邦、渤海、华农、民安、安诚、安联广州、美亚上海、利宝互助重庆等13家	13.72
C款	太保、安华农业、上海安信、三井住友上海、中银保险等5家	11.62

作为行业标准产品，A、B、C三款的保障范围、费率结构、费率水平和费率调节系数基本一致、略有差异。最大的不同在于条款体例：A款是分客户群、分车种、分险种的个性化产品体系；B款是综合条款体例；C款为分险种的条款体例。由于三款的体例和文字风格不同，在条款细微的责任上和文字表述上略有不同，对消费者影响很小。尤其是A、B、C三款的费率结构、费率水平和费率调整系数基本上是完全相同的。因此，可以说，A、B、C三款无论是条款还是费率，差异主要在于表现形式的不同，实

质性内容基本一致。本章将以 A 款为例进行讲解。A、B、C 三套条款的险种构成如表 2-6 所示。

表2-6 我国三大保险公司现行的商业险种

公司名称	中国人民财产保险股份有限公司	中国平安财产保险股份有限公司	中国太平洋财产保险股份有限公司
险种	1. 家庭自用汽车损失保险 2. 非营业用汽车损失保险 3. 营业用汽车损失保险 4. 机动车第三者责任保险 5. 机动车车上人员责任险 6. 机动车盗抢险 7. 特种车保险 8. 摩托车、拖拉机保险 9. 机动车提车保险 10. 附加险、特约条款	1. 商业第三者责任保险 2. 车辆损失保险 3. 全车盗抢保险 4. 车上人员责任保险 5. 附加险、特约条款	1. 机动车损失保险 2. 第三者责任保险 3. 车上人员责任险 4. 全车盗抢损失险 5. 单程提车损失保险 6. 单程提车三者险 7. 附加险、特约条款

（二）机动车损失险条款解析

A 款中各险种条款由以下 12 项内容构成：

（1）总则。主要阐述车险合同的形式组成、车险的标的种类、车险合同的性质等。

（2）保险责任。主要阐述保险公司承担保险金赔偿的车辆使用风险。

（3）责任免除。主要阐述保险公司不承担保险金赔偿责任的范围，是对保险责任的限制。

（4）保险金额、责任限额。主要阐述保险金额和责任限额的确定方式。

（5）保险期限。主要阐述车险合同的起止时间，一般为一年，也有短期的，需在保险单中载明具体起止时间点。

（6）保险人义务。主要阐述保险公司应该履行的义务，一般包括条款说明、及时查勘、及时定损、迅速赔偿、替保户保密等。

（7）投保人、被保险人义务。主要阐述投保人、被保险人应该履行的义务，一般包括如实告知、及时交费、出险报案、协助查勘、提供索赔证明资料等。

（8）赔偿处理。主要阐述赔偿方式、赔偿免赔率和被保险人索赔时应提供的相关单证等。

（9）保险费调整。主要阐述续保时投保人享受无赔款优惠的比例等。

（10）合同变更和终止。主要阐述标的转让或相关事项改变时必须办理变更，合同终止时如何扣除或退还保险费等。

（11）争议处理。主要阐述争议解决的方式，一般分为协商、仲裁或诉讼三种方式。

（12）附则。主要阐述前面各项的未尽事宜。

二、汽车损失保险

汽车损失保险是指车辆因遭受保险责任范围内的自然灾害或意外事故，造成车辆本身损失，以及发生的合理施救费用，保险人依照保险合同的规定给予赔偿。车损险为不定值保险，在保险合同中不确定保险标的的保险价值，只列明保险金额，将保险金额作为最高赔偿限额。

由于使用汽车的意外事故很多，为扩大对被保险人的保障，方便投保人购买，汽车损失险一般是提供较综合的保险责任，涵盖碰撞损失和非碰撞损失，我国由于机动车盗抢现象较为严重，发生频率很高，所以将全车盗抢险从汽车损失险保险责任中剔除成立独立险种。目前，A、B、C三套条款中的汽车损失险一般对由碰撞、倾覆、火灾、爆炸等意外事故和暴风、龙卷风等自然灾害引起的车辆损失及发生保险事故时被保险人或其允许的合格驾驶员对车辆采取施救、保护措施所支出的合理费用负责赔偿；对由下列原因造成的车辆损失不负责赔偿：战争、军事冲突、恐怖活动、暴乱、扣押、罚没、政府征用，竞赛、测试，在营业性维修场所修理、养护期间，利用保险车辆从事违法活动，驾驶人员饮酒、吸食或注射毒品、被药物麻醉后使用保险车辆，保险车辆肇事逃逸等。

（一）保险责任及相关解释

汽车损失险的保险责任，指保险期限内被保险人或其允许的合格驾驶人员在使用保险车辆过程中，因为下列原因造成被保险机动车的损失，保险人依照本保险合同的约定负责赔偿责任。而且发生保险事故时，被保险人为了防止或者减少被保险机动车的损失所支付的必要的、合理的施救费用也由保险人承担，但是最高不能超过保险金额的数额。

车损险对由下列原因造成的车辆损失负责赔偿：

（1）碰撞、倾覆、坠落。

（2）火灾、爆炸。

（3）外界物体坠落、倒塌。

（4）暴风、龙卷风。

（5）雷击、雹灾、暴雨、洪水、海啸。

（6）地陷、冰陷、崖崩、雪崩、泥石流、滑坡。

（7）载运被保险机动车的渡船遭受自然灾害（只限于驾驶人随船的情形）。

这里我们需要注意理解所谓“被保险人允许的合格驾驶人员”，一般规定如下：驾驶人员应同时具备两个条件，一是允许，指被保险人委派、雇用、认可的车辆驾驶员；二是合格，指上述驾驶人员必须持有效驾驶执照，并且所驾驶车辆与驾驶执照规定的准驾车类相符，驾驶出租汽车或营运性客车的驾驶员还必须具备交通运输管理部门核发的许可证书或其他必备证书，否则仍认定为不合格。只有“允许”和“合格”两个条件同时具备的驾驶员在使用保险车辆发生保险事故造成损失时，保险人才予以赔偿。保险车辆被人私自开走，或未经车主、保险车辆所属单位主管负责人同意，驾驶员私自许诺他人开车，均不能视为“被保险人允许的合格驾驶人员”开车，此类情况发生肇事，保险人不予赔偿。

所谓“使用保险车辆过程中”规定为：保险车辆被运用的整个过程，包括行驶和停放。

一般汽车损失险的保险责任采用列明的方式，未列明的不属于保险责任范围。

1. 保险责任中的名词解释

（1）碰撞，指被保险机动车与外界物体直接接触并发生意外撞击，产生撞击痕迹的现象。包括被保险机动车按规定载运货物时，所载货物与外界物体的意外撞击。注意，碰撞应是保险车辆与外界物体直接接触，车辆的人为划痕不属于碰撞范围。

（2）倾覆，指意外事故导致被保险机动车翻倒（两轮以上离地，车体触地），处于失去正常状态和行驶能力，不经施救不能恢复行驶的状态。

（3）坠落，指被保险机动车在行驶中发生意外事故，整车腾空后下落，造成本车损失的情况。非整车腾空，仅由颠簸造成被保险机动车损失的，不属于坠落责任。

（4）火灾，指被保险机动车本身以外的火源引起的、在时间或空间上失去控制的燃烧（有热、有光、有火焰的剧烈的氧化反应）所造成的灾害。

（5）爆炸，指车辆以外的物体在瞬间分解或燃烧时放出大量的热的气体，并以很大压力向四周扩散，形成破坏力，进而导致车辆损失。发动机内部原因发生爆炸或爆裂、轮胎爆炸等造成的损失，一般不属于爆炸范围。

（6）外界物体坠落，指车辆以外的物体掉落到车上导致车辆损失。

（7）外界物体倒塌，指占有一定空间的个体倒下或陷下造成车辆受损。

（8）暴风，指风力速度达到28.5 m/s（相当于11级大风）以上的大风导致车辆损失。风速以气象部门公布的为准。

（9）龙卷风，指一种时间短的猛烈旋风，平均风速在79～103 m/s的大风导致的车辆损失。

（10）雷击，指由于雷电直接击中保险车辆或通过其他物体引起车辆损失。

（11）雹灾，指由于冰雹降落造成车辆受损。

（12）暴雨，指每小时降雨量达16 mm以上，或连续12 h降雨量达30 mm以上或连续24 h降雨量达50 mm以上的大雨造成车辆损失。

（13）洪水，指因江河泛滥、山洪暴发、潮水上岸及倒灌，致使车辆遭受浸泡、淹没损失。

（14）海啸，指由于地震或风暴而造成海面巨大涨落现象，以致海水上岸泡损、淹没、冲失车辆。

（15）地陷，指地壳因为自然变异、地层收缩而发生突然塌陷以及海潮、河流、大雨侵蚀时，地下有孔穴、矿穴，导致不能移去面突然塌陷。

（16）冰陷，指在公安交通管理部门允许车辆行驶的冰面上，车辆通行时，冰面突然下陷造成车辆损失。

（17）崖崩，指石崖、土崖因自然风化、雨蚀而崩裂下塌，或山上岩石滚落，或雨水使山上沙土透湿而崩塌。

（18）雪崩，指由于大量积雪突然崩落，致使车辆遭受损失。

（19）泥石流，指山地突然爆发饱含大量泥沙、石块的洪流造成车辆受损。

（20）滑坡，指斜坡上不稳的岩体或土体在重力作用下突然整体向下滑动造成车辆受损。

（21）载运车辆的渡船遭受自然灾害危险，指车辆在行驶途中因需跨过江河、湖泊、海峡才能恢复到道路行驶而过渡，驾驶员把车辆开上渡船，并随船同行把车照料到对岸，这期间因遭受自然灾害，致使车辆本身发生损失。

2. 施救费用的解释

施救费用是指发生事故时，为减少和避免车辆损失所施行的抢救行为而产生的费用。该费用必须是必要的、合理的，即施救行为支出的费用是直接的、必要的，并符合国家有关政策规定的。具体应遵循以下几点原则：

（1）保险车辆发生火灾时，被保险人或其允许的驾驶员使用他人非专业消防单位的消防设备，施救保险车辆所消耗的合理费用及设备损失应当赔偿。

（2）保险车辆出险后，失去正常的行驶能力，被保险人雇用吊车及其他车辆进行抢救的费用，以及将出险车辆拖运到修理厂的运输费用，保险人应按当地物价部门核准的收费标准赔付。

（3）在抢救过程中，因抢救而损坏他人的财产，如果应由被保险人赔偿的，可予以赔偿。但在抢救时，抢救人员个人物品的丢失，不予赔偿。

（4）抢救车辆在拖运受损保险车辆途中发生意外事故造成保险车辆的损失扩大部分和费用支出增加部分，如果该抢救车辆是被保险人自己或他人义务派来抢救的，应予赔偿；如果该抢救车辆是受雇的，则不予赔偿。

（5）保险车辆出险后，被保险人或其允许的驾驶员或其代表奔赴肇事现场处理所支出的费用，不予负责。

（6）保险人只对保险车辆的施救费用负责。例如：保险车辆发生保险事故后，受损保险车辆与其所装货物同时被施救，应按保险车辆与货物的实际价值进行比例分摊赔偿。

（7）保险车辆为进口车或特种车，发生保险事故后，当地确实不能修理，经保险人同意后去外地修理的移送费，可予适当负责。但护送保险车辆者的工资和差旅费，不予负责。

（8）施救费用与修理费用应分别理算。一般来说，施救前，如果施救、保护费用与修理费用相加，估计已达到或超过保险金额时，则可推定全损予以赔偿。

（9）保险车辆发生保险事故后，对其停车费、保管费、扣车费及各种罚款，保险人不予负责。

（二）责任免除

责任免除是指保险人不负赔偿责任的范围。保险人一般对车辆遭受的以下危险和损失不予负责。

1. 不保危险

（1）地震。地震是指因地壳发生急剧自然变异，影响地面而发生震动的现象。地震是一种破坏力极大的灾害，当其发生时，大多数标的均会遭受损失，所以一般保险公司都把地震列为不保之列。在汽车损失险中规定：无论地震使车辆直接受损，还是造成外界物体倒塌所致车辆损失，保险人都不负责赔偿。

（2）战争、军事冲突、恐怖活动、暴乱。战争是指国家与国家、民族与民族、政治集团与政治集团之间为了一定的政治、经济目的而进行的武装斗争。军事冲突是指国家或民族间在一定范围内的武装对抗。恐怖活动是指恐怖分子制造的危害社会稳定、危及人的生命与财产安全的活动。暴乱是指破坏社会秩序的武装骚动。

战争、军事冲突、恐怖活动及暴乱以政府宣布为准。它们所造成的破坏后果极其严重，损失程度也非一般灾害事故那样所能预测，所以保险人对此危险不予承保。

（3）扣押、罚没、政府征用。扣押是指采用强制手段和扣留保险车辆。罚没是指司法或行政机关没收违法者的保险车辆，作为处罚。政府征用是指政府使用行政手段有偿或无偿占用保险车辆。

（4）竞赛、测试。竞赛是指保险车辆作为赛车直接参加车辆比赛活动。测试是指对保险车辆的性能和技术参数进行测量或试验。

（5）在营业性维修场所修理、养护期间，指保险车辆从进入维修厂（站、店）开始到保养、修理结束并验收合格提车时止，包括保养、修理过程中的测试。

（6）利用保险车辆从事违法活动，指被保险人及其允许的驾驶员利用保险车辆从事法律、法规不允许的活动和经营。这种从事违法活动的行为不利于社会安定，不符合保险稳定社会生产和社会生活的宗旨，保险公司不予保障。

（7）驾驶人员饮酒，指驾驶员饮酒后或醉酒后开车。酒后开车，会使驾驶员判断力下降、动作失灵，极易发生车祸。各国交通法规和政府法令都严禁酒后开车，所以饮酒开车也是一种违法行为，对此造成的车辆损失，保险公司不负赔偿责任。

对驾驶人员饮酒开车的判定，可根据下列证据：

① 交通管理部门处理交通事故时作出的酒后驾车结论。

② 有饮酒后开车的证据，如直觉嗅到驾驶员酒气、接到驾驶员酒后开车的举报并经调查取得证实的。

（8）吸食或注射毒品，指驾驶员吸食或注射鸦片、吗啡、海洛因、大麻、可卡因以及国务院规定管制的其他能够使人形成瘾癖的麻醉药品和精神药品。

吸食或注射毒品的驾驶员在驾驶车辆过程中，一旦毒瘾发作便无法控制自己的情绪，更谈不上准确驾驶车辆。还会产生幻觉，形成精神抑制或飘然感，也无法按正常意志驾驶车辆。这类人驾驶保险车辆所发生的任何损失和费用，保险公司均不负责。

（9）被药物麻醉后，指驾驶员吸入或注射有麻醉成分的药品，整个身体或身体的某一部分暂时失去控制。

在身体失去控制的情况下驾驶车辆的危险很大，保险公司对此造成的车辆损失不予负责。

（10）事故发生后，被保险人或者其允许的驾驶人在未依法采取措施的情况下驾驶被保险机动车或者遗弃被保险人机动车逃离事故现场，或者故意破坏、伪造现场、毁灭证据。

肇事逃逸首先是一种违法行为，保险公司对此造成的车辆损失不负赔偿责任。另外，被保险人的逃逸行为有可能加重保险人的合同义务，如被保险人承担事故的主要责任，由于有逃逸行为，一般被认定为负事故的全部责任，这就加重保险公司的赔偿责任，保险公司对此不予赔偿。

（11）驾驶人员有下列情形之一者：

① 无驾驶证或驾驶证失效。

② 驾驶车辆与驾驶证准驾车型不相符。

③ 持未按规定审验的驾驶证，以及在暂扣、扣留、吊销、注销驾驶证期间驾驶被保

险车辆。

④ 依照法律法规或公安交通管理部门有关规定不允许驾驶被保险机动车的其他情况下驾车。

（12）非被保险人允许的驾驶人员使用保险车辆。

（13）被保险机动车转让他人，未向保险人办理批改手续。

（14）除另有约定外，发生保险事故时被保险机动车无公安机关交通管理部门核发的行驶证或号牌，或未按照规定检验或检验不合格。

2. 不保损失

（1）自然磨损、锈蚀、腐蚀、故障。自然磨损是指车辆由于使用造成的正常机件损耗。锈蚀是指机件与有害气体、液体相接触，被腐蚀损坏。这都是正常现象，不属于意外事故，不属于保险公司的保险责任范围。但由于自然磨损、锈蚀而引起的保险事故（如碰撞、倾覆等），造成保险车辆其他部位的损失，保险人应予赔偿。故障是指由于车辆某个部件或系统性能发生问题，影响车辆正常工作。故障是质量不佳、磨损和老化及破坏的结果，不是自然灾害或意外事故所造成的损失，所以保险人不负赔偿责任。但由于故障而引起保险事故（如碰撞、倾覆等），造成保险车辆其他部位的损失，保险人应予赔偿。

（2）玻璃单独破碎、车轮单独损坏，是指未发生被保险机动车其他部位损坏，仅发生玻璃、轮胎、轮辋、轮毂罩的损坏。

挡风玻璃和车窗玻璃的单独损坏多是人为因素导致，系故意行为，虽说有时对被保险人是一种意外事故，但保险承担的风险较大，所以在基本险的汽车损失险中一般将其列为责任免除范围，再单独开设玻璃单独破碎险予以保障。

车轮单独损坏的道德风险较大，所以保险人不负赔偿责任。

（3）无明显碰撞痕迹的车身划痕，指车身表面只需用涂饰修理工艺即可修复的损伤。

该损伤容易引发道德风险，所以保险人在基本险的汽车损失险中一般将其列为责任免除范围，而再单独开设车身划痕险予以保障。

（4）人工直接供油、高温烘烤造成的损失。人工直接供油是指不经过车辆正常供油系统的供油。高温烘烤是指无论是否使用明火，凡违反车辆安全操作规则的加热、烘烤升温的行为。人工直接供油、高温烘烤极易引起火灾等，故保险人对由此造成的车辆损失不负赔偿责任。

（5）自燃以及不明原因引起火灾造成的损失。自燃是指在没有外界火源的情况下，由于本车电器、线路、供油系统、供气系统等被保险机动车自身原因发生故障或所载货物自身原因起火燃烧。不明原因产生火灾是指公安消防部门提供的《火灾原因认定书》中认定的起火原因不明的火灾。

火灾是汽车损失险中的保险责任，由于火灾造成车辆损失一般都较为严重，通常可达到全损程度，所以一些不法之徒经常利用火灾进行欺诈骗赔，致使电器失火、原因不明失火不断出现。为有效遏制道德风险，保护投保人利益，保险条款中将自燃以及不明原因引起火灾列为责任免除范围。

（6）遭受保险责任范围内的损失后，未经必要修理继续使用，致使损失扩大的部分。

由于使用受损车或修理后未达标准的车必然加大原有损失程度，因此保险人对扩大的损失不负赔偿责任。这主要是为了保障行车安全，避免被保险人或其允许驾驶员因投了保险而随意使用已损坏的车辆，造成由于带病运行引发的再次事故。

（7）因污染（含放射性污染）物造成的损失。因外界污染（含放射性污染）物造成的车辆损失保险人不负责赔偿。

（8）因市场价格变动造成的贬值，修理后因价值降低引起的损失。这种损失表现为车辆本身价值的减少，对此保险人不负责赔偿。

（9）车辆标准配置以外，未投保的新增设备的损失。是指保险车辆在原有附属设备外，被保险人另外加装或改装的设备与设施，如在保险车辆上加装制冷、加氧设备、清洁燃料设备、CD及电视录像设备、检测设备、真皮或电动坐椅、电动升降器、防盗设备等。这些都不属于保险标的，对此新增设备的损失保险人不负责赔偿。

（10）发动机进水后导致的发动机损坏。由于发动机进水或者进水熄火以后，强行起动发动机经常会造成发动机损坏，而且发动机的价值高，很难计算出一个合理的费率，所以把它列为不保损失范围。曾经有南方个别城市单独推行过发动机进水险，但是由于台风等恶劣天气给保险公司造成了很大的经济损失，这个险种又被取消了。

（11）被保险车辆所载货物坠落、倒塌、撞击、泄漏造成的损失。这种损失一般是由于驾驶员责任心不强或装载不当引起，对此造成的车辆损失保险人不负责赔偿。如车厢中货物在行驶中由于固定不好，可能会产生前后移位，导致撞坏车辆拦板，再如车辆所载液体或气体因流泄、泄漏而对车辆造成腐蚀、污染损失，等等。对此保险人不负责赔偿。

（12）被盗窃、抢劫、抢夺，以及因被盗窃、抢劫、抢夺受到损坏或车上零部件、附属设备丢失。这种损失因风险较大而有单独的附加险种，基本险不予负责。附属设备是指购买新车时，随车装备的基本设备。随车工具、新增加设备等，不属于附属设备。

（13）被保险人或驾驶人员的故意行为造成的损失。这种损失是被保险人或驾驶人员可预见的或可抗拒的事件发生造成的车辆损失。故意行为是道德风险，保险人不予保障。

（14）应由交强险赔偿的金额。保险事故的赔偿顺序是先由交强险赔偿，再由商业保险赔偿。所以对交强险财产损失限额内的损失与费用，商业性的汽车损失险不予赔偿。

（15）保险人在依据保险合同约定计算赔款的基础上，按照下列免赔率免赔。

① 负次要责任的免赔5%。

② 负同等责任的免赔8%。

③ 负主要责任的免赔10%。

④ 负全部责任或单方肇事事故的免赔15%。

⑤ 被保险机动车的损失应当由第三方负责赔偿的，无法找到第三方时，免赔30%。

⑥ 被保险人根据有关法律法规规定选择自行协商方式处理交通事故，不能证明事故原因的，免赔20%。

⑦ 投保时指定驾驶人，保险事故发生时为非指定驾驶人使用被保险机动车的，增加免赔率10%。

⑧ 投保时约定行驶区域，保险事故发生在约定行驶区域以外的，增加免赔率10%。

免赔部分是保险人与被保险人在保险合同中约定的不予负责赔偿的部分。双方约定免赔部分实际上是保险人与被保险人对保险标的进行的一个共同保险行为，其主要目的是提高被保险人的责任心，避免被保险人因购买机动车辆保险而产生心理风险，如被保险人可能会因存在保险保障而疏于对车辆的管理或驾驶时精力不集中等。

（三）保险金额

汽车损失险保险金额由投保人和保险人从下列三种方式中选择确定，保险人根据确定保险金额的不同方式承担相应的赔偿责任。

（1）按投保时保险车辆的新车购置价确定。

新车购置价是指在保险合同签订地购置与保险车辆同类型新车（含车辆购置税）的价格。如果没有同类型新车市场销售价格的，由投保人与保险人协商确定。

（2）按投保时保险车辆的实际价值确定。

实际价值是指同类型车辆新车购置价减去折旧金额后的价格。A、B、C 三套条款对相应的车型都规定了折旧率，例如，A 款对家庭自用汽车：不足一个月的部分，不计折旧。9 座以下客车月折旧率规定为 0.6%；10 座以上客车月折旧率规定为 0.9%；最高折旧额不超过投保时被保险机动车新车购置价的 80%。

折旧金额 = 投保时的新车购置价 × 被保险机动车已经使用月数 × 月折旧率

（3）在投保时保险车辆的新车购置价内协商确定。

（四）保险期限

机动车辆保险合同期限通常为一年，以保险单载明的起止时间为准。另外，也有些保险合同的期限不足一年，应按短期费率计收保险费。

（五）双方义务

保险合同要想顺利执行，保险方和投保方都必须尽职尽责地履行自己的义务。A、B、C 三套条款对保险方和投保方应履行的义务都是根据《保险法》规定要求的，具体规定如下。

1. 保险方义务

（1）保险人在承保时，应向投保人说明投保险种的保险责任、责任免除、保险期限、保险费及支付办法、投保人和被保险人义务等内容。

（2）保险人应及时受理被保险人的事故报案，并尽快查勘。

保险人接到报案后 48 h 内未进行查勘且未给予受理意见，造成财产损失无法确定的，以被保险人提供的财产损毁照片、损失清单、事故证明和修理发票作为赔付理算依据。

（3）保险人收到被保险人的索赔请求后，应及时作出核定：

① 保险人应根据事故性质、损失情况，及时向被保险人提供索赔须知；审核索赔材料后认为有关的证明和资料不完整的，应及时通知被保险人补充提供有关证明和资料。

② 在被保险人提供各种必要单证后，保险人应迅速审查核定，并将核定结果及时通知被保险人。

③ 对属于保险责任的，保险人应在与被保险人达成赔偿协议后 10 日内支付赔款。

（4）保险人在办理保险业务中对投保人、被保险人的业务和财产情况及个人隐私，负有保密义务。

2. 投保方义务

（1）投保人应如实填写投保单并回答保险人提出的询问，履行如实告知义务，并提供被保险机动车行驶证复印件、机动车登记证书复印件，如果指定驾驶人的，应当同时提供被指定驾驶人的驾驶证复印件。

（2）在保险期限内，保险车辆改装、加装或非营业用车辆从事营运业运输等，导致保险车辆危险程度增加的，应及时书面通知保险人。否则，因保险车辆危险程度增加而发生的保险事故，保险人不承担赔偿责任。

（3）投保人应在保险合同成立时交清保险费；保险费交清前发生的保险事故，保险人不承担赔偿责任。

（4）发生保险事故时，被保险人应及时采取合理的、必要的施救和保护措施，防止或者减少损失，并在保险事故发生后48 h内通知保险人。否则，造成损失无法确定或扩大的部分，保险人不承担赔偿责任。

（5）发生保险事故后，被保险人应积极协助保险人进行现场查勘。

（6）被保险人在索赔时应提供有关的证明和资料。例如：保险单、损失清单、有关费用单据、保险车辆行驶证和发生事故时驾驶人员的驾驶证。属于道路交通事故的，被保险人应提供公安机关交通管理部门或法院等机构出具的事故证明、有关的法律文书（裁定书、裁决书、调解书、判决书等）。属于非道路交通事故或公安机关交通管理部门不进行处理的事故的，应提供相关的事故证明。

（7）因第三方对保险车辆的损害而造成保险事故的，保险人自向被保险人赔偿保险金之日起，在赔偿金额范围内代位行使被保险人对第三方请求赔偿的权利，但被保险人必须协助保险人向第三方追偿。由于被保险人放弃对第三方的请求赔偿的权利或过错致使保险人不能行使代位追偿权利的，保险人不承担赔偿责任或相应扣减保险赔偿金。

（8）发生与保险赔偿有关的仲裁或者诉讼时，被保险人应及时书面通知保险人。

（六）赔偿处理

赔偿是保险标的遭到保险责任范围内的自然灾害或意外事故损失后，保险人对被保险人进行经济补偿的履约事项过程。赔偿处理一般包括车损险的赔偿计算、施救费用的赔偿计算、残值处理、事故责任比例确定、修复方式、重复保险的赔偿、合同终止条件等内容。

1. 车损险的赔偿计算

（1）投保时按照被保险机动车的新车购置价确定保险金额的：

① 发生全部损失时，在保险金额内计算赔偿，保险金额高于保险事故发生时保险机动车实际价值的，按保险事故发生时保险机动车的实际价值计算赔偿。

保险事故发生时被保险机动车的实际价值根据保险事故发生时的新车购置价减去折旧金额后的价格确定。其中，

$$折旧金额 = 保险事故发生时的新车购置价 \times 被保险机动车已使用月数 \times 月折旧率$$

保险事故发生时的新车购置价根据保险事故发生时保险合同签订地同类型新车的市场销售价格（含车辆购置税）确定，无同类型新车市场销售价格的，由被保险人与保险人协商确定。

② 发生部分损失时，按核定修理费用计算赔偿，但不得超过保险事故发生时保险车辆的实际价值。

（2）投保时按保险车辆的实际价值确定保险金额或协商确定保险金额的：

① 发生全部损失时，保险金额高于保险事故发生时保险车辆实际价值的，以保险事故发生时保险车辆的实际价值计算赔偿；保险金额等于或低于保险事故发生时保险车辆实

际价值的，按保险金额计算赔偿。

② 发生部分损失时，按保险金额与投保时被保险机动车的新车购置价的比例计算赔偿，但不得超过保险事故发生时保险车辆的实际价值。

2. 施救费用的赔偿计算

计算方法同车损险的赔偿计算方法。但须注意以下事项：

（1）施救费用在保险机动车损失赔偿金额外另行计算，最高不超过保险金额。

（2）被施救的财产中，含有本保险合同未承保财产的，按保险车辆与被施救财产价值的比例分摊施救费用。

3. 残值处理

保险车辆遭受损失后的残余部分归被保险人，由保险人、被保险人协商处理。

4. 事故责任比例确定

保险人依据保险机动车驾驶人员在事故中所负的责任比例，承担相应的赔偿责任。

被保险人或被保险机动车驾驶人根据有关法律规定选择自行协商或由公安机关交通管理部门处理，未确定事故责任比例的，按照下列规定确定事故责任比例：

①被保险机动车方负主要事故责任的，事故责任比例为70%。

②被保险机动车方负同等事故责任的，事故责任比例为50%。

③被保险机动车方负次要事故责任的，事故责任比例为30%。

5. 修复方式

因保险事故损坏的保险车辆，应尽量修复。

修理前被保险人应会同保险人检验、协商确定修理的项目、方式和费用。否则，保险人有权重新核定或拒绝赔偿。

保险事故发生后，被保险人经与保险人协商确定保险车辆的修理项目、方式和费用，可自行选择修理厂，也可选择保险人推荐的修理厂。

6. 重复保险的赔偿

机动车重复保险的，保险人按合同保险金额与各保险合同保险金额的总和的比例承担赔偿责任。其他保险人应承担的赔偿金额，保险人不负责赔偿和垫付。

7. 不构成保险人对赔偿的承诺的行为

保险人受理报案、现场勘查、参与诉讼、进行抗辩、向被保险人提供专业建议等行为，均不构成保险人对赔偿的承诺。

8. 合同终止的条件

在下列情况下，保险人支付赔款后，保险合同终止，保险人不退还车损险及其附加险的保险费：

（1）保险机动车发生全部损失。

（2）按投保时保险车辆的实际价值确定保险金额的，一次赔款金额与免赔金额之和（不含施救费）达到保险事故发生时保险车辆的实际价值。

（3）保险金额低于投保车辆实际价值的，一次赔款金额与免赔金额之和（不含施救费）达到保险金额。

（七）其他

1. 保险费调整

根据上一保险期间发生本保险及其附加险赔偿的次数，在续保时实行保险费浮动。

2. 合同事项

（1）合同变更：保险合同的内容如需变更，须经保险人与投保人书面协商。在保险期限内，保险车辆转卖、转让、赠与他人，被保险人应书面通知保险人并办理批改手续。未办理批改手续的，保险人不承担赔偿责任。

（2）合同解除：一般投保人可随时解除合同，保险人不能解除合同。保险责任开始前，投保人要求解除保险合同的，应向保险人支付应交保险费退保手续费，保险人应退还保险费。保险责任开始后，投保人要求解除保险合同的，自通知保险人之日起，保险合同解除。保险人按短期月费率（参见表2-3）收取自保险责任开始之日起至合同解除之日止的保险费，并退还剩余部分保险费。

（3）合同争议处理：因履行本合同发生争议，由当事人协商解决。协商不成的，提交保险单载明的仲裁机构仲裁。保险单未载明仲裁机构或者争议发生后未达成仲裁协议的，可向人民法院起诉。

三、汽车第三者责任保险

汽车第三者责任保险是指保险汽车因意外事故，致使他人遭受人身伤亡或财产的直接损失，保险人依照保险合同的规定给予赔偿的保险。

我国A、B、C三套条款中的第三者责任险一般对车辆发生意外事故导致的第三者人身伤亡或财产直接损毁而由被保险人承担的经济赔偿责任负责赔偿。

本节只介绍A款的汽车第三者责任保险。

（一）保险责任及相关解释

第三者责任险的保险责任，指保险期间内，被保险人或其允许的合法驾驶人在使用被保险机动车过程中发生意外事故，致使第三者遭受人身伤亡或财产直接损毁，依法应由被保险人承担的损害赔偿责任，保险人依照合同约定，对于超过交强险各分项赔偿限额以上的部分负责赔偿。其中：

（1）被保险人或其允许的合格驾驶员在使用保险车辆过程中的含义与车损险条款相同。

（2）意外事故，是指行为人不是出于故意，而是行为人不可预见的以及不可抗拒的原因造成人员伤亡或财产损失的突发事件。包括在道路上发生的道路交通事故以及不在道路上（如停车场）发生的非道路交通事故。

（3）第三者。在保险合同中，保险人为第一方，也叫第一者；被保险人或致害者是第二方，也叫第二者；除保险人与被保险人之外的，因为保险车辆的意外事故而遭受人身伤亡或财产损失的受害人是第三方，也叫第三者。

（4）人身伤亡，是指人的身体受伤害或人的生命终止。

（5）直接损毁，是指保险车辆发生意外事故，直接造成事故现场他人现有财产的实际损毁。

（6）依法应由被保险人支付的赔偿金额，是指依照有关法律（主要是道路交通安全法及民法）、法规（主要指交通事故处理规定及最高人民法院关于损害赔偿的司法解释）按保险人或允许的合格的驾驶员承担的事故责任所应当支付的赔偿金额。

(7) 被保险人或其允许的合格驾驶员，应同时具备以下两个条件：

①被保险人本人以及被保险人委派、雇用或许可的驾驶人员。

②合格驾驶员是指驾驶保险车辆的驾驶员，必须持有有效驾驶证，且驾驶车辆与驾驶证规定的准驾车型相符；驾驶出租车或者营业客车的还需要具备交通运输管理部门核发的许可证。

(二) 责任免除

1. 不属于第三者范围的

保险车辆造成下列人员伤亡或财产损毁，无论在法律上是否应当由被保险人承担赔偿责任，保险人均不负责赔偿：

(1) 被保险人及其家庭成员的人身伤亡、所有或代管的财产的损失。

(2) 被保险机动车本车驾驶人员及其家庭成员的人身伤亡、所有或代管的财产的损失。

(3) 被保险机动车本车上其他人员的人身伤亡或财产损失。

2. 不保危险

第三者责任险的不保风险基本与车损险的不保风险相同。具体为：地震，战争、军事冲突、恐怖活动、暴乱，扣押、罚没、政府征用，竞赛、测试，在营业性维修场所修理、养护期间，利用保险车辆从事违法活动，驾驶人员饮酒，吸食或注射毒品，被药物麻醉后使用保险车辆，保险车辆肇事逃逸，驾驶人员无有效驾驶证，非被保险人允许的驾驶人员使用保险车辆，保险车辆不具备有效行驶证件（以上各术语的含义同车损险部分)。

3. 不保损失

(1) 中间损失：被保险机动车辆发生意外事故，致使第三者停业、停电、停水、停气、停产、通信中断的损失以及其他各种间接损失，保险人不负责赔偿。

(2) 精神损害赔偿。

(3) 因污染（含放射性污染）造成的损失。

(4) 第三者财产因市场价格变动造成的贬值、修理后因价值降低引起的损失。

(5) 保险车辆被盗窃、抢劫、抢夺造成第三者人身伤亡或财产损失。

(6) 被保险人或驾驶人员的故意行为造成的损失。

(7) 应当由交强险赔偿的损失和费用，商业三者险不负责赔偿。

(8) 根据条款规定，保险人不负责免赔部分的费用。免赔部分是保险人与被保险人在保险合同中约定的不予负责赔偿的部分。

① 负次要责任的免赔 5%。

② 负同等责任的免赔 10%。

③ 负主要责任的免赔 15%。

④ 负全部责任或单方肇事事故的免赔 20%。

⑤ 违反安全装载规定的，增加免赔率 10%。

⑥ 投保时指定驾驶人，保险事故发生时为非指定驾驶人使用被保险机动车的，增加免赔率 10%。

⑦ 投保时约定行驶区域，保险事故发生在约定行驶区域以外的，增加免赔率 10%。

(9) 仲裁或者诉讼费用以及其他相关费用。

（10）其他不属于保险责任范围内的损失和费用。

凡不属于三者险保险责任范围的损失和费用，在责任免除部分又没有明确列明的，都是其他不属于保险责任范围内的损失和费用，对此保险人不负责赔偿。

（三）责任限额

（1）每次事故的责任限额，由投保人和保险人在签订本保险合同时按保险监管部门批准的限额档次协商确定。三者险的责任限额分为 5 万元、10 万元、15 万元、20 万元、30 万元、50 万元、100 万元等 7 个档次。责任限额由投保人和保险人在签订保险合同时协商确定。

（2）车和挂车连接使用时视为一体，发生保险事故时，有主车保险人和挂车保险人按照保险单上载明的第三者责任保险责任限额的比例，在各自的责任限额内承担赔偿责任，但赔偿金额总和以主车的责任限额为限。

（四）赔偿处理

（1）被保险人索赔时，应当向保险人提供与确认保险事故的性质、原因、损失程度等有关的证明和资料。

被保险人应当提供保险单、损失清单、有关费用单据、被保险机动车行驶证和发生事故时驾驶人的驾驶证。

属于道路交通事故的，被保险人应当提供公安机关交通管理部门或法院等机构出具的事故证明、有关的法律文书（判决书、调解书、裁定书、裁决书等）及其他证明。

赔偿金额计算按照道路交通事故处理和人身损害赔偿的相关规定，扣除交强险的分项赔偿限额后，在保险单载明的责任限额内核定赔偿金额。具体如下：

①当被保险人应负的赔偿金额超过责任限额时：

$$赔款 = 责任限额 \times (1 - 免赔率)$$

②当被保险人应负的赔偿金额低于责任限额时：

$$赔款 = 应负赔偿金额 \times (1 - 免赔率)$$

（2）因保险事故损坏的第三者财产，应当尽量修复。修理前被保险人应当会同保险人检验，协商确定修理项目、方式和费用。否则，保险人有权重新核定；无法重新核定的保险人有权拒绝赔偿。

（3）保险人依据被保险机动车驾驶人在事故中所负的事故责任比例，承担相应的赔偿。这一点与汽车损失险的规定相同。

（4）保险事故发生后，保险人按照国家有关法律规定的赔偿范围、项目和标准以及本保险合同的约定，在保险单载明的责任限额内核定赔偿金额。

保险人按照国家基本医疗保险的标准核定医疗费用的赔偿金额。

未经保险人书面同意，被保险人自行承诺或支付的赔偿金额，保险人有权重新核定。不属于保险人应赔付范围或超出保险人应赔偿金额的，保险人不承担赔偿责任。

（5）重复投保情况的赔付方式与汽车损失险相同。

（6）保险人受理报案、现场勘查、参与诉讼、进行抗辩、向被保险人提供专业建议等行为，均不构成保险人对赔偿责任的承诺。

（7）保险人支付赔款后，对被保险人追加的索赔请求，保险人不承担赔偿责任。

（8）被保险人获得赔偿后，本保险合同继续有效，直至保险期间届满。

（五）其他

关于三者险的保险期间、合同双方的义务、保险费调整、合同变更和终止、争议处理等内容基本等同于车损险部分的规定。

四、汽车车上人员责任险

（一）保险责任

保险期间被保险人或其允许的驾驶人在使用被保险机动车过程中发生意外事故，造成被保险车辆上人员的人身伤亡，依法应由被保险人承担的经济赔偿责任，保险人依照本保险合同的约定负责赔偿。

（二）责任免除

（1）被保险人及驾驶人的故意行为造成的人身伤亡。

（2）被保险人及驾驶人以外的其他车上人员的故意、重大过失行为造成的人身伤亡。

（3）违法、违章搭乘人员的人身伤亡。

（4）车上人员因疾病、分娩、自残、殴斗、自杀、犯罪行为造成的人身伤亡。

（5）车上人员在被保险汽车车下时遭受的人身伤亡。

（6）其他的不保风险和不保损失基本与第三者责任险相同。

（三）责任限额

驾驶人每次事故每人责任限额由投保人和保险人在投保时协商确定。投保乘客座位数按照被保险机动车的核定载客数（驾驶人座位除外）为限。

（四）赔偿处理

（1）被保险机动车与其他机动车发生交通事故的，保险人依据被保险机动车驾驶人在事故中所负的责任比例，承担相应赔偿责任。

（2）车上人员的人身伤亡按国家有关法律、法规规定的赔偿范围、项目和标准以及保险合同的约定进行赔偿，每人赔偿金额不超过保险单载明的每人责任限额，赔偿人数以投保座位数为限。赔偿金额的核定按照国家基本医疗保险的标准进行。

（3）免赔率：负次要责任的免赔 5%；负同等责任的免赔 8%；负主要责任的免赔 10%；负全部责任或单方肇事事故的免赔 15%；投保时指定驾驶人，保险事故发生时为非指定驾驶人使用被保险机动车的，增加免赔率 10%；投保人约定行驶区域的，保险事故发生在约定区域以外的，增加免赔率 10%。

（4）赔偿处理的其他条款规定与三者险的赔偿处理基本相同。

五、全车盗抢保险

A 款商业车险中，2007 年 4 月 1 日以前盗抢险是车损险的附加险，车主必须在购买了主险（车损险）后才能购买盗抢险。而在新版商业车险中，盗抢险被列为主险。所以新款交强险启用后，车主不买车损险也可以买盗抢险。

（一）保险责任

（1）被保险车辆被盗窃、抢劫、抢夺，经出险当地县级以上公安刑侦部门立案证明，自立案起满 60 天未查明下落的全车损失。

（2）被保险车辆全车被盗窃、抢劫、抢夺期间发生的车辆损坏需要修复的合理费用。

（3）被保险事故发生后，被保险人为防止或减少保险车辆的损失所支付的必要的、合理的费用。

（二）责任免除

（1）非全车遭盗窃，仅车上零部件或附属设备被盗窃、抢劫、抢夺、损坏。

（2）诈骗行为造成的损失。

（3）承租人以及经许可使用保险车辆的驾驶人与保险车辆同时失踪。

（4）保险车辆被有关机关罚没、扣押、查封以及期间发生的损失。

（5）未按保险合同交纳保险费。

（6）保险车辆被盗窃、抢劫、抢夺期间造成的第三者人身伤亡或财产损失。

（7）因民事、经济纠纷而导致保险车辆被盗窃、抢劫、抢夺。

（8）被保险人及其家庭成员、被保险人允许的驾驶人的故意或违法行为造成的全车或部分损失。

（三）保险金额

保险金额由投保人与保险人在实际价值内协商确定。当车辆的实际价值高于购车发票金额时，以购车发票金额确定保险金额。

（四）赔偿处理

（1）被保险人知道保险事故发生后，应在 24 h 内向出险当地公安刑侦部门报案，并通知保险人。

（2）被保险人索赔时，须提供保险单、机动车行驶证、机动车登记证书、机动车来历凭证、车辆购置税完税证明（车辆购置附加费缴费证明）或免税证明、机动车停驶手续以及出险当地县级以上公安刑侦部门出具的盗抢立案证明。

（3）全车损失，在保险金额内计算赔偿，但不得超过保险事故发生时被保险机动车的实际价值，并实行 20% 的免赔率。被保险人未能提供机动车行驶证、机动车登记证书、机动车来历凭证、车辆购置税完税证明（车辆购置附加费缴费证明）或免税证明的，每缺少一项，增加免赔率 1%。部分损失，在保险金额内按实际修复费用计算赔偿，但不得超过保险事故发生时被保险机动车的实际价值。

（4）投保时指定驾驶人，保险事故发生时为非指定驾驶人使用被保险机动车的，增加免赔率 5%。

（5）投保时约定行驶区域，保险事故发生在约定行驶区域以外的，增加免赔率 10%。

（6）保险人确认索赔单证齐全、有效后，被保险人签具权益转让书，保险人赔付结案。

（7）被保险机动车全车被盗窃、抢劫、抢夺后被找回的：

①保险人尚未支付赔款的，被保险机动车应归还被保险人。

②保险人已支付赔款的，被保险机动车应归还被保险人，被保险人应将赔款返还给保险人；被保险人不同意收回被保险机动车，被保险机动车的所有权归保险人，被保险人应协助保险人办理有关手续。

六、附加险

（一）以汽车损失险为基础的附加险

1. 玻璃单独破碎险

（1）保险责任：保险车辆挡风玻璃或车窗玻璃的单独破碎，由保险人负责赔偿。

（2）投保方式：投保人与保险人可协商选择按进口或国产玻璃投保。保险人根据协商选择的投保方式承担相应的赔偿责任。

（3）责任免除：安装、维修车辆过程中造成的玻璃单独破碎；被保险人或驾驶人的故意行为造成的玻璃破碎。

2. 火灾、爆炸、自燃损失险

（1）保险责任：火灾、爆炸、自燃造成保险车辆的损失；发生保险事故时，被保险人为防止或者减少保险车辆的损失所支付的必要的、合理的施救费用。

（2）责任免除：自燃仅造成电器、线路、供油系统的损失；所载货物自身的损失；轮胎爆裂的损失；人工直接供油、高温烘烤造成的损失。

（3）保险金额：保险金额由投保人和保险人在投保时按车辆的实际价值内协商确定。

（4）赔偿处理：

① 全部损失，在保险金额内计算赔偿；部分损失，在保险金额内按实际修理费用计算赔偿。

② 施救费用在保险金额内按实际支出计算赔偿。

③ 每次赔偿实行 20% 的免赔率。

3. 自燃损失险

（1）保险责任：因保险车辆电器、线路、供油系统、供气系统发生故障或所载货物自身原因起火燃烧造成本车的损失；发生保险事故时，被保险人为防止或减少保险车辆的损失所支付的必要的、合理的施救费用。

投保了本保险的汽车在使用过程中，因自燃造成保险车辆的损失以及施救费用，保险人在保险单该项目所载明的保险金额内，按保险车辆的实际损失计算赔偿；发生全部损失的按出险时保险车辆实际价值在保险单该项目所载明的保险金额内计算赔偿。

（2）责任免除：自燃仅造成电器、线路、供油系统的损失；所载货物自身的损失。

（3）保险金额和赔偿处理等同于火灾、爆炸、自燃损失险。

4. 车身划痕损失险

（1）保险责任：无明显碰撞痕迹的车身划痕损失，保险人负责赔偿。

（2）责任免除：被保险人及其家庭成员、驾驶人及其家庭成员的故意行为造成的损失。

（3）保险金额：保险金额为 2 000 元、5 000 元、10 000 元或 20 000 元，由投保人和保险人在投保时协商确定。

（4）赔偿处理：

① 在保险金额内按实际修理费用计算赔偿。

② 每次赔偿实行 15% 的免赔率。

③ 在保险期间内，累计赔款金额达到保险金额，本附加险保险责任终止。

5. 可选免赔额特约条款

特约了本条款的投保人在投保时可以与保险人协商确定一个绝对免赔额。按保险合同其他条款计算的保险人应负赔偿额度低于该绝对免赔额时，保险人不承担赔偿责任；高于该绝对免赔额时，保险人在扣除该免赔额后，对高于部分予以赔偿。投保了本条款的投保人可以依其所选定免赔额的不同享受相应的费率优惠。

选择了本特约条款后，赔款计算式为：

赔款 = 按汽车损失险计算的赔款 - 选定的免赔额

6. 新增加设备损失保险

（1）保险责任：机动车辆在使用过程中，发生车损险保险责任范围内的事故，造成车上新增加设备的直接损毁，保险人在保险单该项目所载明的保险金额内，按实际损失计算赔偿。

（2）保险金额：根据新增加设备的实际价值确定。新增加设备的实际价值是指新增加设备的购置价减去折旧金额后的金额。新增加设备的折旧率以本条款所对应的主险条款规定为准。

（3）赔偿处理：每次赔偿的免赔率以本条款所对应的主险条款规定为准。

（4）其他事项：指保险车辆出厂时原有各项设备以外，被保险人加装或改装的设备与设施，如在保险车辆上加装制冷设备、加氧设备、清洁燃料设备、CD 及电视录像设备、检测设备、真皮或电动坐椅、电动升降器、防盗设备、GPS 等。办理本保险时，应列明车上新增加设备明细表及价格。当未发生保险事故，而新增加设备单独损毁，如被盗空、丢失、故障、老化、被破坏等，保险人不负赔偿责任。

7. 发动机特别损失险

（1）保险责任：投保了本附加险的被保险机动车在使用过程中，因下列原因导致发动机进水而造成发动机的直接损毁，保险人负责赔偿：被保险机动车在积水路面涉水行驶；被保险机动车在水中起动；发生上述保险事故时被保险人或其允许的驾驶人对被保险机动车采取施救、保护措施所支出的合理费用。

（2）赔偿处理：在发生保险事故时被保险机动车的实际价值内计算赔偿，但不超过被保险机动车的保险金额；本保险每次赔偿均实行 20% 的免赔率。

8. 机动车停驶损失险

（1）保险责任：保险期间内，因发生机动车损失保险的保险事故，致使被保险机动车停驶，保险人在保险单载明的保险金额内承担赔偿责任。

（2）责任免除：被保险人或驾驶人未及时将被保险机动车送修或拖延修理时间；因修理质量不合格重新返修；车辆被扣押期间的停驶损失。保险人不承担赔偿责任。

（3）保险金额：保险金额按照投保时约定的日赔偿金额乘以约定的赔偿天数确定；约定的日赔偿金额最高为 300 元，约定的赔偿天数最长为 60 天。

（4）赔偿处理：

① 全车损失，按保险单载明的保险金额计算赔偿。

② 部分损失，在保险金额内按约定的日赔偿金额乘以从送修之日起至修复之日止的实际天数计算赔偿，实际天数超过双方约定修理天数的，以双方约定的修理天数为准。

③ 保险期间内，累计赔款金额达到保险单载明的保险金额，本附加险保险责任终止。

9. 代步机动车服务特约条款

（1）保险责任：被保险机动车因遭受机动车损失保险合同约定的保险事故而修理，且被保险人在修理期限内需要代步机动车并提出请求的，保险人负责提供代步机动车。

（2）责任免除：被保险机动车处于查封、扣押期间的；被保险机动车因修理质量不合格，处于返修期间的；被保险人或驾驶人未及时将被保险机动车送修或拖延修理时间的；被保险机动车发生全部损失或推定全损的；机动车损失保险合同约定的保险事故以外的原因造成被保险机动车损失的。

(3) 服务期限：

① 被保险人要求提供代步机动车服务的，应当在保险事故发生后及时向保险人提出请求，与保险人协商确定事故机动车的修理期限。

② 保险人提供代步机动车服务的期限与修理期限一致。实际修理期限少于协商确定的修理期限的，以实际修理期限为准；实际修理期限超过协商确定的修理期限的，以协商确定的修理期限为准。

③ 保险人对每次提供代步机动车服务的期限进行累计计算，累计服务期限最长为60日。

(4) 责任终止：具有下列情形之一的，本特约条款的保险责任终止：

① 车损险合同终止的。

② 保险人提供代步机动车的累计服务期限达到60日的。

③ 本特约条款依照法律、行政法规规定或投保人与保险人的约定终止的。

(5) 其他事项：

① 保险人提供的代步机动车仅满足被保险人基本的日常代步需要，具体机动车的品牌型号由保险人确定。

② 被保险人使用保险人提供的代步机动车期间，除代步机动车租金以外的一切费用、责任或损失，保险人均不负责承担。

10. 更换轮胎服务特约条款

(1) 保险责任：在约定区域内，被保险机动车因轮胎损坏无法行驶，经被保险人请求，由保险人或其受托人提供更换轮胎服务。因此产生的服务费用，由保险人负责承担。

(2) 责任免除：非保险人或其受托人提供更换轮胎服务所产生的费用；所更换的轮胎的成本费用；法律或国家有关部门规定不允许进入的区域，保险人不提供服务并不承担相关费用；其他不属于保险责任范围内的损失和费用，保险人不负责赔偿。

11. 送油、充电服务特约条款

(1) 保险责任：在约定区域内，被保险机动车因缺油、缺电而无法行驶，经被保险人请求，由保险人或其受托人提供送油（每次10L）、充电服务，因此产生的服务费用，由保险人承担。

(2) 责任免除：非保险人或其受托人提供送油、充电服务所产生的费用；油料的成本费用；所更换的蓄电池或其他零部件的成本费用；法律或国家有关部门规定不允许进入的区域，保险人不提供服务并不承担相关费用；其他不属于保险责任范围内的损失和费用。

12. 拖车服务特约条款

(1) 保险责任：在约定区域内，被保险机动车因发生意外事故或故障而丧失行驶能力，经被保险人请求，保险人或其受托人向被保险人提供将被保险机动车拖至上述约定区域内修理场所的拖车服务。因此产生的服务费用，由保险人依照本特约条款的约定承担。

(2) 责任免除：非保险人或其受托人提供拖车服务所产生的费用；法律或国家有关

部门规定不允许进入的区域，保险人不提供服务并不承担相关费用；其他不属于保险责任范围内的损失和费用。

13. 附加换件特约条款

（1）保险责任：因发生机动车损失保险的保险事故，造成被保险机动车的损坏而需要修复时，对受损零部件维修费用达到该部件更换费用 20% 的，保险人对应予修理的配件给予更换。

（2）赔偿处理：被保险机动车遭受损失后，受损零部件按最小可分解件进行更换，被更换的零部件归保险人所有。车身的漆面损伤不做换件处理。

14. 随车行李物品损失保险

（1）保险责任：在保险期间，保险车辆在使用过程中，发生车损险的保险事故，造成车上所载行李物品的直接损毁，保险人在保险单该项目所载明的赔偿限额内，依据保险车辆驾驶人在事故中所负责任比例，承担相应的赔偿责任。

（2）责任免除：

① 以下物品不负责赔偿：金银、珠宝、钻石及制品、玉器、水晶制品、首饰、古币、古玩、字画、邮票、艺术品、稀有金属等珍贵财物；货币、票证、有价证券、文件、书籍、账册、图表、技术资料、电脑资料、枪支弹药以及无法鉴定价值的物品；电话、电视、音像设备及制品、计算机及软件；国家明文规定的违禁物品，易燃、易爆以及其他危险物品；动物、植物；用于商业和贸易目的的货物或样品。

② 行李物品丢失或被盗窃、抢劫、抢夺，以及因丢失、被盗窃、抢劫、抢夺受到的损坏，不负责赔偿。

③ 行李物品的损失中应当由交强险赔偿的金额，不负责赔偿。

15. 新车特约条款

（1）适用范围：

① 适用于以投保家庭自用车损险条款和不计免赔率特约条款，或者投保非营业用车损险条款和不计免赔率特约条款的核定座位在 9 座以下的客车，且车损险应满足以下条件：保险金额按照新车购置价确定；保险期间届满之日在被保险机动车初次登记之日起 37 个月之内。

② 下列机动车，不适用本特约条款：贷款所购的机动车；设置抵押权的机动车；用于租赁或营业运输的机动车。

（2）责任免除：因投保人、被保险人以及其家庭成员、被保险机动车驾驶人、被保险人的代理人和雇员等的故意或重大过失导致被保险机动车的损失，保险人不负责赔偿；贷款所购机动车、设置抵押权的机动车以及用于租赁或营业运输的机动车发生的损失，保险人不负责赔偿。

（3）赔偿处理：被保险机动车在一次保险事故中，造成被保险机动车全部损失或部分损失且核定修理费用达到协定金额，保险人选择以下方式负责赔偿：

① 置换新车。以相同品牌、型号的车辆替换受损被保险机动车的方式予以赔偿。置换新车的购置价以保险金额为限。如国内市场无相同品牌、型号车辆，则以相近型号或相同规格、配置的车辆予以赔偿。

② 支付赔款。在保险金额内按保险事故发生时被保险机动车的新车购置价支付赔款。

协定金额指保险金额和协定比例的乘积。协定比例由投保人和保险人在签订保险合同时按照50%、60%、70%的档次协商确定，并在保险单中载明。

保险人履行赔偿义务后，被保险机动车所有权归保险人，被保险人应协助保险人办理有关手续。

(4) 其他：保险人以置换新车或支付赔偿的方式予以赔偿后，保险合同终止，保险人不退还机动车损失保险及其附加险的保险费。

16. 起重、装卸、挖掘车辆损失扩展条款

经双方同意，鉴于被保险人已交付附加保险费，保险合同扩展承保被保险机动车下列损失：作业中车体失去重心造成被保险机动车的自身损失；吊升、举升的物体造成被保险机动车的自身损失。

附加保险费：按照机动车损失保险标准保险费的10%计收。

17. 特种车辆固定设备、仪器损坏扩展条款

经双方同意，鉴于被保险人已交付附加保险费，保险合同扩展承保被保险机动车上固定的设备及仪器因超负荷、超电压或感应点及其他电器原因造成的自身损失。

附加保险费：按照机动车损失保险标准保险费的10%计收。

(二) 以第三者责任险为基础的附加险

1. 车上货物责任险

(1) 保险责任：发生意外事故，致使保险车辆所载货物遭受直接损毁，依法应由被保险人承担的经济赔偿责任，保险人负责赔偿。

(2) 责任免除：偷盗、哄抢、自然损耗、本身缺陷、短少、死亡、腐烂、变质造成的货物损失；违法、违章载运或因包装不善造成的损失；违章载运是指所载货物超过公安机关交通管理部门核定的长度、宽度、高度等；车上人员携带的私人物品；应当由交强险赔偿的金额。

2. 教练车特约条款

投保了车损险或三者险的专用教练车，可附加本特约条款。对于尚未取得合法机动车驾驶证，但已通过合法教练机构正式学车手续的学员，在固定练习场所或指定路线，并有合格教练随车指导的情况下驾驶被保险机动车时，发生对应投保主险保险责任范围内的事故，保险人负责赔偿。

3. 不计免赔率特约条款

投保了车损险或三者险的机动车，可附加本特约条款。

经特别约定，保险事故发生的，按照对应投保的主险条款规定的免赔率计算的应当由被保险人自行承担的免赔金额部分，保险人负责赔偿。

在下列情况下，应当由被保险人自行承担的免赔金额，保险人不负责赔偿：车损险中应当由第三方负责赔偿而无法找到第三方的；因违反安全装载规定增加的；被保险人根据有关法律规定选择自行协商方式处理交通事故，但不能证明事故原因的；投保时指定驾驶人，保险事故发生时为非指定驾驶人使用被保险机动车而增加的；投保时约定行驶区域，保险事故发生在约定行驶区域以外而增加的；因保险期间内发生多次保险赔偿而增加的；附加险条款中规定的。

（三）以汽车损失险和第三者责任险共同为基础的附加险

1. 附加油污污染责任保险

投保人在同时投保了车损险和三者险的基础上，可投保本附加险。

（1）保险责任：在保险期内，被保险机动车在使用过程中发生意外事故，由于被保险机动车或第三方机动车自身油料或所载油料泄漏造成道路的污染损失及清理费用，依法应由被保险人承担的损害赔偿责任，保险人依照合同约定负责赔偿。

（2）责任免除：道路以外的损失；由于污染所导致的罚款及任何间接损失；应当由交强险赔偿的损失和费用。

（3）责任限额：每次责任限额由投保人和保险人按 5 万元、10 万元、20 万元、30 万元、50 万元的档次协商确定。

（4）赔偿处理：保险事故发生后，依据法院、仲裁机构依法判决、裁定、裁决或调解，或者经事故双方当事人协商一致并经保险人书面同意的，应由被保险人承担的损害赔偿责任，保险人在保险单载明的本附加险责任限额内给予赔偿；被保险人索赔时，应提供公安机关交通管理部门、交通行政管理部门等出具的事故证明、事故现场记录以及其他与确认保险事故的性质、原因、损失程度等有关的证明和资料；每次事故赔偿实行 20% 的免赔率。

2. 附加机动车出境保险

投保人在同时投保了车损险和三者险的基础上，可投保本附加险。

（1）保险责任：经双方同意并在保险单上载明，保险人已承包的车损险、第三者责任保险的保险责任扩展至我国香港、澳门或与中华人民共和国接壤的其他国家和地区。扩展区域从出境处起算，由投保人和保险人按照 200 km、500 km 和 1 000 km 的半径范围确定。

（2）责任免除：出境后，在非约定区域被保险机动车发生事故造成的损失，保险人不负责赔偿。

（3）其他：本附加险生效后，投保人不得退保。

3. 异地出险住宿费特约条款

投保人在同时投保了车损险和三者险的基础上，可附加本特约条款。

（1）保险责任：保险期内，被保险机动车在保险合同签订地的地市级行政区域外发生车损险或三者险合同约定的保险事故，因在事故发生地修理被保险机动车或处理保险事故，被保险人或其受托人在事故发生地所在地市级行政区域内发生的必要的、合理的住宿费，保险人依照本特约条款的约定负责赔偿。

（2）保险金额：由投保人和保险人在签订合同时按 500 元、800 元和 1 000 元档次协商确定。

（3）责任免除：被保险人或其受托人在事故发生地所在的地市级行政区域以外的地点发生的住宿费，保险人不负责赔偿。事故发生地为直辖市的，对被保险人或其受托人在直辖市行政区域以外的地点发生的住宿费，保险人不负责赔偿；被保险人不能提供本特约条款约定的住宿费发票或住宿时间证明的，保险人不负责赔偿。

（4）赔偿处理：被保险索赔时应提供住宿费发票及住宿旅馆出具的住宿时间证明；保险人在保险金额内按每日住宿费之和计算赔偿。每日住宿费按统一旅馆的住宿费发票总金额除以住宿天数计算，超过200元的，按200元计算；保险期内，赔款金额累计达到保险金额的，保险责任终止。

（四）其他附加险

对于商业附加险，由于各地区和各保险公司的运作差异，所经营的附加险种也不尽相同，在这里就不再一一介绍。

七、汽车保险费率的应用

保险费率是指按照保险金额计算保险费的比例。其公式为：保险费率＝保险费/保险金额。保险费率是每一保险金额单位在一定保险期间所交保险费的比例，通常以％或‰表示。

（一）车险费率模式

影响汽车保险风险的因素很多，厘定费率时应综合考虑各种因素。一般可将费率模式划分为两类：从车费率模式和从人费率模式。前者确定时主要考虑车辆的风险因素，后者确定时主要考虑驾驶人员的因素。

在进行机动车辆风险研究的过程中，研究人员通过对大量车辆事故的分析，发现机动车辆事故的发生，由驾驶人员因素引起的大于车辆因素引起的，所以，从人费率模式相对于从车费率模式而言，更加科学、合理，我国各保险公司正在逐步将从车费率模式过渡到以从人费率为主的模式，同时综合考虑从车费率模式的风险因素。

（二）车险费率影响因素

保险公司是经营风险的企业，风险大小是影响费率高低的主要因素。影响车险风险的因素主要有：车辆风险、驾驶人员风险等。

1. 车辆风险

（1）车辆使用性质。车辆使用性质不同，对其行驶里程、使用频率、耗损程度、技术状况等都有不同程度的影响。车辆一般分为营运和非营运，使用性质不同，所面临的风险也不同。营运车辆长时间运行，磨损率及事故概率要比非营运车高，因此，营运车辆的风险比非营运车辆要高。

（2）车辆种类与大小。车辆种类不同，其主要用途、通常行驶区域以及自身性能和安全性不同，其出险频率也大不相同，风险程度亦不相同。

车辆大小与发生事故的危险性有直接关系。大型汽车由于体积大、功率大、速度快，一旦发生事故，后果严重，危害较大，而小型汽车发生事故的危害性相对小一些。现代汽车车型多而杂，即便同一型号、同样大小的汽车，其安全性也不尽相同。因此，对汽车的危险性分类很重要。

目前，国内保险行业将机动车辆主要分为五类，即客车、货车、特种车、摩托车、拖拉机。客车风险大小与座位数有关，承保时，要充分考虑座位数，一般按客车的座位数实行分档计费。客车的座位（包括驾驶员座位）以公安机关交通管理部门核发的机动车行驶证载明的座位为准，不足或无法提供标准座位的客车按同型号客车的标准座位计算。货车的风险大小与吨位数有关。在承保时，要充分考虑吨位数，一般按车辆的载重量实行分档计费。客货两用车按客车或货车中相应的高档费率计费。特种车主要指具有专门用途的车辆，如：油罐车、气罐车、液罐车、冷藏车、起重车、装卸车、工程车、监测车、邮电车、消防车、清洁车、医疗车、救护车等。由于特种车具有特殊的使用性质，带来特殊的风险。如：油罐车、气罐车、液罐车一般以装载危险品为主；起重车、装卸车存在较大的作业风险；冷藏车一旦发生损失修复费用通常比一般车辆要高。摩托车的适应性和安全性均较差：据统计，摩托车的事故率相当高，一旦发生事故造成损失的可能性也较大，所以其使用风险较大。拖拉机的风险除了由其设计使用功能决定之外，一般拖拉机的驾驶人员的技术水平也不高。

（3）车龄。车龄是指从新车购置之日起至投保之日止的年限，是汽车已使用时间长短的评价指标。车龄与汽车折旧关系很大，直接影响到保险金额，也会影响到汽车的修理成本和使用危险性。车龄较长的汽车，磨损与老化程度就较高，从而导致车况较差，发生事故的概率同步上升，诱发道德风险可能性较高，所以，车辆本身的风险相对较高。同时，对于从车为主的汽车保险，车龄还是确定保险金额的重要依据之一。

（4）车辆的厂牌型号。由于车厂众多，不同厂家的产品特点不同，性能差异很大，即使是同一厂牌的汽车，不同型号间的差异也比较明显。因此，厘定费率时，厂牌和型号是重要的因素。英国采用由保险机构成立的专门机构，负责对各种车辆的安全性进行综合分类的方式，效果十分理想。

（5）车辆的行驶区域。根据目前我国地理情况，将车辆行驶区域分为四类，即出入国境行驶、国内行驶、省内（含直辖市、自治区）行驶、指定区域行驶。

由于车辆行驶范围不同，驾驶人对不同地区的交通规则、地形、地貌等熟悉程度不同，以及在不同地区造成损失承担的赔偿责任不同，因此，车辆的风险状况也不同。从整体而言，随着行驶地域的扩大，风险程度积累增大。

2. 驾驶人员风险

（1）驾驶员年龄。这是影响交通事故率的重要因素之一，交通事故的发生与驾驶员的生理状况和心理状态密切相关。在一般情况下，青年人心理未臻成熟，处于争强好胜阶段，往往喜欢开快车，因而发生交通事故的概率较高，而且往往容易导致恶性交通事故；老年人生理机能日趋下降，对一些意外情况反应迟钝，也容易导致交通事故；年富力强的中年人，除了生理条件具有一定优势外，一般具有一定的驾驶经验，分析和判断能力较强，同时，具有稳健的心态和较强的责任感，所以，驾车相对安全。统计表明，年轻驾驶员发生交通事故的概率最高，然后逐年下降，在40～50岁时为最低，此后又略有上升。所以，通过合理划分年龄档次确定保险费率，是从人为主汽车保险制度通用的做法。

（2）驾驶员性别。汽车驾驶员性别与交通事故率有很大关系，就整体而言，男性驾驶员重大事故肇事率较女性要高。在酗酒肇事事故中男性比例明显高于女性。例如，美国的调查资料表明在美国持照驾驶人员中男性占51%，女性占49%，但是，在涉及致命的重大交通事故中肇事的驾驶人员中男性所占的比例为4.29%，远远大于女性的1.69%。女性驾驶员的危险因素，与25～27岁的男性驾驶员的危险因素相当。所以，一般女性驾驶员的保险费率应比男性驾驶员略低一些。

（3）驾驶员驾龄。驾龄直接影响发生交通事故的概率。驾龄长的驾驶员，驾驶技术会比较熟练，对汽车结构、道路结构和道路交通规则比较熟悉，驾车时操作熟练，遇到紧急情况应付自如，因此事故率较低。这就是从人为主的车险制度在厘定费率时把驾驶员驾龄作为主要考虑因素的原因。

（4）驾驶员事故记录。如果驾驶员过去频繁发生交通事故，表明其驾驶技术水平较低，会影响今后的事故频率。因此，驾驶员如果有事故记录，其保险费率会相应增加。在美国，驾驶员的一次交通事故记录，包括高速公路超速行车、酒后开车等违章记录，将导致下一年度的保险费增加，且会持续影响三年。

（5）附加驾驶员数量。从人为主的车险制度，一般在规定范围内允许有附加驾驶员。由于附加驾驶员个人情况差异较大，显然会增加事故概率。附加驾驶员越多，事故危险性越大。因此，每附加一个驾驶员，保险人就要增收一部分保险费。投保人附加的驾驶员越多，所交保险费就越多。

目前，我国各保险公司机动车辆保险费率模式中考虑的与车辆有关的风险因素主要为车辆的使用性质、车辆生产地、车辆种类和车辆行驶区域等；与驾驶人员有关的风险因素主要有驾驶人员的年龄、性别、驾驶年限和安全行驶记录。

（三）汽车保险费率

1. 费率表使用

下面以中国人民财产保险股份有限公司（简称中保）的家庭自用汽车的第三者责任险费率表和汽车损失险费率表为例，介绍第三者责任险和汽车损失险的保费计算。其第三者责任险费率表和汽车损失险费率表分别如表2－7和表2－8所示。

（1）利用费率表计算第三者责任险保费。使用第三者责任险费率表时，需根据投保人类别、车辆用途、座位数/吨位数、责任限额直接查出对应保费即可。

例如，一辆家庭自用轿车（5座）投保第三者责任险，责任限额10万元，要求计算保险费。按6座以下、责任限额10万元，查询表2－7，得到该车的三者险保险费为1 022元。

表2－7 中保某分公司家庭自用汽车第三者责任险费率表（节选） 单位：元

座位 \ 基础保费 \ 赔偿限额	5万	10万	15万	20万	30万	50万	100万
6座以下	730	1 022	1 154	1 241	1 388	1 649	2 147
6～10座	712	997	1 125	1 211	1 353	1 608	2 094

表2-8　中保某分公司家庭自用汽车损失险费率表（节选）　　单位：元

座位	车龄	5万以下		5万～10万		10万～15万		15万～20万		20万～30万	
		基础保费	费率/%	基础保费	费率/%	基础保费	费率/%	基础保费	费率/%	基础保费	费率/%
6座以下	1年以下	449	0.516	707	1.116	1 265	0.989	1 759	0.983	2 252	1.079
	1～2年	483	0.555	761	1.202	1 361	1.064	1 894	1.060	2 423	1.162
	2～3年	478	0.550	753	1.190	1 348	1.054	1 875	1.049	2 400	1.150

（2）利用费率表计算汽车损失险保费。使用汽车损失险费率表时，需根据投保人类别、车辆用途、座位数/吨位数、车辆使用年限查找基础保险费和费率，然后根据汽车损失险保费的计算公式计算即可。

例如，一投保“家庭自用汽车损失保险条款”的保险车辆，核定载客5人，已使用2.5年，已知同类型新车的新车购置价（含购置税）为18万元。若按新车购置价确定保险金额，要求计算保险费。

首先，根据车辆使用性质选择家庭自用汽车损失险费率表。然后，按座位6座以下，车龄，2～3年，查询表2-8后得基础保险费为1 875元和费率为1.049%。根据公式，保险费计算如下：

$$
\begin{aligned}
\text{车损险保险费} &= \text{基础保险费} + \text{新车购置价} \times \text{费率} \\
&= 1\,875\ \text{元} + 180\,000\ \text{元} \times 1.049\% \\
&= 3\,763.2\ \text{元}
\end{aligned}
$$

2. 费率调整

费率调整是使用费率调整系数进行的，费率调整系数如表2-9所示。

表2-9　费率调整系数表

序号	项　目	内　容	系数
1	无赔款优待及上一保险年度赔款记录	连续3年没有发生赔款	0.70
		连续2年没有发生赔款	0.80
		上一保险年度没有发生赔款	0.90
		新保或上一保险年度赔款次数在3次以下	1.00
		上一保险年度发生3次赔款	1.10
		上一保险年度发生4次赔款	1.20
		上一保险年度发生5次及以上赔款	1.30

续表 2-9

序号	项　目	内　容	系　数
2	多险种同时投保	同时投保车损险、三者险	0.95～1.00
3	客户忠诚度	首年投保	1.00
		续保	0.90
4	平均年行驶里程	平均年行驶里程 <30 000 km	0.90
		平均年行驶里程≥50 000 km	1.10～1.30
5	安全驾驶	上一保险年度无交通违法记录	0.90
6	约定行驶区域	省内	0.95
		固定路线	0.92
		场内	0.80
7	承保数量	承保数量 <5 台	1.00
		5 台≤承保数量 <20 台	0.95
		20 台≤承保数量 <50 台	0.90
		承保数量≥50 台	0.80
8	指定驾驶人	指定驾驶人员	0.90
9	性别	男	1.00
		女	0.95
10	驾龄	驾龄 <1 年	1.05
		1 年≤驾龄 <3 年	1.02
		驾龄≥3 年	1.00
11	年龄	年龄 <25 岁	1.05
		25 岁≤年龄 <30 岁	1.00
		30 岁≤年龄 <40 岁	1.95
		40 岁≤年龄 <60 岁	1.00
		年龄≥60 岁	1.05
12	经验及预期赔付率	40% 以下	0.70～0.80
		40%～60%	0.80～0.90
		60%～70%	1.00
		70%～90%	1.10～1.30
		90% 及以上	1.30 以上
13	管理水平	根据风险管理水平和业务类	0.70 以上
14	汽车损失险车型	特异车型、稀有车型、古老车	1.30～2.00

对于表2－9，各调整系数的适用情形及使用规则如下：

（1）无赔款优待及上一保险年度赔款记录费率调整系数：根据历史赔款记录，按照规定的费率调整系数进行费率调整。

（2）约定行驶区域系数："场内"指仅在工地、机场、厂区、码头等固定范围内使用。"省内"、"固定路线"、"场内"三项系数不能同时使用；家庭自用车不能使用"固定路线"及"场内"费率调整系数。

（3）承保数量系数：根据同一被保险人或同一投保人在一个投保年度内、投保车辆数的情况选择使用。家庭自用车不能使用该费率调整系数。

（4）指定驾驶人、性别、驾龄、年龄系数：仅适用于家庭自用车指定驾驶人的情况，当指定多名驾驶人时，以乘积高者为准。

（5）经验及预期赔付率系数、管理水平系数：适用于车队。经验及预期赔付率系数、管理水平系数不能同时使用。

（6）使用规则：

① 费率调整系数采用系数连乘的方式：

$$费率调整系数 = 系数1 \times 系数2 \times 系数3 \times \cdots$$

② 使用费率调整系数后，各险别的费率优惠幅度超过监管部门规定的最大优惠幅度，按照监管部门规定的最大优惠幅度执行。

③ 机动车提车保险适用费率调整系数。

④ 费率调整系数表不适用于摩托车和拖拉机。

3. 费率表分段数的含义

在费率表中，凡涉及分段的陈述都按照"含起点不含终点"的原则来解释。

例如："6座以下"的含义为5座、4座、3座、2座、1座，不包含6座；"6～10座"的含义为6座、7座、8座、9座，不包含10座；"20座以上"的含义为20座、21座……包含20座；"10万以下"不包含10万；"10万～20万"包含10万，不包含20万；"20万以上"包含20万。

【本章小结】

本章主要介绍了交强险、汽车商业保险的主险以及附加险的产品含义、职能作用、责任范围、责任免除、条款构成与解析及费率计算等问题。我国的汽车保险仍然处于不成熟的阶段，条例仍然不健全，在以后的时间里必然会不断地发展和完善。同时，由于我国的汽车保险费率处于"从车"到"从人"的转变过程，而且存在各个地区的差异，在实施保险的时候，包含的附加险不尽相同，费率的选取也不完全相同，所以在学习过程中更重要的是要掌握基本条款所包含的内容和费率的计算方法。

【复习思考题】

1. 阐述交强险和商业险的区别。
2. 简述汽车商业保险的主险和附加保险的关系。
3. 汽车损失保险的责任范围和责任免除分别包括哪些内容？
4. 第三者责任保险的责任范围和责任免除分别包括哪些内容？

第三章　汽车保险合同与原则

【学习要点】

- 了解汽车保险合同的概念、内容和特征；
- 了解汽车保险人、投保人、被保险人、保险代理人和保险经纪人的概念；
- 熟悉汽车保险合同的订立与生效、变更与终止；
- 熟悉汽车保险参与者的责任和义务；
- 熟悉汽车保险合同的解释原则和争议处理；
- 掌握汽车保险基本原则的内容、适用范围；
- 领悟汽车保险基本原则的的精髓，会运用基本原则处理保险与理赔的实际问题。

汽车保险合同对于明确投保双方的权利与义务具有十分重要的意义。保险合同是确定保险人、投保人、被保险人和受益人权利义务关系的重要载体；是当事人和关系人履行各自权利与义务的重要依据；也是日后裁决保险纠纷的重要凭证。保险合同是保险人、投保人、被保险人与受益人之间的联系纽带。通过保险合同，保险关系得以成立，保险责任得以开始，被保险人的风险得以转嫁，保险利益得以保障。对保险人而言，它通过收取投保人的保险费，承担被保险人的保险责任，履行保险赔偿义务；而投保人负有缴纳保险费、履行如实告知义务，享有提出退保、变更保险合同有关内容的权利。被保险人享有保险金请求权，其财产或人身受保险合同保障；受益人是专指人身保险合同中由被保险人或投保人指定享有保险金请求权的人。因此，保险合同是当事人与关系人之间明确权利、义务，正确履行其权利与义务的重要协议和重要保证。

保险合同也是仲裁机关或司法机关仲裁、调解以及裁决保险诉讼案件的重要基础。保险合同当事人与关系人之间的纠纷，如需仲裁、调解或裁决，无论事由何等复杂，都需要仲裁机关、司法机关回到双方签订的保险合同基础上来，根据合同的约定来判断谁应承担相应的责任。保险合同是解决一切保险纠纷的基础，是争端得以解决的出发点。因此，保险合同也是解决保险纠纷的重要依据。

订立合法的保险合同是当事人与关系人保障自身权利的重要前提。只有当事人在保险合同中准确载明自己的权利与义务，才能使保险合同得以正确履行，各方的权利才能得以实现。相反，保险合同订立不明确，权利与义务关系不清，不仅保险合同当事人的权利与义务难以履行，也将留下保险纠纷的隐患。

保险合同在保险关系的产生、维持和保险风险转嫁以及实现保险利益上具有十分重要的现实意义。因此加强保险合同法特性的研究，掌握汽车保险合同的特点和订立与履行过程中涉及的原则问题，对解决围绕汽车保险合同的纠纷具有十分重要的作用。

第一节　汽车保险合同

一、汽车保险合同的概念及其特征

保险合同，是保险人与投保人双方经过要约和承诺程序，在自愿基础上订立的一种在法律上具有约束力的协议。保险合同按保险人承担的责任，可将其分为财产保险合同和人身保险合同。财产保险合同是以财产及其有关利益为保险标的的保险合同。人身保险合同是以人的寿命和身体为保险标的的保险合同。财产保险合同与人身保险合同的最大区别在于各自的保险标的不同。

汽车保险合同是财产保险合同的一种，是指以汽车及其有关利益作为保险标的的保险合同，是保险人与投保人和被保险人就设立、变更、解除民事关系的协议。投保人和保险人双方协商后在合同中约定，投保人向保险人支付保险费，保险人在保险标的遭受约定的保险事故时承担经济补偿责任。合同是保险关系得以设立、变更、终止的根本依据。

近年来，随着我国汽车保险业务的扩大，汽车保险合同纠纷的案例也越来越多。在合同履行过程中，界定承担责任与否的关键是保险合同在订立时是否符合《保险法》、《合同法》和《机动车辆保险条款》等相关法律文件的要求。汽车保险合同具有如下法律特征。

1. 汽车保险合同是有名合同

在经济生活日益繁荣的今天，法律并不一定将经济生活中的各种合同都列举出来，法律尚未确定名称和规范的合同是无名合同。有名合同是法律直接赋予某种合同以名称并规定调整规范的合同。根据我国的《机动车辆保险条款》，我国的汽车保险被赋予“机动车辆保险合同”的名称，是有名合同，它是保险合同中的一种重要合同形式。

2. 汽车保险合同是射悻合同

射悻合同是相对于“等价合同”而言的，通俗地讲，射悻合同是一种不等价合同，是合同的履行内容在订立合同时并不确定的合同。

“射悻”的原意是碰运气的意思。保险合同的射悻性主要表现在保险人的反给付在合同订立时尚不能确定，而是有赖于保险事故的发生。在合同有效期间，倘若发生保险事故，保险标的因而致损，则被保险人从保险人那里得到的赔偿金额可能远远超出其所支出的保险费；反之，如无损失发生，则被保险人只付出保险费而得不到保险人的任何反给付。保险人的情况则与此相反，当发生保险事故时，他所赔付的金额可能大于其所收入的保险费；如不发生保险事故时，则只收取保险费而不需赔付。在保险合同中，实际上是投保人以交付保险费为代价将一个可能发生损失的危险事故转移给保险人承担，但这危险事故只是将来可能发生，也可能不发生，因此，保险合同的后果是不确定的。可见，形成保险合同的射悻性是由保险事故发生的偶然性决定的。

但是保险合同与典型的射悻合同不同。典型的射悻合同有赌博、彩票等。这种合同的一方的给付完全有赖于偶然事件。保险合同的射悻性仅表现在保险人的反给付的偶然性，而保险人提供经济保障的效果却是在合同订立时即确定无疑。至于长期人寿保险，则带有储蓄性，不存在射倖性。所以准确地说，保险合同是具有射倖性质的合同。

需要说明的是，保险合同这种射倖性质只是就每个保险合同而言的。如就全部承保的保险合同总体来看，总保险费收入与总赔偿金额的关系是经过科学测算的，两者大体应相平衡。在这方面并不存在偶然性，即不存在射倖性。

3. 汽车保险合同是保障合同

经济合同一般分为交换性合同和保障性合同两类。交换性合同是指合同一方给予另一方的报偿都假定有相等或相似的价值，如买卖合同、租赁合同等。汽车保险合同是保障性合同，在合同的有效期内，投保人向保险人支付保险费，保险人给保险费支付人提供保险保障，这种保险保障既不是某种有形等价物，也不是某种使用价值，而是一种在约定事件发生时立即生效的债权凭证。保障性特征是保险合同的最基本特征，也是其最本质的特征。

从表面上来看，作为个体分摊危险组织者的保险人，在收取保险费之后，似乎并未给被保险人带来实际利益。其实不然，因为被保险人交付保险费后所获得的经济保障的确是绝对存在的，被保险人所持有的由保险人签发的保险单，在约定的事件发生后，就立即成为被保险人向保险人索赔的债权凭证，而这既是被保险人在保险合同中的最根本权利，也是保险人提供给被保险人的经济保障。很明显，被保险人保障权利的取得，是以被保险人按照约定时间及方式交付保险费为前提的。

4. 汽车保险合同是双务合同

合同当事人双方的权利与义务关系区分，可分为双务合同和单务合同。双务合同是指当事人双方均享有权利、同时承担义务的合同。一方的权利就是另一方的义务，权利与义务相对应。反之，只有合同一方享有权利，而他方仅负有义务的合同叫单务合同。保险合同是双务合同。在保险合同成立生效后，投保方与保险方均须履行约定义务。投保方的义务是支付保险费，防灾防损，危险增加的通知等；保险方的义务是提供经济保障，发生约定事故时履行赔偿责任，协助被保险人防灾防损等。

但是保险合同这种双务合同性质与一般合同的双务性质不同：①在一般双务合同的当事人一方，可因对方当事人不履行给付债务而拒绝自己债务的履行，也称“同时履行”原则。但保险合同中投保人不能因为保险人没有履行给付责任而拒绝交纳保险费，因为保险人只承担经济保障的义务，是否发生给付责任须具备一定的条件。②在一般双务合同中，当事人双方均可根据自由意志放弃其享有的权利，但在保险合同中，保险有些权利则不允许放弃，例如：对于事实的主张不得放弃，法律赋予的权利不得放弃；与社会公共利益有关的权利，如保险利益不得放弃，如果放弃权利会侵害他人权利，不得放弃。至于被保险人有些权利则可放弃，如保险事故发生后，被保险人放弃向保险人索赔的权利。

5. 汽车保险合同是诚信合同

汽车保险遵循最大诚信原则，这就决定了汽车保险合同具有诚信性。最大诚信原则是约束当事人双方的，但实际上由于保险车辆处于被保险人的使用和监管之下，具有流动性和分散性，保险人无法控制事故风险，因此诚信原则主要是对被保险人进行约束的。保险人可以在被保险人隐瞒实情的情况下，依据保险合同的诚信性解除合同。

6. 汽车保险合同是附合合同

附合缔约，是指合同条款由当事人一方预先拟定，对方只有符合该条款表示出来的意思，方能成立合同的缔约方式。

附合性合同是与议商性合同相对应的。附合性合同是双方当事人意思表示一致的协议，但在保险活动中保险合同的条款都是由保险人单方事先制定的，且一般具有确定的格式（因此，保险合同又属于要式合同），附合性是保险合同的形式特征。

保险合同的内容即主要条款由保险方一方决定（经其主管部门批准），保险方根据本身承保能力、技术特点，确定承保的基本条件，规定双方权利与义务。投保方只有从保险公司设定的不同险种的标准合同中进行选择，一般情况下不去修改其中已定的条款内容。作为附合性合同，并不是说保险合同的签订不要议商过程。保险合同的签订，同样要经过要约、承诺，但一般地说，保险合同要约人都为被保险人一方，被保险人按需对保险人提供的不同类型、不同费率、责任、赔偿给付方式的险种进行选择，填写投保单，并提出要求投保请求，保险人则根据标的、危险等情况决定是否承保（承诺提供保障）。保险合同一经成立，同一种保险合同的差异只在标的名称、地点、保险期限及保险金额等方面有所反映。

保险合同之所以具有附合合同的性质，原因是：①保险人掌握保险技术和业务经验，投保人往往不熟悉保险业务，很难对条款提出异议；②保险人有更大的资本实力。

一般汽车保险合同的基本条款和保险费率等主要内容，由各国金融监管部门制定，或由保险人事先拟定后经金融监管部门备案，投保人无法提出自己所要求的条款或修改保险合同的某一条款。汽车保险合同具有附合合同的特点，决定了保险人与投保人之间签订的汽车保险合同，很难体现双方当事人意思表示一致的结果。因此，各国法律实践中，对确由词语不清而产生的对条款的歧义理解，在争议发生时，法院和仲裁机构通常会作出有利于被保险人的解释。

7. 汽车保险合同是有偿合同

根据合同当事人双方的受益情况，可将合同分为有偿合同和无偿合同。因享有合同权利而必须偿付相应代价的称为有偿合同。享有合同权利而不必偿付代价的，称为无偿合同。保险合同是有偿合同，即投保人要取得保险的经济保障，必须支付相应的代价，即保险费。

在一般的有偿合同中，是以“等价有偿”为原则，即给付与反给付一致。但保险合同的有偿性，只要求合同双方的权利与义务间存在对应关系即可，并不要求双方所负的给付义务平衡一致。因此，投保人不能因为自己支付过保险费，就要求保险人给予相等的给付。同时保险人根据数理基础，准确计算，使所收取保险费与其他提供的经济保障的程度相适应，也不能高收费低保障。

8. 汽车保险合同是非要式合同

保险合同是非要式合同。要式合同是指以履行特定方式为合同成立的要件的合同，非要式合同是指不以履行特定方式为合同成立的要件。《保险法》第 13 条规定：投保人提出保险要求，经保险人同意承保，保险合同成立。保险人应当及时向投保人签发保险单或者其他保险凭证。根据这一规定，保险合同的成立取决于投保人与保险人之间的合意，即双方就保险合同的条款达成一致，而无须采用或履行特定方式，所以，保险合同属于非要式合同。保险人签发保单或其他保险凭证的行为是履行合同的行为，而非合同成立的要件。

保险合同是非要式合同，其实质意义是涉及合同的效力。非要式合同则在当事人意思表示一致时合同即成立。要式合同则在特定形式成就时才成立生效。

要式合同如公民间房屋买卖合同，除用书面形式订立外，尚需在国家主管机关登记过户。

9. 汽车保险合同是不定值保险合同

不定值保险合同是相对于定值保险合同而言的。

定值保险，是合同双方当事人事先约定保险标的的保险价值并在保单中载明：一旦保险标的发生全损，无需再估计，保险人直接按照保险合同约定的保险金额进行全额赔付。发生部分损失时，则只需要确定损失的比例，该比例与合同双方确定的保险价值的乘积，即为保险人应支付的赔偿金额，也不必重新对保险标的实际损失的价值进行估量。

不定值保险合同是指保险双方当事人对保险标的不预先确定其价值，而在保险事故发生后再估算价值、确定损失的保险合同，仅载明保险金额作为保险事故发生后的赔偿最高限额的保险合同。在实践中，由于定值保险的赔付不是以受损标的的实际价值为基础，而是以保单约定的金额赔付，因而具有诱发道德风险的可能性（投保人可能有意对保险标的的价值估高，以期从保险事故中获益），所以定值保险的适用性受到限制，一般只适用于海洋货物运输保险，船舶保险，艺术品、古董、建筑物及其他价值不易确定的物品。机动车辆保险一般因机动车辆出险率高，车损比较容易鉴定，且折旧快等原因而采用不定值保险。

在不定值保险合同中，保险标的的价值是在保险事故发生后才进行估算的，而在保险合同成立至保险事故发生这段时间内，其价值可能发生变化，这就出现了保险价值的确定标准问题。在保险实践中，通常以市场价格为标准来确定保险价值。保险人的赔偿金最高额以保险标的在保险事故发生时的市场价格为准。在不易用市场价格确定保险价值时，也可用重置成本减折旧的方法或其他的估价方法来确定保险价值。但在不定值保险合同中亦明确保险金额，于保险事故发生后，以所定的保险金额为最高赔偿额，在其范围内对保险标的进行估价确定损失以确定赔偿实际支付金额。换句话说损失高于定额的，以定额为限；低于定额的，以实际损失为准。

【案例3-1】

一真一假发票索赔纠纷案

（摘自：许飞琼编著，财产保险案例分析，中国金融出版社，2004-09-13）

案情简介：某年9月，A公司与某保险公司签订机动车辆保险合同，双方约定，保险金额为80万元，保险险别为汽车损失险、盗抢险及其他附加险。保险期限为一年。A公司按照合同约定，如期足额支付了保费。次年3月该投保车辆被盗，保险公司根据合同约定对该车辆进行理赔。理赔时，A公司向保险公司出具了两张购车发票，一张金额为60万元，一张金额为20万元，以证明该车的价值为80万元。经保险公司核查，认定其中20万元的购车发票为假发票。保险公司认为，假发票不能作为理赔依据，只能以 60 万元的真实购车发票进行赔付。双方协商不成，A 公司遂将保险公司起诉至法院。

不同的观点：

1）应该全部赔偿。该观点认为：一是保险合同中已约定了保险金额为 80 万元，保险公司根据 80 万元保险金额收取了保费，所以该保险是定值保险，理赔时当然应按照约定的保险金额进行理赔。二是双方签订保险合同时，保险公司未要求 A 公司出具购车发票，理赔时要求 A 公司出具购车发票，实质上是宽投严赔，有失公平。三是保险公司并非合法的鉴定机构，其发票鉴定结果没有法律效力，不能作为拒赔的理由。

2）只能部分赔偿。该观点认为：一方面，保险金额只是保险合同约定的最高赔付限额，并非赔偿金额。另一方面，按照我国《保险法》及其实务的要求，理赔时被保险人应当提供必要的文件，并应保证文件的真实性和有效性，A 公司不能提供出 20 万元的真实购车发票，所以只能以 60 万元的真实购车发票为基础赔付。

3）可以不赔。该观点认为：诚信原则是保险合同双方必须遵循的首要原则，投保人在投保时不提供发票，而在索赔时提供一真一假的发票，其目的很显然是为了获得额外的保险利益，这种违反最大诚信原则的行为是法律不允许的，因此，可以拒绝赔偿。

【案例分析】

1）定值保险，是合同双方当事人事先约定保险标的的保险价值并在保单中载明，一旦保险标的发生全损，无须再估计，保险人直接按照保险合同约定的保险金额进行全额赔付。发生部分损失时，则只需要确定损失的比例，该比例与合同双方确定的保险价值的乘积，即为保险人应支付的赔偿金额，也不必重新对保险标的实际损失的价值进行估量。不定值保险合同是指保险双方当事人对保险标的不预先确定其价值，而在保险事故发生后再估算价值、确定损失的保险合同。仅载明保险金额作为保险事故发生后的赔偿最高限额的保险合同。在实践中，由于定值保险的赔付不是以受损标的的实际价值为基础，而是以保单约定的金额赔付，因而具有诱发道德风险的可能性（投保人可能有意对保险标的的价值估高，以期从保险事故中获益），所以定值保险的适用性受到限制，一般只适用于海洋货物运输保险，船舶保险，艺术品、古董、建筑物及其他价值不易确定的物品。机动车辆保险一般因机动车辆出险率高，车损比较容易鉴定，且折旧快等原因而采用不定值保险。

2）在机动车辆保险实践中，确定汽车损失险的保险金额，一般有三种方式：一是按新车购置价确定。新车购置价是指保险合同签订地与保险车辆同类型新车（含车辆购置附加费）的价格。二是按投保时的实际价值确定。实际价值是指同类型车辆市场新车购置价减去该车已使用年限折旧金额后的价格。三是由投保人与保险人协商确定，但保险金额不得超过同类型新车购置价，超过部分无效。我国《保险法》第 55 条规定："投保人和保险人约定保险标的的保险价值并在合同中载明的，保险标的发生损失时，以约定的保险价值为赔偿计算标准。投保人和保险人未约定保险标的的保险价值的，保险标的发生损失时，以保险事故发生时保险标的的实际价值为赔偿计算标准。保险金额不得超过保险价值。超过保险价值的，超过部分无效，保险人应当退还相应的保险费。保险金额低于保险价值的，除合同另有约定外，保险人按照保险金额与保险价值的比例承担赔偿保险金的责任。"本案中，保险金额的确定可视为投保人与保险人协商确定。保险合同双方约定的保险金额为 80 万元，保险标的的保险价值如果依据真实发票只有 60 万元，这意味着保险金额超过了保险价值，而根据法律规定，保险金额不得超过保险价值，超过保险价值的，超过的部分无效。

3）保险人通常根据保险金额的不同确定方式承担相应的赔偿责任。具体而言，汽车损失险中，保险车辆发生全部损失后，如果保险金额高于出险时的实际价值，按出险当时的实际价值计算赔偿。如果保险金额等于或低于出险当时的实际价值，按保险金额计算赔偿。由此可见，保险金额是保险人承担赔偿保险金的最高限额，但它并非就是赔偿金额。

4）根据我国《保险法》第 22 条规定："保险事故发生后，按照保险合同请求保险人赔偿或者给付保险金时，投保人、被保险人或者受益人应当向保险人提供其所能提供的与确认保险事故的性质、原因、损失程度等有关的证明和资料。"保险公司的《机动车辆保险合同》也规定："被保险人索赔时，应当向保险人提供保险单、事故证明、事故责任认定书、事故调解书、判决书、损失清单和有关费用单据。""被保险人索赔时不得有隐瞒事实、伪造单证、制造假案等欺诈行为。"本案中，被保险人提供两张发票，如果其中 20 万元的发票通过权威机构鉴定确实是假发票，这 20 万元当然无效。当然，如果发票是真的，这意味着保险金额 80 万元与保险标的的实际价值相符，即保险金额与保险价值相等，保险公司应该按照保险金额 80 万元赔偿。至于主张全部赔偿的人提出的投保时保险人未审查发票从而理赔时不应要求提供发票的理由是不成立的，因为理赔时所需证明的各项单据是根据索赔的需要而要求提供的，与投保时是否要求提供并无太大关系。

5）我国《保险法》第 27 条规定："保险事故发生后，投保人、被保险人或者受益人以伪造、变造的有关证明、资料或者其他证据，编造虚假的事故原因或者夸大损失程度的，保险人对其虚报的部分不承担赔偿或者给付保险金的责任。"本案中如果权威机构证明 20 万元的发票为假的，则根据《保险法》这一条规定，保险人可对被保险人虚报的 20 万元这一部分不承担赔偿保险金的责任，即不能以违反最大诚信原则为由拒绝赔偿全部损失。

【结论】

法院在根据保险人提供的权威鉴定机构证明 20 万元发票为假的情况下，判决保险公司依据 60 万元的真实发票进行赔付。

【启迪】

1）保险合同是最大诚信合同，合同双方从合同签订到履行的整个过程中都要遵守诚实守信的原则，不应有任何隐瞒或欺诈的行为。

2）机动车辆保险在性质上应属于不定值保险，但现实中投保人或被保险人在保险事故造成保险标的全部损失时，往往将机动车辆保险合同当做定值保险合同来处理，要求保险公司全额支付保险赔偿金。这主要是在签订保险合同时，保险人没有详细地解释机动车辆保险在性质上属于不定值保险的缘故。此外，在保险合同中有关保险价值、保险金额等概念模糊的现象存在。因此，保险人在制定保险合同时，应力争将条款在标准化的情况下制定得既通俗易懂，又合理严谨，以达到充分保护被保险人利益和维护保险人自身的利益。同时，在签订合同时，详细地向投保人解释合同中的条款含义，以避免日后产生不必要的纠纷。

二、汽车保险合同的主体

汽车保险合同的主体分为保险合同当事人、保险合同关系人和保险合同辅助人三类。

（一）保险合同当事人

1. 保险人

保险人也称承保人，是与投保人订立合同，收取保险费，在保险事故发生时，对被保险人承担赔偿损失责任的人。在我国是专指保险公司。保险人经营保险业务除必须取得国家有关管理部门授予的资格外，还必须在规定的业务范围内开展经营活动。

2. 投保人

投保人又称要保人、保单持有人，是指与保险人订立保险合同，并负有交付保险费义务的人。投保人应具备下列两个要件：

（1）具备民事权利能力和民事行为能力。保险合同与一般合同一样，当事人应具有权利能力和行为能力。

（2）对保险标的需具有保险利益。投保人对保险标的需有保险利益，即投保人对保险标的具有利害关系。投保人对于保险标的如不具有利害关系，则订立保险合同无效。保险合同中的投保人可以是一方，也可以是多方，在再保险合同中的投保人必须由原保险人充当。

（二）保险合同关系人

1. 被保险人

被保险人是指保险事故或事件在其财产或在其身体上发生而受到损失时享有向保险人要求赔偿或给付的人。被保险人可以是自然人、法人，也可以是其他社会组织，但须具备下列条件：

（1）被保险人是保险事故发生时遭受损失的人。一旦发生保险事故，被保险人将遭受损害。但在财产保险与人身保险中，被保险人遭受损害的形式是不尽相同的。在财产保险中，因保险事故直接遭受损失的是保险标的，被保险人则因保险标的的损害而遭受经济上的损失。在人身保险中，因保险事故直接遭受损害的是被保险人本人的身体、生命或健康。

（2）被保险人是享有赔偿请求权的人。由于保险合同可以为他人的利益而订立，因而投保人没有保险赔偿金的请求权，只有请求保险人向被保险人或受益人给付保险赔偿金的权利。

2. 受益人

受益人又称保险金领受人。受益人是指在人身保险合同中由被保险人或投保人指定的享有赔偿请求权的人。受益人的要件为：

（1）受益人是由被保险人或投保人所指定的人。被保险人或投保人应在保险合同中明确受益人。

（2）受益人是独立地享有保险金请求权的人。受益人在保险合同中，不负交付保费的义务，也不必具有保险利益，保险人不得向受益人追索保险费。

（3）受益人的赔偿请求权并非自保险合同生效时开始，而只有在被保险人死亡时才产生。在被保险人生存期间，受益人的赔偿请求权只是一种期待权。

受益人的受益权是直接根据保险合同产生的，可因下列原因消灭：

（1）受益人先于被保险人死亡或破产或解散；

（2）受益人放弃受益权；

（3）受益人有故意危害被保险人生命安全的行为时，其受益权依法取消。

在保险合同期间，受益人可以变更，但必须经被保险人的同意。受益人的变更无需保险人的同意，但应当将受益人的变更事宜及时通知保险人，否则变更受益人的法律效力不得对抗保险人。

（三）保险合同辅助人

1. 保险代理人

保险代理人即保险人的代理人，指依保险代理合同或授权书向保险人收取报酬，并在规定范围内，以保险人名义代理经营保险业务的人。保险代理是一种特殊的代理制度，表现在：

（1）保险代理人与保险人在法律上视为一人；

（2）保险代理人所知道的事情，都假定为保险人所知道的；

（3）保险代理必须采用书面形式。保险代理人既可以是单位也可以是个人，但需经国家主管机关核准具有代理人资格。

2. 保险经纪人

保险经纪人是基于投保人的利益，为投保人和保险人订立合同提供中介服务，收取劳务报酬的人。保险经纪人的劳务报酬由保险公司按保险费的一定比例支付。

三、汽车保险合同的订立与生效

（一）汽车保险合同的订立

汽车保险合同在订立时必须基于保险人和投保人的意见一致，才能生效，所以汽车保险合同的订立要经过要约与承诺两个步骤。

1. 要约

要约又称为“订约提议”，为当事人一方向他方提出订立合同的要求或建议。提出要约的一方称要约人。在要约里，要约人除表示欲签订合同的愿望外，还必须明确提出足以决定合同内容的基本条款。如合同标的、数量、价款、履行期限、地点、双方的义务以及违约责任等。

在保险合同中，一般以投保人提交填写好的投保单为要约，即被保险人向保险人提交要求订立保险合同的书面意思表示。当然，保险人也可以是要约人，如保险人接到投保人提交的已填好的投保单后，又向投保人提出某些附加条件，此时，保险人所作出的意思表示并非是完全接受投保人的订立合同的意思表示，而是向投保人发出了新的意思表示，这在法律上被视为新的要约。在该情形下，保险人是新的要约人，投保人则为受要约人，如果投保人同意接受保险人提出的附加条件，则表明投保人接受保险人的新要约，至此，投保人便成为受要约人。

2. 承诺

承诺又称为“接受订约提议”，为当事人一方对他方提出的要约表示完全同意。同意要约的一方称要约受领人，或受要约人。受要约人对要约表示承诺，其合同即告成立，受要约人就要承担履行合同的义务。对要约内容的扩张、限制或变更的承诺，一般可视为拒绝要约而为新的要约，对方承诺新要约，合同即成立。

通常保险人在接到投保人的投保单后，经核对、查勘及信用调查，确认一切符合承保条件时，签章承保，即为承诺，保险合同即告成立。承诺的方式可以按法律规定向投保人签发保险单、保险凭证或暂保单，也可以是保险人直接在投保人递交的投保单上签章表示同意。但是，不应认为承诺人一定是保险人。如前所述，要约承诺是一个反复的过程，投保人与保险人对标准合同条款以外的内容可以进行协商。当双方当事人就合同的条款达成协议后，保险合同成立。其后，保险人应当及时向被保险人签发保险单或者其他保险凭证，并在保险单或者其他凭证中载明当事人双方约定的合同内容。

3. 汽车保险合同成立

保险合同的双方当事人经过要约与承诺，意见达成一致，保险合同即成立。但是，保险合同成立并不意味着保险合同当然生效，保险合同的生效还必须符合法定生效要件或者履行一定的手续。除法律另有规定或合同另有约定，保险合同的生效即为保险权利义务的开始。

（二）汽车保险合同的凭证与附件

汽车保险合同属非即时结清合同，其有效期往往比较长，而且保险合同的内容又比较细致复杂，因此，保险合同应当采用书面形式。大多数国家不承认口头保险合同的法律效力，而必须以书面形式订立保险合同。在采用书面形式的基础上，保险合同的具体形式可以多种多样，目前我国的保险合同主要有以下几种。

1. 投保单

投保单又称要保书或投保申请书，它是投保人申请投保时填写的书面要约。为准确迅速处理保险业务，投保单的格式和项目都由保险人设计，并以规范的形式提出。投保单主要包含以下内容：投保人和被保险人名称及地址、投保车辆情况、投保险别、保险金额、保险责任起讫日期和保险费等。其中保险费条款最为关键，如果投保人填写的投保单上没有保险费和保险费率的记载，就不是一个完整的要约。这些详细具体的情况是保险人了解投保人的保险要求，决定是否承保以及保险的险别、保险条件和保险费率等重要依据。在保险人出立正式保险单后，投保单成为保险合同的组成部分。

中国人民财产保险股份有限公司机动车辆保险投保单如范本3－1所示。

2. 暂保单

暂保单又称临时保单，是在正式保险单出立之前先给予投保人的一种保险证明，内容比较简单，只记载保险标的等主要事项。如范本3－2所示。如果有保险单以外的特别保险条件，必须在暂保单上注明，以作为将来的依据。暂保单与正式保单具有同样的效力，有效期一般最长为30天。在暂保单有效期内，保险标的遭受保险事故损失，除非有特别约定，否则保险人应当按正式保险单所记载的条件承担赔偿责任。当正式保单出立后，暂保单就自动失效。

为解决保险单尚未生效时发生交通事故的赔偿问题，保监会专门设置了一项提车暂保业务，即机动车辆提车暂保单。购买汽车时从提车至上牌照期间，消费者就可以购买提车暂保单（又名单程提车险）。提车险的保险期间一般为一个月，从买车开始到提车，再到上好牌照，其保险使命就结束了。提车暂保单可保交强险和商业险，保费都是按车损险的年保费的10%收取。一辆10多万元的汽车，一般需交约300元的保费。提车暂保单的保费和新车购置价有关。中国平保的单程提车险主要缴纳的保费根据新车购置价分为4档，按新车购置价保费为200元至500元不等。

【范本 3－1】

PICC 中国人民财产保险股份有限公司
PICC Property and Casualty Company Limited

中国人民财产保险股份有限公司机动车辆保险投保单

欢迎您到中国人民财产保险股份有限公司投保！在您填写本投保单前请先详细阅读我公司的机动车辆保险条款，阅读条款时请您特别注意各个条款中的保险责任、责任免除、投保人义务、被保险人义务等内容并听取保险人就条款（包括责任免除部分）所作的说明。您在充分理解条款后，再填写本投保单各项内容（请在需要选择的项目前的"□"内划√表示）。为了合理确定投保车辆的保险费，并保证您获得充足的保障，请您认真填写每个项目，确保内容的真实可靠。您所填写的内容我公司将为您保密。本投保单所填内容如有变动，请及时到我公司办理变更手续。

投保人	投保人名称/姓名			投保车辆数	辆	
投保人	联系人姓名		固定电话		移动电话	
投保人	投保人住所				邮政编码	□□□□□□
被保险人	□自然人姓名：		身份证号码	□□□□□□□□□□□□□□□□□□		
被保险人	□法人或其他组织名称：				组织机构代码	□□□□□□□□□□
被保险人	被保险人单位性质	□党政机关、团体 □个体、私营企业	□事业单位 □其他企业	□军队（武警） □其他	□使（领）馆	
被保险人	联系人姓名		固定电话		移动电话	
被保险人	被保险人住所				邮政编码	□□□□□□
投保车辆情况	被保险人与车辆的关系	□所有 □使用 □管理	车主			
投保车辆情况	号牌号码		号牌底色	□蓝 □黑 □黄 □白 □白蓝 □其他颜色		
投保车辆情况	厂牌型号				发动机号	
投保车辆情况	VIN 码	□□□□□□□□□□□□□□□□□			车架号	
投保车辆情况	核定载客	人	核定载质量	千克	排量/功率	L/ kW
投保车辆情况	车辆初次登记日期	年 月	已使用年限	年	已行驶里程	公里
投保车辆情况	车身颜色	□黑色 □白色 □红色 □灰色 □蓝色 □黄色 □绿色 □紫色 □粉色 □棕色 □其他颜色				
投保车辆情况	车辆种类	□客车 □货车 □客货两用车 □挂车 □摩托车 □拖拉机 □农用运输车 □特种车：请填用途______				
投保车辆情况	车辆使用性质	□家庭自用 □非营业用（不含家庭自用） □出租客运 □公交客运 □公路客运 □旅游客运 □租赁 □营业性货运				
投保车辆情况	汽车安全性能	□防盗系统 □ABS □安全气囊	□固定停放地点	□固定车位 □固定车库 其他		
投保车辆情况	行驶区域	□跨省行驶 □省内行驶 □固定营业路线：请注明具体路线______。				
投保车辆情况	上年赔款次数	□车损险及其附加险赔款次数____次	□三者险及其附加险赔款次数____次			
投保车辆情况	是否在我公司投保车辆保证保险	□是 □否	车损险与车身划痕险选择汽车专修厂	□是 □否		
投保主险条款名称						
指定驾驶员	姓名	驾驶证号码			初次领证日期	
驾驶人员 1		□□□□□□□□□□□□□□□□□□			____年___月___	
驾驶人员 2		□□□□□□□□□□□□□□□□□□			____年___月___	
投保车辆上年交通违章情况	□轻微违章次数______	□严重违章次数______				
保险期间	______年______日零时起至______年____月____日二十四时止					

投保险种		保险金额/责任限额（元）	保险费（元）	备注
□车辆损失险：新车购置价____________元				
□第三者责任险				
□附加车上人员责任险	投保人数______人	/人		
	投保人数______人	/人		
□附加车上货物责任险				
□附加盗抢险				
□附加玻璃单独破碎险	□国产玻璃			
	□进口玻璃			
□附加停驶损失险：日赔偿金额____元×____天				
□附加自燃损失险				
□附加车身划痕损失险		5 000		
□附加火灾、爆炸、自燃损失险				
□附加无过失责任险				
□附加新增加设备损失险				
□不计免赔额特约				
□不计免赔率特约	□车辆损失险			
	□第三者责任险			
□救助特约				
保险费合计（人民币大写）：			（¥： 元）	
特别约定				
保险合同争议解决方式选择	□诉讼 □提交____________________仲裁委员会仲裁			

本保险合同由保险条款、投保单、保险单、批单和特别约定组成。

投保人声明：保险人已将投保险种对应的保险条款（包括责任免除部分）向本人作了明确说明，本人已充分理解；上述所填写的内容均属实，同意以此投保单作为订立保险合同的依据。

投保人签名/签章：

________年________月______日

验车验证情况	□已验车 □已验证 查验人员签名： ______年____月____日____时____分		
初审情况	业务来源：□直接业务 □专业代理 □经纪人 □个人代理 兼业代理 □网上/电话业务 代理（经纪）人名称： 上年度是否在本公司承保：□是 □否 业务员签字：________年____月____日	复核意见	 复核人签字： _________年________月____

注：阴影部分内容由保险公司业务人员填写

【范本 3－2】

某保险公司机动车辆提车暂保单

####保险公司（以下称保险人）按照背面所载条款的规定，在本暂保单有效期内，承保下述被保险人所列机动车辆，特立本暂保单。

被保险人：　　　　　　　　单位：人民币元　　　　　　　　暂保单号码：

<table>
<tr><td rowspan="2">序号</td><td rowspan="2">厂牌型号</td><td rowspan="2">临牌号码
（移动证号码）</td><td rowspan="2">发动
机号</td><td colspan="2">车辆类型</td><td rowspan="2">车辆
购置价</td><td rowspan="2">购车
发票号</td><td rowspan="2">保费</td></tr>
<tr><td>六座以下
（不含）客车</td><td>其他</td></tr>
<tr><td></td><td></td><td></td><td></td><td></td><td></td><td></td><td></td><td></td></tr>
<tr><td></td><td></td><td></td><td></td><td></td><td></td><td></td><td></td><td></td></tr>
<tr><td></td><td></td><td></td><td></td><td></td><td></td><td></td><td></td><td></td></tr>
<tr><td></td><td></td><td></td><td></td><td></td><td></td><td></td><td></td><td></td></tr>
<tr><td></td><td></td><td></td><td></td><td></td><td></td><td></td><td></td><td></td></tr>
<tr><td colspan="9">保险期限：20天，自　年　月　日　时起至　年　月　日二十四时止</td></tr>
<tr><td colspan="3">总保险金额：</td><td colspan="3">总保险费：</td><td colspan="3">车辆总数：　辆</td></tr>
<tr><td colspan="5">行车路线：　自：　经：　至：</td><td colspan="4"></td></tr>
<tr><td colspan="5">特别约定：
1. 本暂保单仅承保车辆损失险和第三者责任险，不承保盗抢险。承保责任及责任免除等事项，以中国人民银行颁发的机动车辆保险条款为准；第三者责任险的最高赔偿限额为10万元人民币。
2. 在本暂保单保险期限内，无有效移动证，或不按规定路线行使，保险公司不承担保险责任。
3. 索赔时应交验购车发票正本、移动证正本。</td><td colspan="4">####保险公司____分公司____代理点

签单日期：

签章：</td></tr>
<tr><td colspan="5">注意：
1. 收到本暂保单后，请即核对，如有错误，立即通知本公司；
2. 收到本暂保单后，请详细阅读背面条款；
3. 在获得车辆牌照后，请尽快到注册地的任何一家财产保险公司办理正式保单。
4. 机动车辆出险后，必须在48小时内凭本暂保单向本公司报案（报案电话：　　　　　）。</td><td colspan="4">被保险人地址：
联系人：
电话号码：
邮政编码：
开户银行：
银行账号：</td></tr>
</table>

经（副）理：　　　会计：　　　复核：　　　制单：　　　承办：
电话号码：　　　出单点地址：　　　邮政编码：　　　传真：

3. 保险单

保险单（范本 3－3）是由保险人向投保人签发的书面凭证，是最基本的保险合同形式。保险单应力求订得完整、明确。保险单的记载内容必须符合法定要求。

【范本 3－3】

中国保险监督管理委员会监制　　　　　　　　　　限在广西自治区销售

PICC 中国人民保险公司 The People's Insurance Company of China

中国人民保险公司机动车辆保险单（正本）

桂:03××××××××

保险单号：

鉴于投保人已向保险人提出投保申请，并同意按约定交付保险费，保险人依照承保险种及其对应条款和特别约定承担赔偿责任。

<table>
<tr><td colspan="2">被保险人</td><td colspan="10"></td></tr>
<tr><td rowspan="8">保险车辆情况</td><td>号牌号码</td><td colspan="2"></td><td>厂牌型号</td><td colspan="2"></td><td>发动机号</td><td colspan="4"></td></tr>
<tr><td>VIN 码</td><td colspan="2"></td><td>车架号</td><td colspan="2"></td><td>车辆种类</td><td colspan="4"></td></tr>
<tr><td colspan="3">核定载客　　　　　　　　人</td><td colspan="3">核定载质量　　　　千克</td><td colspan="3">排量/功率　　　　L/kW</td><td colspan="2">已使用年限　　年</td></tr>
<tr><td colspan="3">初次登记日期</td><td colspan="3">已行驶里程　　　公里</td><td colspan="2">使用性质</td><td colspan="3"></td></tr>
<tr><td>安全配置</td><td colspan="4"></td><td colspan="2">固定停放地点</td><td colspan="4"></td></tr>
<tr><td>行驶区域</td><td colspan="4"></td><td colspan="2">新车购置价</td><td colspan="4">元</td></tr>
</table>

承保险种	保险金额/责任限额（元）	保险费（元）

保险费合计（人民币大写）：　　　　　　　　　　（¥：　　　　元）

保险期限自＿＿＿＿年＿＿＿月＿＿日零时起至＿＿＿＿年＿＿＿月＿＿日二十四时止

特别约定	
保险合同争议解决方式	
重要提示	1. 本保险合同由保险条款、投保单、保险单、批单和特别约定组成。 2. 收到本保险单、承保险种对应的保险条款后，请立即核对，如有不符或疏漏，请在 48 小时内通知保险人并办理变更或补充手续；超过 48 小时未通知的，视为投保人无异议。 3. 请详细阅读承保险种对应的保险条款，特别是责任免除和投保人、被保险人义务。 4. 保险车辆转类、转让、赠送他人或变更用途，应书面通知保险人并办理变更手续。
保险人	公司名称：　　　　　　公司地址： 邮政编码：　　　　　　联系电话：95518 　　　　　　　　　　　签单日期：　　　　（保险人签章）

核保：　　　　制单：　　　　经办：

保险单的主要内容一般包括：保险单明细部分、保险条款部分、特别约定、附加条款和批单。

我国《保险法》第13条规定："投保人提出保险要求，经保险人同意承保，保险合同成立。保险人应当及时向投保人签发保险单或者其他保险凭证。保险单或者其他保险凭证应当载明当事人双方约定的合同内容。当事人也可以约定采用其他书面形式载明合同内容。"从该法律规定来看，保险合同在保险单或其他保险凭证签发以前就已经成立，出具保险单或其他保险凭证，既是法律规定的保险公司的义务，也是保险公司的合同义务。在保险业务中，双方签字盖章的投保单是投保人所作的陈述与告知，保险合同成立后投保单是保险合同的一部分，投保单与保险单不一致，以投保单为准。双方的权利和义务应该由保险合同确定。在合同成立后，保险公司单方面签发的保险单本身不是保险合同，而是保险合同成立的证明。

4. 保险凭证

保险凭证又称"小保单"，上面不印有保险条款，实际上是一种简化的保险单。其内容仅包括保险金额、保险费率、险别、投保人、被保险人、保险期限等。保险凭证中未列入的内容，以同类正式保险单为准，如果正式保险单与保险凭证的内容有抵触或者保险凭证另有特定条款，则应以保险凭证为准。对于汽车第三者责任保险，一般实行强制保险。为了便于被保险人随身携带以供有关部门检查，保险人通常出具保险凭证。

5. 其他书面协议形式

这是指除上述4种形式外，保险合同还可以采用其他的书面协议形式，如附加保险条款和批单，也构成保险合同的一部分。在保险合同生效后，如因保险标的、风险程度有变动，就需要在保险合同中增加新的内容或对部分合同内容进行修改。因此，保险人在保险合同之外出具批单，以注明保险单的变动事项，或者在保险合同上记载附加条款，以增加原保险合同的内容。批单和附加保险条款的法律效力都优于原保险单的同类款目。

（三）汽车保险合同的生效

1. 保险合同生效的含义

保险合同中的"保险合同生效"与"保险合同成立"是两个不同的概念。保险合同成立，是指合同当事人就保险合同的主要条款达成一致协议；保险合同生效，指合同条款对当事人双方已发生法律上的效力，要求当事人双方恪守合同，全面履行合同规定的义务。保险合同的成立与生效的关系有两种：一是合同一经成立即生效，双方便开始享有权利，承担义务；二是合同成立后不立即生效，而是等到保险合同生效的所附条件成立或所附期限到达后才生效。

2. 汽车保险合同生效的要件

保险合同的生效是指合同符合生效要件而发生受法律强制力保障的约束力。具体表现为合同一旦生效，即为法律所确认，当事人约定的权利与义务具有法律上权利与义务的基本特征，当事人不得随意变更和解除合同。合同的效力一般仅限于当事人之间，但在一些场合，第三人亦受合同约束，保险合同中投保人为他人利益、以他人财产或人身为保险标的而订立的保险合同即属这种情况。根据"债权不可侵性"理论，任何第三人都负有不侵害合同权利的义务，否则应承担侵权责任。同时，合同的成立与生效又是相互联系的，成立是生效的前提和基础，没有成立的合同无所谓生效；生效则是成立的结果，合同生效是完成合同成立的目的。

汽车保险合同是否生效，取决于合同是否符合法律规定的签订合同的要件，包括合同主体资格、当事人意思表示真实、合同内容的合法性以及合同当事人约定的其他生效条件等。

(1) 主体资格。汽车保险合同的主体资格是指合同当事人即保险人、投保人和被保险人的资格符合规定。

①保险人资格。保险人必须是按照《保险法》规定设立的保险公司或其他保险组织，且需在其营业执照核准的营业范围内订立保险合同。有法律所赋予的经营保险业务的资格。目前，除少数国家允许个人经营保险业务外，绝大多数国家的保险人为法人。各国法律一般规定，保险人须具备法律规定的各项条件，依法定程序取得经营保险业务的资格，而且对其经营的范围亦有严格的规定。此外，还对保险企业应具备的条件及经营范围作出了具体规定。由于保险人不具有法定资格或超出其经营范围，则订立的保险合同无效。

②投保人资格。投保人在订立汽车保险合同时必须对保险标的具有保险利益，必须具有完全的民事行为能力和承担交付保险费的义务，限制行为能力和无行为能力人订立的汽车保险合同无效。

自然人和法人均可与保险人订立保险合同。自然人的缔约能力以其民事行为能力为基础，无行为能力或限制行为能力之人，无保险合同的缔约能力，而应由其法定代理人为其订立保险合同。

此外，由保险代理人所签订的保险合同，保险代理人必须具有代理权，否则亦会使合同生效受到影响。但法律为保险善意投保人的利益，一般对保险代理人所作行为的效果有特殊规定。

③被保险人资格。当保险事故发生时，汽车保险的被保险人必须对保险标的具有保险利益。汽车保险的投保人和被保险人可以是同一人，也可以是不同的人。如果车主为自己的汽车投保，则投保人与被保险人是一致的；如果其他人为不属于自己的车辆投保，则投保人与被保险人是不一致的。这两种情况都是保险公司允许的。

投保人与被保险人不一致，将会产生两方面的影响：一方面，被保险人不负交保险费的义务，该项义务由投保人承担，即谁投保谁交保险费；另一方面，车辆发生部分损失时，可由投保人向保险公司索赔。车辆发生全部损失时（如车辆被盗抢、碰撞中车辆报废等），必须由被保险人向保险公司索赔，而投保人则没有此项权利。在投保人与被保险人一致的情况下，则没有以上两方面的区分。

(2) 当事人意思表示真实，即双方当事人在订立保险合同时的意思表示必须符合自己的真实内在意思。如投保人故意谎报保险标的的状况，隐瞒保险标的真实情况而与保险人签订的保险合同，保险人由于受欺诈，虽然与投保人就保险合同达成了协议，但没有反映出当事人的真实内在意思，也即表意与真意不一致，由此产生的保险合同应属无效合同。

意思表示真实是指意思表示的行为人的表示行为与内心的效果意思相一致，民法理论称之为“意思表示无瑕疵”。与其他合同一样，当事人意思表示真实是保险合同的另一个生效要件，意思表示真实与意思表示一致不同，后者是合同的成立要件，即合同当事人就合同的主要内容达成合意。

造成意思表示不真实的原因有两种：一是基于表意人的原因，如真意保留、通谋、伪装错误、误解等；二是基于表意人以外的因素的影响，如欺诈、胁迫、乘人之危等。意思表示不真实可导致合同无效或可撤销的后果。

（3）合同内容的合法性。保险合同内容不得违反法律和社会公共利益，不具备此项要件，则合同当然无效。

①投保人对保险标的具有保险利益，这是保险合同生效的重要要件之一。为防止道德危险及赌博行为的发生，各国的保险立法均规定投保人对保险标的必须具有保险利益，否则保险合同无效。

②保险标的本身必须合法，即投保人或被保险人对保险标的所享有的权利或利益是合法的。作为保险标的的汽车必须有交通管理部门核发的行驶证和牌号并经检验合格，不能为走私汽车、报废汽车、盗窃车等非法汽车。

③保险合同条款不得违反法律的强制性规范。保险法的强制性是保险法的一大特色，对于保险法中的有关强制规定，保险合同当事人不得以协议变更，否则保险合同无效，也有些保险立法同时以但书规定，以利于被保险利益的除外。

④保险的目的在于分散危险，消化损失，以稳定社会的经济生活，如果保险当事人为非法目的而订立保险合同，保险合同当然无效，而且该当事人还应承担相应的法律责任。

（4）约定的其他生效条件。保险期限、如何交纳保险费等汽车保险合同的其他生效条件，要在签订保险合同时约定。

3. 汽车保险合同生效的时间

汽车保险合同生效时间是保险人开始履行保险责任的时间。我国的《保险法》第14条规定："保险合同成立后，投保人按照约定交付保险费，保险人按照约定的时间开始承担保险责任。"

在汽车保险实务中，保险合同成立的时间与其生效的时间有同一时间和非同一时间两种可能。

投保人提出投保申请，保险人核保签字盖章，投保人交纳保险费，保险期限的约定与交纳保险费的时间是统一的，对于这样依法成立的汽车保险合同，合同生效与成立的时间相同，属于第一种情况。此时，履行保险合同不易发生因合同效力引起的纠纷。

汽车保险合同的成立与生效为非同一时间的情形，多发生在附生效条件或附生效期间的汽车保险合同的履行过程中。此类保险合同一般约定投保人应按时如数交纳保险费，作为生效的条件或者约定一个合同的生效期限，保险人开始承担保险责任。虽然投保人办理了有关保险手续，但如果没有按照约定的时间、金额交纳保险费，汽车保险合同也没有法律效力，即使发生了保险责任事故，保险人也不负赔偿责任。在保险实践中常遇到这样的情况：投保人在违反约定条件而发生保险责任事故后，试图通过补缴保费的方式获得保险赔偿或从保险赔偿中扣除保险费，这种违反保险经营原则的行为是没有法律依据的，因为：保险属于承担不确定性的风险，机动车事故一旦发生就是确定性的风险，不是可保风险的范畴；保险通过收取保险费建立保险基金实施补偿的，没交保险费而取得补偿无疑会损害其他被保险人的利益；再者，投保人不履行所附的生效条件，保险合同就不生效，也更谈不上履行合同。同样，对于约定合同生效期限的保险合同，只有在生效期限届满时，合同才开始生效。此时合同履行与否取决于约定的生效期是否届满，与保险合同订立的时间无关。

【案例3－2】

保险合同生效≠保险责任开始

（摘自：江苏法制报）

案情简介：2007年3月1日，刘某就其车辆向保险公司投保机动车交通事故责任强制保险，保险公司于当日予以承保，并出具了保险单，保险单背面附有强制保险条款。投保单及保险单中均载明，保险期间自2007年5月27日0时起至2008年5月26日24时止。刘某于当日交纳保险费。2007年5月9日，原告驾驶上述投保车辆发生交通事故，致被害人当场死亡。

【案例分析】

保险合同不但受保险法的调整，亦受合同法的约束。依据《合同法》第44条规定，"依法成立的合同，自成立时生效。"一般情况下，合同成立即生效，本案当事人未附合同生效条件，且不属于批准、登记的合同。因而，从2007年3月1日合同成立之日起，本保险合同即生效。但《保险法》第14条规定："保险合同成立后，投保人按照约定交付保险费，保险人按照约定的时间开始承担保险责任。"可以看出投保人与保险人可以在保险合同中约定保险期间及保险责任开始的时间。因而，原被告在合同中约定保险期间自2007年5月27日0时起至2008年5月26日24时止并不违反法律、法规的规定，且符合当事人意思自治的原则，应当认定原被告关于保险期间的约定是合法有效的。

依据《保险法》第14条规定："保险合同成立后，投保人按照约定交付保险费，保险人按照约定的时间开始承担保险责任。"因此，保险合同的当事人可以在合同中约定保险责任开始的时间，该时间可以约定在合同生效前某一时间点，也可以约定在合同生效后某一时间点。

综上所述，本保险合同生效的时间是2007年3月1日，保险期间为2007年5月27日0时起至2008年5月26日24时止。保险责任开始的时间亦为2007年5月27日0时起至2008年5月26日24时止。因而，保险公司不应当承担保险责任。

（四）汽车保险合同的无效

保险合同的无效是指当事人所缔结的保险合同因不符合法律规定的生效条件而不产生法律的约束力；保险合同的无效，是指自始无效的合同。由于投保人或被保险人违反国家法律规定或保险合同规定的事项而引起的，因而使保险合同全部无效或部分无效。

无效保险合同的特点是：①违法性，即违反法律和社会公众利益；②自始无效性，即因其违法而自行为开始起便没有任何的法律效力；③无效性无需考虑当事人是否主张，法院或仲裁机构可主动审查，确认合同无效。

1. 保险合同无效的原因

保险合同无效的原因可以分为两类：一类是保险合同的约定无效；一类是保险合同的法定无效。

（1）保险合同的约定无效，是指当事人订立保险合同时，在保险条款上载明保险合同无效的事项，在保险合同有效期限内，一旦有此事项的出现，则保险合同无效。在保险合同中进行无效的约定，是当事人的一种任意行为，法律一般不予干涉。但这种约定必须不违背《保险法》和其他法律及行政法规的强制性规定和社会公序良俗，并清楚地记载在保险合同中。

（2）保险合同的法定无效。

①合同主体不合格。主体不合格是指保险人、投保人、被保险人、受益人或保险代理人等资格不符合法律的规定。例如，投保人是无民事行为能力的或依法不能独立实施缔约行为的限制民事行为能力的自然人；保险人不具备法定条件，不是依法设立的；保险代理人没有保险代理资格或没有保险代理权。如果保险合同是由上述主体缔结，则合同无效。

②当事人意思表示不真实。缔约过程中，如果当事人中的任何一方以欺诈、胁迫或乘人之危的方式致使对方作出违背自己意愿的意思表示，均构成缔约中的意思表示不真实。在这里，欺诈是指行为人不履行如实告知的义务，故意隐瞒真实情况或者故意告知虚假情况，诱使对方作出错误意思表示的行为。如投保人在订立保险合同时，明知不存在风险却谎称有风险，明知风险已经发生而谎称没有发生等等。胁迫是指一方当事人以给对方或与对方有关的人的人身、财产、名誉、荣誉造成损害为要挟，迫使对方同自己订立保险合同的行为。要挟是确定可能实现的行为，而且足以使对方违背自己的意志与其订立保险合同。

③客体不合法。投保人或被保险人对保险标的没有保险利益，则其订立的保险合同无效。

④内容不合法。如果投保人投保的风险是非法的，如违反国家利益和社会公共利益、违反法律强制性规定等均导致合同无效。

2. 无效保险合同的法律后果

保险合同的无效由人民法院或仲裁机构依法进行确认。保险合同无效的法律后果是导致合同根本不存在法律的约束力。但应当注意的是，保险合同的无效有两种情形：一是全部无效；一是部分无效。合同被确认全部无效的，其约定的全部权利义务自行为开始起均无约束力；合同被确认部分无效、不影响其他部分效力的，其他部分依然有效。但是，如果保险合同被确认部分无效，如果无效部分与有效部分相牵连，也就是说无效部分对有效部分的效力有影响，或者根据公平原则和诚实信用原则以及保险业惯例，如果继续保持有效部分的效力有失公平或者无实际意义，则应当认定合同全部无效。

保险合同被确认无效后，在当事人之间产生返还财产、赔偿损失、恢复原状等民事责任。

（五）汽车保险合同当事人的权利与义务

由于汽车保险合同是双务合同，一方当事人的权利往往是另一方当事人的义务。现仅从当事人双方的义务角度论述。

1. 投保人和被保险人的义务

投保人或被保险人若不承担相应的义务，保险人有可能拒绝承保，即使保了险，保险人有可能解除保险合同或出险后拒绝赔偿或部分赔偿。

（1）按约定交付保险费的义务：保险费是投保人向保险人交纳的费用，作为保险人依照合同承担赔偿和给付责任的代价。保险合同成立后，投保人按照约定交付保险费，保险人按约定的期间承担保险责任。

汽车保险的保险费，一般应在合同成立后一次缴清，经双方特别约定，也可以分期支付。若投保人未按约定交付保险费的，通常采取如下处理方法：

①保险人可以要求投保人限期缴纳并补缴利息。如果在限期内发生保险责任事故，保险人负责赔偿，但应交保险费和利息应从赔款中扣除。

②保险人可以决定终止合同并正式通知投保人或被保险人，有权要求其支付合同终止前应该负担的保险费及其利息。

当投保人与被保险人非同一人，投保人不履行交纳保险费义务时，保险人有权要求被保险人支付。如果被保险人拒绝支付或者表示放弃合同权利时，合同终止。此时，被保险人并不直接承担交纳保险费的义务。

③汽车保险合同生效前，当投保人决定退保时，保险人应退还其已经交纳的保险费，但可以收取手续费。保险合同生效以后至保险期满之前，投保人也可以退保。此时，保险人按照短期费率收取已满期限的保险费并退还未满期限的保险费。

④在保险合同期限内，当保险标的的危险程度增加时，投保人必须增交保险费。否则，保险人可以终止合同。

（2）告知义务：订立保险合同时，保险人可以就保险标的或被保险人的有关情况提出询问，投保人应当如实告知。投保人故意隐瞒事实，不履行如实告知义务的，或者因过失未履行如实告知义务，足以影响保险人决定是否同意承保或者提高保险费率的，保险人可以解除保险合同。

除了在投保时投保人应履行如实告知义务外，当保险标的的危险程度增加时，投保人还应该负有保险标的危险增加的通知义务。

危险增加的通知义务是指在保险合同的有效期内，保险标的危险程度增加的情况下，投保人或被保险人应依照合同规定及时通知保险人，保险人有权要求增加保险费或者解除合同。投保人或被保险人未履行该通知义务的，保险标的因危险程度增加而发生的保险事故，保险人不承担赔偿责任。

（3）出险后施救与通知义务：汽车保险合同生效后，如果发生了保险责任事故，投保人和被保险人都负有施救、报案和及时通知的义务。中国人民保险公司的《非营业用汽车损失保险条款》第 17 条规定："发生保险事故时，被保险人应当及时采取合理的、必要的施救和保护措施，防止或减少损失，并在保险事故发生后 48 h 内通知保险人。否则，造成损失无法确定或扩大的部分，保险人不承担赔偿责任。"

（4）协助追偿义务：如果存在第三者责任人，被保险人还有协助保险人向第三者追偿的义务。如中国人民保险公司《非营业用汽车损失保险条款》规定："因第三方对保险车辆的损害而造成保险事故的，保险人自向被保险人赔偿保险金之日起，在赔偿金额范围内代位行使被保险人对第三方请求赔偿的权利，但被保险人必须协助保险人向第三方追偿。由于被保险人放弃对第三方的请求赔偿的权利或过错致使保险人不能行使代位追偿权利的，保险人不承担赔偿责任或相应扣减保险赔偿金。"

（5）其他义务：投保人和被保险人除了需要履行上述义务外，还需要履行提供有关证明和资料义务、守法义务、安全防损义务等。

①提供有关证明和资料义务。投保人请求给付保险金时，应向保险公司提供证明和资料。我国《保险法》第 22 条规定："保险事故发生后，按照保险合同请求保险人赔偿或者给付保险金时，投保人、被保险人或者受益人应当向保险人提供其所能提供的与确认保险事故的性质、原因、损失程度等有关的证明和资料。"被保险人索赔时，应当向保险人提供保险单、事故证明、事故责任认定书、事故调解书、判决书、损失清单和有关费用单据。被保险人索赔时不得有隐瞒事实、伪造单证、制造假案等欺诈行为。我国《保险法》第 27 条规定："保险事故发生后，投保人、被保险人或者受益人以伪造、变造的有关证明、资料或者其他证据，编造虚假的事故原因或者夸大损失程度的，保险人对其虚报的部分不承担赔偿或者给付保险金的责任。"

②守法义务：是指投保人和被保险人不得非法转卖、转让保险车辆，也不得利用保险车辆从事法律、法规和有关规定所不允许的非法活动和经营活动。我国机动车辆保险条款规定："被保险人不得非法转卖、转让保险车辆；不得利用保险车辆从事违法犯罪活动。"

③安全防损义务：汽车保险合同生效后，被保险人应当做好保险车辆的维护工作，车辆的装载应当符合《道路交通安全法》的有关规定，应履行安全防损义务，积极防止保险事故的发生。为规范被保险人及其驾驶员的安全防损义务，《保险法》第 51 条规定："被保险人应当遵守国家有关消防、安全、生产操作、劳动保护等方面的规定，维护保险标的的安全。保险人可以按照合同约定对保险标的的安全状况进行检查，及时向投保人、被保险人提出消除不安全因素和隐患的书面建议。投保人、被保险人未按照约定履行其对保险标的的安全应尽责任的，保险人有权要求增加保险费或者解除合同。保险人为维护保险标的的安全，经被保险人同意，可以采取安全预防措施。"投保人和被保险人不履行上述义务，保险人有权拒绝赔偿或自书面通知之日起解除保险合同；已赔偿的，保险人有权追回已付保险赔款。

【案例3-3】

被保险人义务——缴纳保费

张先生驾车回家途中不幸发生意外事故，经交警认定承担事故的全部责任，事故处理完毕后，张先生向保险公司提出赔偿要求。保险公司审核时发现，张先生未按约定的时间缴纳保费，应予拒赔。

【案例分析】

投保并不代表保险合同生效，而只有在保险责任开始后，保险公司才对保险责任进行负责。保险合同生效的关键有两个方面：①投保人按照约定的时间、地点和方法向保险公司缴付保费；②保险公司签字盖章同意承保，两者缺一不可。缴付保费是投保人应尽的基本义务，如果没有按约定履行该项义务，保险公司有权终止保险合同，对于已发生的事故有权拒绝赔偿；另一方面，投保人在缴纳了保费后，如果没有得到保险公司签字盖章确认的保险单，即使发生了保险事故，保险公司也有理由拒绝赔偿，不承担保险责任。

【案例3-4】

被保险人义务——出险通知

孙先生驾车不幸发生意外事故，1个月后向保险公司索赔时才发现没有向保险公司报案，保险公司询问实际情况并重新确认损失后，给予了部分赔偿。

【案例分析】

《保险法》第21条规定：“投保人、被保险人或者受益人知道保险事故发生后，应当及时通知保险人。”在车辆保险条款中，对于事故发生后的通知时限明确规定为48小时。这样规定的目的是让保险人能够及时地调查保险事故发生的原因，查证损失情况，并采取适当的措施来防止损失的扩大，以避免因延误时间而增加调查的困难，防止被保险人隐瞒或消灭证据等欺诈行为。如果被保险人在保险事故发生后，经过一段合理的时间，并且能够通知而没有向保险人及其代理人发出通知的，即违反了这一义务，保险人有权因此而拒绝赔偿。

【案例3-5】

被保险人义务——合理施救

陈先生的车被水淹之后强行起动车辆，导致发动机损坏，向保险公司提请索赔，保险公司根据事故推断发动机损坏属于操作不当所致，属于损失扩大部分，不属于赔偿范围。

【案例分析】

《保险法》第57条规定：“保险事故发生时，被保险人应当尽力采取必要的措施，防止或者减少损失。”这样的规定是出于保护社会财富，防止被保险人谋取不当利益的道德危险的要求。同时，与此相对应，被保险人对于其履行施救义务中支出的必要费用有权要求保险人予以承担。如果违反这一义务，保险人对于由此造成的损失扩大部分，不承担赔偿责任。

【案例3-6】

被保险人义务——提供单证

白女士在向保险公司提起索赔后，保险公司审核单证时发现缺少医疗发票，白女士说发票遗失而不能提供。对于这部分费用，保险公司无从认定而作出了不予赔偿的决定。

【案例分析】

《保险法》和车险条款规定：投保人在索赔时，应当按照保险合同规定提供与确认保险事故性质、原因、损失程度有关的证明和资料。在各类条款里，对相应事故所需单证又作了进一步明确。为了获取保险人的赔付，被保险人在提出索赔要求的时候，应当按照有关保险立法和保险合同的规定，向保险人提交有关的索赔单证，以此证明保险事故发生的事实和损失数额。否则，在数据不明确的情况下，保险人将拒绝接受其索赔请求。

2. 保险人的义务

（1）赔偿和给付保险金的义务：保险人的首要义务是汽车保险事故发生后，依照保险合同的规定对被保险人的损失予以赔偿，或向受益人支付约定的保险金。赔偿的数额要按照责任界限来确定，汽车损失险以保险金额或车辆的实际价值为限，第三者责任险以赔偿限额为限。

保险公司赔偿或给付须满足以下条件：①必须是保险标的受到损失；②财产损失或人身灾害必须是由保险合同中规定的危险引起的；③损失的赔偿不能超过保险金额；④损失应当发生在合同约定的地点或范围；⑤保险人须承担投保人或被保险人为减少保险标的的损失而付出的施救费用、诉讼费用和理赔费用。

（2）说明义务：保险人在承保时，应向投保人说明投保险种的保险责任、责任免除、保险期限、保险费及支付方法、投保人和被保险人义务等内容。保险人的说明义务和投保人的告知义务一样，都是法律规定的当事人在订立合同前需要履行的义务，是法定的先契约义务，它不仅是诚信原则的基本要求，也是形成保险当事人同意的基础。

保险合同中有许多免责条款所用术语系保险业专业用词，具有特定的内涵和外延，如果不加以明确说明，投保人往往会忽视其免责条款，或虽注意到该免责条款，但因各方面局限，投保人或被保险人也不会全面准确地了解其含义。如机动车辆保险条款中“轮胎单独损坏”、“玻璃单独破碎”、“朽蚀”等，常人难以准确理解，如果保险人未向投保人明确说明，则投保人就无法作出准确的判断和承诺。

我国《保险法》仅就保险人在履行说明义务时其说明的程度进行了规定，而没有对说明的方法加以规定。也就是说，不论是“书面方式”、“口头方式”，都应该可以实施的。但是，为了避免日后发生纠纷时，没有证据来证明保险人已经履行了说明义务，因此，在汽车保险实务中，常采用投保人签字视为同意的规则来处理。保险人在事先准备的标准投保单上印有：“请您详细阅读下列投保须知后，再填写投保单”、“请认真阅读所附条款”等类似字句，投保人只要在印有其已了解并同意保险条款内容的签字栏内签字，就视为保险人履行了其说明义务和投保人同意保险内容。

（3）保密义务：保险人对在办理保险业务中知悉的投保人，被保险人的业务、财务情况和个人隐私，负有保密的义务。保险人违反这种保密义务，向他人透露、传送或者散布有关投保人或者被保险人的业务或者财产情况以及其他个人隐私的，应当承担法律责任。给投保人、被保险人造成损害的，应当赔偿损失。

（4）及时签单的义务：投保人提出投保要求，经保险人同意承保，并就合同的条款达成一致意见，即经过要约和承诺以后，保险合同成立。此时，保险人应当及时向被保险人签发保险单或保险凭证，以作为书面合同的证明。如果保险人未及时签发保险单，不影响保险合同的成立。

四、汽车保险合同的变更和解除

（一）汽车保险合同的变更

在汽车保险合同的有效期内，如果保险合同的内容发生了变化，投保人或被保险人要及时向保险人提出书面申请，办理变更手续。如果投保人或被保险人口头申请，在办理批改时，必须签字确认。

可能变更的事项包括以下几项。

1. 主体变更

保险合同的主体包括保险当事人以及保险关系人。保险当事人是指订立保险合同并享有和承担保险合同所确定的权利和义务的人，包括保险人和投保人。保险关系人是指在保险事故发生或者保险合同约定的条件满足时，对保险人享有保险金给付请求权的人，包括被保险人和受益人。保险合同的主体不同，变更所涉及的法律程序规定也不相同。如：保险车辆转卖、转让或赠送他人，需要变更被保险人。

2. 客体变更

保险合同的客体是保险利益，保险利益为投保人所有，其变更一定是投保人的变更所致。

3. 合同内容变更

保险合同内容的变更指保险合同中规定的各事项的变更。

保险合同内容的变更有两类情况：一是投保人因自己的实际需要提出变更，如增减投保的车辆数目、增加或减少保险金额或赔偿限额、增加某种附加险的投保、保险期限的变更等；二是因一定法定情况的发生，保险合同一方提出变更，另一方亦不得拒绝变更。

保险合同内容的变更包括保费的变更及其他内容的变更，主要是保费的变更。

（1）法定须予变更的情况有：

①保费的增加：保险标的危险程度增加的，被保险人按照合同约定应当及时通知保险人，保险人有权要求增加保险费或者解除合同。保险车辆变更使用性质，如保险车辆由私家车转做营运车，变更了使用性质，危险程度增加，使得保费增加。

②保费的减少：据以确定保险费率的有关情况发生变化，保险标的危险程度明显减少，或是保险标的的保险价值明显减少，除合同另有约定外，保险人应当降低保险费，并按日计算退还相应的保险费。

（2）投保人因自己的实际需要提出变更请求主要是因变更保险金额而变更保费。

①保险金额的增加：如车辆的保险价值因市场价格上涨，投保人可提出按照或者不按照保险价值的增加比例增加保险金额，当然亦需增加保费；投保人亦可在保险价值并无增加的情况下在保险价值限额内提出增加保险金额的请求。

②保险金额的减少：如因有保险价值减少的情况或者虽无减少情况，投保人亦可提出减少保险金额的请求，只是一些保单规定保险人并不受理保险金额减少的请求。

（二）汽车保险合同的解除

除了汽车保险合同在约定的有效期结束时的自然终止外，保险合同当事人都可以提出解除合同的要求。合同非自然终止时，保险人应该发出书面通知或出具批单。

保险合同的解除是指在保险合同的有效期限届满前，当事人依照法律规定或者合同约定提前终止合同效力的法律行为。

1. 投保人解除保险合同

由于保险合同是在平等自愿的基础上订立的，因而在一般情况下，投保人可以随时提出解除保险合同。

2. 保险人解除保险合同

按照各国的保险法规定，保险人一般不能解除保险合同，否则应承担违约责任。根据我国《保险法》的规定，保险人在下列情况下有权解除保险合同：

（1）投保人故意隐瞒事实，不履行如实告知义务的，或者因过失未履行如实告知义务，足以影响保险人决定是否同意承保或者提高保险费率的，保险人有权解除保险合同。

（2）被保险人或者受益人在未发生保险事故的情况下谎称发生了保险事故，向保险人提出赔付保险金的请求，保险人有权解除保险合同，并不退还保险费。

（3）投保人、被保险人故意制造保险事故的，保险人有权解除保险合同，不承担赔付责任。

（4）投保人、被保险人未按约定履行其对保险标的的安全应尽责任的，保险人有权要求增加保险费或解除保险合同。

（5）在保险合同有效期内，保险标的危险程度增加的，被保险人按照合同约定应及时通知保险人，保险人有权要求增加保险费或者解除保险合同。被保险人未履行通知义务的，因保险标的危险程度增加而发生的保险事故，保险人不承担赔偿责任。

3. 保险双方约定解除保险合同

以下这种情况简称为约定解除或协议注销：保险合同当事人在不违反法律法规或公共利益的前提下，可以在合同中约定当一定的事实发生时，一方或双方当事人有权解除合同，并且可以约定行使解除权的期限。

五、汽车保险合同的解释原则和争议处理

（一）汽车保险合同的解释原则

所谓保险合同的解释，是指对保险合同内容的含义所进行的说明和阐述。在保险实务中，尤其在索赔和理赔时，往往发生被保险人一方与保险公司就保险条款的理解发生争议的情形，这就涉及保险条款的解释问题。汽车保险条款的解释应当遵循以下原则。

1. 有利于被保险人的解释原则

鉴于保险条款是由保险公司单方拟订的格式条款，为充分保护被保险人利益，保险条款解释的一个重要原则就是有利于非起草方的解释原则，即当被保险人与保险公司对保险条款的理解发生争议时，应当作有利于被保险人的解释。我国《保险法》第30条规定："采用保险人提供的格式条款订立的保险合同，保险人与投保人、被保险人或者受益人对合同条款有争议的，应当按照通常理解予以解释。对合同条款有两种以上解释的，人民法院或者仲裁机构应当作出有利于被保险人和受益人的解释。"

这一规定的适用应当注意：并非双方当事人对保险条款的任何争议都必须作有利于被保险人和受益人的解释。当双方当事人对保险条款的内容理解不一致时，应当遵循公平和诚实信用原则，首先按照通常理解，结合条文词句的含义、逻辑关系以及保险交易惯例等进行合理解释，有专业解释的，如死亡、地震、暴雨等，应按照专业术语的理解来解释。只有当保险条款的含义含混不清或产生多种理解时，才应当援引上述规定，作有利于被保险人和受益人的解释。只有如此，才不至于滥用疑义利益解释原则，背离立法本意。

2. 合法解释原则

保险合同当事人在对具有分歧理解的保险合同条款进行解释时不得违反法律、法规的

强制性规定。对汽车保险合同条款的解释应遵守《保险法》、《民法通则》、《道路交通安全法》等法律的规定。

3. 诚实信用解释原则

诚实信用原则是任何当事人在订立合同和履行合同时都必须遵守的原则，按照此原则，当事人在行使权利和履行义务时，必须诚实、守信用。

4. 文义解释原则

文义解释原则就是按照保险合同条款文字的含义进行解释的原则。保存合同条款中的文字一部分是以普通含义来解释的；另一部分却具有专门的含义，它们或者是保险专业术语，或者是法律词语，对于这些词语必须按照特定的专业含义来解释。如保险危险中的“暴风”不是泛指“非常大的风”，而是指风力速度达到28.5 m/s以上的大风。

5. 意图解释原则

意图解释原则是以当时订立保险合同的真实意图来解释合同。意图解释只适用于文义不清、用词混乱和含糊的情况。此原则要求在解释保险合同条款时尊重双方订立合同时的真实意图。保险合同是双方当事人自由意志表示一致的结果，订立合同时双方的真实意图必须在合同有效期内保持不变，不应该在发生争执时任意改动。

6. 整体解释原则

对保险合同的解释，不论采用以上哪一个原则，都不能只拘泥于合同的某一条款，或某一条款的只言片语，而应该把整个合同作为一个整体来看，根据双方订立合同的目的，结合合同其他条款的内容来确定具体合同条款的含义。

（二）汽车保险合同的争议处理

保险合同订立以后，双方当事人在履行合同过程中，围绕理赔、追偿、交费以及责任归属等问题容易产生争议。因此，采用适当方式，公平合理地处理，直接影响到双方的权益。《合同法》第128条规定：“当事人可以通过和解或者调解解决合同争议。当事人愿和解、调解或者和解、调解成的，可以根据仲裁协议向仲裁机构申请仲裁。涉外合同的当事人可以根据仲裁协议向中国仲裁机构或者其他仲裁机构申请仲裁。当事人没有订立仲裁协议或者仲裁协议无效的，可以向人民法院起诉。当事人应当履行发生法律效力的判决、仲裁裁决、调解书；拒履行的，对方可以请求人民法院执行。”据此，对保险业务中发生的争议，可采取和解、调解、仲裁和诉讼四种方式来处理。

1. 和解

和解是民事诉讼当事人约定互相让步或者一方让步，以解决双方的争执的活动。亦称和息。在中国，和解与调解不同，和解是当事人之间自愿协商，达成协议，没有第三者参加。当保险合同当事人发生意见分歧时，和解应该是首选的解决问题的方法，这种方法不仅节省时间和费用，而且还不伤和气，有利于合同的继续履行。

2. 调解

调解是指双方当事人以外的第三者，以国家法律、法规和政策以及社会公德为依据，对纠纷双方进行疏导、劝说，促使他们相互谅解，进行协商，自愿达成协议，解决纠纷的活动。根据第三者的身份不同，调解可以分为自愿调解和司法调解。自愿调解是指双方当事人共同选择在第三人的主持下达成和解的协议；司法调解是在仲裁机关或人民法院的主持下，双方当事人达成和解的协议。从解决效果看，自愿达成的协议不具备强制执行的效力，当事人不履行调解协议时，对方只能将争议提交仲裁机关或人民法院起诉，而无权向法院请求强制执行；司法调解达成的已经生效的协议具有强制执行的效力，一方不执行的，对方有权向法院请求强制执行。

3. 仲裁

仲裁是指当事人双方自行达成协议，愿将有关争议交给双方所同意的仲裁机构进行裁决。由于仲裁是依照法律所允许的仲裁程序裁定争端，因而具有法律约束力。仲裁以自愿为基本原则，以仲裁协议为基础，只有双方当事人订立有仲裁协议时，才可以将双方的争议提交仲裁，一旦当事人选择仲裁作为解决双方争议的方式，就不能再向法院提起诉讼。

仲裁的特点是：

（1）双方可在仲裁协议或仲裁条款中选择仲裁机构和仲裁地点；

（2）当事人可以选择适用的法律；

（3）在仲裁时当事人有权指定仲裁员；

（4）仲裁审理一般不公开进行；

（5）仲裁是终局的，对双方都有约束力；

（6）仲裁程序简便，结案迅速及时，仲裁费用也较低。

生效的仲裁裁决对双方当事人具有法律约束力，当事人必须执行，一方不执行仲裁裁决的，另一方可以申请法院强制执行。国内保险合同纠纷的仲裁机关为仲裁委员会，涉外保险合同纠纷，可以提交对外经济贸易促进委员会下设的对外经济贸易仲裁委员会或海事仲裁委员会仲裁。

4. 诉讼

诉讼是发生纠纷的一方或双方将纠纷的原因、内容、主张及理由告知、倾诉于法官，以求解决纠纷的活动。可以分为民事诉讼、刑事诉讼和行政诉讼三类。诉讼是一种合法的、最有效的，也是最终的冲突解决手段。

保险合同诉讼属于民事诉讼的范畴，法院在审理合同纠纷的过程中，必须坚持以调节为主的原则，尽量通过调解促使双方协商解决，调解不成的，及时做出判决。提起诉讼的一方当事人首先应向法院递交起诉书，起诉书中要写明诉讼当事人的姓名、住址、诉讼请求和事实根据，按被告人数递交副本；其次还应该提供一系列文件作为诉讼依据，这些文件包括合同、记录、原始凭证、来往信件和其他证明等。如果提起诉讼的一方当事人是法人，那么必须签署并递交委托书，明确诉讼代理人或代表的姓名、职务、代理权限等，并在委托书上加盖公章后，递交法院。法院在收到原告的起诉书和连带的证明文件后，应该将这些材料按时送达被告，被告应当在法定的期限内提出答辩书递交法院，然后等待法院的开庭通知，参加诉讼。

我国现行的诉讼制度，实行合议、回避、公开审判和两审终审制度。对于一审人民法院的判决不服的，当事人可以在收到判决书 15 日内向上一级人民法院提起上诉，由上一级人民法院进行二审审理，二审法院做出的判决为终审判决。生效的判决对当事人具有法律约束力，当事人必须执行，任何一方不执行生效判决的，对方当事人可以申请人民法院予以强制执行。

【案例3-7】

欠交部分保费的索赔案

（摘自：许飞琼编著，财产保险案例分析，中国金融出版社，2004-09-13）

案情简介：个体运输户王某，于某年3月10日，将一辆16座面包车向当地保险公司投保汽车损失险和第三者责任险，保险金额分别为12万元和10万元，应付保费3 350元。保险单填写之后，保险代理人向王某收取保费时，王某提出钱未带够，只能先交1 500元，下午再将差额部分送来。因有急事，保险代理人表示同意，并让王某带走了保险单。当天下午，王某并未补交所欠保险费，保险代理人多次催收，并向其提出如再拖欠不交，发生事故不予赔偿，但均被其敷衍搪塞，一直未补交保费。同年10月5日，该面包车在行驶途中发生意外翻车事故，造成车辆损失7.5万多元。投保人凭保险单向保险公司提出索赔。

不同的观点：

1）不应该赔偿。该观点认为，根据权利与义务对等原则，按照保险合同短期保费计算方法，王某所交纳的1 500元保费，保险公司只能承担其不足半年的保险责任。但保险标的在入保半年后发生了事故，因为王某没有补交所欠保费，保险公司只能视其保单作废，而不承担赔偿责任。

2）比例赔偿。该观点认为，保险合同为双务合同，保险人与被保险人既享有权利，又承担义务，权利和义务是对等的。根据我国《民法通则》等价有偿的原则，王某交纳了1 500元的保险费，履行了一定的义务，理所当然地应当享有一定的保障权利。因此，保险公司应按照王某交纳保险费的比例承担相应的保险金额赔偿责任。

3）足额赔偿。该观点认为，王某虽拖欠保费，但保险公司并未因此采取有效措施，如及时办理合同终止事宜。所以，根据权责发生制，该保险合同自始至终都是有效的。保险公司应对王某的损失给予足额赔偿。

【案例分析】

1）我国《保险法》第13条规定："投保人提出保险要求，经保险人同意承保，保险合同成立。"法律的这一规定意味着，只要保险人同意承保并且合同双方就合同内容达成一致，保险合同即告成立，保费交纳与否并非保险合同成立的要件。本案中合同双方已达成协议，并且保险人已签发了保险单，合同的成立是毋庸置疑的了。我国《合同法》第44条也规定："依法成立的合同，自成立时生效。"《合同法》第45条第一款同时规定："当事人对合同的效力可以约定附条件。附生效条件的合同，自条件成就时生效。"可见，如同附生效条件，只有当条件满足时合同才生效，如果未约定生效条件，则一般来讲合同自成立之时即开始生效。本案中，合同没有文字的附加条件，而后来保险代理人的口头约定又无凭据，因此，该份保险合同在签订的当日就开始生效。

2）我国《保险法》第14条规定："保险合同成立后，投保人按照约定交付保险费，保险人按照约定的时间开始承担保险责任。"这里可以理解为，保险人与投保人之间没有特别约定时，投保人应在合同签订时交纳保险费，这是投保人必须履行的义务。本案中，投保人在保险事故发生前一直只交纳部分保险费，这当然影响保险合同的效力。

3）保险公司的《机动车辆保险条款》第 24 条规定："投保人对保险车辆的情况应如实申报，并在签订保险合同时一次交清保险费。"同时，第 90 条规定："被保险人不履行本条款第 15 条至第 18 条规定的义务，保险人仅有权拒绝赔偿或自书面通知之日起解除保险合同。"本案中，依照保险条款的约定，投保人应在保险合同成立后及时并且一次交清保费，这是投保人依合同应尽的义务。投保人只交纳了部分保费，意即只履行了部分合同义务，然而，在这种情况下保险人有两种选择：一是解除合同退还保费；二是与投保人协商降低保险金额。但保险人并未采取上述做法，而是默许了投保人的迟延。保险人在一个合理的期限内（超过保险期间的一半时间）可以行使的权利没有行使，应视为保险人放弃了这些权利。按照禁止反言的原则，保险人也就在保险事故发生后没有理由就已放弃的权利提出要求行使这些权利。

4）虽然保险人的默许行为使其丧失了保险合同的解除权，保险人必须承担保险责任。但是根据合同双方权利义务应对等的原则，投保人只交纳了 1 500 元的保费，那么保险人就只能承担相应的保险责任，因此保险人应当按照投保人交纳保费的比例承担相应的赔偿责任，即比例赔偿。

【结论】

前述第二种观点是正确的。

从以上情况分析，由于在签订保险合同以及在催收拖欠保费的过程中，保险公司没有写出明确的文件规定而留下隐患。而我国《保险法》的制定又是遵循"被保险人合同权益优先"的原则。鉴于保险合同在法律实践中的特殊性，以及保险合同双方当事人对各自的权利、义务都有欠妥之处，因此，此案应按混合过错处理的原则为好，即投保人有未足额交付保险费的过错，保险人有未书面约定分期交费的过错。对此，保险公司可按所收保费的比例，承担相应的保险责任，给予王某部分经济补偿，也就是前文所称之比例赔偿。也只有这样，才能符合保险合同应遵循的公平、公正、合理以及权利和义务对等的原则，保险人和被保险人的权益均能得到保障。

【启迪】

1）对于投保人所欠保险费，保险人曾多次催收，并表示如再拖欠不交，出事后不予负责赔偿。上述表示是以口头形式表示的不具有法律效力。因变更或解除经济合同的通知或协议，按照我国《保险法》的规定"应当采取书面形式"，否则在协议未达成之前，原合同仍然有效，所以今后在投保人违约时要想终止合同，必须出具书面通知，才能在诉讼中立于不败之地。

2）通过此案可以看到保险公司管理上存在一些问题，保险经办人员在投保人没有交足保险费的情况下，轻易将保险单交付给投保人，显然是不慎重的。因为这样为处理赔案造成纠纷留下了隐患。在本案法庭审理过程中，法院已判定保险人有章不循，在未收足保险费的情况下，便将保单交付给投保人，也负有一定的责任。因此，法院援用民法中有关双方都有过错的法律条文，对保险人判处相应的经济赔偿。通过此案的处理，保险方应从中吸取有益的经验教训。

总之，保险合同双方当事人都应该依据保险合同的约定履行义务享受权利，任何一方都不能只享受权利而不承担义务或少承担义务。本案中被保险人在享有风险保障权利的同时却不依约履行交纳保费的义务，因而不能享受到完全的保险保障。而保险人在被保险人违约的情况下拥有解除合同的权利，但却没有在适当的时期内行使这种权利，因而要承担部分赔偿责任。因此，对于保险合同双方来说，完整、正确地履行合同义务享受保险权利是至关重要的，否则就要承担相应的后果。

第二节 汽车保险原则

在汽车保险过程中，要遵循的基本原则就是保险法的基本原则，即集中体现保险法本质和精神的基本准则，它既是保险立法的依据，又是保险活动中必须遵循的准则。保险法的基本原则是通过保险法的具体规定来实现的，而保险法的具体规定，必须符合基本原则的要求。这些基本原则贯穿在《保险法》的文本条款中。

一、保险利益原则

（一）保险利益原则的含义

我国《保险法》第 12 条规定：“财产保险的被保险人在保险事故发生时，对保险标的应当具有保险利益。保险利益是指投保人或者被保险人对保险标的具有的法律上承认的利益。”保险利益也称可保利益，是指被保险人对其所投保的标的所具有的法律上认可的经济利益，也就是说，标的的损坏或灭失对被保险人有着利害关系。如果财产安全，投保人就能得益；如果财产受损，其利益亦遭受损害。所谓保险利益原则是指在签订和履行保险合同的过程中，投保人和被保险人对保险标的必须具有保险利益。我国《保险法》第 48 条规定：“保险事故发生时，被保险人对保险标的不具有保险利益的，不得向保险人请求赔偿保险金。”

美国经济学家萨缪尔森在他的《经济学》一书中就保险利益举了一个生动的例子，其意如下：雪对一般人来说，是没有什么利益可言的，但对某处高地旅馆的老板，却有保险利益。如果在 12 月 20 日左右下大雪，他的旅馆就会招来很多滑雪的游客，从而收到大批租金；如果到期没下雪，那么这家旅馆就门可罗雀，生意清淡。因此，雪对这家旅馆的老板就具有保险利益。

（二）保险利益原则的意义

保险利益原则规定，投保人对保险标的必须具有法律上承认的利益，否则，保险合同无效。在保险经营活动中，坚持保险利益原则意义深远。

1. 防止道德风险的发生

如果投保人以没有保险利益的保险标的投保，则有可能出现投保人为获得保险赔偿而任意购买保险，并盼望事故发生的现象；更有甚者，为了获得巨额赔偿或给付，采用纵火、谋财害命等手段，故意制造保险事故，增加了道德风险事故的发生。在保险利益原则的规定下，由于投保人与保险标的之间存在利害关系的制约，投保的目的是为了获得一种经济保障，一般不会诱发道德风险。

2. 避免赌博行为的发生

在保险业刚刚兴起的时候，有人以与自己毫无利害关系的远洋船舶与货物的安危为赌注，向保险人投保。若船货安全抵达目的地，则投保人丧失少量已付保费；若船货在航行途中灭失，他便可获得高于所交保险费几百倍甚至上千倍的额外收益，这种收益不是对损失的补偿，是以小的损失谋取较大的经济利益的投机行为。于是，人们就像在赛马场上下赌注一样买保险，严重影响了社会的安定。英国政府于18世纪通过立法禁止了这种行为，维护了正常的社会秩序，保证了保险事业的健康发展。保险利益原则规定，投保人的投保行为必须以保险利益为前提，一旦保险事故发生，投保人获得的就是对其实际损失的补偿或给付，这就把保险与赌博从本质上区分开来。

3. 便于衡量损失赔偿金额，避免保险纠纷的发生

保险人对被保险人的保障，不是保障保险标的本身不遭灾受损失，而是保障保险标的遭受损失后被保险人的利益，补偿的是被保险人的经济损失；而保险利益以投保人对保险标的的现实利益以及可以实现的预期利益为限，因此是保险人衡量损失及被保险人获得赔偿的依据。保险人的赔付金额不能超过保险利益，否则被保险人将因此获得额外利益，这有悖于损失补偿原则。再者，如果不以保险利益为原则，还容易引起保险纠纷。例如，借款人以价值30万元的房屋作抵押向银行贷款15万元，银行将此抵押房屋投保，房屋因保险事故全损，银行作为被保险人其损失是15万元还是30万元呢？保险人应赔付15万元还是30万元？如果不根据保险利益原则来衡量，银行的损失就难于确定，就可能引起保险双方在赔偿数额上的纠纷。而以保险利益原则为依据，房屋全损只会导致银行贷款本金加利息的难以收回，因此，银行最多损失15万元及利息，保险公司不用赔付30万元。

（三）构成保险利益应当具备的条件

1. 保险利益必须是合法的，是法律上承认并且可以主张的利益

由不法行为所产生的利益，不得作为保险利益。比如，以盗窃而来的财物投保财产险，保险合同是无效的。

2. 保险利益必须是确定的、可以实现的利益

仅由投保人主观上认定存在，而在客观实际中并不存在的利益，不应作为保险利益。确定的保险利益包括投保人对保险标的的现有的利益和由现有利益产生的期待利益。现有的利益是指投保人已经实际取得的经济利益，如投保人已购买的汽车、现有的机器设备和已经取得的知识产权等；期待利益是指由现有利益产生的将来可以获得的利益，如出租房屋而预期可以获得的租金收入、维修设备而预期可以得到的修理费收入等。

3. 保险利益必须是可用货币形式计算的利益

无法用货币形式来计算其价值，发生损失无法用金钱给予补偿的利益，不能作为保险利益。如果不能用金钱来计算保险标的的价值，就无法计算其损害程度的大小，也就无法通过保险方式来补偿。例如，政治利益是损失，竞争失败、精神创伤等可能与当事人有利害关系，但这种利害关系，不是经济上的，就不构成可保利益；行政处分、刑事处罚等虽也可造成当事人经济损失，但从公共利益出发，对于此类经济损失，保险不予保障。

（四）汽车保险合同中保险利益的产生方式

汽车保险合同中保险利益的产生方式主要有以下几种：

（1）所有：因所有权而产生的利益，即所有人依法对自己的财产享有占有、使用、

收益和处分的权利。汽车所有人拥有保险利益。

（2）租赁：汽车的承租人对于所租赁的车辆具有保险利益。

（3）借贷：以汽车作为担保物，债权人具有保险利益。

（4）雇用：受雇人对于其所使用的汽车具有保险利益。

（5）委托：汽车运输人对于所承运的汽车具有保险利益。

（五）保险利益的移转

1. 继承

被保险人死亡时，保险利益是否应继续存在？各国法律大都采取同时移转主义，即保险合同仍为继承人之利益而存在。我国《保险法》并无此规定，但依《保险法》第49条规定："保险标的转让的，被保险人或者受让人应当及时通知保险人，但货物运输保险合同和另有约定的合同除外。"依此类推，也应保险人同意方可。

2. 转让

保险利益附着于保险标的，保险利益是否随保险标的的转让而同时转移，对此各国（地区）立法均有不同之处。有的采用同时移转主义，即所有权移转时保险标的亦随之移转于受让人，如德国商法、日本瑞士保险契约法、法国保险契约法、韩国商法、日本商法；有的采用不动产移转主义，即认为保险利益的移转仅限于不动产的移转，如奥地利保险契约法。我国台湾地区的保险法第18条规定：被保险人死亡或保险标的所有权移转时，保险合同除另有规定外，仍为继承人或受让人之利益而存在，此系采用同时移转主义。日本商法的第650条规定：被保险人将保险标的转让他人时，推定其同时转让保险合同权利；于前款情形，保险标的的转让显著变更或增加危险时，保险合同即丧失效力。在我国，对于保险标的转让以后保险利益是否转移，没有法律的明确规定。但在保险业务实践中，对某些险种，如海上货物运输保险，承认保险标的转让后，保险合同继续生效。

3. 破产

我国大陆《保险法》对此并未加以规定，我国台湾地区的保险法第28条规定：投保人破产时，保险合同仍为破产债权人之利益而存在，但破产管理人或保险人得于破产宣告3个月内终止合同，其终止后的保险费已交付者，应当返还。此规定有利于投保人的债权人，同时又有恰当时间给予保险人和破产管理人可谨慎行使终止权，有其可借鉴之处。我国《破产法》第28条规定，在破产宣告到破产程序完成时依法可得的财产列入破产财产，而投保人若依《保险法》有因合同约定外而可解除合同的事由，并因此而得返还部分保费的权利，此保费当然为依法取得。

二、最大诚信原则

最大诚信的含义是指当事人真诚地向对方充分而准确地告知有关保险的所有重要事实，不允许存在任何虚伪、欺瞒、隐瞒行为。而且不仅在保险合同订立时要遵守此项原则，在整个合同有效期内和履行合同过程中也都要求当事人之间具有"最大诚信"。

最大诚信原则的含义可表述为：保险合同当事人订立合同及合同有效期内，应依法向对方提供足以影响对方做出订约与履约决定的全部实质性重要事实，同时绝对信守合同订立的约定与承诺。否则，受到损害的一方，按民事立法规定可以此为由宣布合同无效，或解除合同，或不履行合同约定的义务或责任，甚至对因此受到的损害还可以要求对方予以赔偿。

（一）最大诚信原则的应用

最大诚信原则贯穿于保险法的全部内容，统帅着保险立法，指导着保险司法，是保险合同当事人和关系人必须遵守的基本行为准则，适用于保险活动的订立、履行、解除、理赔、条款解释、争议处理等各个环节。

为了使最大诚信原则得以贯彻和实行，保险合同及有关法律对投保人与被保险人规定了告知与保证的义务；对保险人有弃权和禁止反言的规定。

1. 投保人对最大诚信原则的遵守

（1）如实告知义务：如实告知义务要求投保人及被保险人就保险标的的危险状况向保险人予以公正、全面、实事求是地说明。保险合同为转移风险的合同，风险的大小和性质是决定保险人是否承保、保险费率高低、保险期限长短、保险责任范围的唯一因素。而保险标的种类繁多、情况复杂，其危险状况保险人无法了解，若对保险人课以信息搜集、核实的义务，不仅费时、费力，增加交易成本，且难保准确。而投保人和被保险人作为保险标的的所有人、管理人、经营人或利害关系人，则常常知晓其全貌，为使保险人能准确衡估危险，了解危险及合理控制危险，保险法从效率角度出发，课以投保人如实告知义务，以求保险合同的实质平等与自由。

如实告知义务就其本质而言就是向保险人提供准确的危险判断依据。故告知的范围应当是保险标的的重要危险情况。所谓重要危险情况，是指足以影响保险人决定是否同意承保或者提高保险费率的情况。保险合同内容不同，重要情况判断标准有别，法律条文殊难一一列述。是否为重要事项，可从以下几个方面综合考虑：

①保险标的的质量状况。如汽车保险中车辆的状况，质量愈高，抵御风险的能力愈强，损失概率愈小，则保险人所承担的损失愈少。

②保险利益情况。保险利益是指被保险人对保险标的所具有的经济利益。它反映了被保险人对保险标的的利害关系，利益薄则爱心薄，继而保险人所承担的风险大；利益厚则爱心厚，继而保险人所负担的风险小。

③保险标的环境方面的情况。环境是影响危险的一个重要因素，如汽车的行驶区域对保费也有影响。

投保人未尽如实告知义务的情况分为 3 种：告知不实，谓之误告，如真实车况与实际车况不符；不予告知，谓之隐瞒，如把拼装车谎称成合格车辆；应告知而未告知，谓之遗漏。投保人违反告知义务，保险人有权解除合同。然而，判断投保人是否如实告知义务尚须考虑以下几个因素：一是投保人的认识能力与知识结构，例如，对车况的判断，专家与普通人有天壤之别；二是保险人是否已知或应知，倘若保险人已知或者为公众所周知的事实，投保人虽未告知，仍不能构成隐瞒；三是是否为保险人弃权的事实，若属弃权事项则日后不得再行主张，如未交足保费而出具保险单的。

（2）履行保证义务：保证是投保人或被保险人向保险人所做出的承诺，即保证作为或不作为某些特定事项，或保证履行某项条件，或肯定或否定某些事实特定状况的存在，一旦违反，保险人可以据以解除合同。简而言之，保证是被保险人订立合同所需履行的某种义务。如无此保证，则保险人可以不订立合同或改变合同的内容。保证重在恪守合同承诺，其目的在于控制危险，确保保险标的处于稳定的、安全的状态之中。保证必须严格遵守。如果被保险人不遵守保证，除保险单另有约定外，保险人可以从被保险人违反保证之时起解除自己的责任。所以，保证对于被保险人的要求极为严格。

保证可以分为两种：明示保证和默示保证。默示保证与明示保证具有相同的效力。

①明示保证：是以书面形式载明于保险合同中，以“被保险人义务”条款表达的一类保证事项。我国机动车辆保险条款中对被保险人的义务有明确的限定，如“被保险人及其驾驶员应当做好保险车辆的维护、保养工作，保险车辆的装载必须符合规定，使其保持安全行驶的技术状态”。“保险车辆发生保险事故后，被保险人应当采取合理的保护、施救措施，并立即向事故发生地的交通管理部门报案，同时在48 h内通知保险人”。“被保险人索赔时不得有隐瞒事实、伪造单据、制造假案等欺诈行为”。这些对被保险人义务要求条款的规定就属于明示保证。

②默示保证：是指虽未以条款形式列明，但是按照行业或国际惯例、有关法规以及社会公认的准则，投保人或被保险人应该作为或不作为的事项。如要求被保险人的车辆必须有正常的行驶能力以及被保险人不得从事非法运输，如进行走私、载运违禁品等。

保险事故的发生，既是个人财产的损失，也是社会财富的浪费。投保人参加保险后，风险转嫁给保险人，而被保险人往往实际控制着保险标的，对危险的防范更为有效。因此，各国保险法均规定，被保险人有维护保险标的安全的义务，我国也不例外。根据《保险法》第51条规定，被保险人应当遵守国家有关消防、安全、生产操作、劳动保护等方面的规定，维护保险标的的安全。保险人可以按照合同约定对保险标的的安全状况进行检查，及时向投保人、被保险人提出消除不安全因素和隐患的书面建议。投保人、被保险人未按照约定履行其对保险标的的安全应尽责任的，保险人有权要求增加保险费或者解除合同。如果被保险人因为汽车已购买了保险就疏于平时的车辆维护，必然会导致车辆的技术状况下降，也可能使汽车的重要零部件超出了正常的使用限度，这些都为汽车的运行增加了风险。如果保险人在与投保人签订保险合同时，对于使用被保险车辆不作任何限制，无疑是对被保险人的间接放纵，使得汽车保险的风险不断增大。就汽车保险的风险控制而言，担保条件十分重要。因此，各国在汽车保险合同中，就被保险车辆的维护和当发生意外事故时采取有效的措施减轻事故损失等被保险人应担保的事项进行了规定。

保证与告知两者之间的区别在于：告知立足于现在，保证放眼于未来。告知是对过去或现在事实的客观说明。告知虽非合同的一部分，但可以诱使合同的签订，违反告知义务并构成欺诈，合同则自始无效。而保证是对未来而言，并构成合同履行的一部分。违反保证，保险人有权解除合同，但对于解除前所产生的保险费及发生的保险事故对双方均有约束力。

多数保险合同均有保证内容。例如：财产险一般要求被保险人做出“不堆放危险品和特别危险品的保证”；机动车辆保险的被保险人必须保证保险车辆“保持安全行驶技术状态”；货物运输保险的被保险人必须保证“货物包装符合政府有关部门规定的标准”。然而，我国保险法缺乏对保证的相应规定，理论研究有待加强。

2. 保险人对最大诚信原则的遵守

（1）保险条款的说明义务：保险条款的说明义务是指保险人应当就保险合同利害关系条款特别是免责条款向被保险人明确说明。我国保险法规定，订立保险合同，保险人应当向投保人说明保险合同的条款内容，保险合同中规定保险人责任免除条款的，保险人未明确说明的，该条款不产生效力。保险条款的说明义务是由保险合同的性质决定的。保险合同为附合合同，其内容由保险人单方拟订，投保人或被保险人几乎没有参与的机会，只能对保险条款表示同意与不同意，无修改的权利。而保险条款融专业性、技术性及科学性为一体，未经专门的研习，难懂其中的含义。合同既然是双方当事人意思表示一致的结果，如果一方不明白合同内容就做出承诺，应视为合同当事人意思未达成一致，未达成合意的条款不能产生法律效力，如果构成重大误解或明显有失公平，当事人可以请求撤销合同。

说明的效果在于向投保人提示保险合同的内容，说明的范围应当包括保险合同的主要内容，特别是不保标的、除外责任、免赔额以及专业术语的内涵，以免投保人发生误解。说明形式是以书面为之还是以口头为之，保险法并无明确规定。采用书面形式履行说明义务，既可以避免当事人间举证的困难，也有利于规范保险人的说明范围，应予提倡。

只要是影响投保人权益的有关合同条款的内容及其法律后果都应当成为说明对象。除了保险合同的免责条款和基本条款（如险种、费率、投保人的义务、保险费的支付、保险金额赔偿与给付等）是当然的说明内容以外，在实务中，还有其他一些足以影响投保人利益而需要保险人加以解释的内容，这些内容常成为保险争议产生的原因，保险人有必要在订立合同时加以解释。如合同的生效时间与条件、投保人和被保险人通知保险事故发生的时间规定及未在时限内通知的后果、说明和保证的内容和形式等。

（2）弃权：弃权是指合同一方出于某种目的以明示或默示表示放弃其在保险合同可以主张的某种权利，特指保险人放弃解约权和抗辩权。保险人在对待投保人和被保险人的投保和履行告知义务方面有违反保险法规定的行为时，依法可以行使解约权和抗辩权，即解除保险合同或者不承担赔付责任，但是保险人以明示或者默示的方式放弃解约权和抗辩权，称之为弃权。保险人弃权的意思表示，可以是明示的，也可以是默示的。在多数场合中，保险人弃权的意思表示，可以从其行为中推知。例如保险人收受过期保险费，或明知有条件之违背，而仍领受保险费，即足以证明保险人有继续维持契约效力的意思，其依据契约所能主张的解约权、终止权及其他抗辩权均视为抛弃。

弃权的法律性质，其外部形式为保险人原谅投保人或者被保险人的违法或者违约行为，其实质内容是保险人主动扩张投保人或者被保险人的权利。其目的是为了维持和扩大保险业务，而对投保人或者被保险人采取宽容措施，当然也包含保险人的工作失误弃权的情况，无论是何种情形导致的弃权，都发生法律效力，保险人不得反悔，这也是诚信原则中禁止反言义务的具体表现。

构成弃权需同时具备两个条件：第一，保险人须有明示或者默示的意思表示；第二，保险人在弃权前须明知自己能够行使解约权或者抗辩权。

弃权的主要表现情形：①为维持合同效力而弃权。保险人愿意收取投保人逾期保险费，或者明知投保人有违约行为仍然收取其保险费，证明保险人有维持合同效力的意思表示，依法可以行使的解约权和抗辩权便视为放弃，事后不得主张投保人有违约行为而解除合同或者不予赔付。

②对有抗辩理由的赔付予以赔付。被保险人在发生保险事故后，提出赔付请求的，保险人明知请求不在保险合同约定的保险事故范围内或者属于免责范围内，但是仍然赔付的，当属放弃赔付抗辩权，该赔付不属不当得利，不得请求返还。

③受理逾期赔付请求，被保险人逾期提出赔付请求，保险人本可依法拒绝，但是没有拒绝，反而受理赔付请求，证明具有承担赔付责任的意思表示，当属放弃逾期赔付抗辩权，该赔付不得请求返还。

（3）禁止反言：禁止反言是指放弃权利的一方日后不得再向对方重新主张这种权利。按照保险惯例，保险合同成立后，保险人不得随意解除保险合同，只有依法律规定，投保人或被保险人违反法定或约定的义务，保险人才有权解除合同。但若保险人不及时行使，则视为放弃权利，日后不得再主张此种权利。此即所谓弃权与禁止反言。例如，投保人违反告知义务或未按期交纳保险费，保险人有权解除合同，但未能及时行使，在保险事故发生时再行主张则不应予以支持。其目的在于督促保险人尽快行使权利，如果允许保险人拖延时间，将使保险合同的效力处于一种不稳定的状态，而且保险人可能会选择对自己最有利的时机来决定行使或不行使该解除权，从而损害被保险人的利益。当保险事故发生时主张合同解除权，若保险事故不发生，则主张合同继续有效进而要求支付保险费，这显然有悖于最大诚实信用原则。

实际上，无论弃权原则还是禁止反言原则都是为了救济被保险人在订立保险合同时难以对保险合同的条款完全知悉的不利地位，限制保险人利用违反条件或保证而拒绝承担保险责任。因此，在投保人不具有保险利益而为他人投保时，如果保险人已经知道该事实，并明示或默示地放弃抗辩权或者向被保险人表示合同有效的，在发生保险事故时，就应当适用弃权原则或禁止反言原则，维持保险合同的效力。

（二）最大诚信原则的作用

保险是经营风险的行业，也是经营信用的行业。由于保险合同履行上的继续性，合同交易的结果不能立时显现；保险合同是射悻合同，在合同对价方面，投保人所支付的保险费与保险人支付的保险金存在着数额不对称的特点；保险经营技术强，一般社会公众很难理解其中的特点；在保险行业中，保险人需依赖大量的中介机构才能得以维持正常营业。上述保险经营的特点，都显示了诚信对于保险市场的重要性。

最大诚信原则是保险法中最重要的基本原则之一，适用最大诚信原则及其所统领的具体规则是对于保险市场诚信危机进行法律调整的重要手段。最大诚信原则，贯穿了保险交易的整个过程，在投保之前、保险合同缔结之时、保险合同履行过程中，甚至在保险人理赔之后，保险交易的各方主体都须受最大诚信原则的制约。投保人、被保险人、保险人、受益人、保险代理人、保险经纪人、保险公估人等均应该履行相应的最大诚信义务。正确适用最大诚信原则，是在保险纠纷案件中判定各方权利与义务关系的重要基础。

（三）坚持最大诚信原则的意义

其一，在保险经济活动中将最大诚信原则作为重要原则加以强调，是因为保险人只能根据投保人的告知与陈述决定是否承保、如何承保及以何种费率承保等重大问题。

其二，保险合同的内容是由保险人单方面制定的，投保人或被保险人难以了解并掌握条款的内容以及费率的合理性。因此，要求保险人基于最大诚信，履行其义务与责任。

其三，保险合同具有射悻性的特征，合同双方当事人中任何一方不诚实、不守信的行为，都将导致合同无效。

总之，最大诚信原则是保证保险业务活动健康开展，并调整保险合同当事人双方利益得以实现的重要原则。

【案例3－8】

隐瞒实情故意欺诈案

（摘自：许飞琼编著，财产保险案例分析，中国金融出版社，2004－09－13）

案情简介：李某所有的一辆货车因行驶里程过长，设备陈旧，经交通管理部门批准予以报废。但李某在车辆报废后并未按规定作废车处理，而是以3 600元的价格卖给张某。张某用其他旧车配件对该车加以拼装，并通过一定关系由当地交通监督管理部门年审合格后，又以13 500元的价格转卖给陈某。陈某贪图便宜，明知该车性能低劣而仍将其买下。其后，陈某以该车向保险公司投保了机动车损失险和第三者责任险，其中损失险保险金额5万元，保险期限一年。陈某按约定交纳了保险费，保险公司及时签发了保单。不久后，该车撞到路边大树，受严重损失。事故发生后，陈某立即向保险公司报案。保险公司接到出险通知后迅速派人到现场查勘，并最后决定以12 000元将其修复，陈某拒不同意，向法院提起诉讼要求保险公司全额赔偿该车损失。

不同的观点：

1）保险公司应全额赔偿。因陈某与保险公司所签订的保险合同合法有效，陈某又履行了及时通知的义务，故保险公司应该全额赔偿。

2）保险公司应按车辆实际损失赔偿。按照保险法规定，陈某超额投保，超额部分无效，但保险公司仍应对未超额的部分承担保险责任，即按照被保险车辆的实际损失进行赔偿。

3）保险公司不应赔偿。李某未将其所投保车辆的实际情况向保险公司作如实陈述，且超额投保，存在欺诈行为。按有关法律规定，保险公司可以拒绝赔偿，并不退还保费。

【案例分析】

1）陈某所投车辆的来源是非法的。我国《保险法》第12条规定："财产保险的被保险人在保险事故发生时，对保险标的应当具有保险利益。保险利益是指投保人或者被保险人对保险标的具有的法律上承认的利益。"由此可见，作为保险活动中的保险标的，首先必须是合法的。保险活动是受特定法律规范的商业活动，其活动的一切方面都必须与法律规定相符合。例如，毒品、非法枪支、违禁货运品等不能作为保险标的。本案中，陈某所投保的车辆是由报废车辆经过改装后得来，违反了我国《道路交通安全法》第16条第一款的规定：任何单位或者个人不得拼装机动车或者擅自改变机动车已登记的结构、构造或者特征。同时，根据有关规定，对报废车辆的整车、发动机、方向盘、大梁、变速箱等不能出售。因此，报废车辆的车主李某出售报废车辆的行为是不合法的。由该报废车辆改装而来的车辆自然也就不合法。虽然改装后的车辆通过了交通管理部门的审查，但这并不能消除该投保车辆来源的不合法性（事实上，交通管理部门将该报废车辆合法化也违反了《道路交通安全法》，如违反了该法的第87条、第100条）。

2）本案中陈某以其非法来源的车辆投保汽车损失险，投保金额为5万元，远远高出其购得该车的价格，而且，事故发生后陈某又拒绝以修复方式赔偿，要求全额赔偿，可见其有骗取高额保险赔款的意向。事实上，经过保险公司调查，投保人确实有欺诈意图。根据《民法通则》第 87 条第三款、第七款规定：一方以欺诈、胁迫的手段或者乘人之危，使对方在违背真实意思的情况下所为的民事行为，以及以合法形式掩盖非法目的的民事行为，从行为开始就没有法律约束力。因此，本合同可被视为自始无效合同。

3）按照最大诚信原则，投保人或被保险人在投保时应就保险标的的重要事实如实告知保险人。所谓重要事实是指足以影响保险人决定是否承保及保险费率高低的各项事宜。本案中，“陈某所投保险车辆由报废车辆改装而成”这一重要事实足以影响保险公司决定是否承保。事实上，由于所投保车辆来源的不合法性，保险公司一般不可能承保。有人认为，由于我国采取询问告知的形式，而投保单上并无关于此项事实的询问项目，故保险公司并未就该车辆的来源及适应行驶方面提问，陈某无义务将此事实告知。我们认为，保险公司究竟是否提出有关此事实的询问暂且不顾，关键的是，对询问告知义务不能过分绝对地来理解。我国《保险法》第 5 条规定：“保险活动当事人行使权利、履行义务应当遵循诚实信用原则。”投保人向保险公司投保财产保险，有义务保证保险标的的合法性。这应视为保险合同中的默示保证，并不需要在保险合同中作文字表述。本案中陈某以非法来源的机动车辆投保，事故发生后又拒绝以修复方式赔偿，而要求高额保险金，明显存在欺诈意图，从根本上违反了合同订立的原则——诚信原则。据此，保险公司完全有权拒赔。

【结论】

法院最终判决保险公司胜诉。

陈某购得的车辆来源是不合法律规定的。陈某采取欺诈手段与保险公司订立保险合同，该合同自始无效。而且在此事件的整个过程中，陈某严重违反了最大诚信原则，故意不履行其应尽的如实告知义务，故保险公司不仅拒赔其车辆损失，对其所收取的保险费不予退还。

三、近因原则

（一）近因原则的产生

保险中的近因原则，起源于海上保险。1906 年英国《海上保险法》第 55 条规定：“除本法或保险契约另有规定外，保险人对于因承保之海难所致之损害，均负赔偿责任，对于非因承保之海难所致之损害，均不负赔偿责任。”

近因原则的里程碑案例是英国 *Leyland Shipping Co. Ltd. v. Norwich Union Fire Insurance Society Ltd.* 一案。一战期间，Leyland 公司一艘货船被德国潜艇的鱼雷击中后严重受损，被拖到法国勒哈佛尔港，港口当局担心该船沉没后会阻碍码头的使用，于是该船在港口当局的命令下停靠在港口防波堤外，在风浪的作用下该船最后沉没。Leyland 公司索赔遭拒后诉至法院，审理此案的英国上议院大法官 Lord Shaw 认为，导致船舶沉没的原因包括鱼雷击中和海浪冲击，但船舶在鱼雷击中后始终没有脱离危险，因此，船舶沉没的近因是鱼雷击中而不是海浪冲击。

（二）近因原则的含义及规定

近因原则的含义为“保险人对于承保范围内的保险事故作为最直接的、最接近的原因所引起的损失，承担保险责任，而对于承保范围以外的原因造成的损失，不负赔偿责任”。按照该原则，保险关系上的近因并非是指在时间上或空间上与损失最接近的原因，而是造成保险标的损害的最直接、有效、起决定性作用的危险因素或危险事故。而对损害起间接、次要作用的危险因素或危险事故为远因。

由于导致保险损失的原因可能会有多个，而对每一原因都投保于投保人经济上不利且无此必要，因此，近因原则是认定保险事故与保险损失之间是否存在因果关系的重要原则，对认定保险人是否应承担保险责任具有十分重要的意义。

（三）近因原则的基本内容

近因：是引起保险标的损失的直接、有效、起决定作用的因素。

反之，引起保险标的损失的间接的、不起决定作用的因素，称为远因。在保险理赔中，近因原则的运用具有普遍的意义。

近因原则：在处理赔案时，赔偿与给付保险金的条件是造成保险标的损失的近因必须属于保险责任，若造成保险标的损失的近因属于保险责任范围内的事故，则保险人承担赔付责任；反之，若造成保险标的损失的近因属于责任免除，则保险人不负赔付责任。只有当保险事故的发生与损失的形成有直接因果关系时，才构成保险人赔付的条件。

（四）近因原则的运用

损失与近因存在直接的因果关系，因而，要确定近因，首先要确定损失的因果关系。确定因果关系的基本方法有从原因推断结果和从结果推断原因两种方法。从近因认定和保险责任认定看，可分为下述情况。

1. 损失由单一原因所致

若保险标的损失由单一原因所致，则该原因即为近因。若该原因属于保险责任事故，则保险人应负赔偿责任；反之，若该原因属于责任免除项目，则保险人不负赔偿责任。

2. 损失由多种原因所致

如果保险标的遭受损失系两个或两个以上的原因，则应区别分析。

（1）多种原因同时发生导致损失：多种原因同时发生而无先后之分，且均为保险标的损失的近因，则应区别对待。若同时发生导致损失的的多种原因均属保险责任，则保险人应负责全部损失赔偿责任；若同时发生导致损失的多种原因均属于责任免除，则保险人不负任何损失赔偿责任；若同时发生导致损失的多种原因不全属保险责任，则应严格区分，对能区分保险责任和责任免除的，保险人只负保险责任范围所致损失的赔偿责任；对不能区分保险责任和责任免除的，则不予赔付。

（2）多种原因连续发生导致损失：如果多种原因连续发生导致损失，前因与后因之间具有因果关系，且各原因之间的因果关系没有中断，则最先发生并造成一连串风险事故的原因就是近因。保险人的责任可根据下列情况来确定：

第一，若连续发生导致损失的多种原因均属保险责任，则保险人应负全部损失的赔偿责任。如船舶在运输途中因遭雷击而引起火灾，火灾引起爆炸，由于三者均属于保险责任，则保险人对一切损失负全部赔偿责任。

第二，若连续发生导致损失的多种原因均属于责任免除范围，则保险人不负赔偿责任。

第三，若连续发生导致损失的多种原因不全属于保险责任，最先发生的原因属于保险责任，而后因属于责任免除，则近因属保险责任，保险人负赔偿责任。

第四，最先发生的原因属于责任免除，其后发生的原因属于保险责任，则近因是责任免除项目，保险人不负赔偿责任。

（3）多种原因间断发生导致损失：致损原因有多个，它们是间断发生的，在一连串连续发生的原因中，有一种新的独立的原因介入，使原有的因果关系链断裂，并导致损失，则新介入的独立原因是近因。近因属于保险责任范围的事故，则保险人应负赔偿责任；反之，若近因不属于保险责任范围，则保险人不负赔偿责任。

四、损失补偿原则

（一）损失补偿原则的含义

损失补偿原则是指保险合同生效后，如果发生保险合同责任范围内的损失，被保险人有权按照合同的约定，获得全面、充分的赔偿；保险赔偿是弥补被保险人由于保险标的遭受损失而失去的经济利益，被保险人不能因保险赔偿而获得额外的利益。

（二）损失补偿原则的基本内容

（1）被保险人请求损失赔偿的要件包括：①被保险人对保险标的必须具有可保利益；②被保险人遭受的损失必须是在保险责任范围之内；③被保险人遭受的损失必须能用货币衡量。

（2）保险人履行损失赔偿责任的限度：①以实际损失为限；②以保险金额为限；③以可保利益为限。

（三）损失赔偿方式

（1）第一损失赔偿方式：在保险金额限度内，按照实际损失赔偿。

当损失金额≤保险金额时：

赔偿金额 = 损失金额

当损失金额 > 保险金额时：

赔偿金额 = 保险金额

（2）比例计算赔偿方式：

赔偿金额 = 损失金额 × 保险金额/损失当时保险财产的实际价值

（四）损失补偿的范围

损失补偿的范围主要包括以下几个方面：

（1）保险事故发生时，保险标的实际损失：在汽车保险中，最高赔偿额以保险标的保险金额为限，如有分项保险金额的，最高以该分项保险标的保险金额为限。在保险实务中，实际损失的计算，通常以损失发生时，受损财产的实际现金价值为准。

（2）合理费用，是指保险事故发生后，被保险人为防止或者减少保险标的的损失所支付的必要的、合理的费用和有关的诉讼支出，如施救费和诉讼费。

（3）其他费用，主要是指为了确定保险责任范围内的损失所支付的受损标的检验、估价、出售等的费用。我国《保险法》第 64 条规定：“保险人、被保险人为查明和确定保险事故的性质、原因和保险标的的损失程度所支付的必要的、合理的费用，由保险人承担。”

应该注意的是，保险标的本身的损失应与费用的支出分别计算。合理费用与其他费用也应分别计算。合理费用中施救费用支出的最高赔偿额也以不超过保险金额为限，有关诉讼支出是针对责任保险而言的，应按合同约定补偿，合同未约定的，由保险人承担。其他费用，凡属必要的、合理的，均由保险人承担。

（五）损失补偿原则的意义

一是保险合同订立以后，保险标的遭受保险事故而产生损失，被保险人有权按合同的约定，获得全面、充分的补偿；

二是保险人对被保险人的赔偿恰好使保险标的恢复到未出险前的状况，即保险补偿以被保险人的实际损失为限，被保险人不能因保险赔偿而获得额外的经济利益。

损失补偿原则除以受损失为限外，往往还受到保险合同中约定的其他一些限制，如以保险金额为限、按比例投保因而按比例赔偿的限制。另外，还受赔偿方法的限制，如某些保险中规定了免赔额，或赔偿限额等。

遵循损失补偿原则的目的在于：真正发挥保险的经济补偿职能，避免将保险演变成赌博行为，防止诱发道德风险的发生。补偿原则的实现方式通常有现金赔付、修理、更换和重置。

保险的主要目的在于补偿被保险人或投保人的损失，为了防止被保险人或投保人在损失补偿后得到其他利益，由损害补偿原则派生出两个重要原则：代位追偿原则和分摊原则。

五、代位追偿原则

（一）代位追偿原则的含义

代位追偿原则是指在财产保险中，保险标的发生保险事故造成推定全损，或者保险标的由于第三者责任导致保险损失，保险人按照合同的约定履行赔偿责任后，依法取得对保险标的的所有权或对保险标的损失负有责任的第三者的追偿权。

（二）代位追偿原则的主要内容

代位追偿原则的主要内容包括权利代位和物上代位。

1. 权利代位

权利代位即追偿权的代位，是指在财产保险中，保险标的由于第三者责任导致保险损失，保险人向被保险人支付保险赔款后，依法取得对第三者的索赔权。我国《保险法》第 60 条规定：“因第三者对保险标的的损害而造成保险事故的，保险人自向被保险人赔偿保险金之日起，在赔偿金额范围内代位行使被保险人对第三者请求赔偿的权利。”

（1）代位追偿的实现应具备以下条件：

①保险标的的损失是由于保险责任事故引起的；

②保险事故由第三者的责任引起；

③保险人必须在履行了赔偿责任之后才能取得代位追偿权。

（2）保险双方在代位追偿中的权利与义务：

①保险人的权利与义务：保险人的权利是保险人在赔偿金额范围内代位行使被保险人对第三者请求赔偿的权利。保险人的义务是保险人追偿的权利应当与他的赔偿义务等价，如果追得的款项超过赔偿金额，超过部分归被保险人。

②被保险人的权利与义务：第一，在保险赔偿前，被保险人需保持对过失方起诉的权利；第二，不能放弃对第三者责任方的索赔权；第三，由于被保险人的过错致使保险人不能行使代位请求赔偿的权利的，保险人可以相应扣减保险赔偿金；第四，被保险人有义务协助保险人向第三责任方追偿；第五，被保险人已经从第三者处取得损害赔偿的，保险人

赔偿保险金时，可以相应扣减被保险人从第三者处已取得的赔偿金额。

（3）代位追偿原则的适用范围包括两个方面：

①保险人代位追偿的对象是对保险标的损失负有责任的第三者，但保险人对被保险人的家庭成员及组成人员的过失行为造成的损失不能行使代位追偿权；

②代位追偿原则不适用于人身保险。

2. 物上代位

物上代位是指保险标的遭受保险责任范围内的损失，保险人按保险金额全数赔付后，依法取得该项标的的所有权。

所有权的大小：在汽车保险中，当保险人对被保险人保险标的发生全损进行赔付时，即可取得保险标的物的所有权。那么，保险人是取得保险标的物的全部所有权还是部分所有权呢？我国《保险法》第59条规定："保险事故发生后，保险人已支付了全部保险金额，并且保险金额等于保险价值的，受损保险标的的全部权利归于保险人；保险金额低于保险价值的，保险人按照保险金额与保险价值的比例取得受损保险标的的部分权利。"

六、分摊原则

分摊原则的特点是被保险人所能获得的赔偿金由各保险人采用适当的办法进行损失分摊，此原则适用于重复保险，因此也称为重复保险分摊原则。

（一）重复保险分摊原则的含义及构成条件

（1）重复保险分摊原则是指在重复保险的情况下，当保险事故发生时，各保险人应采取适当的分摊方法分配赔偿责任，使被保险人既能得到充分的补偿，又不会超过实际损失而获得额外的利益。

（2）重复保险必须具备的条件：①同一保险标的及同一可保利益；②同一保险期间；③同一保险危险；④与数个保险人订立数个保险合同，且保险金额总和超过保险标的的价值。

（二）重复保险的分摊方式

1. 比例责任分摊方式

即各保险人按其所承保的保险金额与总保险金额的比例分摊保险赔偿责任。计算公式为：

$$各保险人承担的赔款=\frac{损失金额\times 该保险人承保的保险金额}{各保险人承保的保险金额总和}$$

2. 限额责任分摊方式

此分摊方式是以在没有重复保险的情况下，各保险人依其承保的保险金额而应付的赔偿限额与各保险人应负赔偿限额总和的比例承担损失赔偿责任。计算公式为：

$$各保险人承担的赔款=\frac{损失金额\times 该保险人的赔偿限额}{各保险人赔偿限额总和}$$

例如，某保险标的的实际价值是200万元，投保人分别向甲保险公司投保80万元，向乙公司投保120元，向丙公司投保40万元，向丁公司投保160万元。发生保险事故后，该保险标的的实际损失为60万元，如果按照最大责任分摊法，则各家保险公司承保的保险标的的保险金额总额为：80+120+40+160=400（万元）。4家保险公司应分担的赔偿金额分别为：$80/400\times60=12$（万元），$120/400\times60=18$（万元），$40/400\times60=6$（万元）和 $160/400\times60=24$（万元）。

3. 顺序责任分摊方式

此分摊方式是指由先出单的保险人首先负责赔偿，后出单的保险人只有在承保的标的损失超过前一保险人承保的保额时，才依次承担超出的部分。

【案例3－9】

物业公司管理不善导致汽车丢失的代位追偿案

（摘自：许飞琼编著，财产保险案例分析，中国金融出版社，2004－09－13）

案情简介：A公司于某年3月，将其轿车向某保险公司投保了汽车损失险、第三者责任险、盗抢险等险种，其中盗抢险的保险金额为36万元。9月，该车由某物业公司开办的汽车保管站保管时被盗（物业公司与业主之间签订有停车协议：业主车辆在汽车保管站遭损或被盗，物业公司最高赔偿业主15万元），某保险公司依据保险合同的约定，向被保险人支付保险赔偿金25.8万元。随后，被保险人向保险人签发了《权益转让书》，保险人取得该车项下价值25.8万元的代位追偿权。当保险公司向该物业公司索赔时遭到拒绝，保险公司便向法院起诉该物业公司，索赔金额25.8万元。

不同的观点：本案涉及被保险人、保险公司与物业公司三方，因此，意见也存在于三者之间。

1）物业公司认为，其与业主之间签订的停车协议是公平有效的，是双方当事人的意思表示，因此，只能赔偿业主15万元。业主索赔36万元，违背了协议的规定，当然不能答应。而保险公司与物业公司并没有任何协议，保险公司也就不能从物业公司获得任何损失补偿。

2）保险公司认为，由于物业公司的管理不善，导致其赔偿被保险人的车辆被盗损失25.8万元，这理所当然应由物业公司来补偿。

3）被保险人认为，被盗轿车价值是36万元，尽管与物业公司签订有停车协议书，但该协议书是“霸王合同”，其最高赔偿15万元并不是业主的真实意思表示。因此，在获得保险公司的赔偿后，物业公司还应该补偿业主36万元的差额10.2万元。

【案例分析】

1）合同的有效性。我国《合同法》第8条规定：“依法成立的合同，对当事人具有法律约束力。当事人应当按照约定履行自己的义务，不得擅自变更或者解除合同。依法成立的合同，受法律保护。”我国《民法通则》第57条规定：“民事法律行为从成立时起具有法律约束力。行为人非依法律规定或者取得对方同意，不得擅自变更或者解除。”由此可见，A公司与物业公司签订的《停车场汽车保管协议书》（以下简称《保管协议书》）是有效合同，其规定“若在该停车场丢失车辆，保管站的最高赔偿限额为15万元”是合同双方同意的条款。A公司不能在事故发生后，以物业公司不能赔偿其整车损失金额36万元就说《保管协议书》是强制的。因为A公司在签订合同时或以后至事故发生前，并没有表示异议或遵循我国《合同法》进行再补充合同。我国《合同法》第61条就规定：“合同生效后，当事人就质量、价款或者报酬、履行地点等内容没有约定或者约定不明确的，可以协议补充；不能达成补充协议的，按照合同有关条款或者交易习惯确定。”事实上，《保管协议书》有约定而且明确，因此，这是一份有效合同。根据我国《合同法》第60条：“当事人应当按照约定全面履行自己的义务。”在被保管汽车丢失后，物业公司必须按照合同的规定进行赔偿，这也是法律规定的内容。如我国《合同法》第374条规定：“保管期间，因保管人保管不善造成保管物损毁、灭失的，保管人应当承担损害赔偿责任，但若保管是无偿的，保管人证明自己没有重大过失的，不承担损害赔偿责任。”现在，物业公司愿意按合同规定赔偿A公司汽车损失15万元，这是其全面履行义务的表现，也就是完全遵循合同的规定。

2）保险公司是否有代位追偿权？我国《机动车辆保险合同》第19条约定：“保险车辆发生保险责任范围内的损失应当由第三方负责赔偿的，被保险人应当向第三方索赔。如果第三方不予支付，被保险人应当提起诉讼。在被保险人提起诉讼后，保险人根据被保险人提出的书面赔偿请求，应按照保险合同予以赔偿，但被保险人必须将向第三方追偿的权利转让给保险人，并协助保险人向第三方追偿。”本案中，在保险人提起诉讼之前，被保险人其实已向法院起诉了物业公司，诉讼金额为车辆的总价值36万元。但因按被保险人A公司与保管站之间签订的《保管协议书》规定，保管站的最高赔偿限额为15万元。A公司不能得到被盗车辆的全部损失补偿，便向保险公司索赔，从保险公司获得合同赔偿金额后向保险公司签发了《权益转让书》。我国《保险法》第60条规定：“因第三者对保险标的的损害而造成保险事故的，保险人自向被保险人赔偿保险金之日起，在赔偿金额范围内代位行使被保险人对第三者请求赔偿的权利。”本案中，保险公司依据保险合同的约定赔偿被保险人25.8万元后，便取得了向物业公司的代位追偿权，即代A公司行使要求物业公司赔偿的权利。问题是，保险公司拥有多少代位追偿权利？作为权利代位，A公司对于物业公司有多大的民事索赔权利，在A公司没有索赔成功前，保险公司就有多大的代位追偿权。由于A公司与物业公司的《保管协议书》已对民事赔偿权利进行了约束，而且这种约束受法律保护。因此，保险公司的代位追偿权也就限在15万元的赔偿款内。

3）被保险人的过错责任应由谁承担。本案中，保险公司因被保险人与物业公司间的《保管协议书》而损失的10.8万元追偿款，实质上是被保险人因放弃自身本应享有的权利而形成的责任。这种放弃而造成保险公司不能追偿的责任如果发生在保险事故之后，则完全由被保险人承担。因为我国《保险法》第61条规定：“保险事故发生后，保险人未赔偿保险金之前，被保险人放弃对第三者请求赔偿的权利的，保险人不承担赔偿保险金的责任。”“被保险人故意或者因重大过失致使保险人不能行使代位请求赔偿的权利的，保险人可以扣减或者要求返还相应的保险金。”然而，本案被保险人的部分弃权是发生在保险事故之前，对于这种过错，法律却没有给予规定，从而形成了保险公司的经营风险。

【结论】

基于以上分析，我们认为，虽然保险人已经依据保险合同赔付了被保险人25.8万元，但其享有的代位追偿权利也只能在15万元的金额之内。同时，被保险人没有向物业公司再追回保险公司已经赔偿的金额和被盗车辆实际价值之间差额的权利。

【启迪】

该案带给我们最主要的一个启迪就是：尽快完善法律，对类似被保险人这样的过错应有明确的法律规范，以减少保险人的经营风险。

【本章小结】

本章首先讲述了汽车保险合同的概念、特征以及汽车保险人、汽车投保人、被保险人、保险代理人和保险经纪人的概念。其次讲述了汽车保险合同的订立与生效、变更与终止；对于汽车保险参与者的责任和义务需要重点掌握。并且叙述了汽车保险合同的解释原则和争议处理。保险合同是解决一切保险纠纷的基础，是争端得以解决的出发点。因此，保险合同也是解决保险纠纷的重要依据。对于保险合同的相关内容一定要熟悉。最后讲述了汽车保险六个基本原则的内容、适用范围以及汽车保险六个基本原则的主要目的和在汽车保险业务中的具体应用。

【复习思考题】

1. 汽车保险合同的定义是什么？简述汽车保险合同的特征。
2. 汽车保险合同当事人的义务主要有哪些？
3. 保险合同的解释应当遵循哪些原则？为什么在解释保险合同时要做有利于被保险人的解释？
4. 简述保险的六个基本原则和其基本含义。
5. 保险利益原则在汽车保险过程中是如何应用的？
6. 最大诚信原则的主要内容是什么？

第四章　汽车保险承保实务

【学习要点】

- 熟悉汽车保险承保业务的工作流程和主要内容；
- 掌握汽车投保单的填写内容和要求；
- 掌握汽车保险费的计算方法；
- 熟悉保险单的签发、批改和续保；
- 了解主要保险公司汽车保险承保实务的操作流程和相关的法律规定。

汽车承保实质上是保险双方当事人达成协议、订立保险合同的过程。它包括展业、投保与受理、核保、签发单证、批改与续保等业务流程。一般先由从事保险展业的人员进行展业宣传、为客户设计保险方案，客户提出投保申请后填写投保单，业务人员验证、验车、复核后提请核保人员核保，经核保同意承保的，当事双方订立保险合同，保险公司缮制签发保险单、证。核保后需要调整部分项目承保的，核保人员通知业务人员与投保人协商，投保人同意按核保人提出的承保条件投保的，由投保人重新填写投保单重复上述过程。

第一节　汽车保险的展业

保险展业是保险公司进行市场营销的过程，即向客户提供保险商品的服务，保险展业工作如何，直接影响保险人的业务经营量。从事保险展业的人员可以是保险公司的员工，也可以是中介机构的代理人或经纪人。

一、保险展业的准备

业务人员进行展业活动前，必须作好各项准备。

（一）业务知识的准备

（1）了解《保险法》、《合同法》等与汽车保险、交通事故处理、汽车管理等方面的知识，为开展汽车保险业务有关的法律、法规、政策规定以及本公司对车辆保险经营管理的规定和要求。

（2）掌握保险的基本原理、保险相关知识及实务操作规程等业务知识。

（3）掌握汽车产品知识和市场营销知识。

（4）熟悉保险公司和本公司的保险产品。

（二）市场情况的熟悉

（1）熟悉保险市场经营的宏观环境和本公司的经营状况。

（2）了解汽车市场动态，熟悉本地区汽车保有量，新增汽车数量、类型、保险事故发生的频率、规律及赔付情况等。

（3）掌握本地区企业车辆数量、车型和用途、车辆状况、驾驶人员素质、运输对象（货物/人员）、车辆管理部门以及这些车辆的承保公司、投保险种、投保金额、保险期限和赔付率等情况。

(4) 了解同行业的保险市场的经营情况。

(三) 制订计划，确定目标

(1) 制订年度、季度和月度展业计划和策略，确定展业目标、展业重点、定期分析展业情况，合理安排展业时间。展业计划应该符合实际，目标要明确。

(2) 留住老顾客，做好续保工作。根据数据库资料制订续保工作计划，对续保业务做到心中有数。保险期满前一个月主动和投保人联系，协商续保事宜。同时要注意客户信息的保密，避免被竞争对手获取。

(四) 展业工具的准备

备齐各种展业宣传资料及有关单证，如公司介绍、保险产品、名片夹、通讯录、投保单等。

二、保险展业的宣传

(一) 宣传的主要意义

保险宣传对于保险业务的顺利展开和增强国民的保险意识具有重要的作用。在我国，由于国内保险业务停办了20年，导致国民保险意识淡薄，不少人对保险比较陌生，有些企事业单位的领导对保险的职能和作用也认识不够。交强险的推出，可以承担部分事故风险，而使得不少保户疏于购买商业险。保险的职能作用要为社会所接受，就得要展业人员与政府配合加大宣传力度。

(二) 宣传的主要方式

保险宣传的方式多种多样，如通过电视、电影、电台和报刊、广告宣传，召开座谈会，登载保险知识系列讲座，印发宣传材料，或开展公益活动、保险咨询活动等。

(三) 宣传的主要内容

保险宣传的内容主要是本公司车辆保险的名优产品以及经营、机构网络、偿付能力、人才、技术、服务优势、保险产品的保险责任、保险免除、投保人义务、保险人义务及承保和理赔手续等。

三、保险方案的制订

保险方案是在对投保人进行风险评估的基础上提出的保险建议书。为了提高保险公司的服务水平，各保险公司一般都要求展业人员在开展业务时向投保人或被保险人提供完善的保险方案。由于投保人所面临的风险概率、风险程度不同，因而对保险的需求也各不相同，这就需要展业人员为投保人设计最佳的投保方案。提供完善的保险方案也是保险人加大保险产品内涵，提高保险公司服务水平的重要标志。

(一) 保险方案制订的基本原则

1. 充分保障的原则

指保险方案的制订应建立在对投保人的风险进行充分和专业评估的基础上，制定相应的保险保障方案，目的是通过保险的途径最大限度地分散投保人的风险。

2. 公平合理的原则

指保险人或代理人在制定保险方案的过程中应贯彻公平合理的精神。所谓合理性就是要确保提供的保障是适用和必要的，防止提供不必要的保障。所谓公平主要应体现在价格方面，包括与价格有关的赔偿标准和免赔率的确定，既要合法，又要符合价值规律。

3. 充分披露的原则

指保险人在制定保险方案的过程中应根据保险最大诚信原则的告知义务的有关要求，将保险合同的有关规定，尤其是可能对于投保人不利影响的规定，要向投保人进行详细的解释。以往汽车保险业务出现纠纷的重要原因之一就是保险公司或代理人出于各种目的的考虑，在订立合同时没有对投保人进行充分的告知。

（二）保险方案制订的基本步骤

（1）充分了解投保人投保车辆的数量、种类、用途、行驶区域等有关情况以及投保人的经济承受能力，全方位地掌握投保人的投保要求和保险需求。

（2）从专业的角度对投保人可能面临的风险进行识别和评估。

（3）根据投保人的实际情况以及风险评估的结果向投保人介绍相关保险产品、条款及其所能提供的增值服务，耐心、细致地帮助投保人制订最佳保险方案。

（4）对保险人及其提供的服务进行介绍。

（三）保险方案制订的主要内容

（1）保险人情况介绍；

（2）投保车辆的风险评估；

（3）保险方案的总体建议；

（4）适用保险条款以及解释；

（5）保险金额以及赔偿限额的确定；

（6）免赔额以及适用情况；

（7）赔偿处理程序以及要求；

（8）服务体系以及承诺；

（9）相关附件。

第二节　汽车保险的投保与承保

一、汽车保险的投保

（一）汽车保险的选择

我国加入 WTO 之后，保险业务各个方面逐步与国际惯例接轨，保险市场逐步向国际市场开放。我国的保险市场将进一步向多元化方向发展，保险市场的竞争也将越来越激烈。各保险公司将根据车辆、地域、汽车驾驶员的差异所造成的风险程度的不同确定保险内容，依据本公司的发展战略，在不同地区，针对不同的投保人拟订不同的保险合同。在保险公司细分客户群体、细分保险责任的“超市型”条款的服务环境中，各保险公司在地域、条款、费率上都会有一定程度的差异。因此，投保人有了更大的选择余地，根据实际需求可以自由地选择保险公司和保险条款。

1. 选择保险的目的和意义

汽车保险的选择，是汽车所有人基于自己的风险保障需要，利用已掌握的保险知识及信息资料，进行对比分析，挑选最佳保险公司及保险产品的行为过程。

汽车保险的科学选择，是购买和消费保险的前提和基础。选择的过程，就是调查了解、搜集信息资料、进行投保预测和决策的过程。选择工作能否做好，将直接关系到保户的切身经济利益，也就是能否选到诚信度最好的保险公司及能否选择适合自己的费用省、保险范围大的优质险种。因此，做好投保前的调查研究，进行科学选择，对投保人（被保险人）具有极为重要的意义。

现在，一些大城市中有了“保险代理公司”，这是保险市场主体更加健全、与世界保险业进一步接轨的表现。保险代理公司是为保险公司代理销售保险产品（办理车辆保险手续），代理收取车辆保险费，根据保险公司委托代理损失勘查和理赔，依法维护保险公司与广大客户权益的中介机构。对于保险知识贫乏、不了解保险市场行情的车主们，可到保险代理公司咨询或委托代理人挑选保险公司并设计较合理的投保方案。

2. 选择保险的原则

（1）国内投保的原则：《保险法》第7条对此原则的规定是：“在中华人民共和国境内的法人和其他组织需要办理境内保险的，应当向中华人民共和国境内的保险公司投保。”国外的保险公司，以独资或合资方式进入中国保险市场，并经保监会批准“有权经营车险业务的外资保险公司分支机构”也可以投保。

（2）诚信第一的原则：保险公司作为经营风险转嫁业务，提供损失补偿的信誉企业，其自身的诚信和服务质量，对被保险人来说是至关重要的。因为被保险人交付保险费后，得到的仅是损失补偿的承诺，被保险人绝对不想发生事故。可是天有不测风云，人有旦夕祸福，一旦不幸的事情降临到自己头上，这种承诺能否兑现则取决于保险公司的资产和诚信度。因此，要想得到可靠的经济补偿及保险服务，就要坚持诚信第一的原则，到资产雄厚、信誉较好的保险公司去投保。

（3）经济实用的原则：目前，已经开办的险种较多，投保时要精心选择，兼顾经济实用的原则。所谓经济，是指交费较少而保障范围较大；实用则是指挑选的险种既能充分满足风险保障的需要，又不造成经济上的浪费。也就是说，以自身对风险保障的需要，合理挑选险种，进行投保。

3. 选择保险的内容

汽车保险的选择包括三个方面的内容：一是对保险公司的选择；二是对保险产品的选择；三是对投保方式的选择。

（1）对保险公司的选择：根据科学选择保险的目的和原则，投保人对保险公司的选择，主要是对保险公司的资产、诚信、机构设置及技术力量、服务质量、经营状况，以及国别等情况的调查了解和选择。挑选保险公司的基本标准是：

①投保的公司应该是在中国境内依法成立、守法经营的保险公司。

②投保的公司应具有健全的组织机构，尤以机构网点遍布全国的大公司为佳。

③投保的公司应拥有雄厚的资产和诚信良好的形象。

④投保的公司在本地的技术力量强大，专业技术人员多，服务质量好。

⑤投保的公司经营状况良好，近几年无亏损现象。

同时具备以上五个方面条件的保险公司，即为比较理想的保险公司。

（2）对保险产品的选择：对保险产品的选择，是在广泛搜集各保险公司营销的汽车保险条款及宣传资料的基础上，按照科学选择的原则及自身的风险转嫁需要，通过分析对比而挑选优质产品的过程。

比如，拥有一辆新的中档轿车用于经营出租业务时，除了按国家规定购买交强险以外，还必须先投保汽车损失险和第三者责任险。在当前盗抢轿车案件时有发生的情况下，经常有远程客户租用的出租车，极可能成为犯罪团伙盗抢的对象，为了化解可能发生的风险，应该再投保全车盗抢险。

又比如，拥有一辆中、低档且已有五六年车龄的中型客车，运行在县、乡之间的固定线路上，就必须先投保汽车损失险和第三者责任险；由于行驶的道路较窄，交通情况很复杂，就应该再投保车上责任险，以防止发生意外时造成车上人员伤亡而无法应付；由于客车是中、低档的，设计和制造工艺都不是十分精细，加之已运行了五六年，电气设备的线路已经老化，存在线路搭铁起火的可能性，为稳妥起见，还是应该再投保自燃损失险。

【案例 4-1】

家用轿车投汽车保险

车主 32 岁的张先生，驾龄 2 年，自用一辆使用 1 年的别克车，新车购置价 13 万元，有安全气囊，该车一般停放在露天停车位，经常驾车出游。那么张先生应该如何投保车险呢？

【案例分析】

因为张先生的车属于家庭自用，一旦发生损失都由家庭承担，而且张先生比较年轻，不愿意承担较多的经济风险，驾龄不长，因此建议保全保足。

1）交强险，必上险种；

2）第三者责任险，一般第三者事故涉及人身伤残都需要 10 万以上的赔偿，因此建议再投保 5 万至 10 万元的第三者责任险，基本能够满足保障需求；

3）对于家庭自用汽车损失险，建议按照新车购置价 13 万元投保，这样可以在理赔时获得足额赔付；

4）玻璃单独破碎险；

5）自燃损失险；

6）投保第三者责任险和汽车损失险的不计免赔特约险，从而获得完全赔付，把免赔率那一部分损失转由保险公司承担；

7）由于张先生的车没有固定的车库，多数停放在露天停车位上，没有特殊的防盗设置，因此建议投保全车盗抢险；

8）车上人员责任险，张先生的车偶尔会搭载朋友或同事，因此需要投保车上人员责任险，以获得对车上人员的保障；

9）车身划痕险，张先生的车刚刚使用 1 年，车况较新，又停放在露天场所，所以出现碰撞划痕的可能性较高，因此，建议投保车身划痕险。

（3）对投保方式的选择：现代科学技术进步改变了人们的现代生活方式，汽车保险投保的方式也多样化，以下的投保方式使得投保人消费更为便捷：

①上门投保。上门投保是指投保人与所选择的保险公司联系，保险公司派业务员拜访投保人，提供风险分析、解释条款、设计投保方案、指导投保人填写投保单等服务。一般来说，保险公司对此种投保方式在费率上有优惠。

②到保险公司营业部门投保。即投保人亲自到保险公司的办公地点办理投保手续。这种投保方式可使投保人全面了解保险公司，并可消除投保人对业务员的不信任感。保险公司对此种投保方式在费率上一般也有优惠。

③电话投保。电话投保是指投保人对保险公司的服务进行全面了解后，通过保险公司开通的服务电话办理投保业务。这种方式广受投保人的欢迎。一般来说，保险公司对此种投保方式也给予费率优惠。

④网上投保。网上投保是指利用网络完成投保业务。目前，许多保险公司提供了网上投保业务。这种方式可大大降低保险公司的经营成本，因此，保险公司对此种投保方式一般给予较大的费率优惠。

⑤通过保险代理人投保。保险代理人根据保险人的委托，在保险人授权的范围内代为办理保险业务。但这种投保方式的费用稍高，并且个别保险代理人由于素质和业务水平不高，存在着不能为投保人合理设计投保方案或不能正确解释条款含义等现象。

⑥通过保险经纪人投保。保险经纪人是基于投保人利益，为投保人与保险人订立保险合同提供中介服务。这种投保方式的费用稍高。但保险经纪人利用自身知识可为投保人全面分析风险，选择合适产品。

（二）汽车保险的投保

汽车保险的投保，就是投保人到保险公司或保险代理公司购买汽车保险的产品，办理保险手续，与保险人正式签订汽车保险合同的过程。投保人要积极配合保险业务员办理有关手续，履行应尽的义务。

1. 汽车投保的准备

投保准备是根据汽车保险的投保条件及要求应做的各项工作。包括准备好证件，保养好车辆，协助业务员验证、验车，以及如实告知有关情况。

（1）汽车投保的条件：①有公安交通管理部门核发的车辆号牌。购买的新车要开往异地时，投单程提车保险需有公安交通管理部门核发的临时车辆号牌。②有公安交通管理部门填发的汽车行驶证。③有车辆检验合格证。新车需有出厂前的检验合格证；对在用车，行驶证上需有年检合格章。投保车辆必须达到国标 GB7258—2004《机动车安全运行技术条件》的要求。否则，即视为质量不合格或报废车辆，也就无投保资格。

（2）备好证件：投保人在临近投保前，应将车辆检验合格证、车辆行驶证、车辆购置发票及驾驶证等证件备好，以备投保时使用。

（3）保养好车辆。应按规定保养好车辆，清洗干净，使其处于良好的技术状态。

2. 正确填写投保单

（1）投保单的性质。汽车保险投保单又称为“投保申请书”，是投保人申请保险的一种书面形式。投保单一经保险人接受后，即成为保险合同的一部分，如投保单填写的内容不实或故意隐瞒、欺诈，都将影响保险合同的效力。

（2）投保单的内容及填写。通常，投保单由保险人事先设计并印制，上面列明了保险合同的具体内容，投保人只需在投保单上按列明的项目逐项填写即可。投保单的主要内容包括：投保人或被保险人的基本情况、驾驶员的情况、保险汽车的情况、保险汽车的权属与使用性质、可供选择的保险产品和保险金额或赔偿限额、保险期限等内容。如范本 4－1 是某保险公司的汽车保险投保单表样，其内容与填写简述如下。

【范本4-1】

某保险公司的汽车保险投保单

投保人/被投保人					
个人身份证号码		组织机构代码			
联系人姓名		联系电话			
联系地址			邮政编码		
行驶证车主					
投保险种	□商业车险□交通事故责任强制保险	交强险承保公司		其保单号	
车辆类型		厂牌型号		排量	
新车购置价格		购置时间		车身颜色	
发动机号		车架号（VIN）			
核定座位或载质量		车牌号码			
车辆制造/登记年月	□国产 □进口 □改装或组装				

指定驾驶员	主	姓名		性别		年龄		准驾车型		驾龄	
	副	姓名		性别		年龄		准驾车型		驾龄	

投保险种		保险金额/赔偿限额（万元）	保费（元）
车辆损失险（□事故责任免赔率Ⅰ □事故责任免赔率Ⅱ □不计免赔率）			
商业第三者责任险（□事故责任免赔率Ⅰ □事故责任免赔率Ⅱ □不计免赔率）			
全车盗抢险（绝对免赔率□0 □10% □20% □50%）			
玻璃单独破碎险（□国产 □进口）			
自燃损失险			
新增加设备损失险			
车上货物责任险			
车上人员责任险	驾驶员		
	前排乘客 （座位数______）		
	后排乘客 （座位数______）		
车载货物掉落责任险			
交通事故精神损害赔偿险			
附加第三方未投保第三者责任险			
代步车费用险（□10天 □15天 □20天 □30天）			
车身划痕损失险（限额 □人民币2 000元 □人民币5 000元 □人民币10 000元）			
全车盗抢附加高尔夫球具盗窃险（限额 □人民币5 000元 □人民币10 000元 □人民币15 000元 □人民币20 000元）			

车辆损失保额确定方式：按照 □新车购置价 □新车购置价扣减折旧 □特别约定确定	月折旧率	□6‰ □9‰ □12‰	
往年保险索赔记录	□上三年无赔款记录□上二年无赔款记录□上年无赔款记录□初次投保□上年发生一次赔款□上年发生二次赔款□上年发生三次赔款□上年发生四次赔款□上年发生五次赔款□上年发生五次以上赔款		

续上表

使用性质	□非营业	□个人用车□企业用车□机关用车□货车□特种车一□特种车二□特种车三□挂车
	□营业	□出租、租赁□城市公交□公路客运□货车□特种车一□特种车二□特种车三□特种车四□挂车
摩托车	□50cc 及以下□50cc～250cc（含）□250cc 以上及侧三轮	
拖拉机	□农用 14.7kW 及以下□农用 14.7kW 以上□运输型 14.7kW 及以下□运输型 14.7kW 以上	

行驶区域	□省（市）内/500 公里单程内□中国境内	货物装载性质	□化工易燃易爆□建筑材料□其他
保养状况		车辆年行驶里程	公里/年

车辆损失绝对免赔额	□0 □300 □500 □800 □1 500 □2 000 □5 000 （单位：人民币元）

投保方式	□直接业务 □代理业务	投保年度	□首年投保 □续保

商业车险保费金额合计	（单位：人民币元）
交强险与交通安全违法行为和道路交通事故相联系的浮动比率	

交强险保费金额：　　　　　　　　　　　　（单位：人民币元）

总保费金额合计（人民币大写）：

保险期间：自　　年　　月　　日零时起，至　　年　　月　　日二十四时止，共　　个月

本合同发生争议，双方应协商解决，如经双方协商未达成协议的，采取下列之一方式解决：
□向______仲裁委员会申请仲裁，但未达成仲裁协议的可以向法院起诉；□向人民法院提起诉讼。

付费约定：

特别约定：

投保人声明：
1. 上述所填内容和提供的其他相关资料全部属实；
2. 已认真阅读了保险合同条款的所有内容，了解了有关权利和义务，并充分注意到其中的责任免除条款，对此均无异议；
3. 同意按照上述条件投保。

投保人签名（盖章）：　　　年　　月　　日

以下内容由保险公司填写

车型系数					
车队管理					
预期赔付率	□30%以下 □30%～50% □50%～65% □65%～90% □90 以上				
业务员		制单		核保人	

验车情况：

验车人：　　　年　　月　　日

核保意见：

核保人：　　　年　　月　　日

备注：

①投保人、被保险人的名称。指投保单位或个人的名称。若是单位应填写单位全称（与公章名称一致）；若是个人则填写真实姓名。投保人的名称应与车辆行驶证上的名称相同。如果因为车辆承包等原因，致使车辆使用人名称与行驶证上不相符时，应在投保单上将两者同时写明；使用人的名称在前，行驶证上的名称加括号写在后。

填写投保人的基本情况主要目的是确定其资格问题。投保人是保险合同不可缺少的当事人。投保人除应当具有相应权利能力和行为能力外，对保险标的必须具有保险利益。因此，投保人应当在投保单上填写自己的姓名，以便保险人核实其资格，避免出现保险纠纷。

填写投保人的基本情况时，被保险人必须是保险事故发生时遭受损失的人，即受保障的人，因此，投保单上必须注明被保险人的姓名。

②投保人、被保险人的地址与联系方式。投保单上需要填写投保人与被保险人的详细地址、邮编、电话及联系人。掌握这些信息一是保险人需要核保；或是合同生效后，保险人需要定期或不定期地向客户作服务质量的满意度调查；或通知被保险人有关信息而便于联系。二是作为确定保险费率的参考因素。因为不同地区的汽车保有量、道路状况、治安状况不同，危险因素也就不一样，这是厘定保险费率的依据。

③驾驶员的基本情况。投保单必须填写驾驶员的住址、性别、年龄与婚姻状况、健康状况、驾龄、违章等情况。这是因为我国由过去的以从车为主改为现在的从人为主的汽车保险，投保单需要提供驾驶员情况，这也是确定保险费率的重要依据。

④保险汽车的情况。包括车牌号码、厂牌型号、发动机号、车架号、车辆种类、座位/吨位、车辆颜色、初次登记年月等内容。

⑤保险汽车的权属与使用性质。投保单需要填写下述一些问题：a. 该汽车所属性质是什么？b. 该汽车是否为分期付款购买的？如果是，卖方是谁？c. 该汽车的行驶证所列明的车主是谁？d. 该汽车的使用性质是什么？行驶区域在哪里？填写上述问题主要是为保险人核保时，确保保险标的的保险利益和为保险费率提供依据，以免日后发生不必要的纠纷。

如果是分期付款的汽车，保险人一般会要求投保人选择保险范围较宽的险种，以保障财产的安全。一般情况下，不同使用性质的汽车（包括营业性和非营业性）保险费率差别很大。

⑥可供选择的保险产品和保险金额或赔偿限额。投保单上（如范本4－1）有可供选择的保险产品包括交强险、汽车损失险、第三者责任险、全车盗抢险、玻璃单独破碎险、自燃损失险、新增设备损失险、车辆停驶损失险、车身划痕损失险、特约救助条款、车上责任险、无过错责任险、车载货物掉落责任险、不计免赔特约险等。

投保单上除了上述需要选择的保险产品外，还要填写保险金额或赔偿限额，这是保险人在核保时确定保险费的基本依据。

⑦保险期限，即保险合同的起止时间，通常为一年；也可经保险人同意后投保短期保险，并由双方协商确定合同起止时间，一般自约定起保日 0 时开始，至保险期满日 24 时止。投保当日不得作为起保日，起保日最早应为投保次日的 0 时。

⑧特别约定。对于保险合同的未尽事宜，经投保人和保险人协商一致后，应在此栏中注明。约定的事项应清楚、明确、简练，并写明违约责任。

⑨投保人签章。投保人在对投保单所填写的各项内容核对无误，并对责任免除和被保险人义务明示理解后，需在“投保人签章”处签章并填写日期。

单位投保应盖公章；若投保经办人携带了单位有关证明，签个人名也可以，但须将有关证明附在后面。

投保人必须由投保人亲笔签名认可方能生效，其主要作用为：

a. 提供保险凭证所需要的信息。投保人签章就视同其确认了投保单上所提供的信息，保险人在签发保险证和保险单时，可以根据这些信息填写。

b. 便于保险人核保。保险人核保时，需要甄别承担风险和确定保险适合的条款。只有投保人签章后，才能确认投保单所提供的信息，便于保险人核保。

c. 获得投保人对保险合同信息的确认。投保人在投保单上签字后，保险人受理同意，投保单就构成保险合同的要件。如果核保后所填信息没有变化，保险人据此认为投保人已经确认了保险合同的信息。

（三）汽车保险投保的注意事项

（1）投保单上应认真准确填写投保人的联系方式，并由本人亲笔签名，如果通过他人代填投保单，投保人一定要核对填写的内容是否属实，险种是否符合自己的投保意愿。

（2）每辆汽车只需投保一份交强险，不能投保多份交强险，但为获得充足保障，可自由选择投保商业车险。投保人应尽可能在一家公司投保交强险及商业车险，以减少理赔手续，保证理赔的及时性及准确性。

（3）通过保险公司业务员、个人代理人或代理机构办理投保时，要先核实业务员的身份、代理销售方的代理资格，可以通过查看工作证、代理资格证和展业证，或通过拨打保险公司服务电话确认业务员或代理方的销售资格，以免买到假保单或遇到其他不规范的操作问题，影响日后索赔。

（4）投保人在提交保险申请后，一定要及时足额缴纳保险费，同时向保险公司或代理人索要保单正本原件，作为投保证据。特别要注意查看保单上的承保公司名称，核对承保公司是否为本地公司，如投保异地公司，一旦出险，在查勘、理赔等售后服务方面会遇到麻烦；此外还要特别关注条款中的保险责任、责任免除、特别约定、投保人义务、赔偿处理、免赔率或免赔额等内容。

（5）根据国家有关规定，保险公司现承担车船税的代收代缴义务，投保人在投保时，应通过保险公司一并缴纳车船税。

（6）投保人收到保单后，可通过保险公司客户服务电话或其他可行方式与公司联系，核对公司记录的保费是否与自己缴纳的保费一致，特别是通过中间人办理业务时更要注意核对。

（四）汽车保险后被保险人的权利和义务

汽车保险是一种经济合同关系，保险人和被保险人的权利和义务是平等互利、相互关联、互为因果的。当投保人按规定交足了保险费以后，便可取得转嫁风险及出险后获得损失补偿等权利。同样，当保险人收取了投保人交付的保险费后，也即接受了投保人转嫁的车辆风险，承担了车辆出险后的损失补偿等义务。

在汽车保险合同中，双方当事人依法规定了被保险人应尽的各种责任，也就是被保险人应尽的义务。被保险人只有履行了应尽的义务，才能换取享受保险人给予的相应权利。

1. 被保险人的权利

根据《保险法》及《汽车保险条款》的规定，被保险人享有以下基本权利：

（1）获得优质保险服务的权利。保险公司作为经营“风险”的服务信誉企业，不管保户在选购保险的过程中，还是在保险合同有效期内，都应提供热情周到、优质高效的保险服务，它体现在以下几个方面：

①热情接待投保人，主动向投保人介绍业务险种，耐心解答投保人咨询的问题。

②协助投保人设计保险方案，指导投保人填写投保单，帮助办理交费手续。

③建立保险车辆防灾档案，定期检查其安全状况，提供必要的防灾、抢险服务或有关整改建议。

④投保人发生事故报案后，要迅速赶到现场，积极施救；协助投保人办理出险报案及索赔手续，不得刁难、推诿。

⑤主动、迅速、公正、合理地处理赔案，按合同及法定期限及时支付赔偿。

⑥保险临近期满时，及时通知投保人续保。

（2）保险事故发生后获得损害补偿的权利是汽车险被保险人最重要、最关键的权利。当发生保险责任范围内的自然灾害或意外事故，导致车辆等财务损失及人员伤亡后，被保险人有权得到保险公司给予的补偿。这种损害补偿权通常包括两个方面：一是被保险车辆和人员本身的损失与伤亡的赔付；二是出险后为抢险救灾而由投保人支付的合理的施救、保护、清理、检验等费用。

（3）理赔结束后的知情权。对出险的客户，理赔结束后，可以通过保险公司服务电话核对理赔情况，核对公司实际支付给修理厂的赔款是否与当时定损人员核定的价格一致，防止人为夸大损失，或自己的车辆被更换了不需更换的部件，影响车辆正常使用。对理赔情况与自己实际损失情况不一致的，应及时向当地保监局或当地保险行业协会反映。

（4）获得保险人向第三方代位追偿的权利。当保险车辆发生基本险条款保险责任范围内的损失，应当由第三方负责赔偿时，被保险人应当向第三方索赔。如果第三方不予支付，被保险人应提起诉讼，经法院立案后，保险人应根据被保险人提出的书面赔偿请求，按照保险合同予以部分或全部赔偿，但被保险人必须将向第三方追偿的权利部分或全部转让给保险人，并协助保险人向第三方追偿。

保险车辆发生基本险条款保险责任范围内的损失应当由第三方负责赔偿而无法找到第三方时，保险人应予赔偿，但在符合赔偿规定的范围内实行5%的绝对免赔率。

由于被保险人放弃对第三方的请求赔偿权利或过错致使保险人不能行使代位追偿权利时，保险人不承担赔偿责任或相应扣减保险赔偿金。

（5）无赔偿续保优待权。按《汽车保险条款》有关规定：保险车辆在上一年度保险期限内无赔款，续保时可享受无赔款减收保险费优待，优待金额为本年度续保险种应交保险费的10%。被保险人投保车辆不止一辆的，无赔偿优待分别按车辆计算。

（6）申请仲裁及提起诉讼权。承保与投保双方在保险合同履行中若发生纠纷，且经协商或调解无效时，被保险人有权依合同约定向仲裁机关申请仲裁，或向人民法院提起诉讼。

2. 保险后被保险人的义务

根据《汽车保险条款》及有关法规的规定，被保险人应尽的义务包括以下几方面：

（1）投保期应尽的义务。

①如实告知的义务。在汽车投保过程中，投保人应自觉地如实申报或说明投保车辆、货物及驾驶员的详细情况，以便于保险公司审核承保。

②认真填写投保单的义务。投保人在保险公司业务员的指导下，逐项认真填写投保单，以防产生不必要的纠纷。

③及时交付保险费的义务。投保人应根据投保单计算的保费总计数额，一次交清全部保险费才能领取汽车保险单、证。

（2）保险合同有效期间应尽的义务。

①被保险人及驾驶员的安全防损义务。汽车投保后，被保险人及驾驶员仍应积极做好防灾、防损工作，不能依赖保险，消极防灾。

a. 严格遵守交通法规，确保车辆安全行驶。

b. 做好保险车辆的日常维护和定期检修，保持车辆的良好技术状态。

c. 载人、运货应按法规、条例办事，不得超装、超载。

d. 被保险人及其驾驶员应根据保险人提出的消除不安全因素和隐患的建议，及时采取相应的整改措施。

②遵守法规的义务。汽车参加保险后，被保险人及驾驶员应自觉遵守国家政策及法规，不得利用保险车辆从事违法犯罪活动，也不能非法转卖、转让保险车辆。保险人有权拒赔因此造成的事故损失。

③保险车辆所有权或用途变更前的申请批改义务。在保险合同有效期内，若保险车辆所有权或者用途需要变更时，被保险人应事前通知保险公司，并及时到保险公司办理保单批改手续。

a. 合法转卖的保险车辆，交易后凭工商部门认可的发票，向保险公司申请办理批改被保险人名称。

b. 保险车辆合法转让或赠送他人时，在向公安交通管理部门办理异动手续后，即可到保险公司申请办理批改被保险人的名称。

c. 保险车辆中途变更使用性质或改装变型时，应及时向保险公司申请批改车辆使用性质或车型，并增交或退还相应的保险费。

（3）保险车辆出险、索赔期间应尽的义务。

①积极保护、施救的义务。发生事故后，被保险人及驾驶员应当采取积极合理的保护、施救措施，以防事故及损失扩大，尽量减少保险财产的损失及人员的伤亡。否则，由此扩大的损失，保险人有权拒赔。

②及时报案的义务。在抢险、施救的同时，被保险人或司乘人员还应立即向出险当地的交警部门报案，并在48 h内向承保公司报案。中国人民保险公司下属的分支公司承保的车辆，还应向当地的分支公司报案，以便及时施救、定损、处理事故。

③如实讲述事故经过，协助查勘和处理事故的义务。当事故处理人员赶到现场后，被保险人有义务讲清事故发生的详细经过，提供证人、证言和证据，并应全力帮助施救、查勘、处理事故。

④自觉遵守诚信原则，积极提供各种有效单证的义务。被保险人在索赔过程中，应自觉按诚信的原则办事，所提供的各种单、证必须真实可靠。若发现被保险人提供涂改或伪

造的单、证，或制造假案图谋骗赔，保险公司可以拒赔或追回已付出的保险赔款，必要时可以向法院提起诉讼。

⑤权益转让与协助追偿义务。若保险责任事故是由第三方造成的，且被保险人已按规定程序获得保险付款，则应出具权益转让书，把向第三方追偿事故损失的权利转让给保险公司，并积极协助保险公司向第三责任方追偿。被保险人无权放弃向第三方的追偿权。

⑥被保险人应在公安交通管理部门对交通事故处理结案 10 天内，向保险人提交保险单、事故证明、事故责任认定书及事故调解书、判决书、损失清单和有关费用单据，以便及时理赔结案。

（4）被保险人不履行义务的制裁。被保险人若不履行规定的义务，保险人有权拒绝赔偿或自书面通知之日起解除保险合同；已赔偿的，保险人有权追回已付的保险赔款。

二、汽车保险的承保

汽车保险是通过业务承保、收取保费、建立保险基金进行的。保险公司雄厚的保险基金的建立，给付能力的加强，有赖于高质量的业务承保。因此，业务承保是汽车保险经营中的首要问题。这里所说的业务承保其实是一个广义的概念，它包括业务争取（营销）、业务选择（核保）、作出承保决策及缮制保单、收取保险费的全过程。

汽车保险承保是指投保人提出投保请求，保险人经审核认为符合承保条件，即同意接受投保人申请，承担保险合同规定的保险责任的行为。

（一）汽车保险承保的基本要求

1. 业务争取

争取汽车保险业务，不断扩大承保面，是每一个汽车商业保险人经营的客观要求，也是发挥保险企业的作用，为社会提供安全保障的必要条件。根据大数法则要求，承保面越大危险就越分散，经济也就越趋于稳定，因此汽车保险人要重视业务的争取。

2. 业务选择

汽车保险业务是汽车保险业务核保过程。汽车保险人通过各种努力，不断提高业务“量”的同时，也要重视业务“质”的选择。提高承保质量，保持经营稳定，追求经济效益是商业保险公司经营的要则。只承保那些“只收取保费，不必履行给付义务”的保险是不现实的想法，也不是保险人经营的宗旨。保险业务的选择、对保险业务进行核保的目的是为了使保险人在承担危险责任的时候处于主动及有利的位置。所以，核保对汽车保险业务来说是至关重要的环节。

3. 作出承保决策

保险承保人员对通过一定途径收集的核保信息资料加以整理，并对这些信息经过承保选择和承保控制之后，作出以下承保决策。

（1）正常承保。对于属于标准风险类别的保险标的，保险公司按标准费率予以承保。

（2）优惠承保。对于属于优质风险类别的保险标的，保险公司按低于标准费率的优惠费率予以承保。

（3）有条件的承保。对于低于正常承保标准但又不构成拒保条件的保险标的，保险公司通过增加限制性条件或加收附加保费的方式予以承保。

（4）拒保。如果投保人投保条件明显低于保险人的承保标准，保险人就会拒绝承保。

对于拒绝承保的保险标的，要及时向投保人发出拒保通知。

4. 收取保费

交付保险费是投保人的基本义务，向投保人及时足额收取保险费是保险承保中的一个重要环节。为了防止保险事故发生后的纠纷，在签订保险合同中要对保险费交纳的相关事宜予以明确，包括保险费交纳的金额、交付时间及未按时交费的责任。

5. 出具保险单

承保人作出承保决策后，对于同意承保的投保申请，由签单人员缮制保险单或保险凭证，并及时送达投保人手中。

（二）汽车承保工作流程

汽车承保工作的流程如图 4－1 所示，具体包括以下步骤：

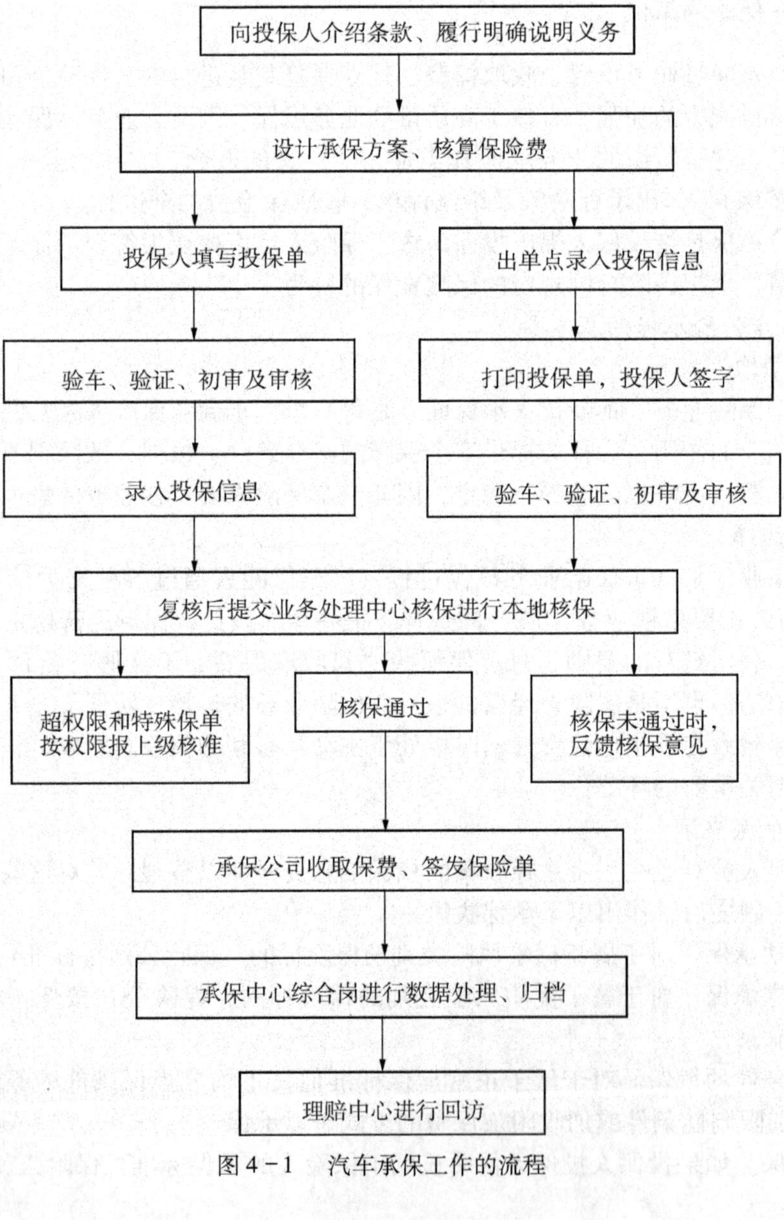

图 4－1　汽车承保工作的流程

(1) 保险人向投保人介绍条款、履行明确说明义务;

(2) 协助投保人计算保险费、制定保险方案;

(3) 提醒投保人履行如实告知义务;

(4) 投保人填写投保单;

(5) 业务人员验车、验证,确保保险标的真实性;

(6) 将投保信息录入业务系统(产生投保单号),复核后利用网络提交核保人员核保;

(7) 核保人员根据公司核保规定,并通过网络将核保意见反馈给承保公司,核保通过时,业务人员收取保费、出具保险单,需要送单的由送单人员递送保险单及相关单证;

(8) 承保完成后,进行数据处理和客服人员进行客户回访。

第三节 汽车保险的核保

核保是保险公司在业务经营过程中的一个重要环节。核保是指保险公司的专业技术人员对投保人的申请进行风险评估,决定是否接受这一风险,并在决定接受风险的情况下,决定承保的条件,包括使用的条款和附加条款、确定费率和免赔额等。

一、汽车保险核保的含义和要求

(一) 核保的含义

在承保过程中,保险人对投保人的投保申请进行审核,就保险标的的各种风险情况进行审核和评估,以确定是否接受投保人的投保申请,与之签订保险合同的过程,即为核保。核保是保险公司做有效的客户筛选,使保险公司的经营达到最大安全、最低成本和最佳服务的过程。因此要求核保工作从保险公司的经营原则出发,对欲加入保险的个体进行分类、筛选,并各自赋予其适当的条件,使危险达到均一,以维护保险的公平性。

核保的目的是避免危险的逆选择。所谓逆选择,就是指那些有较大风险的投保人试图以平均的保险费率购买保险。或者说,最容易遭受损失的风险就是最可能投保的风险,从保险人的角度来看这就是逆选择。核保活动包括选择被保险人、对危险活动进行分类、决定适当的承保范围、确定适当的费率或价格、为展业人员和客户提供服务等几个方面。

对可保风险进行可行性核保和评估。核保是承保的首要环节,也是最主要的环节。要建立严密的核保制度,对可保风险进行严格的识别、衡量和控制,并提高对标的风险的评估能力以确定承保范围和保险责任大小,从而提高承保质量。具体来讲,展业人员应对保险标的风险状况有客观的认识和了解,并向被保险人或投保人说明其应负的如实告知义务,对有明显欺诈倾向的投保人予以警惕和拒保;同时围绕保险标的价值和风险状况展开评估调查工作,以确定是否承保和可保的费率条件;严格执行条款,不得任意放宽承保条件、扩大保额、降低费率;为了防止道德风险,对高风险标的和高额投保的标的尤其要严格核保和评估,必要时加费承保或拒保,尽量减少发生欺诈风险的可能性。

建立科学、完善的核保体系来控制风险。核保贯穿从受理投保到保单终止的车险业务流程的始终,是业务流程的核心,是保险公司经营管理的重点。

（二）核保的基本要求

1. 加强核保和业务选择

如前所述，核保是指保险人对将要承保的新业务加以全面评价、估计和选择，以决定是否承保的过程。核保的必要性在于：核保有利于合理分散风险；核保是达成公正费率的有效手段；核保有利于促进被保险人防灾防损，减少实质性损失。

核保的主要内容包括：投保人资格，即审核投保人是否具有保险利益；保险标的；保险金额；适用费率是否正确、合理；被保险人的信誉等。

核保人员主要包括保险公司核保人、代理人及其他与核保有关的服务机构。

2. 注意承保控制，避免道德风险

承保控制就是适当控制保险责任，以避免心理风险和道德风险。承保控制的措施通常包括：适当控制保险金额；规定一定的免赔额；规定被保险人自己承担一部分损失；限定责任范围，控制承保风险；实行无赔款优待，多赔款加费政策等。

3. 严格制单手续，保证承保质量

制单质量的好坏，事关保险合同能否顺利履行。要加强制单管理，以保证承保质量。制单工作的具体要求是：

（1）单证齐全。

（2）保险合同三要素明确。保险合同三要素是指保险合同的主体、客体和保险合同的内容。

（3）数字要准确。保险制单过程中，每一个数字都代表着保险人和被保险人的利益。数字准确主要包括三个方面的内容：确定的保险金额准确；适用费率准确；保证数字计算准确。

（4）字迹清楚、签单齐全。保险人签发的保险单是保险合同权利与义务关系宣告成立的依据，其他各单证也是保险合同的重要组成部分。在制单过程中，一定要书写工整、字迹清楚，不得涂改，同时要清楚、真实地反映当事人双方的意向。

二、汽车保险核保的内容和意义

（一）核保的主要内容

1. 投保人资格

对于投保人资格进行审核的核心是认定投保人对保险标的拥有保险利益，汽车保险业务中主要是通过核对行驶证来完成的。

2. 投保人或被保险人的基本情况

投保人或被保险人的基本情况主要是针对车主业务。

通过了解企业的性质、是否设有安保部门、经营方式、必要的措施降低和控制风险、运行主要线路等，分析投保人或被保险人对车辆管理的技术管理状况，保险公司可以及时发现其可能存在的经营风险，采取必要的措施降低和控制风险。

3. 投保人或被保险人的信誉

投保人与被保险人的信誉是核保工作的重点之一。对于投保人和被保险人的信誉调查和评估逐步成为汽车核保工作的重要内容。评估投保人与被保险人信誉的一个重要手段是对其以往损失和赔付情况进行了解，那些没有合理原因，却经常“跳槽”的被保险人往往存在道德风险。

4. 保险标的

对保险车辆应尽可能采用“验车承保”的方式，即对车辆进行实际的检验，包括了解车辆的使用和管理情况，复印行驶证、购置车辆的完税费凭证，拓印发动机与车架号码，对于一些高档车辆还应当建立车辆档案。

5. 保险金额

保险金额的确定涉及保险公司及被保险人的利益，往往是双方争议的焦点，因此保险金额的确定是汽车保险核保中的一个重要内容。在具体的核保工作中应当根据公司制定的汽车市场指导价格确定保险金额。对投保人要求按照低于这一价格投保的，应当尽量劝说并将理赔时可能出现的问题进行说明和解释。对于投保人坚持己见的，应当向投保人说明后果并要求其对于自己的要求进行确认，同时在保险单的批注栏上注明。

6. 保险费

核保人员对于保险费的审核主要分为费率适用的审核和计算的审核。

7. 附加条款

主险和标准条款提供的是适应汽车风险共性的保障，但是作为风险的个体是有其特性的。一个完善的保险方案不仅解决共性的问题，更重要的是解决个性问题，附加条款适用于风险的个性问题。特殊性往往意味着高风险，所以，在对附加条款的适用问题上更应当注意对风险的特别评估和分析，谨慎接受和制定条件。

（二）核保的意义

1. 防止逆选择，排除经营中的道德风险

在保险公司的经营过程中始终存在一个信息问题，即信息的不完整、不精确和不对称。尽管最大诚信原则要求投保人在投保时应履行充分告知的义务。但是，事实上始终存在信息的不完整和不精确的问题。保险市场信息问题，可能导致投保人或被保险人的道德风险和逆选择，给保险公司经营带来巨大的潜在风险。保险公司建立核保制度，由资深人员运用专业技术和经验对投保标的进行风险评估，通过风险评估可以最大限度地解决信息不对称的问题，排除道德风险，防止逆选择。

2. 确保业务质量，实现经营稳定

保险公司是经营风险的特殊行业，其经营状况关系社会的稳定。保险公司要实现经营的稳定，关键一个环节就是控制承保业务的质量。但是，随着国内保险市场供应主体的增多，保险市场竞争日趋激烈，保险公司在不断扩大业务的同时，经营风险也在不断增大。其主要表现为：一是为了拓展业务而急剧扩充业务人员，这些新的工作人员业务素质有限，无法认识和控制承保的质量；二是保险公司为了扩大保险市场的占有率，稳定与投保人的业务关系，放松了拓展业务方面的管理；三是保险公司为了拓展新的业务领域，开发了一些不成熟的新险种，签署了一些未经过详细论证的保险协议，增加了风险因素。保险公司通过建立核保制度，将展业与承保相对分离，实行专业化管理，严格把好承保关。

3. 扩大保险业务规模，与国际惯例接轨

我国加入 WTO 以后，国外的保险中介机构正逐步进入中国保险市场；同时，我国保险的中介力量也在不断壮大，现已成为推动保险业务的重要力量。在看到保险中介组织对于扩大业务的积极作用的同时，也应注意到其可能带来的负面影响。由于保险中介组织经营目的和价值取向的差异以及人员的良莠不齐，保险公司在充分利用保险中介机构进行业务开展的同时，也应对保险中介组织的业务加强管理，核保制度是对中介业务质量控制的重要手段，建立和完善保险中介市场的必要前提条件。

4. 实现经营目标，确保持续发展

在市场经济条件下，企业发展的重要条件是对市场进行分析，并在此基础上确定企业的经营方针和策略，包括对企业的市场定位和选择特定的业务和客户群。同样在我国保险市场的发展过程中，保险公司要在市场上争取和赢得主动，就必须确定自己的市场营销方针和政策，包括选择特定的业务和客户作为自己发展的主要对象，确定对各类风险承保的态度，制定承保业务的原则、条款和费率等。而这些市场营销方针和政策实现的主要手段是核保制度，通过核保制度对风险选择和控制的功能，保险公司能够有效地实现其既定的目标，并保持业务的持续发展。

三、汽车保险核保的运作流程

核保工作原则上采取两级核保体制。先由展业、保险代理人进行初步核保，然后再由保险公司专业核保人员复核决定是否承保、承保条件及保险费率的适用等。汽车保险核保的程序一般包括审核投保单、查验车辆、核定保险费率、计算保险费、核保等步骤。

汽车保险核保的运作流程如图 4－2 所示。

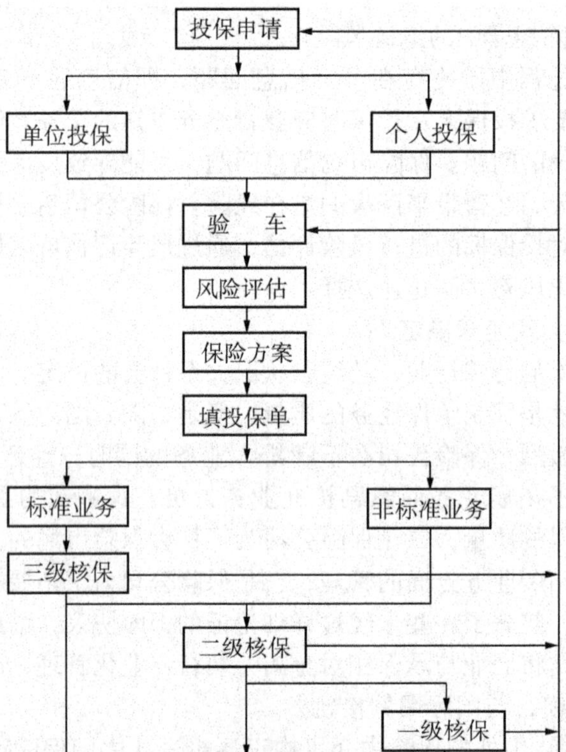

图 4－2　核保运作流程图

（一）审核投保单

业务人员在收到投保单以后，首先根据保险公司内部制定的承保办法决定是否接受此业务。如果不属于拒保业务应立即加盖公章，载明收件日期。首先审查投保单所填写的各项内容是否完整、清楚、准确。核保所要审查投保单的项目包括：投保人资格、投保人或被保险人的基本情况、投保人或被保险人的信誉、保险金额、保险费和附加条款等内容。

对保险车辆应尽可能采用“验车承保”的方式，即对车辆进行实际的检验，包括了解车辆的使用和管理情况，复印行驶证、购置车辆的完税费凭证，拓印发动机与车架号码，对于一些高档车辆还应当建立车辆档案。

（二）查验车辆

查验证件：主要是针对车辆相关证件、保险合法性等内容进行检查。

根据投保人提供的有关证件，如车辆行驶证、介绍信等，进行详细审核。首先确定投保人称谓与其签章是否一致，如果投保人称谓与投保车辆的行驶证明不符合，则要求投保人提供其对投保车辆拥有可保利益的书面证明；其次，检验投保车辆的行驶证与保险车辆是否吻合，投保车辆是否年检合格。核实投保车辆的合法性，确定其使用性质。

查验车辆：根据投保单、投保单附表和车辆行驶证，对投保车辆进行实际的查验。查验的具体内容包括：

（1）确定车辆是否存在和有无受损，是否有消防和防盗设备等。

（2）车辆本身的实际牌照号码、车型及发动机号、车身颜色等是否与行驶证一致。

（3）检查发动机、车身、底盘、电气等部分的技术情况。

根据检验结果，确定整车的新旧成数。对于私有车辆一般要填具验车单，附于保险单副本上。

（三）核定保险费率

应根据投保单上所列的车辆情况和保险公司的机动车辆保险费率规章，确定投保车辆所应适用的保险费率。

1. 确定车辆使用性质

目前，各保险公司一般把车辆分为家庭自用车辆、非营业车辆、营业车辆三类。

（1）家庭自用车辆：指用作个人家庭代步的车辆。

（2）非营业车辆：指各级党政机关、社会团体、企事业单位自用的车辆或仅用于个人及家庭生活的车辆。

（3）营业车辆：指从事社会运输并收取运费的车辆。

对于兼有不同类使用性质的车辆，按高档费率计费。

2. 分清车辆种类

（1）国产与进口车辆的划分：从我国境外直接进口的或经我国香港、澳门、台湾地区转口的整车以及全部由进口零配件组装的车辆，按进口车辆计费；其余车辆按国产车辆计费。由于目前各保险公司已经停止以 2000 年条款为核心的传统汽车保险业务，转而经营新条款及费率的综合保险业务，对承保主险时，车辆国产与进口车辆的划分已经失去实际意义。但在计算挡风玻璃单独破碎险时，还是要考虑到国产与进口车辆的划分标准。

（2）车种中“以下”二字，是指不含其本身的意思。例如：6 座“以下”客车，是指不含 6 座的客车。

（3）客车：客车的座位（包括驾驶员座位）以交通管理部门核发的行驶证载明的座位为准，不足标准座位的客车按同型号客车的标准座位计算。

（4）货车：所有通用载货车辆、厢式货车、集装箱牵引车、电瓶运输车、简易农用车、装有起重机械但以载重为主的起重运输车等，均按其载重量分档计费。客货两用车按客车或货车中相应的高档费率计费。

（5）挂车：适用于没有机动性能，需用机动车拖带的载重车、平板车、专用机械设备车、超长悬挂车等。

（6）专用罐车：适用于各类装载油料、气体、液体等专用罐车，如油罐车、气罐车、液罐车、冷藏车等，同时适用于装有冷冻或加温设备的厢式车辆，也包括普通载重货车加装罐的车辆。

（7）工程专用车：适用于各种有起重、装卸、升降、搅拌等工程设备或功能的专用车辆，如起重车、装卸车、工程车、监测车、邮电车、消防车、清洁车、医疗车、救护车等；同时适用于车内固定装有专用仪器设备，从事专业工作的监测、消防、清洁、医疗、救护、电视转播、雷达、X光检查、邮电车辆等。

3. 其他说明

（1）短期收费：基本险和附加险的保险期限不足1年的按短期费率表计算。不足1个月的按1个月计算。

（2）特种车辆收费：对其他特种型车辆，从费率表中选择相应档次计费，如啤酒罐车按罐车档计费，大于0.5 t的载货三轮车按"2 t以下货车"档计费。

（3）提车暂保收费：汽车提车暂保单仅承保汽车损失险和第三者责任险，汽车损失险保额为汽车的新车购置价，第三者责任险限额为5万元，保险期限为30天。汽车提车暂保收费根据新车购置价所属档次直接查找。

（4）费率系数调整：对于费率系数的调整见第二章第三节汽车保险费率部分。

（四）核算保费

1. 一年期保费的核算

（1）汽车损失险。按照投保人类别、车辆用途、座位数/吨位数、车辆使用年限、新车购置价所属档次查找基础保费和费率。

$$保费 = 基础保费 + 保险金额 \times 费率$$

（2）第三者责任险。按照投保人类别、车辆用途、座位数/吨位数、车辆使用年限、责任限额直接查找保费。

如果责任限额为100万元以上，则

$$保费 = A + A \times N \times (0.034 - 0.0013 \times N)$$

式中，A指同档次限额为100万元的第三者责任险保费；N =（限额 - 100万）/50万元，限额必须是50万元的倍数，且不得超过1 000万元。

（3）全车盗抢险。按照投保人类别、车辆用途、座位数、车辆使用年限查找基础保费和费率。某保险公司家庭自用车全车盗抢险费率如表4-1所示。

$$保费 = 基础保费 + 保额 \times 费率$$

表 4-1　某保险公司家庭自用车全车盗抢险费率表（节选）

车龄/年 \ 座位数	6 座以下		6～10 座		客货两用车	
	基础保费/元	费率/%	基础保费/元	费率/%	基础保费/元	费率/%
1 年以下	146	0.603	177	0.734	126	0.522
1～2	142	0.588	173	0.716	123	0.510
2～3	141	0.583	172	0.710	122	0.505
3～4	132	0.547	161	0.666	115	0.474
4～5	126	0.521	154	0.635	109	0.452

（4）车上人员责任险。按照投保人类别、车辆用途、座位数、投保方式查找费率，某保险公司家庭自用车车上人员责任险费率如表 4-2 所示。

驾驶人保费 = 每次事故责任限额 × 费率

乘客保费 = 每次事故每人责任限额 × 费率 × 投保乘客座位数

表 4-2　某保险公司（北京）家庭用车车上人员责任险费率表（节选）

客户群	车辆类别	座位数	核定座位投保费率/%
家庭自用汽车与非营业用车	家庭自用车	6 座以下	0.30
		6～10 座	0.28
	企业非营业客车	6 座以下	0.30
		6～10 座	0.26
		10～20 座	0.27
		20 座以上	0.29

注：选择座位投保费率在上表基础上上浮 50%。

（5）玻璃单独破碎险：按照被保险人类别、座位数、投保国产/进口玻璃查找费率（表 4-3）；然后按下列公式计算：

保费 = 新车购置价 × 费率

说明：对于特种车，防弹玻璃等特殊材质玻璃标准保费上浮 10%。

表 4-3　中保某分公司玻璃单独破碎险费率表　单位:%

投保方式	车型	6 座以下	6～10 座	10～20 座	20 座以上
国产玻璃	营业用客车	0.154	0.151	0.161	0.172
	非营业用客车	0.146	0.145	0.154	0.164
	货车	0.088			
进口玻璃	营业用客车	0.307	0.302	0.322	0.344
	非营业用客车	0.294	0.289	0.307	0.329
	货车	0.175			

（6）不计免赔率特约条款，其保费计算公式为：

保费 = 适用本条款的险种标准保费之和 × 20%

不计免赔率特约条款费率表适用险种中未列明的险种，不可投保不计免赔率特约条款。

（7）火灾、爆炸、自燃损失险：实行0.6%的固定费率，其保费计算公式为：

保费 = 保险金额 × 费率

如果单独投保自燃险，固定费率为0.4%。

（8）车身划痕损失险：按车龄、新车购置价、保额所属档次直接查找保费（表4－4）。

表4－4　中保某分公司车身划痕损失险费率表

新车购置价/万元	<10	10～20	20～50	>50
保费/元	150	250	350	500

（9）可选免赔额特约条款：按照选择的免赔额、新车购置价查找费率折扣系数，其保费计算公式为：

约定免赔额之后的机动车损失保险保费 = 机动车损失保险保费 × 费率折扣系数

（10）机动车停驶损失险：固定费率。其保费按下式计算：

保费 = 约定的最高赔偿天数 × 约定的最高日赔偿限额 ×费率

（11）代步机动车服务特约条款：固定保费，无需计算。

（12）更换轮胎服务特约条款：固定保费，无需计算。

（13）送油、充电服务特约条款：固定保费，无需计算。

（14）拖车服务特约条款：固定保费，无需计算。

（15）新增加设备损失保险，其保费计算公式为：

保费 = 本附加险保险金额 × 车损险标准保费/车损险保险金额

（16）附加换件特约条款，其保费计算公式为：

保费 = 车损险标准保费 × 10%

（17）发动机特别损失险，其保费计算公式为：

保费 = 车损险标准保费 × 5%

（18）随车行李物品损失保险：固定费率。其保费计算公式为：

保费 = 保险金额 × 费率

（19）附加交通事故精神损害赔偿责任保险：固定费率。其保费计算公式为：

保费 = 每次事故责任限额 × 费率

说明：每人每次事故的最高责任限额为人民币50 000元。

（20）教练车特约条款，其保费计算公式为：

保费 = 适用本条款的所有险种标准保费之和 × 10%

（21）异地出险住宿费特约条款：其保费计算公式为：固定费率。

保费 = 保险金额 × 费率

（22）附加机动车出境保险：按照扩展的区域半径查找费率，其保费计算公式为：

保费 = （车损险标准保费 + 三者险标准保费） × 费率

说明：只有同时投保了机动车损失保险和第三者责任保险，方可投保本附加险。

（23）新车特约条款：按照车辆使用年限、协定比例查找费率，其保费计算公式为：

保费 = 车损险标准保费 × 费率

（24）车上货物责任险：按照营业用、非营业用查找费率，其保费计算公式为：

保费 = 基础保费 + （责任限额 － 20 000 × 费率）

说明：最低责任限额为人民币 20 000 元。

（25）附加油污污染责任保险：按照责任限额直接查找保费。

说明：只有同时投保了机动车损失保险和第三者责任保险，方可投保本附加险。

2. 短期保险保费计算

保险期限不足 1 年，按短期费率计算。短期费率分两类：

（1）按日计算保费：适用于已参加保险的被保险人新增车辆投保或同一保险附带车辆增加其他险种，为统一终止日期而签订的短期保险合同。其计算方法如下：

短期保险保费 = 年保费 × 保险天数 / 365

（2）按月计算保费：适用于根据被保险人要求签订的短期保险合同，短期保险的费率根据短期费率表确定，保险期限不足整月的按整月计算。其计算方法如下：

短期保险保费 = 年保费 × 短期费率

3. 合同解除时的保险费计算

保险合同生效后，且在未发生保险事故的情况下，被保险人要求解除保险合同的，则保险人应按照下述方式计算日费率，收取保险合同生效日起至保险合同解除日止期间的保险费，并退还剩余部分保险费：

（1）保险合同的有效期不足或等于 8 个月的，按年费率的 1/300 计算日费率。

（2）保险合同的有效期超过 8 个月且不足 1 年的，按年费率的 1/365 计算日费率。

（3）除法律另有规定或合同另有特别约定外，保险车辆发生汽车损失险也可保附带事故，被保险人获取部分保险赔偿后 1 个月内提出解除合同的，则保险人应当根据保险合同的有效期的长短，按第（1）项所列方法计算日费率，并将保险金额扣除保险赔款和免赔金额后的未了责任部分的剩余保险费退还被保险人。

（4）被保险人在单独投保第三者责任险时，因保险车辆发生灭失，且保险人未支付任何保险赔款，保险人应按年费率的 1/365 计算日费率，并退还未了保险责任部分的保险费。

（5）因保险赔偿致使保险合同终止时，保险人不退还保险费。

（五）核保的具体方式和分类

1. 保险公司的分级核保

计算保险费率后，应进行核保工作。核保工作的主要依据是核保手册，因为核保手册已经将在进行汽车保险业务过程中可能涉及的所有文件、条款、费率、规定、程序、权限等全部包含其中，可能遇到的各种问题及其处理方法，用书面文件的形式予以明确。

一般保险公司会对投保申请进行分级核保工作，按照公司核保级别从下级往上级进行逐层审核和评估。如图 4－3 所示：

图 4－3　分级核保流程图

（1）三级核保。三级核保人员主要负责常规业务的核保，即按照核保手册的有关规定对保险单的各个要素进行形式上的审核。但是，在核保过程中还可能遇到一些核保手册没有明确规定的问题，例如，高价值车辆的核保、特殊车型业务的核保、车队业务的核保、投保人特别要求的业务的核保，以及下级核保人员无法核保的业务。在这些情况下，应由二级核保人员和一级核保人员来核保。二级核保人员和一级核保人员应运用保险的基本原理、相关的法律法规和自己的经验，通过研究分析来解决这些特殊的问题，必要时应请示上级核保部门。

（2）二级核保。

①审核保险单是否按照规定内容与要求填写，有无疏漏；审核保险价值与保险金额是否合理。对不符合要求的，退给业务人员指导投保人重新填写，进行相应的更正。

②审核业务人员或代理人是否在一级核保时验证和查验了车辆，是否按照要求向投保人履行了告知义务，对特别约定的事项是否在特约栏内注明。

③审核适用的费率标准和计收保险费是否正确。

④对于高保额和投保盗抢险的车辆，审核有关证件以及实际情况是否与投保单填写一致，是否按照规定拓印牌照存档。

⑤对高发事故和风险集中的投保单位，提出公司的限制性承保条件。

⑥对费率表中没有列明的车辆，包括高档车和其他专用车辆，可视风险情况提出厘定费率的意见。

⑦审核其他相关情况。审核完毕后，核保人应在投保单上签署意见。对超出本级核保权限的，应上报上级公司核保。

（3）一级核保。一级核保也称上级核保，上级公司接到请示公司的核保申请以后，应有重点地开展核保工作。

①根据掌握的情况，考虑是否接受投保人的投保。

②接受投保的险种、保险金额、赔偿限额是否需要限制和调整。

③是否需要增加特别的约定。

④协议投保的内容是否准确、完善，是否符合保险监管部门的有关规定。

上级公司核保完毕后，应签署明确的意见并立即返回请示公司。

核保工作结束后，核保人将投保单、投保意见一并转给业务内勤部门，公司的内勤缮制保险单证。

2. 核保业务的分类

核保的具体方式应当根据公司的组织结构和经营情况进行选择和确定，通常将核保的方式分为标准业务核保和非标准业务核保、事先核保和事后核保、集中核保和远程核保等。具体情况如下：

（1）按照核保手册能否对其进行核保，可分为标准业务核保和非标准业务核保。

标准业务是指常规风险的汽车保险业务，这类风险的特点是其基本符合汽车保险险种设计设定的风险情况，按照核保手册能够对其进行核保；而非标准业务是保险金额巨大等需有效控制的业务，核保手册没有明确的规定。

标准业务可以依据核保手册的规定进行核保，通常是由三级核保人完成标准业务的核保工作；而非标准业务则是无法完全依据核保手册进行核保，应由二级或者一级核保人进行核保，必要时核保人应当向上级核保部门进行请示。

汽车保险非标准业务主要有：①保险价值浮动超过核保手册规定的范围；②特殊车型业务；③军牌和外地牌业务；④高档车辆的盗抢险业务；⑤统保协议；⑥代理协议。

（2）按照核保的技术手段，可分为计算机智能核保和人工核保。

计算机技术的飞速发展和广泛应用将给核保工作带来革命性的变化。从目前计算机发展的水平来看，尤其是智能化计算机的发展和应用，计算机已经完全可以胜任对标准业务的核保工作。在核保过程中应用计算机技术可以大大缓解人工核保的工作压力，提高核保业务的效率和准确性，减少在核保过程中可能出现的人的负面因素。但是，在现在科技水平条件下计算机不可能解决所有的核保问题，至少在现阶段还需要人工核保的模式与之共存，解决计算机所无法解决的核保方面的问题。

（3）按照核保的范围和模式，可分为集中核保和远程核保。

从核保制度发展的过程分析，集中核保的模式代表了核保技术发展的趋势。集中核保可以有效地解决统一标准和规范业务的问题，实现技术和经验最大限度的利用。但是，以往集中核保在实际工作遇到的困难是经营网点的分散，缺乏便捷和高效的沟通渠道。

计算机技术的出现和广泛的应用，尤其是互联网技术的出现带动了核保领域的革命性进步，远程核保的模式应运而生。远程核保就是建立区域性的核保中心，利用互联网等现代通信技术，对辖区内的所有业务进行集中核保。这种核保的方式较以往任何一种核保模式均具有不可比拟的优势，它不仅可以利用核保中心的人员技术的优势，还可以利用中心庞大的数据库，实现资源的共享。同时，远程核保的模式还有利于对经营过程中的管理疏忽，甚至道德风险实行有效的防范。

（4）按照核保的时间顺序，可分为事先核保和事后核保。

事先核保指投保人提出申请后，核保人员在接受承保之前对保险标的风险进行评估和分析，决定是否接受承保。在决定接受承保的基础上，根据投保人的具体要求确定保险方案，包括确定适用的条款、附加条款、费率、保险金额、免赔额等承保条件。事先核保是在核保工作中广泛应用的模式。

事后核保主要是针对标的金额较小、风险较低、承保业务技术比较简单的业务。这些业务往往是由一些偏远的经营机构或者代理机构承办。保险公司从人力和经济的角度难以做到事先核保的，可以采用事后核保的方式。所以，事后核保是对于事先核保的一种补救措施。

第四节　签发单证、批改和续保

一、缮制与签发保险单证

1. 缮制单证

缮制单证就是在接受业务后，填制保险单或发放保险凭证以及办理批单手续。保险单或保险凭证是载明保险合同关系双方当事人的权利与义务的书面凭证，是被保险人向保险人索赔和保险人处理赔款事项的主要依据。因此，缮制单证是承保工作的重要环节，其质量的好坏，直接关系到保险合同当事人双方的义务和权利能否正常履行与实现。业务内勤接到投保单及其附表以后，根据核保人员签署的意见，即可开展缮制保险单工作。

保险单原则上应由计算机出具，暂无计算机设备而只能由手工出具的营业单位，必须得到上级公司的书面同意。

（1）计算机制单的，将投保单有关内容输入到保险单对应栏目内，在保险单“被保险人”和“厂牌型号”栏内登录统一规定的代码。录入完毕检查无误后，打印出保险单。

（2）手工填写的保险单，必须是保监会统一监制的保险单，保险单上的印制流水号码即为保险单号码。将投保单的有关内容填写在保险单对应栏内，要求字迹清晰、单面整洁。如有涂改，涂改处必须有制单人签章，但涂改不能超过3处。制单完毕后，制单人应在“制单”处签章。

（3）缮制保险单时应注意的事项：

① 双方协商并在投保单上填写的特别约定内容，应完整地载明到保险单对应栏目内，如果核保有新的意见，应该根据核保意见修改或增加。

②无论是主车和挂车一起进行投保，还是挂车单独投保，挂车都必须同时出具具有独立保险单号码的保险单。在填制挂车的保险单时，“发动机号码”栏统一填写“无”。当主车和挂车一起投保时，可以按照多车承保方式处理给予一个合同号，以方便调阅。

③特约条款和附加条款应印在或贴在保险单正本背面，贴的条款应加盖骑缝章。应注意责任免除、被保险人义务和免赔等规定的印刷字体，应该与其他内容的字体不同，以提醒被保险人注意阅读。

保险单缮制完毕后，制单人应将保险单、投保单及其附表一起送复核人员复核。

2. 复核签单

单证复核是业务承保工作的一道重要程序，也是确保承保质量的关键环节，因此，必须配备具有较高政治和业务素质的人员担此重任。复核时应注意审查投保单、验险报告、保险单、批单、明细表及其他各种单证是否齐全，内容是否完整并符合要求，字迹是否清楚，计算是否正确，并与原始凭证相对照，力求无差错。一切复核无误后，要加盖公章及负责人、复核员签名，然后对外发送。

3. 保单发送

清分发送业务内勤将保单、批单正本、明细表、机动车辆和船舶保险证以及保费收据、填写发送单证和收付款项流转签收簿交外勤人员签收送交保户，并收取保险费。

4. 归档、装订、保管

各种保险单证和附属材料，均是重要的档案，必须按规定编号、登记、装订牢固，实行专柜专人管理，并符合防火、防盗、防潮和防蛀的要求。

5. 复核保险单

复核人员接到保险单、投保单及其附表后应认真对照复核。复核无误后，复核人员在保险单“复核”处签章。

6. 收取保险费

收费员经复核保险单无误以后向投保人核收保险费，并在保险单“会计”处和保险费收据的“收款人”处签章，在保险费收据上加盖财物专用章。

只有被保险人按照约定交纳了保险费，该保险单才能产生效力。

7. 签发保险单证

汽车保险合同实行一车一单（保险单）和一车一证（保险证）制度。投保人交纳保险费后，业务人员必须在保险单上注明公司名称、详细地址、邮政编码及联系电话，加盖保险公司业务专用章。根据保险单填写“汽车保险证”并加盖业务专用章，所填内容应与保险单有关内容一致。险种一栏填写总险种代码，电话应填写公司报案电话，所填内容不得涂改。

签发单证时，交由被保险人收执保存的单证有保险单证正本、保险费收据（保户留存联）、汽车保险证。

对已经同时投保汽车损失险、第三者责任险、车上人员责任险、不计免赔特约险的投保人，还应签发事故伤员抢救费用担保卡，并做好登记。

8. 保险单证的补录

手工出具的汽车保险单、提车暂保单和其他定额保单，必须按照所填内容录入到保险公司的计算机车险业务数据库中，补录内容必须完整准确。补录时间不能超过出单后的第10个工作日。

单证补录必须由专人完成，由专人审核，业务内勤和经办人不能自行补录。

9. 保险单证的清分与归档

对投保单及其附表、保险单及其附表、保险费收据、保险证，应由业务人员清理归类。

投保单的附表要贴在投保单的背面，保险单及其附表需要加盖骑缝章。清分时，应按照以下规定送达的部门清分。

（1）财务部门留有的单证：保险费收据（会计留存联）、保险单副本。

（2）业务部门留存的单证：保险单副本、投保单及其附表、保险费收据（业务留存联）。

留存业务部门的单证，应由专人保管并及时整理、装订、归档。每套承保单包含保险费收据、保险单副本、投保单及其附表，其他表、单的整理，按照保险单（包括作废的保险单）流水号码顺序装订成册，并在规定时间内移交档案部门归档。每一套承保单证的整理顺序为：保费收据、保险单副本、投保单及其附表。按保险单号码顺序排列，装订成册，封面及装订要按档案规定办理，并标明档案保存期限。

二、批改

批改是指在保险单签发以后，在保险合同有效期限内，如保险事项发生变更，经保险双方当事人同意办理变更合同内容的手续。

1. 批改事项

保险合同签订之后，保险合同的双方当事人都应严格遵守并履行合同所规定的内容，任何一方都无权擅自变更合同，但是在保险合同有效期限内，由于实际情况的变化，对合同内容所规定的有关事项会产生变更的要求，若不及时办理变更的批改手续，在保险财产遭受保险责任范围内的灾害事故损失时，因与合同规定不符，会影响到保险的赔偿处理。

具体批改事项包括：

（1）被保险人变更；

（2）保险车辆增、减危险程度；

（3）保险车辆变更使用性质；

（4）所有险种提前退保；

（5）保险金额增减；

（6）保险费变更；

（7）加保或退保部分险种；

（8）增加或减少或变更约定驾驶员；

（9）保险期限变更；

（10）其他事项变更。

2. 批单

批单是更改保险合同某些内容的更改说明书，保险合同变更时使用的书面凭证。在汽车保险业务的过程中，往往涉及车辆过户、转让、出售等变更车辆所有权的行为，因而也带来汽车保险单中的某些要素如被保险人发生变更；或者保险金额、保险期限等内容变更，这些变更内容需要用某种形式将其记载下来，或者重新出具保险单。

但是在实际业务中，这样的变更行为是非常频繁的，因而重新出具保险单往往成了一种繁琐的工作，批单的出现及广泛使用便成为顺理成章的事情。投保人或被保险人在保险有效期内如果需要对保险单内容作部分更改，需向保险人提出申请，保险人如果同意更改则批改的内容在保险单或保险凭证上批注或附贴便条。凡经批改过的内容均以批单为准，批单是保险单中的一个重要组成部分。其主要内容包括：保险单号，即原保险单号；批单号；被保险人；批文内容，批文按规定格式填写，写明变更的内容，并明确除本变更外原保险合同的其他内容不变。

对于保险合同变更需办理增、退保险费的，应随批单一起送财务部门进行核验。

3. 批改流程

首先由被保险人填写批改申请书，明确提出要求修改保险合同的项目和原因。其次，保险公司审核同意后，出具批单给投保人存执，存执粘贴于保险单正本背面，同时批改变动保险证上的有关内容，并在变动处加盖保险人业务专用章。最后，新的保险合同生效。

例如：汽车转让过户批改过程为：写一份汽车保险过户申请书，注明保险单号码、车牌号、新旧车主名称和过户原因，并签字或盖章；带上原保险单和行驶证，找保险公司的业务管理部门，他们将出具一张变更被保险人的批单，上面写明被保险人的变化情况。这样就算完成了汽车保险过户手续。这张批单在索赔时要同原保险单一起使用方能有效。

三、续保

汽车保险的期限一般为1年，保险期满后，投保人在同一保险人处重新办理汽车保险的事宜称为续保。

在汽车续保实务中，续保业务一般在原保险到期前的1个月开始办理。为防止续保以后至原保险单到期这段时间发生保险责任事故，在续保通知书内应注明“出单前，如有保险责任事故发生，应重新计算保险费；全年无保险责任事故发生，可享受无赔款优待”等字样。在办理续保时，投保人应提供下列单据：

（1）提供上一年度的机动车辆保险单。

（2）保险车辆的经交通管理部门核发并检验合格的行驶证和车牌号。

（3）所需的保险费。保险金额和保险费须重新确定。

投保人办理续保业务应到上一年度机动车辆保险单的出单地点（保险公司分公司或支公司）办理，代办点不能出单。另外，如果投保车辆在上一年保险期限内无赔款，续保时可享受减收保险费优待，通常情况下，优待金额为本年度续保险种应交保险费的10%。

投保人投保车辆不止一辆的，无赔款优待分别按车辆计算。上年度投保的汽车损失险、第三者责任险、附加险中任何一项发生赔款，续保时均不能享受无赔款优待。不续保者不享受无赔款优待。

上年度无赔款的机动车辆，如果续保的险种与上年度不完全相同，无赔款优待则以险种相同的部分为计算基础；如果续保的险种与上年相同，但投保金额不同，无赔款优待则以本年度保险金额对应的应交保险费为计算基础。在2003年以前，全国实行统一的保险费率，不论机动车辆连续几年无事故，无赔款优待一律为应交保险费的10%，2003年开始各公司都有自己的无赔款优待的优惠利率。

四、退保

退保就是保险合同的解除，主要指投保人解除保险合同。根据《保险法》的有关规定，保险人是不得任意解除合同的。《保险法》第15条规定：“除本法另有规定或者保险合同另有约定外，保险合同成立后，投保人可以解除合同，保险人不得解除合同。”

（一）退保的原因和条件

投保人于保险合同成立后，可以书面通知要求解除保险合同。保险公司在接到解除合同申请书之日起，接受退保申请，保险责任终止。

汽车保险退保一般出于以下几种原因：

（1）汽车按规定报废；

（2）重复保险，为同一辆汽车投保了两份相同的保险；

（3）对保险公司不满，想换保险公司。

办理退保的车辆都必须符合下述条件：

（1）车辆的保险单必须在有效期内；

(2) 在保险单有效期内，该车辆没有向保险公司报案或索赔过可退保，从保险公司得到过赔偿的车辆不能退保；仅向保险公司报案而未得到赔偿的车辆也不能退保。

(二) 退保的流程

一般退保流程如图 4-4 所示。

首先，退保时要向保险公司递交退保申请书，说明退保的原因和从什么时间开始退保，签上字或盖上公章，把它交给保险公司的业务管理部门。然后保险公司业务管理部门对退保申请进行审核，出具退保批单，批单上注明退保时间及应退保金额，同时收回汽车保险单。最后退保人持退保批单和身份证，到保险公司的财务部门领取应退给的保险费。

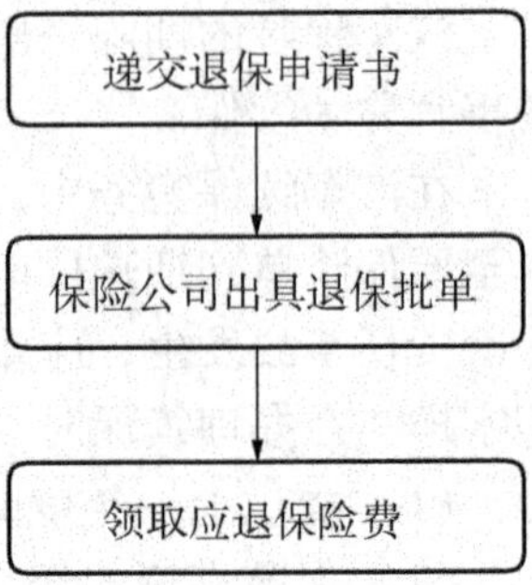

图 4-4　汽车退保流程

退保时被保险人所需要提供的证件：

(1) 退保申请书：写明退保原因和时间，车主是单位的需盖章，车主是个人的需签字。

(2) 保险单原件（正本）：若保险单丢失，则需事先补办。

(3) 保险费发票：一般需要原件，有时复印件也可以。

(4) 被保险人的身份证明：车主是单位的需要单位的营业执照；车主是个人的需要身份证。

(5) 证明退保原因的文件：因车辆报废而退保，需提供报废证明；因车辆转卖他人而退保，需提供过户证明；因重复保险而退保，需提供互相重复的两份保险单。

投保人要求退保的，根据《保险法》第 39 条规定：在保险责任开始前，应当向保险人支付手续费，保险人应当退还保险费；在保险责任开始后，保险人可以收缴自保险责任开始之日起至合同解除之日止期间的保险费，剩余部分退还投保人。

(三) 应退保费的计算

保险公司计算应退保费是用投保时实缴的保险费金额，减去保险已生效的时间内保险公司应收取的保险费，剩下的余额就是应退的保险费。计算公式如下：

应退保险费 = 实缴保险费 - 应收取保险费

退保的关键在于应收取保险费的计算。一般按月计算，保险每生效 1 个月，收 10% 的保险费，不足 1 个月的按 1 个月计算。

如人保条款第 34 条规定：保险责任开始前，投保人要求解除保险合同的，应当向保险人支付应交保险费 5% 的退保手续费，保险人应当退还保险费。

保险责任开始后，投保人要求解除保险合同的，自通知保险人之日起，保险合同解除。保险人按短期月费率收取自保险责任开始之日起至合同解除之日止期间的保险费，并退还剩余部分保险费。短期月费率参见表 2-3 所示。

【例 4-1】　应退保险费的计算。

一辆 1999 年 1 月 1 日保险开始生效的桑塔纳车，投保时实缴保险费 4 810 元，1999 年 3 月 10 日该车因卖给他人而退保。保险共生效了 2 个月零 10 天，退保时按 3 个月计算，保险公司应收取 30% 的保费，即 4810 × 30% = 1443 元；应退保险费为：4 810 - 1 443 = 3 367 元。

(四) 交强险相关规定

1. 退保的三种法定情形

投保人在交强险期间，不得中途退保。但在下列三种情况下，投保人可以要求解除交强险合同：

（1）被保险机动车被依法注销登记的；

（2）被保险机动车办理停驶的；

（3）被保险机动车经公安机关证实丢失的。

交强险合同解除后，投保人应当及时将保险单、保险标志交还保险人；无法交回保险标志的，应当向保险人说明情况，征得保险人同意。

2. 应退保险费

发生《机动车交通事故责任强制保险条例》所列明的投保人、保险人解除交强险合同的情况时，保险人按照日费率收取自保险责任开始之日起至合同解除之日止期间的保险费。保险人应按如下标准计算退还被保险人保险费（包括从中提取的道路交通事故社会救助基金部分）：

（1）投保人已交纳保险费，但保险责任尚未开始的，全额退还保险费；

（2）投保人已交纳保险费，但保险责任已开始的，退回未到期责任部分保险费：

退还保险费 = 保险费 ×（1 – 已了责任天数/保险期间天数）

（五）保险人解除保险合同

保险人不得解除保险合同，但也有例外。根据《保险法》的有关规定，必要时保险人可以行使解除权。我国保险法明确规定了保险人法定解除权的行使条件。

1. 投保人违反如实告知义务

《保险法》第 17 条规定："投保人故意隐瞒事实，不履行如实告知义务的，或者因过失未履行如实告知义务，足以影响保险人决定是否同意承保或者提高保险费率的，保险人有权解除保险合同。"

2. 被保险人骗取保险金

《保险法》第 28 条规定："被保险人或者受益人在未发生保险事故的情况下，谎称发生了保险事故，向保险人提出赔偿或者给付保险金请求的；投保人、被保险人或者受益人故意制造保险事故，保险人均有权解除保险合同。"

3. 投保人、被保险人违反安全注意义务

《保险法》第 36 条规定："投保人、被保险人未按照约定履行其对保险标的安全应尽的责任的，保险人有权要求增加保险费或者解除合同。"

4. 危险程度增加

《保险法》第 37 条规定："在合同有效期内，保险标的危险程度增加的，被保险人按照合同约定应当及时通知保险人，保险人有权要求增加保险费或者解除合同。"

【本章小结】

汽车保险承保实务内容是汽车保险实务的第一阶段，在汽车保险与理赔的实际操作过程中具有重要的作用和地位。汽车承保实质上是保险双方当事人达成协议、订立保险合同的过程。它包括展业、投保与受理、核保、签发单证、批改与续保等业务流程。一般先由从事保险展业的人员进行展业宣传、为客户设计保险方案，客户提出投保申请后填写投保单，业务人员验证、验车、复核后提请核保人员核保，经核保同意承保的，当事双方订立保险合同，保险公司缮制签发保险单、证。核保后需要调整部分项目承保的，核保人员应通知业务人员与投保人协商，投保人同意按核保人提出的承保条件投保的，由投保人重新填写投保单重复上述过程。

【复习思考题】

1. 简述汽车承保工作具体流程包含哪些内容。
2. 根据不同保险公司的投保单对比分析，你认为汽车投保单需要填写哪些方面的内容，填写要求如何？
3. 汽车保险核保的主要内容有哪些，核保有何重要意义？
4. 结合实例，分析汽车保险费的计算方法。
5. 简述保险单的签发、批改和续保的流程和注意事项 。
6. 简述退保时被保险人所需要提供的证件，退保的具体流程。
7. 查阅主要保险公司汽车保险承保实务的操作流程和相关的法律规定。

第五章　汽车保险理赔实务

【学习要点】

- 了解汽车保险理赔的含义、意义、原则、理赔人员素质要求等。
- 熟悉现场查勘程序、现场查勘技巧等查勘知识。
- 掌握车辆损失确定、人身伤亡赔付费用确定、其他财产损失确定、施救费用确定、残值处理等；能够对一些典型理赔案例进行正确分析。
- 掌握赔款理算知识，尤其是交强险与商业险理算的衔接。
- 熟悉核赔流程与主要内容。

第一节　汽车保险理赔概述

汽车保险的理赔是指被保险车辆在发生保险责任范围内的损失后，保险人依据保险合同条款的约定，审核保险责任、确认损失程度，对被保险人提出的索赔请求进行处理的法律行为。

汽车保险理赔的职能是在机动车辆发生保险事故，有财产损失、人员伤亡时给予被保险人经济补偿，以保障社会生产的持续进行，维持社会安定，以保护保险当事人双方的利益。汽车保险理赔涉及保险合同双方的权利和义务的实现，是保险经营中的一项重要内容。

一、汽车保险理赔的意义

保险理赔是保险人依照保险合同履行保险责任、被保险人享受保险权益的实现形式，当汽车保险合同所规定的事故发生后，保险人会接到被保险人在规定的时间内提交的报案索赔报告，就要按保险合同对其损失进行补偿。从而实现对被保险人生产和生活的保障，对维护投保人的利益、加强汽车保险经营与管理，提高保险企业的信誉与经营效益、维护社会安定，具有重要的意义。

1. 对被保险人进行经济补偿

汽车保险的基本职能之一是经济补偿。正是基于这种职能，被保险人通过与保险人签订汽车保险合同，交纳一定的保险费来转移自己可能遇到的风险。当被保险车辆在发生保险责任事故后，造成车辆损失、人员伤亡时，被保险人就会因产生经济损失向保险人索赔，保险人依据保险合同对被保险人的损失予以补偿，是保险人与被保险人责任、权益的体现；从而实现对被保险人生产和生活的保障，维护社会和谐与安定；维护社会公平。

2. 检验承保质量，促进保险业务的开展

汽车保险理赔案件发生后，保险理赔的实施过程也是对汽车保险承保质量的检验过程。在这个过程中，保险人可以发现保险费率、赔付额度、保险金额是否恰当；承保手续、流程是否必要且高效便捷，从而促进保险企业的经营管理水平和经济效益的提高。

3. 提高汽车保险企业的竞争力

理赔工作是保险产品的售后服务环节，汽车保险理赔的服务过程的优劣，直接影响到保险公司在公众心目中的形象，同时也影响社会公众对其他财产保险的接受程度，也影响到保险企业在市场竞争中的地位与经济效益。

4. 促进汽车保险业的立法与执法水平

在汽车保险理赔过程中，可以通过具体案例，发现立法、执法过程中的不足，从而不断提高保险行业的立法、执法水平，使汽车保险行业越来越成熟。

二、汽车保险理赔的特点

作为一种财产保险，汽车保险理赔工作与其他保险相比具有如下特点。

1. 汽车流动性大

汽车常常处于流动状态，发生事故的时间、地点都有不确定性，保险公司必须依靠其庞大查勘定损平台和高效的通讯、互联网络来支持才能对报案随时随地及时处理，做好理赔服务。

2. 交通事故发生频繁大，但平均损失幅度较小

中国有全世界 1.9% 的汽车，引发的交通死亡事故却占了全球的 15%。2007 年，全国共发生道路交通事故 327 209 起，直接财产损失 12 亿元；平均每 1.6 分钟发生一起道路交通事故，每起事故损失 3 668 元，所以保险公司勘查现场、人员费用等成本费用相对较高。

3. 服务水平受到汽车维修企业的制约

汽车保险理赔中对车辆损失的赔偿大多以维修为主，保险公司一般通过协议，委托维修企业或 4S 店对车辆进行维修；所以维修企业的服务水平直接影响到保险公司的服务。

4. 道德风险普遍

欺诈现象严重是汽车保险管理的一大难题。主要原因是汽车保险具有标的流动性强、保险信息不对称、保险条款不完善、相关法律环境不健全等，这给了许多不法之徒以可乘之机。

三、汽车保险理赔的原则

为了提高汽车保险理赔工作质量，汽车保险理赔必须遵循如下原则。

1. 重合同、守信用原则

保险人同被保险人之间的保险关系，是通过保险合同建立起来的。保险人和被保险人权利和义务，在保险合同中均有明确阐述，在理赔过程中，要按合同的规定处理好每一件赔案。

2. 实事求是原则

在汽车保险合同中，虽已对保险事故发生后的经济赔偿责任做了较细致的规定，但在实际生活中发生的案件各种各样，比事先预料的复杂得多。加之投保人往往对汽车保险了解不多，认为投保后只要出险就得赔付。这就要求保险人在评估保险事故损失时实事求是，在赔偿出险事故时既不惜赔，也不滥赔。

3. 主动、迅速、准确、合理的原则

这一原则是衡量和检查汽车保险理赔工作质量的标准，是根据我国保险企业多年来的理赔工作实践总结出来的指导原则。

“主动”，就是要求理赔人员办理出险索赔案件要主动受理，不推诿；

“迅速”就是指接险后反应快，及时到出险现场，办理赔案不拖延时间，赔付及时；

“准确”就是要求保险人对损失案件查勘、定责定损以及赔款计算等，力求准确无误，不发生错赔或滥赔现象；

“合理”是指理赔人员根据保险合同规定和实事求是的原则，分清责任，公平地处理赔案。

以上八字原则是辩证的统一体，既不能单纯追求效率而草率处理案件，又不能只追求精确、不讲效率致使赔案久拖不决损害保险公司的形象。

四、汽车保险理赔人员应具备的素质

汽车保险理赔工作是一项复杂又琐碎的工作。理赔人员不仅要具备较强的法律法规知识、专业技术知识和相关的业务知识，还要有较强的事业心和实际工作经验以及较强的服务意识。所以，作为理赔人员，应具备下列条件。

1. 实事求是、认真负责

在汽车保险理赔过程中，理赔人员面对形形色色、纷繁复杂的社会人员，要坚持自己的职业操守。如果理赔人员个人修养不够，就容易不顾公司利益避开公司的监管，就会小损大报，损公肥私，造成公司理赔黑洞。

2. 熟悉汽车的结构原理和相关的维修知识

汽车保险理赔人员只有在了解汽车基本结构原理和维修工艺的基础上，并掌握维修工时及大量配件价格，在处理赔案时才能做到定损准确、合理。目前我国汽车品牌繁多、车型复杂，理赔人员要不断学习，才能制定合理的维修方案。

3. 熟悉并准确理解汽车保险条款，结合实际，合理应用

汽车保险合同条款是处理理赔的重要依据，但条款的制定不可能包括所有可能发生的事故，这就要求我们的理赔人员在对条款准确理解的基础上，结合事故的具体情况，充分运用保险基本原则去解决实际问题，不能完全照搬条款，否则就失去了保险的本意。所以，理赔人员在处理赔案时要根据条款、实事求是地审慎处理赔案。

4. 熟悉道路交通法规和相关的保险法

道路交通事故的责任划分，直接影响到相关保险公司的赔款数额。所以，作为汽车保险理赔人员应该懂得事故的责任划分是否合理，赔偿计算是否正确。另一方面，道路交通事故中，伤人案件很多，诉讼纠纷不断，这就要求汽车保险理赔人员熟悉合同法、民法通则等相关法律，只有这样，才能很好地处理赔案，做好客户的解释工作，使顾客信服，提高保险公司的声誉。

第二节 汽车保险理赔的流程

汽车保险的理赔工作过程是从接受被保险人的出险报案开始，通过现场查勘，确定保险责任和赔偿金额，直至给付赔款的整个过程，是一项复杂而繁重的工作。

汽车保险理赔业务流程对于不同的保险公司有一些细小的差别，实际的业务类型也有些区别。但总的来看，一般包括受理案件、现场勘查、审定保险责任、立案、定损核损、赔款理算、缮制赔款计算书、结案归档等过程。图 5－1 所示为中国人民保险公司的汽车保险理赔流程图。现对保险公司保险理赔的一般流程介绍如下。

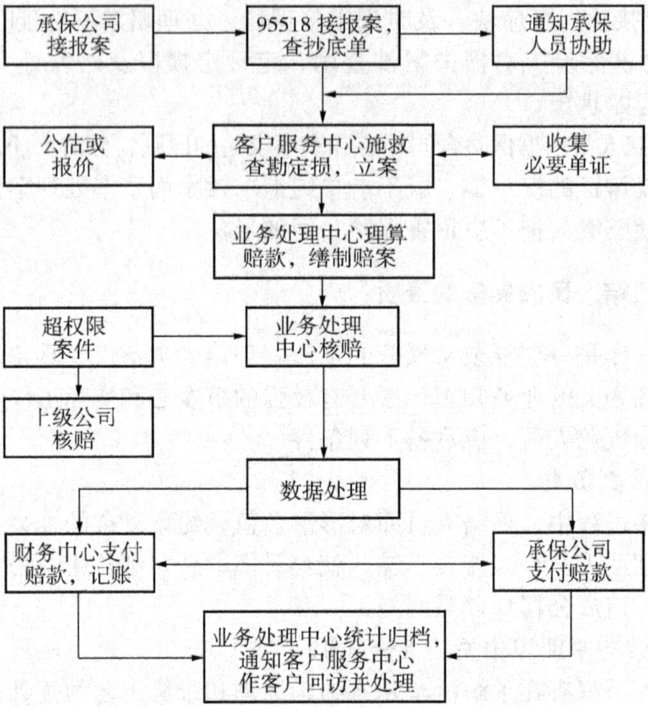

图 5-1　中国人民保险公司理赔流程图

一、受理案件

受理案件是保险公司接受报案、做好记录并安排人员查勘的过程，这是理赔环节的第一步。受理案件后，则开始由查勘定损人员进行现场查勘与定损工作。受理报案的操作流程图如图 5-2 所示。

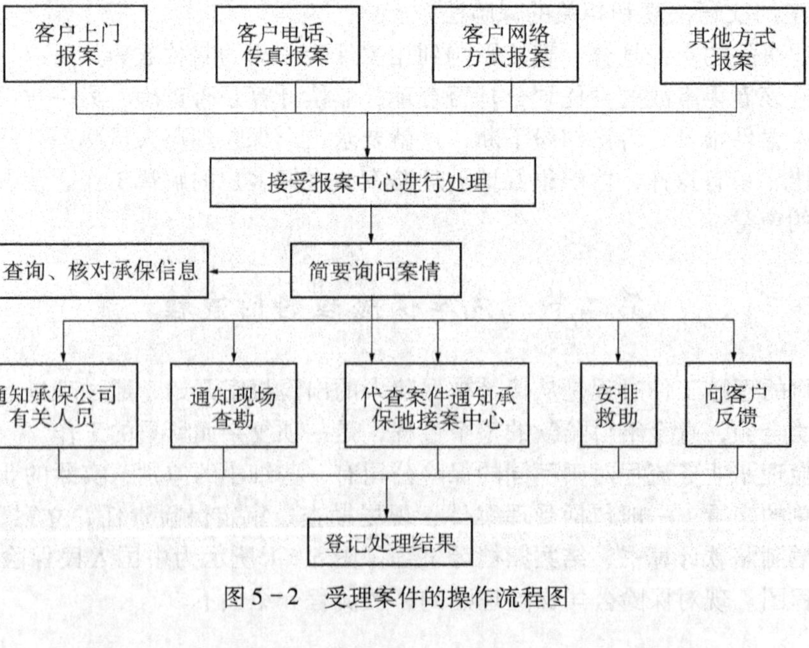

图 5-2　受理案件的操作流程图

（一）接受报案

保险汽车出险后，被保险人应迅速向保险人报案。一般说来，如果是在本地出险，应立即前往（或电话通知）所投保的保险公司报案，填写索赔申请书。如果是在外地出险，应及时向当地保险分公司报案，在当地公司查勘定损完毕后，即可向承保公司办理索赔。

机动车辆发生保险事故后，被保险人应及时向保险公司报案，除不可抗拒力外，被保险人应在保险事故发生后的48 h内通知保险公司。我国《保险法》规定：投保人、被保险人或者受益人知道保险事故发生后，应当及时通知保险人。否则，造成损失无法确定或扩大的部分，保险人不承担赔偿责任。保险公司及时受理案件，早进行调查，容易掌握事故真实原因，有利于尽快确定案件损失，履行赔偿责任。

保险人一般都向被保险人提供了多种便捷、畅通的报案渠道。可采取的报案方式通常有：上门报案、电话报案、传真报案等。其中，电话报案方便快捷，是最常用的报案方式，各大保险公司也提供了全国统一的报案电话，如人保的95518、太保的95500、平保的95512等。

被保险人可向保险公司的理赔部门或客户服务中心报案，也可向经营单位、业务人员或保险公司的代理人等报案。对于在外地出险的事故，如果保险人在出险地有分支机构，被保险人可直接向其分支机构报案。虽说保险人提供了多种报案渠道，但在现实中，被保险人出险后，也会因交通不便、通信受阻等无法及时报案，此时可暂缓报案，等有条件时再报案，但一定要向保险人说明事实真相。

1. 报案记录

理赔人员在接到报案时，应详细询问报案人姓名及联系方式、被保险人名称、驾驶员情况、厂牌车型、牌照号码、保险单号码、出险险别、出险日期、出险地点、出险原因和预估损失金额等情况，并进行报案记录。此外还应将报案人的姓名、电话、工作单位、详细住址和报案时间等一起登记清楚，迅速通知业务人员。同时指导被保险人尽快填报索赔申请书。如果是电话报案，则要求理赔内勤及时做好记录，并派查勘人员及时到现场查勘，并填写索赔申请书。

2. 保险车辆出险通知书的填写

业务人员在接受报案的同时，应向被保险人提供《保险车辆出险通知书》（也称为《保险车辆索赔申请书》）和《索赔须知》，如范本5-1和范本5-2所示。对于上门报案的，由保险公司的接待人员指导报案人当场填写；对于其他方式报案的，在事故查勘、核定损失时，由保险公司的专业人员现场指导填写。若被保险人是单位的，还需加盖单位公章。

一般地，索赔申请书应包括如下内容：

（1）保险单证号码。

（2）被保险人名称、地址及电话号码。

（3）保险车辆的种类及厂牌型号、生产日期、第一次申领牌照日期、牌照号码、发动机号码等。

（4）驾驶员情况，包括姓名、住址、年龄、婚否、驾驶证号码、驾龄和与被保险人的关系等。

（5）出险时间、地点。

【范本 5－1】

中华联合财产保险公司

机动车辆保险索赔申请书

报案编号：

<table>
<tr><td colspan="3">被保险人：</td><td colspan="2">保险单号：</td></tr>
<tr><td colspan="2">厂牌时间：</td><td>号牌号码：</td><td>牌照底色：</td><td>车辆种类：</td></tr>
<tr><td colspan="3">出险时间：</td><td colspan="2">出险原因：</td></tr>
<tr><td colspan="3">报案人：</td><td colspan="2">报案时间：</td></tr>
<tr><td colspan="3">报案方式：□95585　□传真　□上门　□其他</td><td colspan="2">是否第一现场报案：□是　□否</td></tr>
<tr><td colspan="3">联系人：</td><td colspan="2">联系电话：</td></tr>
<tr><td colspan="3">出险地点：</td><td colspan="2">出险地邮政编码：</td></tr>
<tr><td rowspan="2">出险地点分类</td><td colspan="2" rowspan="2">□高速公路　□普通公路　□城市道路
□乡村便道和机耕道　□场院及其他</td><td>车辆已行驶里程：</td><td>已使用年限：</td></tr>
<tr><td colspan="2">车辆初次登记日期：</td></tr>
<tr><td colspan="4">处理部门：□交警　□其他事故处理部门　□保险公司　□自行处理</td><td>排量/功率：</td></tr>
<tr><td rowspan="6">驾驶人员情况</td><td colspan="2">驾驶人员姓名：</td><td colspan="2">初次领证日期：　　年　　月　　日</td></tr>
<tr><td colspan="4">驾驶证号码：□□□□□□□□□□□□□□□□□□□□□</td></tr>
<tr><td colspan="2">准驾车型：□A　□B　□C　□其他</td><td>性别：□男　□女</td><td>年龄：</td></tr>
<tr><td>职业分类</td><td colspan="3">□职业驾驶员　□国家社会管理者　□企业管理人员
□私营企业主　□专业技术人员　□办事人员
□个体工商户　□商业服务业员工　□产业工人
□农业劳动者　□军人　□其他</td></tr>
<tr><td colspan="4">文化程度　□研究生以上　□大学本科　□大专　□中专　□高中　□初中及以下</td></tr>
<tr><td colspan="4"></td></tr>
<tr><td colspan="5">事故经过：（请您如实填报事故经过。报案时的任何虚假、欺诈行为，均可能成为保险人拒绝赔偿的依据。）

报案人签字：
年　　月　　日</td></tr>
<tr><td colspan="5">中华联合财产保险公司＿＿＿＿＿＿＿＿＿＿＿＿＿＿＿＿：
本人的保险车辆发生的上述事故已结案，相关的索赔材料已整理齐全，现特向贵公司提出索赔申请。
本人声明：以上所填写的内容和向贵公司提交的索赔材料真实、可靠，没有任何虚假和隐瞒。
此致
被保险人签章：
年　　月　　日</td></tr>
</table>

【范本5-2】

机动车辆保险索赔须知

____________________被险人名称/姓名：

出于您投保的机动车辆发生了事故，请您在向我公司提交《机动车辆保险索赔申请书》的同时，依照我公司的要求，提供以下有关单证。如果您遇到困难，请随时拨打××××财产保险股份有限公司的承保公司电话，我公司将竭诚为您提供优质、高效的保险服务，谢谢您的合作！

机动车辆索赔材料手续明细如下：

1. □机动车辆保险索赔申请书
2. □机动车辆保险单正本　□机动车辆保险互碰卡
3. 事故处理部门出具的：□交通事故责任认定书　□调解书　□简易事故处理书　□其他事故证明（　）
4. 法院、仲裁机构出具的：□裁定书　□裁决书　□调解书　□判决书　□仲裁书
5. 涉及车辆损失还需提供：□《机动车辆保险车辆损失情况确认书》及《修理项目清单》和《零部件更换项目清单》□车辆修理的正式发票（汽车维修业专用发票）　□修理材料清单　□结算清单
6. 涉及财产损失还需提供：□《机动车辆保险财产损失确认书》　□设备总体造价及损失程度证明　□设备恢复的工程预算　□财产损失清单　□购置、修复受损财产的有关费用单据
7. 涉及人身伤、残、亡损失还需提供：
   □县级以上医院诊断证明
   □出院通知书　□需要护理人员证明
   □医疗费报销凭证（须附处方及治疗、用药明细单据）
   □伤、残、亡人员误工证明及收入情况证明（收入超过纳税金额的应提交纳税证明）
   □护理人员误工证明及收入情况证明（收入超过纳税金额的应提交纳税证明）
   □残者须提供法医伤残鉴定书　□亡者须提供死亡证明　□被扶养人证明材料
   □户籍派出所出具的受害者家庭情况证明　□户口　□丧失劳动能力证明
   □交通费报销凭证　□住宿费报销凭证　□参加事故处理人员工资证明
   □向第三方支付赔偿费用的过款凭证（须由事故处理部门签章确认）
8. 涉及车辆盗抢案件还需提供：
   □机动车行驶证（原件）　□出险地县级以上公安刑侦部门出具的盗抢案件立案证明　□已登报声明的证明　□车辆购置附加费缴费凭证和收据（原件）或车辆购置税完税证明和代征车辆购置税缴税收据（原件）或免税证明（原件）　□机动车登记证书（原件）　□车辆停驶手续证明　□机动车来历凭证　□全套车钥匙
9. 被保险人索赔时，还须提供以下证件原件，经保险公司验证后留存复印件：
   □保险车辆《机动车行驶证》　□肇事驾驶人员的《机动车驾驶证》
10. 被保险人领取赔款时，须提供以下材料和证件，经保险公司验证后留存复印件：
   □领取赔款授权书　□被保险人身份证明　□领取赔款人员身份证明
11. 需要提供的其他索赔证明和单据：
   （1）　　（2）　　（3）　　（4）

敬请注意：为确保您能够获得更加全面、合理的保险赔偿，我公司在理赔过程中，可能需要您进一步提供上述所列单证以外的其他证明材料。届时，我公司将及时通知您。感谢您对我们工作的理解与支持！

被保险人： 领到《索赔须知》日期：　　年　月　日 确认签字： 提交索赔材料日期：　　年　月　日 确认签字：	保险公司： 交付《索赔须知》日期：　　年　月　日 经办人签字： 收到索赔材料日期：　　年　月　日 经办人签字：

（6）出险原因及经过，包括：事故形态，如正面碰撞、侧面碰撞、追尾碰撞、倾覆、火灾、失窃等；事故原因，如超速、逆向行车、倒车不当等；发生事故前车辆的动态，如行驶速度、超车、转弯等；撞击部位，如车头、车中、车尾等。

（7）对涉及第三者的情况：应将第三者的情况包括其姓名、住址、电话号码，以及第三者车辆损失情况（车牌号码、保险单号码、受损情形及承修场所）或其他财产损失情况；涉及第三者伤害的，包括伤亡者姓名、性别、受伤情形和所救治的医院名称、地址等。

（8）处理的交通管理部门名称、经办人姓名及电话号码等。

（9）被保险人签章与日期。

3. 报案时间要求

报案时间在保险合同签订时就有一个明确的约定，被保险人应当按照合同约定，及时履行通知义务。

（1）各家保险公司根据自身的实际情况，在保险合同签订时，对有条件报案的，被保险人都通过条款或者特别约定进行时间限制，被保险人应在合同约定的时间范围内及时报案。

（2）在保险车辆出险时，被保险人确实因为交通堵塞、通信中断、受伤等原因而无法在合同约定时间范围内报案的，保险公司可以在了解事实真相、确认事故真实性的基础上进行受理。

（二）单证查核

汽车保险理赔业务人员根据索赔申请书（范本 5－1），尽快查抄出险车辆的保险单和批单。根据保险单上载明的被保险人情况、保险车辆情况、投保内容等进行查核。查核的内容主要包括：

（1）核对保险单证、行车执照和驾驶执照的有效性等。

（2）查核承保内容。

（3）编制理赔案号。

（4）依保险条款初步判定是否应付赔偿责任，若事故原因不属于承保范围应拒绝受理并以书面形式说明理由，如：

①汽车出险的时间不在保单承保的有效期限之内；

②出险时的驾驶员不是保单中约定的驾驶员；

③道路交通事故的地点不在保单约定的行驶区域内；

④道路交通事故不在保单承保范围内或投保险种内；

⑤道路交通事故发生的结果不能构成要求理赔的条件等。

对于不符合保险合同条件的，应及时通知被保险人，并向其说明情况。

（三）立案

（1）对于在承保范围内且属于保险责任的理赔案件，业务人员应进行理赔登记以正式立案，并对其统一编号和管理；

（2）对于不在保险有效期或明显不属于承保责任的理赔案件，应在索赔申请书和立案登记簿上签注“因×××原因不予立案”的字样，并向报案人做出耐心解释；

（3）承保车辆在外地出险，需要代查勘的，应立即安排代查勘公司，并填制“代查勘委托书”一式两份，一份自留附案卷内，一份连同保险单底寄发被委托公司，并将其名称登载在立案登记簿上。

二、现场查勘

现场查勘是指用科学的方法和现代技术手段，对交通事故现场进行实地验证和查询，将所得的结果完整而准确地记录下来的工作过程。

在保险理赔业务中，保险事故主要是指道路交通事故，所有事故都有出险的现场。对汽车事故现场查勘通常是道路交通事故现场查勘，它是道路交通事故处理的一项法定程序，同时也是汽车保险理赔工作过程的一项法定程序。

（一）现场查勘的目的及时间要求

现场查勘是查明交通事故真相的根本措施，是分析事故原因和认定事故责任的基本依据，也为事故损害赔偿提供依据，并为日后可能引发的相关诉讼案件提供有效证据。所以，现场查勘应公正、客观、严密地进行。

保险公司承保的车辆出险以后，需要查勘人员及时进行现场查勘，并依据查勘结果进行定损。查勘定损人员所采用的现场查勘技术是否科学、合理，是现场查勘工作成功与否的关键，直接关系到事故原因的分析与事故责任的认定。

在竞争日趋激烈的汽车保险市场中，事故理赔工作能否及时地完成，车辆估损能否让客户满意，这些服务已经成为各大保险公司的竞争焦点，也日益得到各大公司极大的关注。要使保险理赔工作做得周全和顺利，被保险人能及时获得应有的补偿，同时又能维护保险人的利益，做到公平合理，就应该对事故现场进行认真的查勘和复勘，以取得有效证据，保证保险人和被保险人的利益公平。有效的证据必须能够体现事故的真实性、客观性和合法性。可见，事故现场查勘对于保险公司的经营风险、维护客户利益，保证汽车保险市场的健康发展，创建和谐社会具有十分重要的意义。

查勘人员接到保险公司的查勘通知后，应在规定的时限内到达检查现场后，及时向接案中心报告并在 48 h 内进行现场查勘或给予受理意见。受损车辆在外地的检查，可委托当地保险公司在 3 个工作日内完成。

（二）现场查勘操作流程

现场查堪的目标，一是要快速查勘、准确掌握事故起因；二是要列明损失项目、估损金额。为了达到这些目标，应该遵循科学的查勘流程。典型的现场查勘流程如图 5－3 所示。在现场查勘流程中，应该把握好如下几个关键控制点：

（1）组织现场施救。如果车辆仍处于危险中应立即协助保户采取有效的施救、保护措施以避免损失的扩大。

（2）拍摄事故现场。拍摄事故现场不仅要拍摄事故的全景，而且还要有保险车辆受损和反映局部受损程度的照片，对车辆损坏的项目要逐一拍照，散落的零件要放在车头一起拍照。照片还应尽可能地反映出灾害源，例如起火点。

（3）初定事故责任。根据查勘情况，初定是否属保险责任。在任何情况下，尚未了解事故真相之前，查勘人员切忌主观武断，轻易表态，以免给理赔工作造成被动。

（4）初定损失项目及损失金额。对受损程度及类型分别点清，估计受损物件数量及残值，要求被保险人提供《财产损失清单》，并要求被保险人签章。

（5）绘制现场草图与询问笔录。重大赔案要绘制现场平面图，并走访相关人员，做询问笔录，询问笔录一定要被询问人签字或盖章。

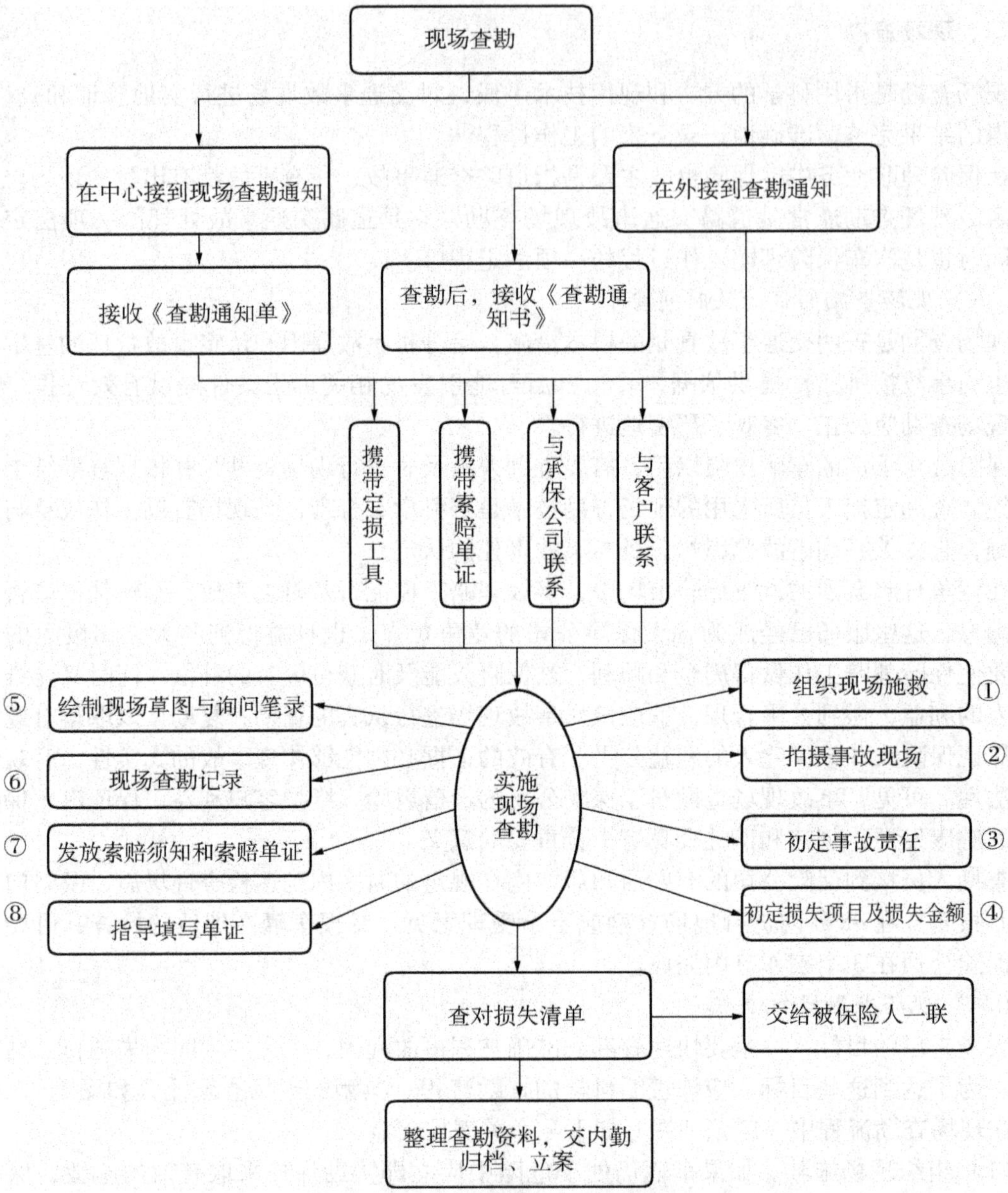

图 5-3　现场查勘操作流程图

(6) 现场查勘记录。现场查勘记录的内容要全面准确，书写符合要求。

(7) 发放索赔须知和索赔单证。明确告知被保险人索赔应提供的单证，如事故证明、事故报告等。

(8) 指导填写单证。要求详细、准确填写并要求签字或盖章。

(9) 审核损失清单。对保险人提供的《财产损失清单》逐一核对。

(10) 交内勤归档。整理查勘收集到的证据、查勘笔录，一并交给内勤人员归档。

(三) 道路交通事故的含义及其现场分类

现场查勘的工作性质就是调查取证，有效的证据必须能够体现事故的真实性、客观性和合法性，以便对保险事故进行定性、定责和定损。

1. 道路交通事故的含义

所谓道路交通事故，是指车辆在道路上因过错或意外造成人身伤亡或财产损失的事件。构成交通事故应具备以下要素：

（1）必须在道路上发生，道路是指公路、城市街道、胡同以及公共广场、公共停车场等供行人及车辆通行的地方。

（2）必须有车辆参加，即有机动车辆或非机动车辆参与。

（3）车辆在行驶或停车过程中发生的意外事故。

（4）发生有碰撞、碾压、刮擦、翻车、坠车、爆炸、失火等其中一种及以上现象。如未发生上述事态，则不属于交通事故。

（5）如因地震、台风、山崩、泥石流、雪崩等人力无法抗拒的自然原因而产生的事故，以及利用交通工具自杀都不属于交通事故。

（6）有人、畜伤亡或车物损坏的后果，没有后果也不算事故。

以上六个因素和一定的违章行为可作为鉴别是否属于交通事故的依据。

2. 道路交通事故现场分类

道路交通事故的出险现场，一般可分为三类：原始现场、变动现场和恢复现场。

（1）原始现场，也称第一现场，是指事故现场的车辆、物体以及痕迹等，仍保持着事故发生后的原始状态，没有任何改变或破坏的现场。这种现场保留了事故的原貌，可为事故原因的分析与认定提供直接证据，这是最理想的查勘现场。

（2）变动现场，也称移动现场，是指由于自然因素或人为原因，致使出险现场的原始状态发生改变的事故现场。包括正常变动现场、伪造现场和逃逸现场等。

1）正常变动现场。导致出险现场正常变动的主要原因有：

①为抢救伤者而移动车辆，致使现场的车辆、物体或人员位置发生变化。

②因保护不善，导致事故现场被过往车辆、行人破坏。

③由于风吹、雨淋、日晒和下雪等自然因素，导致事故现场被破坏。

④由于事故车辆另有特殊任务，比如消防车、工程救险车等在执行任务过程中出险后，需驶离现场，致使出险现场发生变化。

⑤在一些主要交通要道或城市繁华地段发生的交通事故，为疏导交通而导致出险现场变化。

⑥其他原因导致事故现场变化，如车辆发生事故后，当事人没有察觉而离开现场的。

2）伪造现场，是指事故当事人为逃避责任或嫁祸于人，有意改变现场遗留物原始状态的现场。

3）逃逸现场，是指事故当事人为逃避责任而驾车逃逸，导致事故现场原貌被改变的现场。

（3）恢复现场，是指事故现场撤离后，为分析事故或复查案件，需根据现场调查记录资料重新布置、恢复的现场。为与前述的原始现场相区别，这种现场一般称为恢复现场。

（四）现场查勘的主要内容和异地出险的代查勘

1. 现场查勘的主要内容

现场查勘工作必须由 2 位以上查勘定损人员参加，尽量查勘第一现场。如果第一现场已经清理，必须查勘第二现场，会同被保险人及有关部门调查了解有关情况。

（1）查明出险时间。确切查明出险时间是否在保险期范围内。对接近保险起止时间的案件应特别注意查实。为核实出险时间，应详细了解车辆启程及返回的时间、行驶路线、伤者住院治疗的时间，如果涉及车辆装载货物出险的，还要了解委托运输单位的装卸货物时间等。

（2）查明出险地点。要准确地查明出险地点。对出险第一现场变动的，要查明原因。

（3）查明报案人身份。确认报案人的身份，是否为被保险人或目击证人，为以后案件的进一步调查作准备。

（4）查明出险车辆情况。查明出险车辆的车型、牌照号码、发动机号码、车架号码、行驶证、是否年检，车身颜色并与保险单或批单核对是否相符，查实车辆的使用性质是否与保险单记载的一致；以及是否运载危险品、车辆结构有无改装或加装；如果与第三方车辆发生事故，应查明第三方车辆的基本情况。

（5）查清驾驶员情况。查清驾驶员姓名、驾驶证号码、准驾车型、初次领证时间等。注意检查驾驶证的有效性，是否为被保险人或其允许的驾驶员等。

（6）查明事故原因。查明事故原因是现场查勘的重点。要深入调查，根据现场查勘技术进行现场查勘，索取证明，搜集证据，全面分析。凡是与事故有关的重要情节，都要尽量收集以反映事故全貌。如发现是酒后驾车、驾驶证与所驾车型不符等嫌疑时，应立即协同公安交通管理部门获取相应证人证言和检验证明等。

对于重大复杂或有疑问的理赔案件，要走访有关现场见证人或知情人，了解事故真相，做出询问记录，载明询问日期和被询问人地址并由被询问人确认签字。

对于造成重大损失的保险事故，如果事故原因存在疑点难以断定的，应要求被保险人、造成事故的驾驶员、受损方对现场查勘记录内容确认并签字。

（7）施救和清理受损财产。

①现场查勘人员到达事故现场后，如果险情尚未控制，应立即会同保险人及其有关部门共同研究，确定施救方案，采取合理的措施实施施救，以防损失进一步扩大。

②保险车辆受损后，如果当地的修理价格合理，应安排就地修理，不得带故障行驶。如果当地修理费用过高需要拖回本地修理的，应采取防护措施，以防再次发生事故。另外，车回本地后修理价格可由当地业务人员根据当地价格再次核算确定。如果无法修复的，应妥善处理出险车辆的残值部分。

（8）核实损失情况。查清受损车辆、承运货物和其他财产的损失情况及人员伤亡情况。查清事故各方所承担的事故责任比例，确定损失程度。

（9）拍摄事故现场。拍摄事故现场和受损标的照片存档，以便进一步核实或以后复查。

（10）绘制事故现场查勘草图。现场查勘结束后，查勘人员应按照上述内容及要求认真填写现场查勘记录。如果可能，应力争让被保险人或驾驶员确认签字，查勘人员应立即将勘查情况反馈给接案中心。

2. 异地出险的代查勘

代查勘限于本保险公司各分支机构所承保的机动车在异地出险的情形，出险当地的保险分支机构均有代查勘并提供各种协助的义务。具体程序如下：

（1）出险地保险公司业务人员接到外地保险车辆在本地出险的通知以后，应查验保险证或保险单。确认是本公司承保的车辆后，询问并记录报案日期、报案人、保险单号、保险类别、被保险人、承保公司、出险时间、地点、原因、牌照号码等。同时指导被保险人填写索赔申请书，督促其按期交回。

（2）应立即安排现场查勘，并尽快通知承保公司。

（3）查勘人员到达事故现场以后，应视同本公司的赔案处理，认真开展现场查勘工作，按照要求填写查勘记录并由代查勘的公司领导签章。

（4）业务人员应将该案登录代查勘登记簿，并按照规定开具代查勘收据一式两联。一联连同索赔申请书、查勘记录及现场照片、草图、询问记录及有关证明材料等发送承保公司，一联连同索赔申请书、查勘记录等材料在代查勘公司留存备查。

此外，如果承保公司同意并委托进行代定损，应按照规定的定损程序处理。处理完毕后，应将全部案件材料移交承保公司并在代查勘登记簿上注明移交时间。

（五）现场查勘技术

1. 现场查勘的常用方法

（1）沿车辆行驶路线查勘法。在事故发生地点痕迹清楚的情况下，沿着车辆行驶路线进行取证、摄影和丈量，并绘制现场图，然后进行事故的原因分析与责任的认定；否则，不能用这种方法。

（2）由中心向外查勘法。当发生事故现场范围不大，痕迹、物体集中，事故中心点明确的情况下，可以采用这种方法。

（3）由外向中心查勘法。当事故发生现场范围较大、痕迹较为分散时，可以采用这种方法。

2. 现场查勘工作

对于交通事故的物证，在交通事故查勘过程需要仔细收集。现场查勘工作包括收取物证、现场摄影、现场丈量、绘制现场图等内容。

（1）收取物证：物证是分析事故原因最为客观的依据，收取物证是现场查勘的核心工作。事故现场物证的类型有散落物、附着物和痕迹。

① 散落物：散落物可分为车体散落物、人体散落物及他体散落物三类。车体散落物主要包括零件、部件、钢片、木片、漆片、玻璃、胶条等；人体散落主要包括事故受伤人员的穿戴品、携带品、器官或组织的分离品；他体散落物主要包括事故现场人、车之外的物证，如：树皮、断枝、水泥、石块等。

②附着物：附着物可分为喷洒或粘附物、创痕物与搁置物三类。喷洒或粘附物主要包括血液、毛发、纤维、油脂等；创痕物主要包括油漆微粒、橡胶颗粒、热熔塑料涂膜、反光膜等；搁置物主要包括织物或粗糙面上的玻璃颗粒等。

③痕迹：不同的痕迹，各有其形状、颜色和尺寸，往往是事故过程某些侧面的反映，因此也是事故现场物证收集的重点。痕迹可分为车辆行走痕迹、车辆碰撞痕迹及涂污与喷溅痕迹三类。a. 车辆行走痕迹主要包括轮胎拖印、压印和擦印等。b. 车辆碰撞痕迹主要

包括车与车之间的碰撞痕迹、车与地面之间的撞砸及擦刮痕迹、车与其他物体间碰撞与擦刮痕迹。车与车之间的碰撞痕迹包括车辆正面与正面、正面与侧面、追尾等的碰撞痕迹；车与地面之间的碰撞与擦刮痕迹常见于车辆倾覆或坠落的事故；车与其他物体间碰撞及擦刮痕迹主要由车与路旁建筑物、道路设施、电杆、树木等的接触产生。c. 涂污与喷溅痕迹主要包括油污、泥浆、血液、汗液、组织液等的涂污与喷溅。

鉴于物证的重要性，查勘人员要做好物证的收取，要在认识和发现物证的同时，利用科学的方法和手段取得物证。

（2）现场摄影。现场摄影技术自20世纪40年代开始应用于交通事故分析。由于摄影照片能够迅速而完整地记录事故现场的各种信息，可以提高现场勘测速度，减少占道时间，提高道路通行能力，因此，国内外对摄影技术在事故再现中的应用进行了广泛的研究。

摄影技术在事故再现中主要应用于三个方面：①利用摄影照片测量事故现场；②利用摄影照片测量车辆变形；③利用摄影照片进行智能识别。

利用事故现场摄影照片提取现场空间位置信息的方法主要有二维方法和三维方法两类：

二维方法使用俯视摄影，由于是通过平面二维摄影照片来反映事故的三维空间信息，在没有其他信息的情况下，无法直接根据一幅摄影照片图像上二维坐标信息恢复三维空间坐标信息。因此，必须设置4个以上空间位置的标定参考点，才能实现照片图像的二维重建，标定参考点可以使用在已知道路条件下周围环境的特殊位置点，也可以人为设置。

三维方法又分为单目照片法和多目照片法。单目照片法实际上是反投影法，在摄像机反投影法中，要求根据照片（或幻灯片），回到原现场，用适当的观察设备，找出原照片在现场中的视点和方位，从而在交通事故现场达到三维再现的目的；也可以使用计算机反投影法，根据线性变换求出摄像机的视点和方位，实现现场的重现。

多目照片法是在不同方位拍摄多张事故现场的照片，这些照片上有同一点，可根据该点在多张照片上的位置求出在实际空间中的三维坐标位置，从而反映事故现场的空间信息。

现场拍摄的一般步骤是：首先拍摄现场的方位，其次拍摄现场概貌，再拍摄现场重点部位，最后拍摄现场的细节。现场拍摄的原则是：先拍原始，后拍变动；先拍重点，后拍一般；先拍容易的，后拍困难的；先拍易消失和被破坏的，后拍不易消失和不易被破坏的。在实际拍摄过程中，要根据现场情况灵活掌握，注意现场照片的彼此联系，相互印证。

（3）现场丈量：现场丈量必须准确，必要的尺寸不能缺少。现场丈量前，要认定与事故有关的物体和痕迹，选定事故现场附近一个永久性的固定点，作为现场的基准点。然后逐项进行并做好相应的记录。

① 确定事故现场方位：事故现场的方位以道路中心线与指北方向的夹角来表示。如果事故路段为弯道，以进入弯道的直线与指北方向夹角和转弯半径表示。

② 事故现场定位：事故现场的定位方法有三点定位法、垂直定位法、极坐标法等。

三种定位方法首先都需要选定一个固定现场的基准点，基准点必须具有永久的固定性，比如可选有标号的里程碑或电线杆。

三点定位法是用基准点、事故车辆某一点以及基准点向道路中心线作垂线的三个交点所形成的三角形来固定现场位置，所以此时只需要量取三角形各边的距离即可。

垂直定位法是用经过基准点且平行于道路边线的直线与经过事故车辆某一个点且垂直于道路边线的直线相交所形成的两个线段来固定事故现场，所以该方法只需要量取基准点与交点、交点与事故车辆某一点两条线段的距离即可。

极坐标法是用基准点与事故车辆某一点连接形成线段的距离以及线段与道路边线垂直方向的夹角来固定事故现场，所以该方法只需量取线段长度和夹角度数即可。

③ 道路丈量：道路的路面宽度、路肩宽度以及边沟的深度等参数一般需要丈量。

④车辆位置丈量：事故车辆位置用车辆的四个轮胎外缘与地面接触中心点到道路边缘的垂直距离来确定，所以只需量取四个距离即可。车辆行驶方向可根据现场遗留的痕迹判断，如从车上滴落油、水，一般其尖端的方向为车辆的行驶方向，等等。

⑤制动印痕丈量：直线形的制动印痕的拖印距离直接测量即可；弧形制动印痕的拖印距离量取，一般是先四等分弧形印痕，分别丈量等分点至道路一边的垂直距离，再量出制动印痕的长度即可。

⑥事故接触部位丈量：最关键的是先准确判定事故接触部位。事故接触部位是形成事故的作用点，是事故车辆的变形损坏点，因此，可根据物体的运动、受力、损坏形状以及散落距离等因素科学判断事故接触部位。对其丈量时，一般应测量车与车、车与人，或者车与其他物体接触部位距地面的高度、接触部位的形状大小等。

⑦其他的丈量：如果事故现场还有毛发、血皮、纤维、车身漆皮、玻璃碎片、脱落的车辆零部件、泥土、物资等遗留物，并且这些对事故认定起着重要作用，则需要一并丈量它们散落的距离或黏附的高度等。

（4）绘制现场草图：现场查勘草图是根据现场查勘程序，在出险现场边绘制边标注，当场完成的出险现场示意图，它是现场查勘的主要记录资料，是正式的现场查勘图绘制的依据，实际上是保险车辆事故发生地点和周围环境的小范围地形图。现场草图一般包括事故位置和周围环境以及遗留有相关的痕迹、物证的地点、运动的关系、事故的情况等。在现场绘制的草图可以不太工整，但是内容必须完整，尺寸、数字要准确，物体的位置、形状、尺寸、距离的大小应基本成比例，根据需要绘制立体图、剖面图和局部放大图。同时，要与现场查勘的笔录吻合。图 5 -4 为某一交通事故的现场查勘草图。

（5）车辆检查：车辆的技术状况及乘员载重状况，与交通事故有直接关系，必须认真地进行检查和鉴定。检查的内容包括转向、制动、档位、轮胎、喇叭、灯光、后视镜、刮水器等，以及车辆的乘员和载重情况。因为受现场查勘时条件所限，在事故车辆允许的情况下，一般进行路试检查。如果必须进行台架试检查，可由国家承认的车辆性能鉴定机构进行鉴定检查。

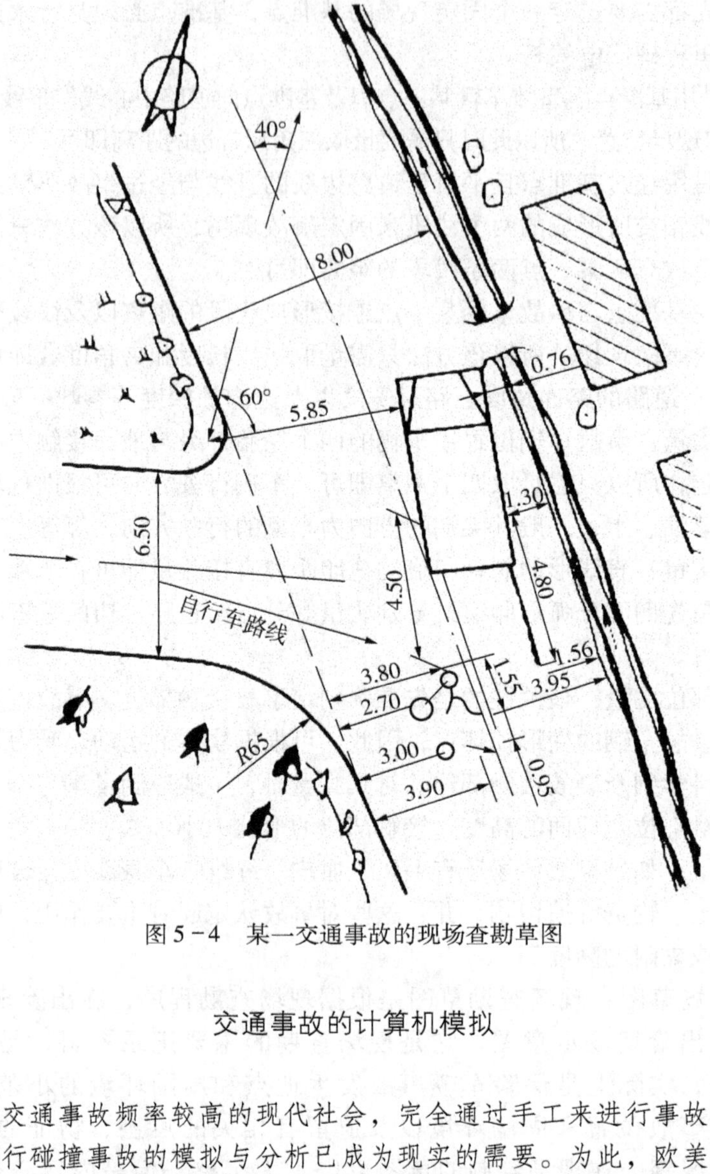

图 5－4　某一交通事故的现场查勘草图

【知识链接】　　交通事故的计算机模拟

在车辆碰撞交通事故频率较高的现代社会，完全通过手工来进行事故再现效率低，使用计算机辅助进行碰撞事故的模拟与分析已成为现实的需要。为此，欧美等国家开发了一系列的事故再现软件，并投入实际应用，国内在引进应用国外软件的同时也已经开始探索车辆碰撞事故的计算机模拟研究。

当前，国际上用于事故再现分析的计算机软件逐渐发展并趋于完善，主要集中在欧美和日本等发达国家。美国于 20 世纪 70 年代开始应用计算机软件辅助进行交通事故分析，相应的软件有 SMAC、CRASH、EDCRASH、和 EDSMAC 等，其中 SMAC 软件是模拟类软件的代表，主要使用牛顿第二定律的数值积分进行求解，CRASH 软件则采用碰撞前后的能量守恒和平移动量守恒求解碰撞过程；奥地利开发了 PCCrash 软件用于典型交通事故的模拟，近年来还在不断完善，将多体系统动力学软件 MADYMO 的人体模型引入车撞行人等事故情形的分析中；法国 INRETS 研制了 ANAC，使用 12 ～ 14 自由度的多体系统车辆模型，后处理中实现了数字图像动画仿真；此外还有日本 JARI 推出了 J2DACS 软件、D-

Day 研制的 HVE 仿真软件等。

碰撞模型对事故再现有重要作用。目前以二维模型为主流，SMAC、CRASH、IMPAC、J2DACS 和 PC－CRASH 等都为二维碰撞模型。也有三维的碰撞模型，包括 PAM-CRASH、MADYMO3D、CAL3D、SINRAR 和 LS－DYNA3D 等，但是多为有限元分析模型，由于需要几小时乃至长达几天的网格生成过程而难以实现碰撞过程实时模拟，同时由于有限元模拟需要完整的力学参数，不同车型的参数也不相同，因此在交通事故模拟方面的应用尚停留在理论阶段，而相关软件往往较多应用于新车型的开发。

三、审定保险责任

审定保险责任是理赔过程中一项十分谨慎的工作，关系到被保险人的切身利益和保险人的信誉。所以，在审定保险责任时，业务人员应根据现场查勘记录、事故证明、事故调解书等有关材料，结合机动车辆保险条款及其解释等有关文件，全面分析事故的主客观原因。

审定保险责任应注意以下事项：

（1）业务部门对于现场查勘记录及其相关材料应进行初审，按照规定的核赔权限，召集相关人员会议，听取查勘定损人员的详细汇报及其分析意见，研究审定保险责任。

（2）审定保险责任一定要以机动车辆保险条款及其解释为依据，领会条款精神，尊重客观事实，掌握案情的关键。尤其对不属于保险责任的案件，要认真讨论，反复推敲。对于属于责任范围的，应进一步确定被保险人对事故承担的责任和有无代位追偿的问题。认为是责任免除范畴应拒赔的案件，要有充分的、有说服力的依据和理由。拒赔前，应向被保险人耐心解释，倾听意见。

（3）当赔偿责任确定后，对被保险人所报的损失清单及其费用单证，应根据现场查勘的实际损失记录，逐项进行审核，确定赔偿项目和赔付范围。

（4）应妥善处理疑难案件。对于责任界限不明，难以掌握的疑难案件和拒赔后可能引起诉讼的理赔案件，应将《拒赔案件报告书》连同有关材料报上级公司审定。经上级公司批准后，应填具《拒赔通知书》送交被保险人并进行耐心解释。

对符合保险赔偿的案件，业务人员应立案登记，正式确立，并对其统一编号和管理。对不符合保险赔偿的案件，应在出险通知书和机动车辆保险报案、立案登记簿上签注不予立案的原因，并向被保险人做出书面通知和必要解释。对代查勘的案件，应将代查勘公司的名称登录报案、立案登记。

四、损失确定

出险车辆的定损核损包括车辆定损、人员伤亡费用的确定、施救费用的确定，其他财产的损失确定和残值处理等内容。

（一）车辆定损

保险人应会同被保险人和第三者车损方一起进行车辆定损。车辆定损的基本程序包括：

（1）保险人必须指派 2 名定损员一起参与定损。定损时，根据现场查勘记录，详细核对本次事故造成的损失部位、损失项目、损失程度，并进行登记，对投保新车出厂时车辆标准配置以外新增加的设备进行区分，并分别确定损失项目和金额。

(2) 车辆修理费的核定。车辆修理费由配件费、维修工时费、管理费组成。损失确认时应在明确当次事故损失部位或范围的基础上贯彻“以修复为主”的原则，确定车辆的修复价格。第三者车辆的修理费以保险车辆的第三者责任限额为限。对更换的零部件属于本级公司询价、报价范围的，要将换件项目清单交报价员进行审核，报价员应根据标准价或参考价核定所更换的配件价格；对于估损金额超过本级处理权限的，应及时报上级公司并协助定损。

(3) 定损员接到核准后的报价单后，再与被保险人和第三者车损方协商修理、换件项目和费用。协商一致后，三方共同签订并打印出“机动车辆保险车辆损失确认书”。

(4) 受损车辆原则上应一次定损。定损完毕后，由被保险人自选修理厂修理或到保险人推荐的修理厂修理。保险车辆修复后，保险人可根据被保险人的委托直接与修理厂结算修理费用，明确区分由被保险人自己负担的部分费用，并在“机动车辆保险车辆损失确认书”上注明，由被保险人、保险人和修理厂签字认可。

近年来，很多保险公司为了适应形势的发展，通过严格审查与筛选，在本地区修理行业确定了许多保险定点修理单位。保险车辆发生事故受损后，必须到这类定点修理单位修理才能定损，否则不予受理，一定程度上避免了理赔员与维修公司小修大报的情况。在这种情况下，修理的部位、工时与换件的费用由承修方和保险人协商确定。定损时，按照双方的约定核实。

(二) 车辆定损应注意的问题

(1) 应注意本次事故造成的损失和非本次事故造成的损失、正常维护与事故损失的界限，对确定的事故损失应首先坚持尽量修复的原则，例如能更换零件的，绝不换总成等。

(2) 受损车辆解体后，如发现尚有因本次事故损失的部位没有定损的，经定损员核实后，可追加修理项目和费用。

(3) 受损车辆未经保险人同意而由被保险人自行送修的，保险人有权重新核定修理费用或拒绝赔偿。在重新核定时，应对照现场查勘记录，逐项核对修理费用。

(4) 换件残值应合理作价，如果被保险人接受，则在定损金额中扣除；如果被保险人不愿意接受，保险人拥有处理权。

有关车辆定损的问题将在第六章详细介绍。

(三) 伤亡费用的确定

涉及第三者责任险和车上人员责任险的人员伤亡费用，应根据保险合同的约定和有关法律法规的规定处理。

(1) 事故结案前，所有费用均由被保险人先行垫付，待结案后，业务人员应及时审核被保险人提供的事故责任认定书、事故调解书、伤残证明及各种有关费用单据，填写费用清单，最后结算。在确定伤亡费用时，应根据道路交通事故处理的有关规定向被保险人说明费用承担的标准。凡是被保险人自行承诺或支付的费用，业务人员应重新核定，对不合理的部分应予剔除。

按照现行的《道路交通事故处理办法》规定，保险可以负责的合理费用包括：医疗费（限公费医疗的药品范畴）、误工费、护理费（住院护理人员不超过2人）、就医交通费、住院伙食补助费、残疾生活补助费、残疾用具费、丧葬费、死亡补偿费，被抚养人生活费，伤亡者直系亲属或合法代理人参加事故调解处理的误工费、交通费、住宿费。对于伤者需要转院赴外地治疗的，须由所在医院出具证明并经事故处理部门同意，保险人方可负责；伤残鉴定费需要经保险人同意方可负责赔付。

不符合保险赔偿范围的费用包括：受害人的精神损失补偿费、困难补助费、被保险人处理事故时的生活补助费和招待费、事故处理部门扣车后的看护费、各种罚款、其他超过规定的费用等。

（2）对车上及第三方人员伤亡的情况应进行实际调查，重点调查被抚养人的情况及生活费、医疗费、伤残鉴定证明等的真实性、合法性和合理性。

承担费用的标准，应该依照现行道路交通事故处理的有关法律法规的规定。

（四）其他财产损失的确定

（1）施救费用的确定。当保险车辆或其所涉及的财物或人员在遭遇保险责任范围内的车祸时，被保险人采取措施进行抢救，所发生的直接的、必要的、合理的施救费用在保险范围之内。施救费用的确定应严格按照保险条款的有关规定进行，应按照规定扣减相应的免赔率。

（2）货物损失的核定。货物损失包括本车货物和第三者车载货物。在对货物损失进行核定时，要逐项清理，确定损失数量、损失程度、损失金额。损失金额的确定应以货物的实际成本价核定。保险车辆的车上货物赔偿限额以保险金额为限；第三者货物损失和第三者其他损失的总和以保险车辆的第三者限额为限。

（3）牲畜损失的核定。牲畜受伤的，按照实际的治疗费用核定；牲畜死亡或无法继续使用的，按照事故发生地的市场价格核定，但必须按照实际情况扣减残值。其和第三者其他损失的总和不得超过保险车辆的第三者限额。

（4）其他财产的核定。其他财产包括第三者随身的衣物及携带和使用的有现金价值的其他物品。可以根据实际，通过协商，采取修复、更换、现金赔偿的方式处理，但必须征得保险公司同意。

（五）残值处理

车辆及部件残值应协商作价折旧给被保险人，如被保险人不要，保险人可自行处理。

五、赔款理算

（一）交强险赔款理算

在赔偿顺序上，交强险是第一顺序，商业机动车保险是第二顺序。因此，交强险的赔款理算，将影响到商业机动车保险的赔款理算。

由于交强险对死亡伤残、医疗费用、财产损失三类分别设定了赔偿限额，同时又设定了无责任赔偿限额，而无责任赔偿限额又分死亡伤残、医疗费用、财产损失三类，所以其赔款理算比较烦琐。

交强险赔偿的责任承担方式与商业车险不同；在商业车险中，按事故责任比例来计算赔偿额度，交强险则不然。交强险的责任承担方式，是由交强险保护社会公众和受害人利益的主旨决定的，是交强险与传统商业车险的主要区别之一。

1. 赔偿原则

保险人在交强险责任范围内负责赔偿被保险机动车因交通事故造成的对受害人的损害赔偿。

2. 赔偿时限

保险公司自收到被保险人提供的证明和资料之日起5日内，对是否属于保险责任作出核定，并将结果通知被保险人。对属于保险责任的，在与被保险人达成赔偿保险金的协议后10日内，赔偿保险金；对不属于保险责任的，应当书面说明理由。

3. 抢救费用支付

因抢救受害人需要保险人支付抢救费用的，保险人在接到公安机关交通管理部门的书面通知和医疗机构出具的抢救费用清单后，先行支付受害人的抢救费用。

交通事故不属于保险责任或者应由道路交通事故社会救助基金垫付的抢救费用，保险人不予以支付。

4. 赔款计算

（1）基本计算公式：保险人在交强险各分项赔偿限额内，对受害人死亡伤残费用、医疗费用、财产损失分别计算赔偿：

①总赔款 = ∑各分项损失赔款 = 死亡伤残费用赔款 + 医疗费用赔款 + 财产损失赔款；

②各分项损失赔款 = 各分项核定损失承担金额，即

死亡伤残费用赔款 = 死亡伤残费用核定承担金额

医疗费用赔款 = 医疗费用核定承担金额

财产损失赔款 = 财产损失核定承担金额

③各分项核定损失承担金额超过交强险各分项赔偿限额的，各分项损失赔款等于交强险各分项赔偿限额。

说明：“受害人”为被保险机动车的受害人，不包括被保险机动车本车车上人员、被保险人，下同。

（2）当保险事故涉及多个受害人时：

①基本计算公式中的相应项目表示为：各分项损失赔款 = ∑各受害人各分项核定损失承担金额，即

死亡伤残费用赔款 = ∑各受害人死亡伤残费用核定承担金额

医疗费用赔款 = ∑各受害人医疗费用核定承担金额

财产损失赔款 = ∑各受害人财产损失核定承担金额

②各受害人各分项核定损失承担金额之和超过被保险机动车交强险相应分项赔偿限额的，各分项损失赔款等于交强险各分项赔偿限额。

③各受害人各分项核定损失承担金额之和超过被保险机动车交强险相应分项赔偿限额的，各受害人在被保险机动车交强险分项赔偿限额内应得到的赔偿为：

$$\text{被保险机动车交强险对某一受害人分项损失的赔偿金额} = \text{交强险分项赔偿限额} \times \frac{\text{事故中某一受害人的分项核定损失承担金额}}{\sum \text{各受害人分项核定损失承担金额}}$$

（3）当保险事故涉及多辆肇事机动车时：

①各被保险机动车的保险人分别在各自的交强险各分项赔偿限额内，对受害人的分项损失计算赔偿。

②各机动车按其适用的交强险分项赔偿限额占总分项赔偿限额的比例，对受害人的各分项损失进行分摊。

$$\text{某分项核定损失承担金额}=\frac{\text{该分项损失金额}\times\text{适用的交强险该分项赔偿限额}}{\sum\text{各致害方交强险该分项赔偿限额}}$$

注意：ⅰ）肇事机动车中的无责任车辆，不参与对其他无责任车辆和车外财产损失的赔偿计算，仅参与对有责方车辆损失或车外人员伤亡损失的赔偿计算。

ⅱ）无责方车辆对有责方车辆损失应承担的赔偿金额，由有责方在本方交强险无责任财产损失赔偿限额项下代赔。

一方全责，一方无责的，无责方对全责方车辆损失应承担的赔偿金额为全责方车辆损失，以交强险无责任财产损失赔偿限额为限。

一方全责，多方无责的，无责方对全责方车辆损失应承担的赔偿金额为全责方车辆损失，以各无责方交强险无责任财产损失赔偿限额之和为限。

多方有责，一方无责的，无责方对各有责方车辆损失应承担的赔偿金额以交强险无责任财产损失赔偿限额为限，在各有责方车辆之间平均分配。

多方有责，多方无责的，无责方对各有责方车辆损失应承担的赔偿金额以各无责方交强险无责任财产损失赔偿限额之和为限，在各有责方车辆之间平均分配。

ⅲ）肇事机动车中应投保而未投保交强险的车辆，视同投保机动车参与计算。

ⅳ）对于相关部门最终未进行责任认定的事故，统一适用有责任限额计算。

③肇事机动车均有责任且适用同一限额的，简化为各方机动车对受害人的各分项损失进行平均分摊：

a. 对于受害人的机动车、机动车上人员、机动车上财产损失：

$$\text{某分项核定损失承担金额}=\text{受害人的该分项损失金额}\div(N-1)$$

b. 对于受害人的非机动车、非机动车上人员、行人、机动车外财产损失：

$$\text{某分项核定损失承担金额}=\text{受害人的该分项损失金额}\div N$$

注意：ⅰ）N 为事故中所有肇事机动车的车辆数。

ⅱ）肇事机动车中应投保而未投保交强险的车辆，视同投保机动车参与计算。

④初次计算后，如果有肇事方交强险限额未赔足，同时有受害方损失没有得到充分补偿，则对受害方的损失在交强险剩余限额内再次进行分配，在交强险限额内补足。对于待分配的各项损失合计没有超过剩余赔偿限额的，按分配结果赔付各方；超过剩余赔偿限额的，则按每项分配金额占各项分配金额总和的比例乘以剩余赔偿限额分摊；直至受损各方均得到足额赔偿或应赔付方交强险无剩余限额。

（4）受害人财产损失需要施救的，财产损失赔款与施救费累计不超过财产损失赔偿限额。

（5）主车和挂车在连接使用时发生交通事故，主车与挂车的交强险保险人分别在各自的责任限额内承担赔偿责任。

若交通管理部门未确定主车、挂车应承担的赔偿责任，主车、挂车的保险人对各受害人的各分项损失平均分摊，并在对应的分项赔偿限额内计算赔偿。

主车与挂车由不同被保险人投保的，在连接使用时发生交通事故，按互为三者的原则处理。

(6) 被保险机动车投保一份以上交强险的，保险期间起始期在前的保险合同承担赔偿责任，起始期在后的不承担赔偿责任。

(7) 对被保险人依照法院判决或者调解承担的精神损害抚慰金，原则上在其他赔偿项目足额赔偿后，在死亡伤残赔偿限额内赔偿。

(8) 死亡伤残费用和医疗费用的核定标准按照《最高人民法院〈关于审理人身损害赔偿案件适用法律若干问题的解释〉》规定的赔偿范围、项目和标准，公安部颁布的《道路交通事故受伤人员伤残评定》(GB18667—2002)，以及交通事故人员创伤临床诊疗指南和交通事故发生地的基本医疗标准核定人身伤亡的赔偿金额。

【例5-1】A、B两机动车发生交通事故，两车均有责任。A、B两车车损分别为2 000元、5 000元，B车车上人员医疗费用7 000元，死亡伤残费用6万元，另造成路产损失1 000元。设两车适用的交强险财产损失赔偿限额为2 000元，医疗费用赔偿限额为1万元，死亡伤残赔偿限额为11万元，则：

1) A车交强险赔偿计算：

A车交强险赔偿金额＝受害人死亡伤残费用赔款＋受害人医疗费用赔款＋受害人财产损失赔款
＝B车车上人员死亡伤残费用核定承担金额＋B车车上人员医疗费用核定承担金额＋财产损失核定承担金额

① B车车上人员死亡伤残费用核定承担金额＝60 000÷(2－1)＝60 000元。

② B车车上人员医疗费用核定承担金额＝7 000÷(2－1)＝7 000元。

③ 财产损失核定承担金额＝路产损失核定承担金额＋B车损核定承担金额
＝1 000÷2＋5 000÷(2－1)＝5 500元。

由于此金额超过财产损失赔偿限额，按限额赔偿，赔偿金额为2 000元。

$$\text{A车交强险对B车损的赔款}=\frac{\text{财产损失赔偿限额}\times\text{B车损核定承担金额}}{\text{路产损失核定承担金额}+\text{B车损核定承担金额}}$$
$$=2\,000\times5\,000/(1\,000\div2+5\,000)$$
$$=1818.18\text{元}$$

其中，

$$\text{A车交强险对路产损失的赔款}=\frac{\text{财产损失赔偿限额}\times\text{路产损失核定承担金额}}{\text{路产损失核定承担金额}+\text{B车损核定承担金额}}$$
$$=2\,000\times(1\,000\div2)/(1\,000\div2+5\,000)$$
$$=181.82\text{元}$$

④ A车交强险赔偿金额＝60 000＋7 000＋2 000＝69 000元。

2) B车交强险赔偿计算：

B车交强险赔偿金额＝路产损失核定承担金额＋A车损核定承担金额
＝1 000÷2＋2 000÷(2－1)＝2 500元

由于此金额超过财产损失赔偿限额，按限额赔偿，赔偿金额为2 000元。

【例5-2】A、B两机动车发生交通事故，A车全责，B车无责，A、B两车车损分别为2 000元、5 000元，另造成路产损失1 000元。设A车适用的交强险财产损失赔偿限额为2 000元，B车适用的交强险无责任财产损失限额为100元，则：

1）A车交强险赔偿计算：

A车交强险赔偿金额＝B车损失核定承担金额＋路产损失核定承担金额

＝5 000＋1 000＝6 000元

超过财产损失赔偿限额，按限额赔偿，赔偿金额为2 000元。

2）B车交强险赔偿计算：

B车交强险赔偿金额＝A车损核定承担金额＝2 000元

超过无责任财产损失赔偿限额，按限额赔偿，赔偿金额为100元。

B车对A车损失应承担的100元赔偿金额，由A车保险人在交强险无责财产损失赔偿限额项下代赔。

（二）汽车交强险理赔典型问题及赔款理算举例

2006年7月1日机动车交通事故责任强制保险出台后，就机动车强制保险的赔偿方式、受害人索赔等问题，存在一些理解差异，直接影响机动车保险理赔，传统的赔款理算方式也因为区分强制保险理算和商业保险理算而发生巨大变化。为此，结合《道路交通安全法》和《机动车交通事故责任强制保险条例》（简称《条例》），就强制保险实施后有关理赔的典型问题和赔款理算，以期明确相关事宜。

1. 机动车强制保险理赔需明确的疑义问题

机动车交通事故责任强制保险出台后，就强制保险存在几个理解上争议较大的问题，引起较普遍的疑义，为了统一认识，明确相关操作，分析如下：

（1）强制保险赔偿的责任承担方式：机动车交通事故责任强制保险究竟是按责赔偿，还是无责赔偿？是否实行商业险所通用的责任比例原则？

按照《道路交通安全法》第76条的规定，强制保险实行的是无过错赔偿，即强制保险的赔偿不建立在被保险人过错责任的基础上，只要发生事故，强制保险即在责任限额内予以赔偿。而按照《条例》，交通事故的责任分为一般事故赔偿限额与无责任赔偿限额，从这种区分来看，似乎又是按责赔偿。因此，需要对此有一个明确的认识。

其实，《道路交通安全法》和《条例》的规定是不矛盾的，结合两者的规定，可以理解为机动车强制保险突破了以往的责任比例，实行了简单的责任二分法，即将强制责任险项下的责任仅区分为有责任和无责任两种情况，不再细分主要责任、同等责任和次要责任，按照具体的责任比例来计算赔偿，只要有责任，即按照损失与一般责任限额的对比来确定赔偿。对于无责任的，则按无责任限额进行赔偿。举例说明如下：

【例5－3】甲、乙两车互撞，甲车承担70%责任，车损3 000元，乙车承担30%责任，车损5 000元，则甲、乙两车强制责任险的赔偿分别为：

甲车赔偿：因5 000元>2 000元，故赔款＝2 000元；而不是5 000元×70%＝3 500元>2 000元，故赔款＝2 000元。

乙车赔偿：因3 000元>2 000元，故赔款＝2 000元；而不是3 000×30%＝900元，故赔偿900元。

强制保险的这种责任承担方式，是由强制保险保护社会公众和受害人利益的主旨决定的，它可以避免因为事故责任不均而使受害人赔偿受到影响的情况，符合“不因被保险人过错程度差异而影响受害人赔偿”的强制保险基本原则，是强制保险与传统商业车险的主要区别之一。

（2）强制保险中“受害人索赔”的处理：强制保险中，受害人可否直接向保险人索赔，如果受害人向保险人索赔，尤其是案件中存在多个受害人时，保险人应如何处理？

《条例》第28条规定：被保险机动车发生道路交通事故的，由被保险人向保险人申请赔偿保险金。因此，一般情况下，强制保险应由被保险人向保险公司索赔，而受害人不享有直接索赔权。但是，按照保险行业协会发布的强制保险理赔规程要点，下列情况，发生人身伤亡的受害人可以直接索赔：被保险人死亡、失踪、逃逸、丧失索赔能力、书面放弃索赔权利或向受害人出具书面授权书；人民法院判决书或执行裁定书确定受害人可以直接索赔；法律规定受害人可以代位索赔等其他情形。

因此，对于强制保险的索赔，一般情况下应由被保险人进行，受害人只有满足强制保险理赔规程所列的特定条件时，方可直接向保险人索赔。对于受害人不满足相应条件而提出索赔的，应不予受理，并告知《条例》第28条的规定，要求其督促被保险人索赔。

受害人直接索赔，须提供以下特别材料：受害人有效身份证明；法院判决文或执行文书或交警的事故认定书和调解书等；证明被保险人死亡、失踪、逃逸、丧失索赔能力等的文件；被保险人放弃索赔权利或授权受害人索赔的文书。

事故涉及多个受害人，被保险人委托其中一个受害人索赔，可能损害其他受害人利益的，公司不予受理。已经受理的，不得将全部赔偿支付受委托的受害人，仅对其支付该受害人应得赔偿。

多个受害人并存时，受害人直接索赔的，应在所有受害人均提出索赔申请，且各受害人所有材料全部提交后，才可以进行赔款理算。赔款理算时，多个受害人的损失超过分项责任限额的，各受害人按照损失比例受偿。

当前，普遍存在一个误解，认为一般案件受害人均可以直接向保险人索赔，其依据主要是《条例》第27条和第31条。第27规定：被保险机动车发生交通事故，被保险人或者受害人通知保险公司的，保险公司应当立即给予答复，告知被保险人或受害人具体的赔偿程序等有关事项。第31条规定：保险公司可以向被保险人赔偿保险金，也可以直接向受害人赔偿保险金。其实，这两个条文并未授予受害人直接索赔的权利。仔细分析可知，第27条是关于报案处理的规定，强调的是被保险人和受害人报案时，保险公司有指引和告知的义务，实际上，凡是知道保险事故的人，都可以报案，报案后，保险公司都应该受理，只是一般人员的报案，保险人无需进行指引和告知，只需记录报案信息以便下一步工作而已，而对被保险人和受害人的报案，则在受理的同时，需要进行一定的理赔指导，因为他们是理赔的利害关系人。而第31条则是关于赔偿支付的规定，强调的是保险公司决定赔偿并且明确了具体的赔偿金额后，可以选择被保险人或受害人作为赔款支付对象，但没有要求保险公司一定要向受害人支付赔款，更没有明确受害人可以直接向保险人索赔。

（3）强制保险中抢救费用的支付与垫付：《条例》对于抢救费用，有两方面规定：一是抢救费用的支付，二是抢救费用的垫付。此二者的联系与区别，有必要加以明确。

抢救费用的支付，指的是对属于强制险责任的事故，保险人在正常理赔结案前，向受害人就治医院提前支付抢救费用，以便受害人得到及时抢救；抢救费用的垫付，则是指对不属于强制险责任的交通事故，在满足特定条件的情况下，由承保强制险的保险公司先行代为垫付抢救费用，以保障受害人得到及时救治，再向事故致害人进行追偿的制度安排。

两者的联系在于：两者都在强制险中发生的，都是为了保护交通事故受害人能够得到及时救治而支付的费用；两者都是按照交通事故人员创伤临床诊疗指南和抢救地的国家基本医疗保险的标准进行审核，最高限额都是强制保险医疗费用赔偿限额或无责任医疗费用赔偿限额；两者在程序上都是由交警部门通知，并提供医疗机构抢救费用清单供审核的情况下发生。

两者的区别在于：抢救费用支付的前提是事故本身属于强制险保险责任，抢救费用垫付则是在事故本身不属于强制险保险责任的情况下发生；支付的抢救费用不存在进行追偿的问题，而垫付的抢救费则可以向致害人（一般情况下是被保险人）追偿；两者的前提条件不同，抢救费用的垫付有着更为严格的条件，即仅在发生《条例》规定的 4 种特殊情况，即无证驾驶、醉酒、盗抢期间肇事或被保险人故意等情况时适用；从公司的处理流程来说，抢救费用的支付走的是预赔的程序，而抢救费用的垫付则将适用单独的垫付程序进行处理。

2. 机动车强制保险理赔应遵循的基本原则

强制保险出台后，车险理赔按照下列原则进行：

（1）强制保险优先赔偿的原则。实行机动车交通事故责任强制保险后，交通事故损失应优先在强制保险项下赔偿，强制保险赔偿不足部分的损失，再纳入商业保险理赔，即使事故车辆没有投保强制保险，也应该按照该车投保强制保险的情况，拟算扣减强制险应付的赔款，剩余部分再纳入商业保险理赔。

（2）依照法律和保险合同理赔的原则。依照法律和合同理赔，主要体现为三方面内容：一是依法依约确定理赔的项目和内容。机动车保险的理赔将主要按照国家有关法律法规和保险合同的约定进行，对于超出法律规定和保险合同约定的项目和内容，不纳入保险理赔的范围。对属于法律规定和保险合同约定的项目和内容，全部纳入保险理赔的范围。商业保险合同约定赔偿范围比法律规定范围严格的，按照合同约定处理。二是依法依规确定理赔的标准，人伤案件的医疗费用将依据国务院卫生主管部门制定的道路交通事故创伤人员临床诊疗规范和国家基本医疗保险标准进行，人身伤残核定将主要依据道路交通事故人身伤残评定准则等标准进行。三是依法依规确定理赔的时限和要求。强制险实施后，对于保险理赔、抢救费用的支付与垫付，国家都规定了明确的时限，保险理赔须在法定时限内进行，否则将受到严厉的处罚。

（3）根据损失情况分项理赔的原则。机动车辆保险的理算，应该按照保险事故的损失情况和投保险种情况，在对应险种范围内，将强制保险、商业第三者责任险和车损险等险种项下的财产损失、人身伤亡费用、医疗费用分别对应理算，避免项目的交叉、重复和缺漏。

（4）公平合理均衡利益的原则。机动车辆保险理赔要兼顾保险人与保险之间、保险人与被保险人之间、保险人与受害人之间、被保险人与被保险人之间、被保险人与受害人之间、受害人与受害人之间的多重利益关系，特别是同一事故的不同承保公司之间，同一事故的多个受害人之间，要特别注意保持理赔上的利益均衡，本着公平合理的原则进行计付赔款，避免赔偿不均衡，引发其他事故。

3. 机动车强制保险典型案件赔款理算举例

(1) 不同责任承担方式下的理算:

①确定责任比例情况下的理算：确定了责任比例的，按照各项损失分别对应的责任限额进行理算，不再考虑具体的责任比例。

【例5-4】甲、乙两车互撞，甲车承担70%责任，车损3 000元，乙车承担30%责任，车损2 500元，则甲、乙两车强制责任险的赔偿分别为:

甲车赔偿：因2 500元>2 000元，故赔款=2 000元。

乙车赔偿：3 000元>2 000元，故赔款=2 000元。

其中，甲车在强制保险中未获赔偿的损失1 000元，乙车未获赔偿的损失500元，纳入商业保险对应险种，按照责任比例，另行理算。

②不确定责任比例时的理算：处理事故时，未确定责任比例，或者仅确定强制保险之外的责任比例的，按照普通责任限额进行理算。

【例5-5】甲、乙两车互撞，甲车损失3 000元，乙车损失5 000元，则甲、乙两车强制责任险的赔偿分别为:

甲车赔偿：损失5 000元>限额2 000元，赔偿2 000元。

乙车赔偿：损失3 000元>限额2 000元，赔偿2 000元。

③无责任情况下的理算：处理事故时，已确定一方无责任的，则无责方承保公司按无责任限额赔偿。

【例5-6】甲、乙两车互撞，甲车损失3 000元，乙车损失5 000元，交警认定甲车无责任，乙车承担100%责任，则甲、乙两车强制责任险的赔偿分别为:

甲车赔偿：损失5 000元>无责任限额1 000元，赔偿1 000元。

乙车赔偿：损失3 000元>限额2 000元，赔偿2 000元。

(2) 不同损失种类中的理算:

①财产损失理算：财产损失区分受害人车辆损失和其他财产损失，在强制险中，受害人车辆损失应在其他财产损失获得赔偿后再行赔偿。

【例5-7】甲、乙两车相撞，造成甲车损失3 000元，乙车损失5 000元。路产损失3 000元，责任未定。则甲、乙两车强制险赔偿分别为:

甲车赔偿：路产损失核定为3 000÷2=1 500元。赔偿为路产损失1 500元+乙车损失5 000元>2 000元，赔偿2 000元，其中乙车损赔偿仅为500元，另4 500元未在强制险中获得赔偿。

乙车赔偿：路产损失核定为3 000÷2=1 500元。赔偿为路产损失1 500元+甲车损失3 000元>2 000元，赔偿2 000元，其中甲车损赔偿仅为500元，另2 500元未在强制险中获得赔偿。

②人身损失理算：人身损害分死亡伤残赔偿、医疗费用赔偿。其中死亡伤残赔偿中，精神损失赔偿在其他各项损失获得足额赔偿后才能赔偿。

【例5-8】甲、乙两车相撞，造成甲车1人死亡，医疗费用3 000元，死亡赔偿各项费用50 000元，精神损失10 000元，乙车1人受伤，医疗费用30 000元，残废赔偿各项费用48 000元，精神损失5 000元，甲车主责，乙车次责。则甲、乙两车强制险赔偿分别为：

甲车赔偿：医疗费用：30 000 元 > 限额 10 000 元，赔偿 10 000 元。

死亡伤残赔偿：48 000 元 +5 000 元 >50 000 元，赔偿 50 000 元，其中精神损害赔偿 2 000 元已纳入赔偿，3 000 元未纳入赔偿。

乙车赔偿：医疗费用：3 000 元。

死亡伤残赔偿：50 000 元 +10 000 元 >50 000 元，赔偿 50 000 元，其中精神损害赔偿未在强制险中赔偿。

（3）不同事故车辆情况下的理算：

①单车事故的理算：单车事故中，如果涉及多个受害人的损失，分项损失之和超过分项限额的，应该在受害人之间进行比例分摊。

【例 5－9】甲车撞自行车，造成自行车上乙、丙两人受伤，财物受损，其中乙医疗费用 8 000 元，死亡伤残费用 40 000 元，财物损失 1 500 元，丙医疗费用 6 000 元，死亡伤残费用 30 000 元，财物损失 1 000 元，甲车主要责任。则甲车在强制险中对乙、丙的赔偿分别为：

甲车对乙车的赔偿：

医疗费用：8 000/（8 000 +6 000）×10 000 =5 714. 29 元。

死亡伤残：40 000/（40 000 +30 000）×50 000 =28 571. 43 元。

财产损失：1 500/（1 500 +1 000）×2 000 =1 200 元。

甲车对丙车的赔偿：

医疗费用：6 000/（8 000 +6 000）×10 000 =4 285. 71 元。

死亡伤残费用：30 000/（40 000 +30 000）×50 000 =21 428. 57 元。

财产损失：1 000/（1 500 +1 000）×2 000 =800 元。

实务中，由被保险人进行索赔的，对甲、乙的赔偿可以不进行区分，只按照相应项目损失与责任限额的对比进行赔偿。

②双方事故的理算：发生双方事故的，事故双方互为强制险的赔偿对象，分别分项按责任进行赔偿（未确定责任的按照不确定责任的方式赔偿）。

【例 5－10】甲、乙两车互撞，甲车 70% 责任，车损 3 000 元，车上 1 人受伤，死亡伤残费用 60 000 元，医疗费用 70 000 元，乙车 30% 责任，车损 5 000 元，车上 1 人死亡，死亡伤残费用 80 000 元，医疗费用 8 000 元，精神损害 20 000 元。则甲、乙两车强制险赔偿分别为：

甲车赔偿：

死亡伤残费用：80 000 +20 000 > 限额 50 000 元，赔偿 50 000 元，其中精神损害未获强制险赔偿，死亡伤残费用尚有 50 000 元未获强制险赔偿。

医疗费用：8 000 元。

财产损失：5 000 元 > 限额 2 000 元，赔偿 2 000 元。

乙车赔偿：

死亡伤残费用：60 000 > 限额 50 000 元，赔偿 50 000 元。

医疗费用：70 000 > 限额 10 000 元，赔偿 10 000 元。

财产损失：3 000 > 限额 2 000 元，赔偿 2 000 元。

③三方以上事故的理算：三车以上出现互撞的，各车均将除自身之外的其他车方作为赔偿对象，其损失按照责任进行分项分摊赔偿。

【例5－11】甲、乙、丙三车互撞，甲车70%责任，车损3 000元，车上1人受伤，死亡伤残费用60 000元，医疗费用70 000元，乙车30%责任，车损5 000元，车上1人死亡，死亡伤残费用80 000元，医疗费用8 000元，精神损害赔偿20 000元，丙车无责任，车上1人死亡，死亡伤残费用80 000元，精神损害赔偿20 000元，医疗费用6 000元，车损8 000元。则甲、乙、丙三车在强制险项下赔偿分别为：

1）甲车赔偿：

a. 对乙车赔偿：死亡伤残赔偿：80 000/（80 000 + 80 000）×50 000 元 = 25 000 元。因为死亡伤残费用超过50 000元，故精神损害赔偿没有得到赔偿。

医疗费用赔偿：8 000/（8 000 + 6 000）×10 000 元 = 5 714. 29 元。

财产损失：5 000/（5 000 + 8 000）×2 000 元 = 769. 23 元。

b. 对丙车赔偿：

死亡伤残赔偿：80 000/（80 000 + 80 000）×50 000 元 = 25 000 元。因为死亡伤残费用超过50 000元，故精神损害赔偿没有得到赔偿。

医疗费用赔偿：6 000/（8 000 + 6 000）×10 000 元 = 4 285. 71 元。

财产损失：8 000/（5 000 + 8 000）×2 000 元 = 1 230. 77 元。

2）乙车赔偿：

a. 对甲车赔偿：

死亡伤残赔偿：60 000/（60 000 + 80 000）×50 000 = 21 428. 57 元。

医疗费用赔偿：70 000/（70 000 + 6 000）×10 000 = 9 210. 53 元。

财产损失赔偿：3 000/（3 000 + 8 000）×2 000 = 545. 45 元

b. 对丙车赔偿：

死亡伤残赔偿：80 000/（60 000 + 80 000）×50 000 = 28 571. 43 元。由于死亡赔偿超过限额，故丙的精神损害未得到赔偿。

医疗费用赔偿：6 000/（70 000 + 6 000）×10 000 = 789. 47 元。

财产损失赔偿：8 000/（3 000 + 8 000）×2 000 = 1 454. 55 元。

3）丙车赔偿：

死亡伤残赔偿为25 000元，其中对甲车赔偿60 000/（80 000 + 60 000）×25 000 = 10 714. 29元，对乙车赔偿80 000/（80 000 + 60 000）×25 000 = 14285. 71 元。

医疗费用赔偿为5 000元，其中对甲车赔偿70 000/（70 000 + 8 000）×5 000 = 4 487. 18 元，对乙车赔偿8 000/（70 000 + 8 000）×5 000 = 512. 81 元。

财产损失赔偿为1 000元，其中对甲车赔偿3 000/（3 000 + 5 000）×1 000 = 375 元，对乙车的赔偿5 000/（3 000 + 5 000）×1 000 = 625 元。

（二）商业车险赔款理算

被保险人提供的有关费用单证经审核无误后，理算人员应对汽车损失险、第三者责任险、附加险及施救费用等分别计算赔偿金额。保险人应将核定计算结果及时通知被保险人，保险人在与被保险人达成赔偿协议后10日内支付赔款。

1. 汽车损失险的赔款计算

（1）按投保时保险车辆的新车购置价确定保险金额的计算：

①全部损失。全部损失是指保险车辆在保险事故中发生整体损毁或受损严重已失去修复价值，即形成了实际全损或推定全损。

a. 保险金额高于保险事故发生时保险车辆的实际价值时，则

赔款 =（实际价值 - 残值 - 交强险赔偿金额）×事故责任比例×（1 - 免赔率之和）

其中，保险事故发生时保险车辆的实际价值按保险事故发生时同种类型车辆市场新车购置价（含车辆购置附加费（税））减去该车已使用年限折旧后确定。免赔率之和是指保险条款中约定的各项免赔率之和，包括：依据保险车辆驾驶员在事故中所负事故责任比例而由其自负的免赔率、非约定驾驶员驾驶保险车辆肇事后需要加扣的免赔率、同一保险年度内多次出险每次加扣的免赔率、违反安全装载规定而需要加扣的免赔率等。在确定事故责任比例时，一般按照交警部门判定的事故责任比例判定。如果经过核赔人员认真审核，认为某种赔偿比例更符合实际情况、更为合理，此处的事故责任比例可以用该赔偿比例代替。

b. 保险金额等于或低于实际价值时，则

赔款 =（保险金额 - 残值 - 交强险赔偿金额）×事故责任比例×（1 - 免赔率之和）

如果保险金额低于实际价值，因总残余价值里有一部分是属保户自保的，所以在计算残值时应予以剔除，即残值应计算为：

残值 = 总残余价值×（保险金额 ÷ 实际价值）

【例5-12】一辆新车购置价（含车辆购置税）为20万元的汽车全额投保了汽车损失保险，该车辆在保险期内发生第二次交通事故时，实际价值12万元，驾驶员承担全部责任，依据该种车辆条款的规定承担15%的免赔率，同时又由于是第二次出险，应增加5%免赔率。车辆全部损失，残值2 000元，暂不考虑交强险，计算车损险赔款。

由于保险金额高于实际价值，因此按以下公式计算：

赔款 =（实际价值 - 残值）×事故责任比例×（1 - 免赔率之和）
=（120 000 - 2 000）×100%×［1 -（15% + 5%）］= 94 400（元）

②部分损失：

赔款 =（实际修理费用 - 残值 - 交强险赔偿金额）×
事故责任比例×（1 - 免赔率之和）

若赔款大于等于实际价值，则按照实际价值赔付；若赔款小于实际价值，则按照实际计算出的赔款赔付。

③施救费赔款计算，按下式计算：

施救费赔款 = 实际施救费用×事故责任比例×（保险财产价值 ÷
实际施救财产总价值）×（1 - 免赔率之和）

（2）按投保时保险车辆的实际价值确定保险金额或协商确定保险金额的计算：

①全部损失：与“按投保时保险车辆的新车购置价确定保险金额的”全部损失的计算方法相同。即

a. 保险金额高于保险事故发生时保险车辆的实际价值时，则

赔款 =（实际价值 - 残值 - 交强险赔偿金额）×事故责任比例×（1 - 免赔率之和）

b. 保险金额等于或低于实际价值时，则

赔款 =（保险价值 - 残值 - 交强险赔偿金额）×事故责任比例×（1 - 免赔率之和）

②部分损失：

赔款 =（实际修理费用 - 残值 - 交强险赔偿金额）×事故责任比例×（保险金额 ÷ 投保时保险车辆的新车购置价）×（1 - 免赔率之和）

若赔款大于等于实际价值，则按照实际价值赔付，赔款即等于实际价值；若赔款小于实际价值，则按照实际计算出的赔款赔付。

（3）保险车辆部分损失后，保险合同将终止的情况：保险人不退还机动车损失保险费及其附加险的保险费，保险金额低于投保时保险车辆的实际价值，一次赔款金额与免赔金额之和（不含施救费）达到保险金额的；按投保时保险车辆的实际价值确定保险金额或一次赔款金额与免赔金额之和（不含施救费）达到保险事故发生时保险车辆的实际价值的；保险金额高于投保时保险车辆的实际价值，一次赔款余额与免赔金额之和（不含施救费）达到保险金额的。

（4）保险车辆部分损失后保险合同继续有效的情况：保险金额高于投保时车辆的实际价值，一次赔款金额与免赔金额之和（不含施救费）达到保险事故发生时保险车辆的实际价值且未达到保险金额的，在保险车辆修复并经保险人验车同意后保险责任合同继续有效至保险合同终止日，但保险人不退还保险车辆修理期间的保险费。

2. 第三者责任险的赔款计算

第三者责任险的赔偿金额，按照“道路交通处理办法”规定的赔偿范围、项目和标准，以及保险合同中的约定进行确定和计算。

（1）当被保险人按事故责任比例应承担的赔偿金额超过责任限额时，则

赔款 = 责任限额 ×（1 - 免赔率之和）

（2）当被保险人按事故责任比例应承担的赔偿金额低于责任限额时，则

赔款 = 应承担的赔偿金额 ×（1 - 免赔率之和）

（3）诉讼仲裁费用计算：

①当被保险人应承担的诉讼仲裁费用超过保险单载明的责任限额的30%时，则

诉讼仲裁费用 = 责任限额 ×30%

②当被保险人应承担的诉讼仲裁费用低于保险单载明的责任限额的30%时，则

诉讼仲裁费用 = 应承担的诉讼仲裁费用

【例5-13】一辆按照责任限额20万元投保机动车辆第三者责任险的汽车，在出险时给第三方造成30万元损失，诉讼仲裁费用为5 000元。该车负主要责任，承担70%的损失，依照条款规定应承担15%的免赔率。此次事故中，被保险人按照事故责任比例应承担的赔偿金额为：300 000×70% =210 000（元），超过了20万元的责任限额。则

赔款 = 责任限额 ×（1 - 免赔率之和）

= 200 000 ×（1 - 15%）= 170 000（元）

被保险人应承担的诉讼仲裁费用为5 000元，没有超过保险单载明的责任限额的30%（200 000×30% =60 000元），则

诉讼仲裁费用 = 应承担的诉讼仲裁费用 =5 000（元）

保险人向被保险人支付赔款（包括诉讼仲裁费用）合计为：

170 000 +5 000 =175 000（元）

3. 汽车损失险、第三者责任险赔款计算应注意事项

（1）赔款计算依据交通管理部门出具的“道路交通事故责任认定书”以及据此做出的“道路交通事故损害赔偿调解书”。

当调解结果与责任认定书不一致时，对于调解结果中认定的超出被保险人责任范围内的金额，保险人不予赔偿；对于被保险人承担的赔偿金额低于其应按责赔偿的金额的，保险人只对被保险人实际赔偿的金额在限额内赔偿。

（2）对于不属于保险合同中规定的赔偿项目，但被保险人已自行承诺或支付的费用保险人不予承担。

（3）法院判决被保险人应赔偿第三者的金额，如精神损失赔偿费等保险人不予承担。

（4）保险人对第三者责任事故赔偿后，对受害第三者的任何赔偿费用的增加不再负责。

（5）车辆损失的残值确定，应以车辆损失部分的零部件残值计算。

（6）诉讼仲裁费用标准应按照最高人民法院下发的有关标准执行。车损险诉讼仲裁费用计入车损险施救费，第三者责任险诉讼仲裁费用必须经保险人事先书面同意，在第三者责任险责任限额的30%以内计算赔偿。

4. 附加险赔款计算

（1）全车盗抢险：

①全部损失：

赔款 = 保险金额 ×（1 - 免赔率之和）

②部分损失：

赔款 = 实际修理费用 - 残值

赔款金额不得超过本险种保险金额。对发生全车盗抢险后破案找回车辆有关费用的计算，参照本节一些特殊案件中有关损余物资处理的相关内容执行。

（2）玻璃单独破碎险：

赔款 = 实际修理费用

（3）火灾、爆炸、自燃损失险：

①全部损失：

全部损失赔款 =（保险金额 - 残值）×（1 -20%）

②部分损失：

赔款 =（实际修理费用 - 残值）×（1 -20%）

其中，赔款金额不得超过该险种保险金额。

③施救费用以不超过保险金额为限，其计算方法如下：

赔款 = 实际施救费用 ×（保险财产价值 ÷ 实际施救财产总价值）×（1 -20%）

（4）车身划痕损失险：在保险金额（5 000元）内按实际损失计算赔偿，并使用批单

冲减保险金额，则：赔款＝实际损失金额。如果在保险期限内，赔款累计达到本险种保险金额（5 000 元），本险种保险责任终止。

（5）车辆停驶损失险：

①全部损失：

赔款＝保险合同中约定的日赔偿金额×保险合同中约定的最高赔偿天数

②部分损失。在计算赔偿天数时，首先比较“机动车辆保险车辆损失情况确认书”中约定的修理天数和实际修理天数，两者以短者为准，即“机动车辆保险车辆损失情况确认书”中约定的修理天数大于或等于实际修理天数，以实际修理天数为计算基础；“机动车辆保险车辆损失情况确认书”中约定的修理天数小于实际修理天数，以“机动车辆保险车辆损失情况确认书”中约定的修理天数为计算基础。

a. 赔偿天数未超过保险合同中约定的最高赔偿天数，则

赔款＝保险合同中约定的日赔偿金额×赔偿天数

b. 赔偿天数超过保险合同中约定的最高赔偿天数，则

赔款＝保险合同中约定的日赔偿金额×保险合同中约定的最高赔偿天数

赔偿后，使用批单批改保险合同中约定的最高赔偿天数。在保险期限内，赔款金额累计达到保险单载明的保险金额，本附加险保险责任终止。保险期限内发生保险事故时，约定赔偿天数超出保险合同终止期限部分，仍应赔偿。

（6）车上人员责任险：车上人员责任险赔款按以下情况计算：

①当被保险人按事故责任比例应承担的每座车上人员伤亡赔偿金额未超过保险合同载明的每人责任限额时，则：每人赔款＝应承担的赔偿金额。

②当被保险人按事故责任比例应承担的每座车上人员伤亡赔偿金额超过保险合同载明的每人责任限额时，则：每人赔款＝责任限额。

③赔款等于每人赔款之和，则赔偿人数以投保座位数为限。

（7）车上货物责任险：车上货物责任险赔款按以下情况计算：

①当被保险人按事故责任比例应承担的车上货物损失金额未超过保险合同载明的责任限额时，则

赔款＝应承担的赔偿金额×（1－20%）

②当被保险人按事故责任比例应承担的车上货物损失金额超过保险合同载明的责任限额时，则

赔款＝责任限额×（1－20%）

（8）无过失责任险：

①当无过失责任险损失金额未超过责任限额时，则

赔款＝实际损失×（1－20%）

②当无过失责任损失金额超过责任限额时，则

赔款＝责任限额×（1－20%）

事故处理裁决书载明保险车辆及驾驶员在事故中无过失并按道路交通处理规定承担10%赔偿费用的案件，其赔款应在第三者责任险中列支。

（9）不计免赔特约条款：

赔款＝一次赔款中已承保且出险的各险种免赔额之和

出现下列情况被保险人自行承担的免赔额，保险人不负责赔偿：

①车辆损失保险中应当由第三方负责赔偿而确实无法找到第三方的。

②因违反安全装载规定加扣的。

③同一保险年度内多次出险，每次加扣的。

④附加盗抢险或附加火灾、爆炸、自燃损失险或附加自燃损失险中规定的。

⑤对家庭自用车保险合同中约定驾驶人员的，保险事故发生时由非约定驾驶人员驾车而加扣的。

5. 免赔率的确定

免赔率按条款的明确规定确定。其中特别注意的是：

（1）全车盗抢险中被保险人索赔时未能提供机动车行驶证、机动车登记证书、机动车来历凭证、车辆购置税完税证明（车辆购置附加费缴费证明）或免税证明等原件，每缺少一项增加1%的免赔率。

（2）因自然灾害引起的不涉及第三者损害赔偿的单纯车损案件，不扣免赔。但对被保险人未尽到妥善保管或及时施救义务的案件除外。

6. 缮制赔款计算书

计算完赔款以后，要缮制赔款计算书。赔款计算书应该分险别、项目计算并列明计算公式。赔款计算应尽量用计算机出单，应做到项目齐全、计算准确。手工缮制的，应确保字迹工整、清晰，不得涂改。

业务负责人审核无误后，在赔款计算书上签署意见和日期，然后送交核赔人员。

六、核定赔款

核定赔款是在授权范围内独立负责理赔质量的人员，按照保险条款及保险公司内部有关规章制度对赔案进行审核的工作，是保险公司控制业务风险的最后关口，因此具有十分重要的意义。

其意义在于对整个赔案处理过程进行控制。核赔对理赔质量的控制体现在：核赔人员对赔案的处理过程，一是及时了解保险标的出险原因、损失情况，对重大案件，应参与现场查勘；二是审核、确定保险责任；三是核定损失；四是审核赔款计算。核赔的操作流程如图5－5所示。

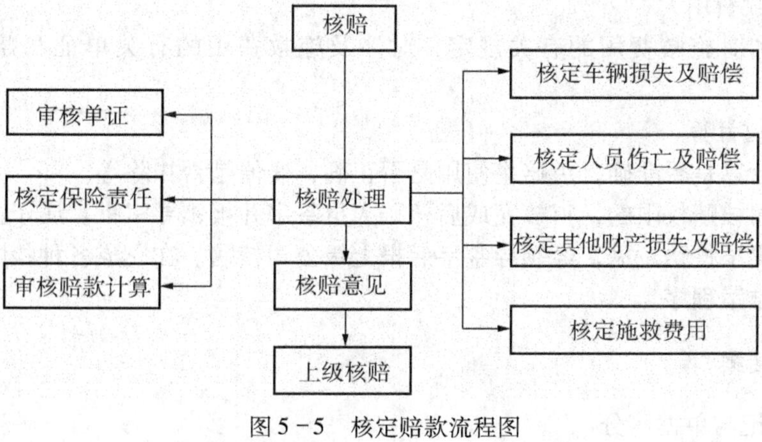

图5－5　核定赔款流程图

核定赔款的主要内容包括：

1. 审核单证

(1) 审核被保险人提供的单证、证明及相关材料是否齐全、有效，有无涂改、伪造等；

(2) 审核经办人员是否规范填写有关单证，必备的单证是否齐全等；

(3) 审核相关签章是否齐全。

2. 核定保险责任

核定保险责任时，应重点审核下述事项：

(1) 被保险人与索赔人是否相符；

(2) 出险车辆的厂牌型号、牌照号码、发动机号码、车架号与保险单证是否相符；

(3) 出险原因是否为保险责任；

(4) 出险日期是否在保险期限内；

(5) 赔偿责任是否与保险险别相符；

(6) 事故责任划分是否准确合理。

3. 核定车辆损失及赔款

(1) 车辆损失项目、损失程度是否准确合理；

(2) 更换的零部件是否按照规定进行了报价，定损项目与报价项目是否一致；

(3) 换件部分拟赔款金额是否与报价金额相符。

4. 核定人身伤亡损失及赔款

核赔人员根据现场查勘记录、调查证明和被保险人提供的"事故责任认定书"、"事故调解书"和伤残证明等材料，按照相关规定审核人员伤亡损失与赔款是否合理。应重点核定以下内容：

(1) 伤亡人员数、伤残程度是否与调查情况和证明相符；

(2) 人员伤亡费用是否合理；

(3) 被抚养人口、年龄是否属实，生活费计算是否合理。

5. 核定其他财产损失

核定其他财产损失时，应根据照片和被保险人提供的有关货物、财产发票、有关单证，核实所确定的财产损失和损失物资残值等是否合理。

6. 核定施救费用

根据案情和对施救费用的有关规定，对涉及施救费用的有关单证和赔付金额进行审核。

7. 审核赔付计算

审核赔付计算是否准确，免赔率使用是否正确，残值是否扣除等。

属于本公司核赔权限的，审核完成后核赔人员签字并报领导审批。属于上级公司核赔的，核赔人员提出核赔意见，经领导签字后报上级公司核赔。在完成各种核赔和审批手续后，转入赔付结案程序。

七、赔付结案

1. 结案登记与单据清分

（1）业务人员根据核赔的审批金额填发《赔款通知书》及赔款收据，被保险人在收到《赔款通知书》后在赔款收据上签章，财会部门即可支付赔款。在被保险人领取赔款时，业务人员应在保险单正、副本上加盖“××××年××月××日出险，赔款已付”字样的印章。

（2）赔付结案时，应进行理赔单据的清分。一联赔款收据交被保险人；一联赔款收据连同一联赔款计算书送会计部门作付款凭证；一联赔款收据和一联赔款计算书或赔案审批表连同全案的其他材料作为赔案案卷。

（3）被保险人领取赔款后，业务人员按照赔案编号，输录《保险车辆赔案结案登记》，同时在《报案、立案登记簿》备注栏中注明赔案编号与日期，作为续保时是否给付无赔款优待的依据。

2. 理赔案卷管理

理赔案卷要按照一案一卷整理、装订、登记、保管。赔款案卷应单证齐全，编排有序，目录清楚，装订整齐，照片与原始单证应粘贴整齐并附必要的说明。

案卷单证目录如下：

（1）机动车辆保险赔案审批表。

（2）机动车辆保险赔款计算书。

（3）机动车辆保险结案报告书。

（4）机动车辆保险出险报案表。

（5）机动车辆保险报案记录（代抄单）。

（6）机动车辆保险索赔申请书。

（7）事故责任认定书、事故调解书、判决书或出险证明文件。

（8）机动车辆保险事故现场查勘记录。

（9）机动车辆保险事故现场查勘草图。

（10）机动车辆保险事故现场查勘询问笔录及附页。

（11）机动车辆保险车辆损失情况确认书（包括零部件更换项目清单及清单附页、修理项目清单及清单附页）。

（12）保险车辆增加修理项目申请单。

（13）机动车辆保险财产损失确认书。

（14）机动车辆保险人员伤亡费用清单。

（15）机动车辆保险伤残人员费用管理表。

（16）误工证明及收入情况证明。

（17）机动车辆保险赔案票据粘贴用纸（有关原始单据）。

（18）机动车辆保险赔案照片粘贴用纸（照片）。

（19）机动车行驶证复印件、机动车驾驶照复印件。

（20）机动车辆保险简易案件赔款协议书。

（21）机动车辆保险权益转让书。

（22）机动车辆保险领取赔款通知书。

（23）机动车辆保险赔款统计明细书。

（24）机动车辆保险拒赔通知书。

（25）机动车辆保险拒赔案件报告书。
（26）机动车辆保险代位追偿案件登记簿。
（27）机动车辆保险诉讼、仲裁案件审批表。
（28）机动车辆保险结案催告、注销通知书。
（29）机动车辆救助调度记录清单。
（30）机动车辆特约救助书。
（31）机动车辆救助特约条款赔款结算书。
（32）机动车辆保险预付赔款申请表。
（33）机动车辆保险预付赔款审批表。
（34）机动车辆保险损余物资回收处理单。
（35）机动车辆保险异地出险联系函。
（36）机动车辆保险受理查勘、定损复函。
（37）机动车辆保险赔案流转时限卡。

八、特殊案件处理

（一）简易赔案

实际工作中，很多案件案情简单，出险原因清楚，保险责任明确，事故金额低，可在场确定损失。为简化手续，方便客户，加快理赔速度，根据实际情况可对这些案件实行简易处理，称之为简易赔案。

1. 简易赔案必须同时具备的条件

（1）不涉及第三者，只是保险人单方车辆损失的案件。

（2）车辆损失为保险条款列明的自然灾害和被保险人或其允许的合格驾驶员或约定驾驶员导致的损失。

（3）案情简单，出险原因清楚，保险责任明确，损失容易确定。

（4）车损部位可以一次核定，且事故损失金额在5 000元以下。

（5）受损的零部件按照公司询报价系统可准确定价。

2. 处理程序

（1）接到报案后，查勘定损人员二人赶赴第一现场查勘、拍照、定损；

（2）逐项确定损失费用和金额，填写《简易赔案协议书》，并由被保险人签字；

（3）经核赔人员审核后交领导审批签字；

（4）开具《赔款通知书》交财务部门及时支付赔款；

（5）将《简易赔案协议书》相关内容录入计算机，进行结案登记。

简易赔案的处理流程如图5－6所示。

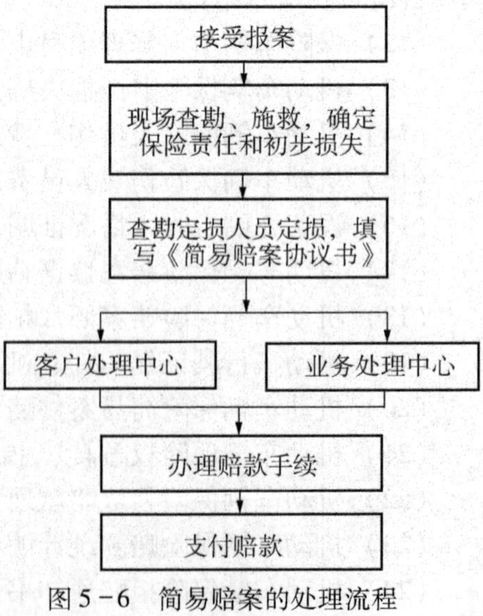

图5－6　简易赔案的处理流程

3. 赔付结案必备的单证

简易赔案案件在赔付结案时，必备的单证包括保险单抄件、出险通知书、简易赔案协议书及其定损清单、现场查勘报告、事故现场与车损照片、赔款收据及其他有关单证。

（二）疑难案件

疑难案件分争议案件和疑点案件两种。

争议案件指保险人和被保险人对条款理解有异议或责任认定有争议的案件，实际操作中应采用集体讨论、聘请专家论证和向上级公司请示等方式解决，保证案件圆满处理。

疑点案件指赔案要素不完全、定损过程中存在疑点或与客户协商不能达成一致的赔案。疑难案件调查采取四种形式：首先由查勘定损人员对在查勘定损过程中发现有疑点的案件，通过认真询问当事人和见证人并做好笔录等方式进行调查，对疑点问题必须调查落实；其次是由客户服务中心综合岗对在赔案制作和审批过程中发现有疑点的案件，通过熟悉案情、拟定调查方案、实施调查等步骤进行调查；第三是由纪检监察部门或专员对群众举报的骗赔、错赔案件和虚假赔案进行调查；第四是由客户服务中心综合岗对重大伤人案件调查。

（三）注销案件

注销案件指保险车辆发生保险责任范围内的事故，被保险人报案、立案后未行使保险金请求权致使案件失效注销的案件。分为超出索赔时效注销和主动声明放弃索赔权利注销两种情况。

对超出索赔时效注销，即被保险人知道保险事故发生之日起2年内未提出索赔申请的案件，由业务处理中心在2年期满前10天发出《机动车辆保险结案催告、注销通知书》。被保险人仍未索赔的案件，报业务管理部门后予以注销处理。

对主动声明放弃索赔权利注销的案件，在业务处理中心发出《机动车辆保险结案催告、注销通知书》后，由被保险人在回执栏签署放弃索赔权利意见。案件报业务管理部门后予以注销处理。

（四）拒赔案件

对有些案件，根据《保险法》、《机动车辆保险条款》等有关规定不属于赔偿范围的，保险公司应予以拒赔。拒赔的案件必须具有确凿的证据和充分的理由。拒赔前，应向被保险人明确说明原因，认真听取意见并向被保险人做好解释。拒赔分立案前拒赔和立案后拒赔。

立案前拒赔是指受理报案时，根据查阅的底单信息，对于超出保险期限、未投保险种出险等明显不属于保险责任的情形，明确告知报案人拒赔理由的拒赔案件。

立案后拒赔是指案件确立后，由客户服务中心查勘定损人员经查勘后发现不属于保险责任，或由业务处理中心在赔款理算过程中发现不属于理赔责任，并经业务管理部门最终审批确定应拒赔的案件，给予拒赔处理。

（五）预付案件

预付案件是指某些特殊案件需要预付部分赔款。常见预付案件包括两种情况：可确定最低金额预付案件和重大赔案预付案件。

可确定最低金额预付案件是指根据《保险法》的规定，保险人自收到赔偿或者给付保险金的请求和有关证明、资料之日起60日内，对其赔偿或者给付保险金的数额不能确定的，应当根据已有证明和资料可以确定的最低数额先予支付；待保险人最终确定赔偿或者给付保险金的数额后，再支付相应的差额部分。

重大赔案预付案件是指伤亡惨重、社会影响面大，被保险人无力承担损失的重大案件，经审核确定为保险责任，但赔款金额暂不能确定的，可在估计赔偿金额的一定比例范围内先行预付，最终确定赔偿金额后，支付相应差额。

（六）代位追偿案件

代位追偿案件是指在汽车保险中，由于第三者过错致使保险标的发生保险责任范围内的损失，保险人按照保险合同给付了保险金后，依法取得向对损失负有责任的第三者进行追偿权利的案件。

1. 处理原则

（1）只有汽车损失险适合于代位追偿；

（2）代位追偿必须是发生在保险责任范围内的事故；

（3）代位追偿是法定的保险人应履行的责任，根据权利义务对等的原则，代位追偿的金额应在保险金额范围内，根据实际情况接受被保险人全部或部分权益转让；

（4）履行代位追偿以后，追偿工作必须注意债权债务的法律实效问题。

2. 处理程序

对涉及第三方责任导致的汽车损失险赔付案件，被保险人在索赔过程中，如遇第三方不予支付的情况，应向人民法院提起诉讼。经人民法院立案后，被保险人书面请求保险人先予赔偿的，同时应向保险人提供人民法院的立案证明。保险人可按保险条款有关规定和保险合同载明的条件先行赔付。具体处理程序如下：

（1）被保险人需要出具法院的立案证明和权益转让书以及各种有效证据，保险人受理代位追偿案件；

（2）保险人按照保险合同和有关规定理算赔款；

（3）业务部门缮制赔款计算书和赔款通知书，履行赔付结案手续；

（4）赔偿后，在结案登记时注明“代位追偿”的字样，并要求被保险人积极配合追偿工作；

（5）对代位追偿的案件数和赔偿金额进行统计，已经追回的追偿款应冲减赔款。

（七）损余物资处理

损余物资处理是指对车损换件、全损残值和盗抢追回车辆等的处理。以盗抢追回为例，损余物资处理流程见图5－7所示。

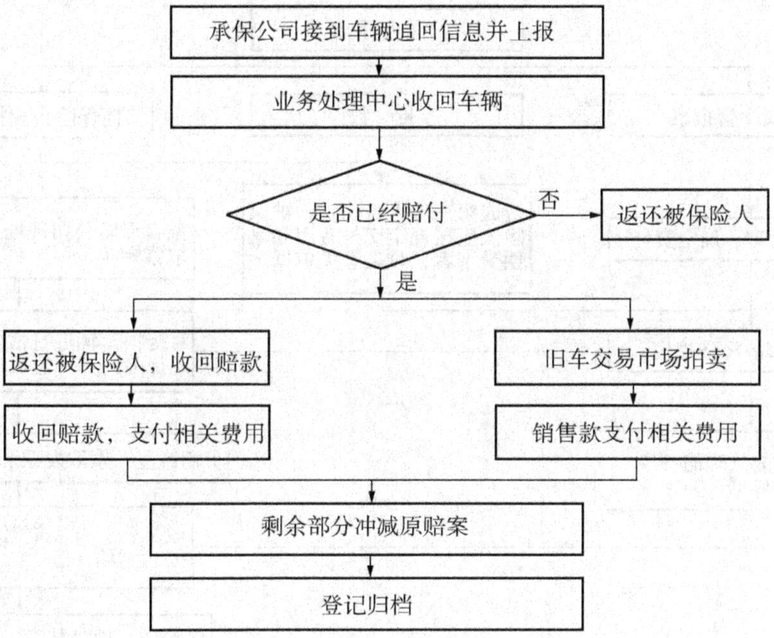

图 5-7 损余物资处理流程

九、保险索赔

汽车保险理赔是从保险公司角度而言的，而索赔是从被保险人角度而言的。当出现保险事故后，被保险人可就自己的事故损失向保险人提出索赔请求，这是被保险人的权利。那么，车险索赔到底有哪些程序，应注意哪些问题呢？

（一）车险索赔程序

被保险机动车出险后被保险人向保险公司索赔时应按如下程序进行：出险通知—配合查勘—提出索赔—领取赔款—权益转让。汽车保险索赔流程如图 5-8 所示。

1. 出险通知

汽车出险后，被保险人应及时通知保险公司，否则，造成损失无法确定或扩大的部分保险公司将不予赔偿。报案有上门、电话、传真等方式。其中，电话报案快捷方便，使用最多，人保、太保、平保等大公司的全国统一报案电话分别为“95518”、“95500”、“95512”。可接受报案的部门有理赔部门、客服中心等。报案时需说明的内容包括保单号码、被保险人姓名、车型、牌照号码、出险时间、出险地点、出险原因、事故类型、受损情况、报案人姓名、联系电话、驾驶员姓名等，如涉及第三方，还需说明第三方车辆的车型、牌照号码等信息。

2. 配合查勘

接案后，保险公司会派人到现场查勘，并通过拍照、记录等手段来掌握第一手材料，这些材料是判断事故是否属于保险责任以及计算、确定赔偿金额的重要依据。如果上述材料不准确，会给判断事故是否属于保险责任和计算、确定赔偿金额造成困难。因此，被保险人应积极协助查勘。

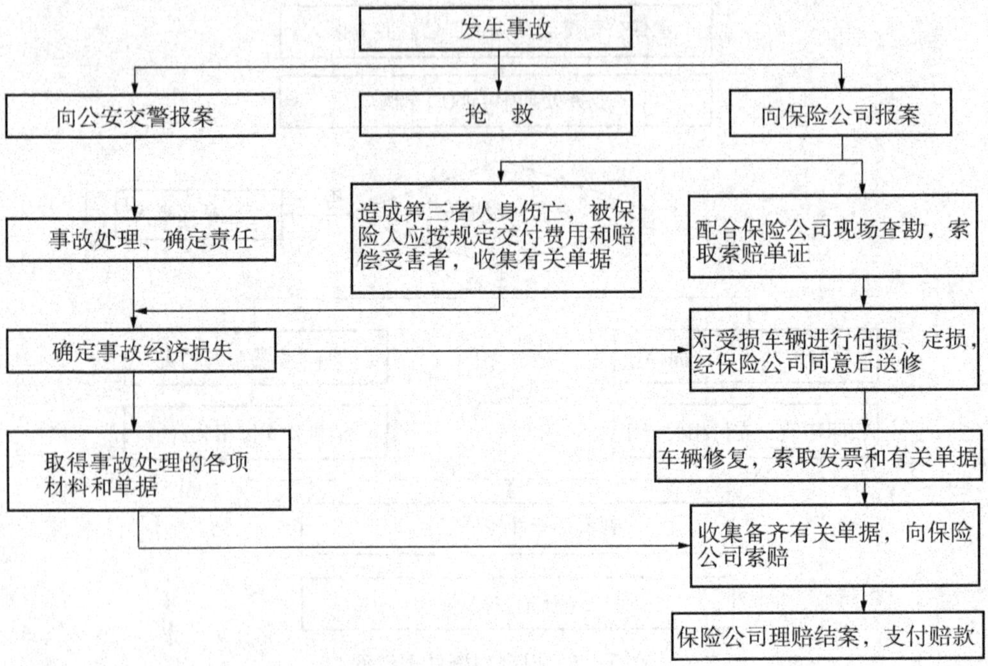

图 5－8 汽车保险索赔流程

3. 提出索赔

被保险人向保险公司索赔时，应向保险公司提供与确认事故的性质、原因、损失程度等有关的证明和资料作为索赔证据。

4. 领取赔款

当保险公司确定了赔偿金额后，会通知被保险人领取赔款。被保险人应提供身份证明原件。找他人代领的，需被保险人签署《领取赔款授权书》和代领人身份证明原件。

5. 出具权益转让书

事故由第三方引起的，保险公司可先向被保险人赔偿，但被保险人需将向第三方索赔的权利转让给保险公司，再由保险公司向第三方追偿。

（二）被保险人的索赔权益

1. 有及时获得损失赔偿的权益

保险公司进行查勘后，应将审查结果及时通知被保险人。若认为有关证明和资料不完整，应通知被保险人及时补充。如保险公司认定事故属于保险责任，被保险人有权获得及时赔偿。如事故不属于保险责任，保险公司应以书面形式通知拒赔。赔款获取的时间根据《保险法》第 23 条有关规定，应在保险公司与被保险人达成赔偿协议后 10 日内支付；若超过 10 日，保险公司除支付赔款外，应当赔偿被保险人或者受益人因此受到的损失。

2. 有及时获得相关费用赔偿的权益

在确定事故损失的过程中，被保险人不可避免地会产生一些费用开支。如：为取得有关证明和资料而支出的鉴定费，以及在牵扯第三者的事故中发生的诉讼费、仲裁费、律师费等，根据《保险法》有关规定，应由保险公司承担。

3. 有对保险公司赔偿提出异议的权益

被保险人如果认为保险公司的赔偿决定与自己的预期不相符，有权对其提出异议，要求保险公司予以解释，必要时可以向仲裁机关或向人民法院起诉来保护自己的合法权益。

4. 有获取保险公司代位追偿超过其支付赔款的多余部分的权益

保险公司代位追偿的金额以其向被保险人支付赔款的金额为限，如保险公司代位追偿的金额大于其支付的赔款，则超过部分应还给被保险人，保险公司不能自留下来。

5. 可就自己实际损失与保险公司赔偿的差额部分向第三方继续请求赔偿的权益

如果被保险人因事故的损失大于保险公司的赔款，即使向保险公司转让了代位追偿权，也不影响被保险人就保险公司赔偿不足部分向第三方继续请求赔偿的权利。

（三）汽车保险索赔注意事项

1. 及时报案

出了交通事故，除了向交管部门报案外，车主千万记住还要及时向承保车辆的保险公司报案（一般保险公司要求在车辆出险后48 h内报案），如实陈述事故发生经过，并提供相关单据。

2. 积极施救

按照《保险法》规定，车辆发生险情时，车主有责任采取必要的措施，防止或者减少损失。另外，汽车保险公司一般只承担车主为防止或减少车辆损失所支付的必要的、合理的费用。所以，车辆出险后，车主应努力减少事故造成的损失，比如说积极开展自救。如果放任、故意扩大保险事故的损失，经证实保险公司可以不负赔偿责任。

3. 收集资料

向汽车保险公司报案后，不要忘了收集与保险事故的性质、原因、损失程度等相关的证明和材料，这些资料对以后的理赔非常关键。同时应该积极协助保险公司对车辆进行查勘、照相、定损。

4. 及时沟通

车主在找救援公司拖车、修理厂修车时，关于价格要与汽车保险公司及时沟通，以免对方开的价与汽车保险公司的赔偿额相差太远。

5. 见好就收

一些新车主往往在索赔过程中出现两个误区：一是“怕麻烦”，觉得向保险公司报案索赔耽误时间，所以就自行私了，结果双方发生争执再寻求保险公司的赔偿已经不可能了。二是“吝啬”，刮蹭一下油漆要赔，碰了下车灯也要赔，最后可能导致自己车辆续保时的费率被调高。其实，小的车损司机自己承担，在保险公司的记录中你的出险率低，就会享受低费率的优惠。

6. 注重协商

在当地买的车险，在外地出了事故，该如何处理？一般这种情况主要由车主和汽车保险公司协商解决，因此被保险人注意和保险公司做好协商处理也是非常重要的。

（四）保险索赔实践中遭拒绝的常见情况

买了保险，不等于任何损失保险公司都赔，一些情况下的索赔可能会遭到保险公司的拒绝。

发生车险后保险公司拒赔的几种理由和情形举例如下。

1. 酒后驾车

几乎所有保险公司车险保单条款中均明确提示，保险公司不负责因驾驶员饮酒造成的损失或经济赔偿责任。我国《保险法》也规定，被保险人在保险标的危险程度增加的情况下未履行告知义务，保险公司不承担因此发生的事故赔偿责任，酒后驾车就属于这种情况。

多数司机都知道，酒后开车是违法的，一经发现会被交管部门严肃处理。但并不是所有的人都知晓酒后驾车是无法获得赔偿的。据相关规定，酒后驾车一般分为两种情况：一种是喝醉，明知酒后驾车危险，还开车；一种是只喝了一点酒，发生事故主要是因为过失引起的。对酒后驾车，商业三者险是明确不赔的，但交强险则规定可以由保险公司先垫付抢救费用。而根据国家质量监督检验检疫局2004年5月31日发布的《车辆驾驶人员血液、呼气酒精含量阈值与检验》中规定，驾驶人员血液中的酒精含量大于或等于20 mg/100 mL，并小于80 mg/100 mL为酒后驾车；血液中酒精含量大于或等于80 mg/100 mL为醉酒驾车。

我们应该谨记：喝酒莫开车，开车勿喝酒。

2. 无牌照车出险

新车保险单上均有特别规定："本保单项下全车盗抢责任险责任自车辆上牌之日起生效"。因为自己的车牌尚未领到，所以保险公司不负赔偿责任。一般新车投保车损险、第三者责任险和其他附加险可以用发动机号、车架号办理登记手续，出险后也可以据此认定。而全车盗抢险就不同了，只有正式的牌照才能表明车辆的身份，没有车牌号码没有办法为车辆登记，一旦车辆被盗抢，无法证实车辆身份，对保险公司来说风险很大，所以目前各大保险公司都要求只有在机动车辆上牌后，才正式开始承担保险责任。

车辆在出险时，保险车辆理赔必须具备两个条件：一是保险车辆须有公安交通管理部门核发的行驶证或号牌；二是在规定期间内经公安交通管理部门检验合格。因此，在新车上牌之前，切记一定要保护好自己的车不要被盗和被撞。

3. 未年检车辆出险

根据保险合同，保险只对合格车辆生效，对于未年检的车辆只能视为不合格车辆，在这种情况下，上了保险合同也是无效的。

车主一定要按时年检，即使是一天，也不要晚。否则，罚款事小，拒赔事大。丢车不赔，车损不赔，即使发生交通事故造成第三者损失，第三者责任险也不生效，所有赔偿将由被保险人自己承担。

4. 驾驶人未年审

保险条款上已写明，如果驾驶人未年审或没有驾照，保险公司不负责赔偿。因为没有年审或者没有驾照，就无法证明你有驾车资格，国家根本就不允许无照驾车上路。保险公司自然不会为这种"不合格"买单。

现在多数小车驾驶证不用年审了，改为6年一换证，那更要对换证时间明铭记在心。

5. 驾车撞了四种人不赔

第三者责任险中的第三者是指除保险人与被保险人之外的。第三者就是排除四种人：保险人、被保险人、本车发生事故时的驾驶员及其家庭成员。不仅在车险中，在其他责任险中也有相关规定。

6. 在收费停车场中丢车、刮蹭

按照大多数保险公司保险条款的规定，凡是车辆在收费停车场或营业性修理厂中被盗，保险公司一概不负责赔偿。因为上述场所对车辆有保管的责任，在保管期间，因保管人保管不善造成车辆损毁、丢失的，保管人应承担责任，保险公司不负责赔偿。因此，无论是车丢了，还是被刮了，保险公司一概不管。如果出现这种情况只能去找停车场索赔损失。因此，驾驶员一定要注意每次停车时收好停车费收据以保存证据。尽管很多收费停车场的相关规定中写着“丢失不管”，但根据我国合同法中关于格式合同的规定，这属于单方面免除己方主要合同责任，依法应属无效。

7. 对方全责而不追偿

被保险人必须先向第三方索赔，才有可能获得保险公司的赔偿。一旦放弃了向第三方追偿的权利，也就放弃了向保险公司要求赔偿的权利。

一旦出险且责任在对方，一定要先找对方索赔，有证据证明向对方索赔未果后才可以理直气壮地向保险公司索赔。

8. 未及时报案或擅自修复车辆

由于未及时报案，导致保险公司对事故的保险责任或损失无法认定，根据保险合同，保险人有权对此次事故的损失拒绝赔偿。

另外，未经保险公司核损，擅自对车辆进行修复，保险公司也是会拒赔的。

多数保险合同均有如下约定：保险车辆因保险事故受损，应当尽量修复。车辆修理前被保险人须会同保险人检验，确定修理项目、方式和费用，否则，保险人有权重新核定或拒绝赔偿。

因此，特别提示车主：在发生保险责任范围内的事故后，应采取合理的保护、施救措施，并立即向公安交通管理部门报案，同时要在48 h内向保险公司报案。不要擅自对车辆进行修理，要等保险公司或者有资质的中介评估公司定损后再进行修理，以免发生索赔受阻。

9. 地震不赔

遵循大部分财产保险都不保地震责任的惯例，被保险车辆遭遇地震等不可抗力的破坏，保险公司将拒绝赔偿损失。由于缺少数据和经验，保险监管部门也不鼓励保险公司承保。

10. 精神损失不赔

大部分保险条款会有类似的规定，“因保险事故引起的任何有关精神赔偿视为责任免除”。

11. 修车期间的损失不赔

修理厂有责任妥善保管维修车辆，因此，如果车辆在送修期间发生了任何碰撞、被盗等损失，保险公司都会拒赔。

12. 发动机进水后导致的发动机损坏不赔

保险公司认为该损失是由于操作不当造成的，当车辆行驶到水深处时，发动机熄火后，驾驶员又强行打火才造成损坏。这一条款是在2005年北京夏天暴雨过后逐步浮出水面的。

13. 爆胎不赔

未发生车辆其他部位的损坏，只是车轮单独损坏的情况不赔。当然，由于轮胎爆裂而引起的碰撞、翻车等事故，造成车辆其他部位的损失，保险公司依然负责赔偿。

14. 被车上物品撞坏不赔

如果车辆被车厢内或车顶装载的物品击伤，保险公司不负责赔偿。

15. 轮胎丢了、音响被盗不赔

如果不是全车被盗，只是零部件如轮胎、音响设备等被盗，保险公司不负责赔偿。

16. 拖着没保险的车撞车不赔

如果因为开车拖带一辆没有投保第三者责任险的车辆上路，与其他车辆相撞并负全责，保险公司不会对此做任何赔偿。

17. 车灯或倒车镜单独破碎不赔

这条免责条款是为了对付某些修理厂将以前换下来的破损车灯装到车型相同的其他车上，骗取赔款的骗保行为。

18. 自己加装的设备不赔

车主自己加装的音响、电视、冰箱、尾翼、行李架等，若无对此单独投保，一旦撞了造成损失，保险公司不会对此赔偿。

【本章小结】

理赔是汽车保险的最后环节，是保险车辆在发生保险责任范围内的损失后，保险人依据保险合同的约定解决赔偿问题的过程。

汽车理赔工作涉及面广，情况比较复杂。在赔偿处理过程中，必须坚持一定的原则，按照工作流程进行理赔。其工作的基本流程包括报案、查勘定损、办理审核索赔单证、损失确定、赔款理算、理算复核、赔付结案等步骤。对于赔款理算来说，不同险种的理算方法有所差别，同一险种全损与部分损失的残值和施救费用的理算也有所不同。本章试图通过具体案例加以说明，以期学生会对简单车险事故损失进行赔款理算，并能处理一些典型车险事故的理赔案件。核赔的主要工作内容包括审核单证、核定保险责任、审核赔款计算、核定车辆损失及赔款、核定人员伤亡及赔款、核定其他财产损失及赔偿等。

本章还介绍了车险特殊理赔案件的处理方式、索赔的注意事项以及索赔遭到拒绝的常见情况。

【复习思考题】

1. 如何理解汽车保险理赔的重要意义？
2. 汽车保险理赔的原则有哪些？
3. 汽车保险理赔工作人员应具备的条件是什么？
4. 道路交通事故现场有哪些类型？其现场变动的原因有哪些？
5. 现场勘查的主要内容有哪些？
6. 如何加强对未决赔案的管理？

第六章　事故车的损失鉴定与评估

【学习要点】

- 了解事故车的损失鉴定与评估的基本概念；
- 理解事故车损失形成的基本原理，会分析各种碰撞类型对车辆的损坏形式；
- 掌握事故车损失鉴定的方法，了解火灾、水灾事故车损失鉴定的基本思路；
- 掌握事故车评估的基本思路和评估方法；
- 会编制事故车损失鉴定与评估报告。

第一节　概　述

一、事故车的损失鉴定与评估的基本概念

（一）事故车

所谓事故是指意外的损失或灾祸。我们在保险与理赔中常说的事故车是指汽车在使用过程中，发生刮擦、碰撞、倾翻、火灾和水淹等意外事故所造成车辆的全部损毁或部分损坏的车辆总称。它的特征是事故前后车辆技术状况变坏，车辆有损失发生。事故车多见于道路交通事故。

（二）事故车的损失鉴定与评估

事故车的损失鉴定与评估是指由专门的鉴定评估人员，按照特定的目的，遵循法定或公允的准则和程序，运用科学的方法，对事故车进行技术鉴定和损失价格估算的过程。

通过对概念的描述可以看出，事故车的损失鉴定与评估主要由六大要素组成，即鉴定评估的主体、客体、特定目的、程序、准则和方法。鉴定评估的主体，是指事故车鉴定评估由谁来承担；鉴定评估的客体，是指鉴定评估的对象；鉴定评估目的，是指事故车发生的经济行为，直接决定鉴定评估准则和方法的选择；鉴定评估准则，是对鉴定评估采用的计价标准；鉴定评估的方法，是用以确定事故车损失评估值的手段和途径。

（三）事故车损失评估的价值

事故车损失评估中的价值与价格，在实际应用中其概念没有经济学中定义的那样严格，经常处于混用状态。对于被保险的车辆发生事故受损，保险人履行损失赔偿责任的义务，我们可以从下述两个方面对评估值加以认识。

1. 事故车损失评估的价格是事故损失的补偿价格

事故车损失评估的价格是车辆发生意外事故损失的补偿价格，即保险人按照合同规定，当保险车辆发生保险内的责任损失时，以货币形式赔偿被保险人所受的损失。根据补偿原则是将车辆以实物赔偿或修复到原标的，即将车辆复原到事故前的技术状态，这个复原就是指按保险车辆以相同的材料、相同的制造标准、相同的设计结构和技术条件等，以现时的价格来计量的重置价格。对于全损或推定全损的车辆来说，赔偿的是全损现金价

值，即重置价格；对于部分损失的车辆来说，是以修复车辆所需的必要工时费用和材料费用的价格。事故车损失评估值从表面上看是鉴定评估人员判定、估算的价格，这个价格的估算要反映客观实际，尽可能接近真值。成功和正确的价值估定是保险双方的当事人都认为合理并被认同的价格，因而事故车鉴定评估人员也应从保险人和被保险人双方当事人角度考虑事故车的价格问题。在保险理赔中，事故车损失评估的价格常常用到以下几个概念：

（1）汽车实际现金价值：汽车实际现金价值或称汽车实际价值，是指汽车事故发生前的价值。虽然事故发生前的状况不复存在，但是有经验的评估人员还是可以根据现场状况比较准确地评估出车辆的现值。汽车实际现金价值还可以通过相关资料及查询后的信息对评估结果进行修正。

（2）汽车全损现金价值：汽车全损现金价值也称汽车全损，是指汽车事故发生后车辆全部毁损或推定全损时的价值。当车辆发生事故全损时，保险人按全损现金价值对被保险人予以赔偿。保险理赔中的汽车全损现金价值或重置价格与汽车使用折旧后的价值是完全不同的两个概念。折旧是高度政策化的车辆实体损耗（如磨损）的价值补偿和价值转移；而全损现金价值是对事故车辆所发生的损失补偿，不考虑事故前的车辆损耗。

（3）推定全损：事故的汽车虽然受损，它还是有一定的价值，当其修复价格已达到现值的某一百分比例认为没有修复价值时则可推定全损。

2. 评估的价值是市场价值

被评估的车辆价值的真正意义是其作为市场价值的货币表现。因为，事故车损失评估的依据来源于汽车整车、配件和维修市场，具有现实的、接受市场检验的特征；事故车损失赔偿的价值是动态的，因而对其评估中的价值是指特定时间、地点和市场条件下的价值，具有很强的时效性和区域性。

评估价值的时效性是指被评估车辆价值为评估基准日的市场价值，评估价格的时效一般为 30 天。根据评估学与保险学原理，评估的基准日应以出险时间为基准时点，对车辆部分损失的车辆来说，在实际操作中是事故发生后按车辆进行维修生产期间的劳动工时和材料费用估算的价格。

评估价值的区域性是指被评估车辆价值以出险地或维修地为基准地的市场价格。

特定的市场条件是指特定地区的汽车整车、配件、维修和保险公估等市场发育的程度。对于公开的市场，信息愈透明，市场愈成熟，评估的价值愈合理。

二、事故车损失鉴定与评估的模式

改革开放以来，尤其是加入 WTO 以来，我国事故车的损失鉴定与评估业务逐步市场化。目前，按鉴定与评估机构的独立性分协商评估和中介评估两种模式。

（一）协商评估模式

协商评估模式是以保险公司为评估主体，召集与事故车损失鉴定与评估相关联的各方（如被保险人或车辆损失第三者和修理厂），在明确修理范围及项目、确定所需费用、签订“事故车辆估损单”协议后确认修理价格的一种评估模式。这是一种传统的评估定损模式，也是目前的一种主流模式。它是保险人和被保险人依照保险合同执行约定的权利和义务的行为。现在一般保险公司都设有保险肇事车辆定损中心，配备有专职的、有较丰富实践经验的鉴定评估人员负责这项工作。但是，汽车损失评估存在着保险公司既当“运动员”又当“裁判员”的做法，由保险公司自己鉴定和评估保险事故，其公平性难以使人信服，使保险人与被保险人产生赔偿纠纷的情况时有发生。

（二）中介评估模式

中介评估模式是以依法设立的独立的第三方为评估主体，接受保险公司和被保险人的委托为其提供保险事故车鉴定与评估服务的一种评估模式。这种模式的典型特征是评估机构和人员与价格评估的客体没有利害关系，也与有关当事人没有利害关系。目前这种第三方评估主体主要有保险公估机构和道路交通事故车辆损失价格鉴定中心。

1. 保险公估

很多年以来，实行市场经济的经济发达国家和地区，如美国、德国、英国和中国香港特别行政区等，事故车损失评估都已全部市场化，由第三方评估，而且发展得相当完善。面对我国加入 WTO、世界经济一体化进程的加快及汽车消费的不断增长，保险人与被保险人之间的交通事故理赔按照国际惯例由独立的第三方进行评估已是全社会的共识。

保险公估发展至今，尚无统一的定义。对于它的含义，我们可从国家的有关法规条款中予以理解。

《保险公估机构管理规定》中对于保险公估机构的定义为：保险公估机构是指依照《保险法》等有关法律、行政法规以及本规定，经中国保险监督治理委员会批准设立的，接受保险当事人委托，专门从事保险标的的评估、勘验、鉴定、估损、理算等业务的单位。

《保险法》第 129 条指出，保险活动当事人可以委托保险公估机构等依法设立的独立评估机构或者具有相关专业知识的人员，对保险事故进行评估和鉴定。

从上述文字我们可以这样描述：保险公估是指接受保险当事人委托，独立地对保险事故所涉及的保险标的进行评估、勘验、鉴定、估损、理算等活动的行为。而保险公估人即为保险公估实务的操作者。

2. 道路交通事故车辆损失价格评估中心

道路交通事故车辆损失价格评估中心是依据《行政许可法》和《国务院对确需保留的行政审批项目设定行政许可的决定》（国务院第 412 号令），经政府价格主管部门依法设立的从事道路交通事故车辆、物品损失进行价格评估业务的第三方评估机构。有别于保险公估机构的是，这一评估机构具有浓厚的中国特色。

根据执业范围的不同，价格评估机构分为专业类、综合类和涉诉讼类。专业类价格评估机构是指从事单一业务范围的价格评估机构；综合类价格评估机构是指同时从事两种或两种以上业务范围的价格评估机构；涉诉讼类价格评估机构是指涉诉涉讼中，从事当事人委托的涉诉涉讼财物价格评估业务的价格评估机构。符合涉诉讼类条件的专业和综合类价格评估机构可同时取得相应涉诉讼类价格评估机构资质。目前，道路交通事故车辆损失价格评估中心大多数属涉诉讼类条件的综合类价格评估机构。

三、事故车损失鉴定与评估人员的素质要求

1. 广泛的基础知识

广泛的基础知识包括一般性知识和专业基础知识。一般性知识指有助于评估人员了解其专业与社会之间复杂的依存关系所需的文化、历史、社会、政治、经济等方面的知识。

专业基础知识包括保险理赔、价格评估、汽车产品、汽车维修工艺、外语和计算机等方面的知识。这些都是一个鉴定评估人员分析事故原因、分析事故责任、确定保险责任范围和确定损失所必需的知识。

2. 较强的实践能力

实践能力包括沟通能力、人际能力、智能能力和实践经验。沟通能力指有效地通过听、说、读、写与他人沟通；人际能力指能够在损失鉴定评估工作中经济地处理赔案，灵活地处理工作中错综复杂的矛盾和问题，并与客户合作出色地完成评估工作；智能能力是指能够找出取得和组织有用的信息，具有在不熟悉的新环境、新情况下正确解决问题的能力，并能依据某些不确定的事实做出判断，实践经验是指能够熟练地进行实务操作。事故车评估是一项技术性很强的工作，丰富的实践经验能够有助于鉴定评估人员准确地判断损失原因，科学而合理地确定修理方案；丰富的实践经验对于识别和防止日益突出的道德风险和保险欺诈、对施救方案的确定和残值的处理都有着十分重要的作用。

3. 很高的职业道德水平

事故车鉴定评估业作为市场经济中一个新兴的中介服务行业，具有其自身的特点：一是专业技术性较强。与其他中介行业相比，事故车鉴定评估的理论、技术和方法等具有较强的专业性和技术性；社会公众，包括被保险当事人都比较难对事故车鉴定评估有较深的了解和参与。二是受评估人员主观影响大。由于汽车产品技术含量较高，事故车鉴定评估实质上就是评估人员在综合考虑各种因素的基础上，对被评估车辆进行技术状况的鉴定和价格的评定估算。由于评定估算结果在很大程度上取决于评估人员的职业判断，具有较大的自由掌握空间。一些不良的修理厂，甚至被保险人由于受利益的驱动，常常会对评估人员实施各种方式的利诱，希望评估人员与其合作虚构、谎报和高报损失，以获得不正当的利益。三是中介公允性。事故车评估通常是按照特定目的进行的，评估结果一般都直接关系到各方的合法权益能否得到维护。评估业的这些特点决定了职业道德因素对评估结果有很大影响。

4. 学习力和创新力

在知识经济时代，技术进步日新月异，汽车新技术、新产品层出不穷，评估人员依靠学历教育阶段和职业资格认证阶段所学的知识，根本无法适应不断变化的环境。因此，评估人员要具备继续学习和创新的能力，不断充实新知识，终身处于学习状态。

四、事故车损失鉴定与评估的原则

事故车损失鉴定与评估应该遵循以下基本原则。

1. 客观公正原则

客观公正原则是指鉴定评估必须站在公正的立场上，以事实为依据，实事求是地反映评估标的的客观情况，排除人为因素的干扰，并不得将主观推测情况及价格强加于评估标的之上，尽可能求得一个客观、公正的价格。

2. 合法合理原则

合法合理原则是指鉴定评估行为必须符合国家法律、法规及政策要求，以有关法律、法规及政策规定为行为依据，运用科学的方法、程序、技术标准和工作方案开展鉴定评估活动，使鉴定评估结论合法、合理。

3. 保证安全原则

保证安全原则是指修复后的车辆能保证安全使用。

4. 能修不换原则

根据保险补偿原则，以不影响修复车辆安全使用和修复经济合理为前提，一般情况下，事故车应以修复为首选。能修理的零部件尽量修复，不随意更换；能局部修复的不整体修理（如油漆）；能更换零部件的不更换总成。

5. 质量对等原则

指受损车辆更换配件应与原配件质量对等，即应选用原厂配件。在没有原厂配件的情况下可选用质量相当的其他配件代替。

6. 事故发生地修复原则

指事故车应以事故发生地的中等水准修复费用为评定价格。依据所损坏的零部件的原始来源，根据保险公司内部的报价系统或市场价格确定零配件的价格，根据修复的难易程度，参照当地工时费水平，确定工时费用。

五、事故车损失鉴定与评估的程序与方法

事故车损失鉴定与评估的程序中，协商评估模式与中介评估模式的程序略有不同。

1. 以保险公司为评估主体的协商评估模式下的评估程序与方法

（1）鉴定评估人员的选派。保险公司一般应指派两名定损员一起参与车辆估损。对损失金额较大，双方协商难以定损的，或受损车辆技术要求高，鉴定评估人员由于不太熟悉该车型导致难以确定损失的，可聘请专家或委托公估机构评估。

（2）损失鉴定与登记。根据现场查勘记录，首先对事故车进行全面观察，做到整体把握，心中有数。再认真检查受损车辆，搞清本次事故直接造成的损伤部位，并由此判断和确定因肇事部位的撞击和撞击力的传递可能间接引起的其他部位的损伤。最后，确定出损失部位、损失项目、损失程度，并对损坏的零部件由表及里进行逐项登记，同时进行修复与更换的分类。对大的车辆事故，一般需拆解鉴定。为此，各保险公司均规定了一些自己的协议拆解点。

损失鉴定与登记工作是一项复杂细致的工作，对挤干理赔“水分”有一定影响。具体鉴定与登记方法是：由前到后，由左到右，先登记车身等外附件，如钣金覆盖件、外装饰件；再按发动机、底盘、电器、仪表等分类进行。

对估损金额超过本级处理权限的，应及时报上级公司协助鉴定估损。

（3）草拟和协商修复方案。做好损失鉴定与登记工作后，草拟一份估损单草稿，先与保险公司人员协商、修改。再与客户协商确定修复方案，包括确定修理项目和换件项目。修理项目需列明各项目工时费，换件项目需留有零件价格栏目，待询价、报价程序后确定。

（4）询价。对更换的零部件属于本级公司询价、报价范围的，要将换件项目清单交报价员审核，报价员根据公司的标准价或参考价核定所更换的配件价格；对属于上级公司规定的报价车型和询价范围的，应及时上报，并按照《汽车零配件报价实务》的规定缮制零部件更换项目清单，通过传真或计算机网络向上级询价。上级公司对询价金额低于或等于上级公司报价的进行核准批复；对询价金额高于上级公司报价标准的各项报价，并将

核准的报价单或询价单反馈给下级估损单位。

（5）确认修复方案。鉴定评估人员接到核准的报价单后，再与被保险人和第三者车损方，包括修理厂协商修理、换件项目和费用。如果客户有连带修理项目的，双方必须事先明确各自负担的费用，并在《汽车保险车辆损失情况确认书》上注明，协商一致后，签订《汽车保险车辆损失情况确认书》一式两份，保险人、被保险人各执一份。受损车辆原则上应一次定损，尽量不留追加修理项目。

（6）修理。鉴定估损完毕后，由被保险人自选修理厂修理或到保险人推荐的修理厂修理。上述修复方案还须修理厂签字认可后，才能进入施工修理。保险人推荐的修理厂一般不低于二级资质。

（7）结算。保险车辆修复后，保险人可根据被保险人的委托直接与修理厂结算修理费用。

2. 以第三方为评估主体的中介评估模式下的评估程序与方法

保险公估公司与道路交通事故车辆损失价格评估中心的评估程序与方法基本相同。下面以道路交通事故车辆损失价格评估中心的评估程序为例说明。

（1）业务委托。道路交通事故发生后，由公安交通管理部门办案人或事故当事人按规定填写《委托书》，签字盖章后送交价格评估人员。

（2）受理委托。价格评估机构接到委托书后，应与当事人约定评估时间、地点，并由当事人通知所投保的保险公司派员到场。

（3）现场查勘。实施查勘应按下列程序进行询问，了解车辆自然概况以及其他情况：

①询问。了解车辆自然概况以及其他情况。

②拍照。对车辆的损毁原状进行拍照。

③查验、登记、检查事故车辆的受损部位及损坏程序，隐伤部件必须由评估人员在拆解后勘验确定，并将事故车辆损坏的零部件部位、面积及程序逐项分别进行登记并由修复企业及事故当事人签字。

（4）市场调查。采集市场价格、咨询、分析、测算评估价值，其中材料费（含总成件、零件、涂料）价格均按物价部门发布的行业指导价或当地市场中等价格计算；工时定额按各省交通厅下发的有关文件规定执行，工时费率按市场行业中等价格水平计算。

维修总费用计算公式为：

维修总费用 = 总工时费（含税）+ 总材料费（含税）+ 其他费用

（5）负责修复事故车辆的企业，应了解事故车的车况和价格评估结论，应按评估机构做出的评估结论进行修复并保证修复质量。如对评估结论有异议，拒绝修复车辆的，车主或当事人可另行选择具有维修事故车辆资格的企业进行修复，并承担相应的义务。

（6）价格评估机构完成车辆损失价格评估后，应向公安交通管理部门或事故当事人出具《价格评估报告》或《价格认证结论书》。

（7）公安交通管理部门或当事人对评估结论有异议的，可自接到《价格评估报告》或《价格认证结论书》之日起 5 日内，向做出评估结论的估价机构申请补充评估或重新评估。

例如，某地区道路交通车辆损失价格评估中心的评估流程如图 6-1 所示。

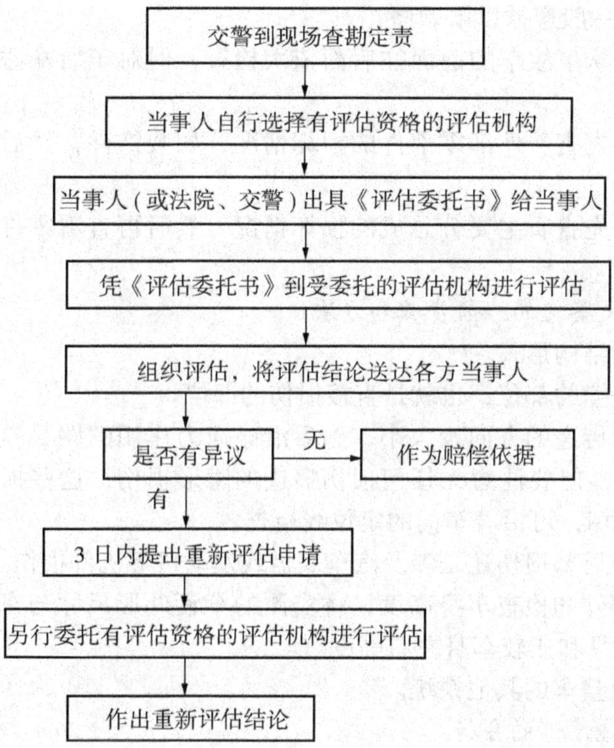

图 6－1　交通事故车物损失评估流程图

第二节　事故车的损失鉴定

一、事故车损失的整体分析

事故车的现场查勘是确定保险事故发生是否在保险责任范围内，是确定是否赔偿的问题；而损失鉴定评估是确定赔偿多少的问题。事故车的损伤除了现场查勘对车辆的损伤进行初步了解以外，要想对其损伤进行彻底的鉴定和分析，有时要借助一些专用工具和仪器，并且要遵循规范的检查顺序，尤其是损坏严重的汽车，损失鉴定非常复杂，不按照规定的检查程序，就很容易出现遗漏或重复计算的现象。

（一）事故车损失鉴定的工具和检查顺序

1. 事故车损失鉴定常备的工具

（1）记录信息的工具。用笔记本记录损失情况；用录音设备记录口述方式描述的损伤情况。

（2）查询配件信息的手册和软件，如主机厂和第三方的配件手册。

（3）必要的测量工具，如钢卷尺和量规等。

（4）举升设备，如举升机（或地沟）、千斤顶。

（5）常用的手动工具，如扳手、改锥、钳子。

2. 事故车损失鉴定的顺序

事故车损失鉴定一般遵循以下顺序：

（1）由前到后。从事故车的前面往后面依次检查，但对于后端碰撞，应当从后到前检查。

（2）由外到内。先查看外部零部件的损坏情况，如装饰件，然后再检查内部结构件和连接件的损坏情况。

（3）由主到次。先查看主要分总成的损坏情况，然后再查看零件、小器件和其他附件的损坏情况。

（二）事故车损失鉴定的一般步骤和方法

（1）了解车辆的结构形式。

（2）目测确定碰撞的部位，也就是直接损伤的部位。

（3）分析碰撞力传递的方向及大小，然后沿碰撞力作用的路径检查可能造成的受损部件，直到无损坏处，但要注意无任何损伤痕迹的隐形损伤，这些损伤即所谓的间接损伤。如车身立柱的损坏，可沿着车门的定位线检查。

（4）确定是车身局部损伤还是涉及汽车底盘或发动机等机件损伤。

（5）测量主要部件和检查车身高度，将实测的车辆外形尺寸与车辆维修手册上的标准进行对比，使用量具和比较车身左右高度。

（6）检查悬架及整车的其他系统。

（三）事故车碰撞情形的分析

汽车碰撞对车辆的损伤程度受碰撞力、汽车运动特性和结构特性等诸多因素的影响，这些因素的作用，我们直观反应的是碰撞力和损坏范围与碰撞事故发生的情形有很大关系，了解事故过程，有助于确定损坏情况。一般都是向事故的见证人尤其是驾驶员，询问事故发生过程，这有助于损失的鉴定与评估。鉴定评估人员应该掌握以下情况：

（1）车辆的结构、大小和形状。

（2）被撞物的大小、形状和刚度。

（3）发生碰撞时的速度和碰撞接触点的面积。

（4）碰撞的位置和角度。

（5）乘员或货物的重量和分布情况。

有经验的鉴定评估人员，通常能从事故发生的情况来推测碰撞损坏的部位和损坏的程度。某些碰撞类型通常可以推测事故的模型和发生的顺序，并且掌握各类型的损坏之间既有区别又有联系的地方。

当汽车即将撞上障碍物时，如果驾驶员本能的第一反应就是紧急转向，想躲开障碍，那么车辆将受到侧面撞击，见图6－2；如果驾驶员紧急制动，那么车辆将受到正面撞击，见图6－3。正面撞击时，如果撞击点较高，那么发动机罩和车顶将上翘，车尾将下凹；如果撞击点较低，由于车身惯性使车尾上翘，而车顶将前移，在车门的前上方与车顶间将出现较大的缝隙或裂口，见图6－4。

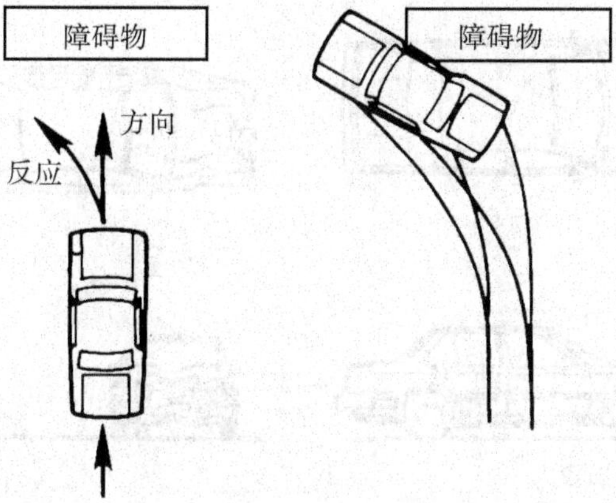

图6－2 驾驶员的第一反应是想绕离危险区，会蹭伤边缘，引起左右弯曲损伤

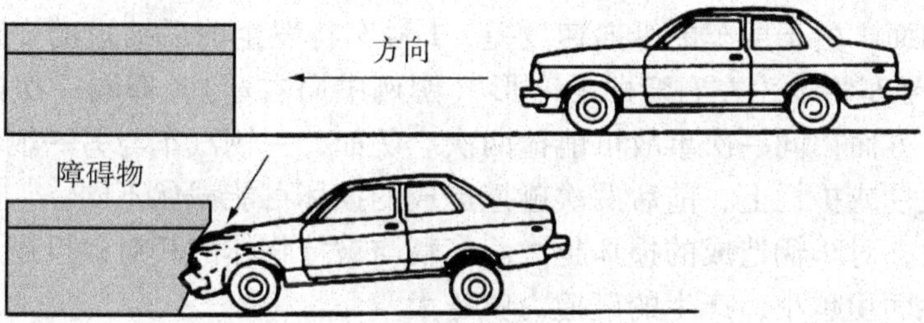

图6－3 驾驶员的第一反应是猛踩制动踏板，会使汽车前部下垂，而引起上下弯曲损伤

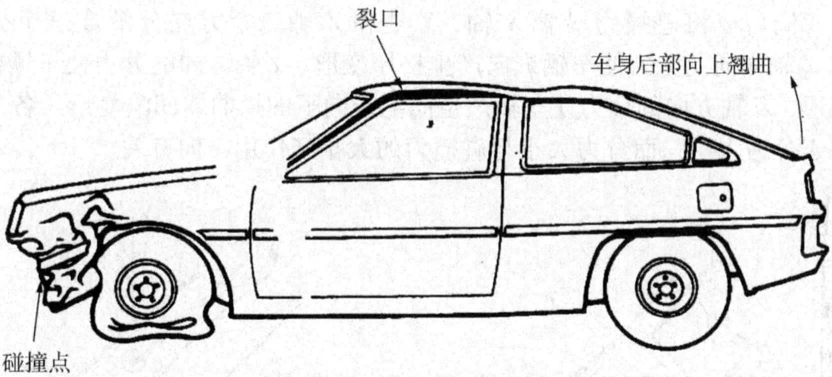

图6－4 汽车前端正面撞击后车身的损伤情形

同样重量、同样行驶速度的汽车，由于撞上不同的障碍物（如一辆车、一堵墙或电线杆），其肇事碰撞点的接触面积不同，则受到的损坏是大不相同的。如果碰撞面较大（比如一面墙），损坏就较轻，见图6－5a；反之，碰撞面较小，损坏就较重，见图6－5b。严重的撞伤会损坏保险杠、发动机罩和散热器等部件，还可能伤及发动机甚至悬架。

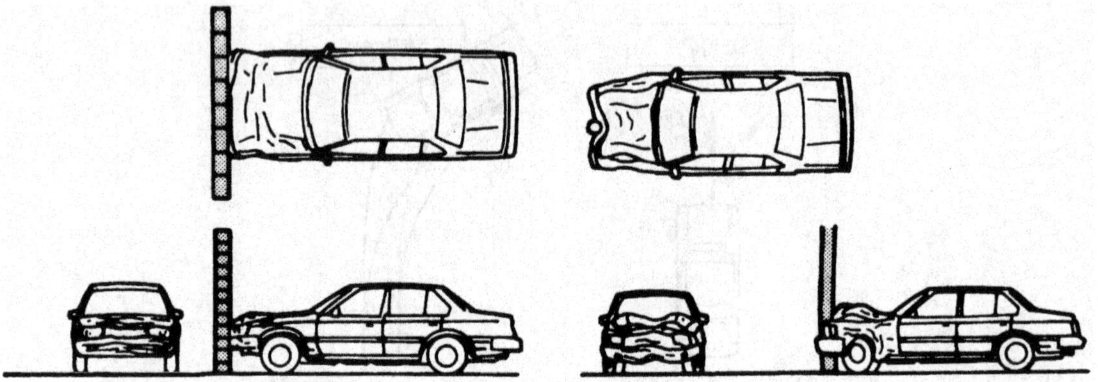

(a) 碰撞面积较大　　(b) 碰撞面积较小

图 6－5　汽车与不同面积的障碍物相撞后的结果

当两辆车相撞时，还要考虑碰撞时的相对运动情况。图 6－6 中，2 号车在行驶时，被 1 号车撞到侧面。由于两车的纵向速度差，1 号车将发生前后缩短的变形；由于两车的横向速度差，1 号车将发生左右弯曲的变形（图例中向右弯），即同一次碰撞造成两个方向的损坏。另一方面，同一次事故可能撞两次。例如，一辆汽车与另一辆汽车相撞，偏离路面，又撞在立柱或护栏上，前后两次碰撞造成的损坏可能截然不同。

碰撞力越大，对车辆造成的损坏越大。车辆与被撞物体的相对速度越大，被撞物体的刚度越大，接触面积越小，产生的碰撞力就越大。

碰撞力的方向对事故车的损坏程度也有很大的影响。在实际事故中，因为驾驶员在碰撞前的本能反应是躲让碰撞物和紧急制动，所以碰撞力的方向一般不会与车身的纵向 X 轴或横向 Y 轴和垂直方向 Z 轴平行，而是有一个偏角。但是，为了分析碰撞力对车辆变形的影响，我们可以将碰撞力沿着 X 轴、Y 轴和 Z 轴三个方向分解成三个分力，如图 6－7 所示。X 轴方向的分力使车辆纵向产生挤压变形，Y 轴方向的分力使车辆横向产生挤压和弯曲变形，Z 轴方向的分力使车辆产生向上或向下的拱曲或凹陷变形。各个方向的损坏情况取决于分力大小，而分力大小与碰撞力的大小和作用方向有关。

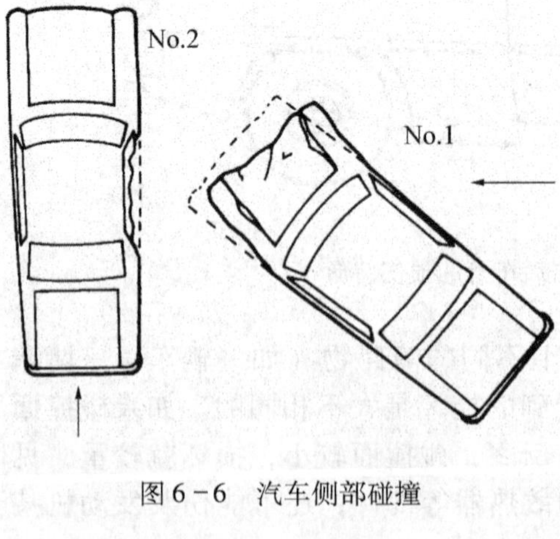

图 6－6　汽车侧部碰撞

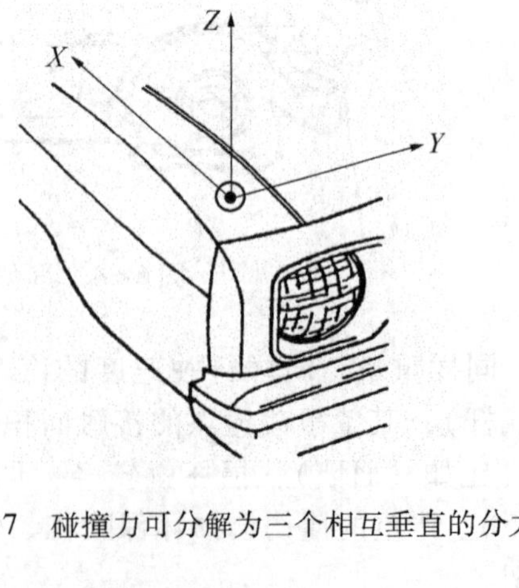

图 6－7　碰撞力可分解为三个相互垂直的分力

碰撞力除了对车辆部件产生直接损坏之外，还对车辆产生扭转力矩作用，如图6-8所示。这个力矩的大小与碰撞力的大小成正比，也与碰撞力作用线距离车辆质心的距离成正比。如果碰撞力刚好穿过质心，那么力矩就为零，也就是不会使车辆产生旋转倾向，碰撞力完全由车辆吸收，这会对车辆零部件产生较大的损坏；如果碰撞力不是刚好穿过质心，就会使车辆产生旋转，旋转角度的大小取决于力矩的大小。这就是为什么我们在实际事故中经常能够看到被撞车辆明显产生偏转甚至掉头现象。但在这种情况下，一部分碰撞力用于推动车辆转动，减小了车辆本身的受力，可能会减轻车辆的损坏程度。不幸的是，在车辆旋转过程中往往容易造成二次碰撞导致更大的破坏。

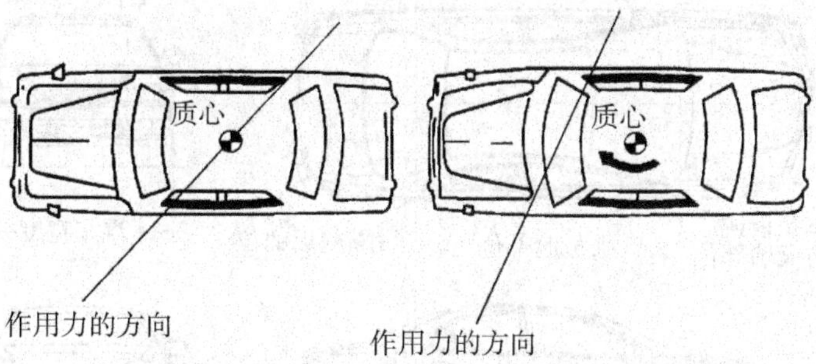

(a) 对心碰撞　　(b) 偏心碰撞

图6-8　碰撞方向与汽车质心的关系

车身的结构特性也是影响车辆损坏程度的重要影响因素，不同的车身结构对碰撞力的吸收和传递方式有很大差别，其影响和损坏情形见以下车身的损失鉴定部分。

二、车身碰撞的损失鉴定分析

汽车的车身，在碰撞、刮擦和倾翻等交通事故或意外事故中，是受损最严重的部分。其车身覆盖件及其他构件会发生局部变形，严重时车身都会发生整体变形，使其形状和位置关系不能符合制造厂的技术规范，这不仅影响美观，还会影响到车身和汽车上其他总成的安装关系，如车轮的定位。要做好车身的损失鉴定和损失费用的评估工作，除了要求评估人员具有车辆的构造知识外，还需要具有一定的车身修理经验，尤其是车身的结构和碰撞对车身的影响要有充分的认识，并且了解和熟悉车身修理的具体操作。

（一）车身的基本结构

1. 车身结构

汽车本身结构从形式上来说，主要分为非承载式和承载式两种。

非承载式车身的汽车有刚性车架，又称底盘大梁。车身本体用弹性元件悬置于车架上。车架的振动通过弹性元件传到车身上，大部分振动被减弱或消除。发生碰撞时车架能吸收大部分的冲击力，在坏路面上行驶时对车身起保护作用，因此车厢变形小，平稳性和安全性好，而且厢内噪音低。但这种非承载式车身比较笨重，质量大，汽车质心高，高速行驶稳定性较差。

承载式车身的汽车没有刚性车架，只是加强了车头、侧围、车尾、底板等部位，车身和底板共同组成了车身本体的刚性空间结构。这种承载式车身除了其固有的承载功能外，还要直接承受各种负荷。这种形式的车身具有较大的抗弯曲和抗扭转的刚度，质量小，高度低，汽车质心低，装配简单，高速行驶稳定性较好。但由于道路负载会通过悬架装置直接传给车身本体，因此噪音和振动较大。

2. 车身构成

轿车普遍采用承载式车身结构，其车身主要由车身前段部分、车身底部、中段车身、车身左侧和右侧、车身后段部分及其他相关附件组成，车身构成如图 6－9 所示。车身各部分包括的钣金件名称见图 6－10 所示。

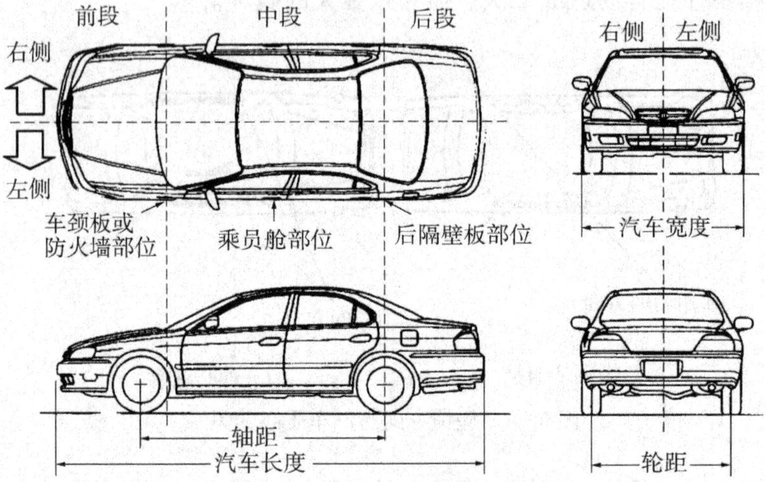

图 6－9 轿车车身的构成

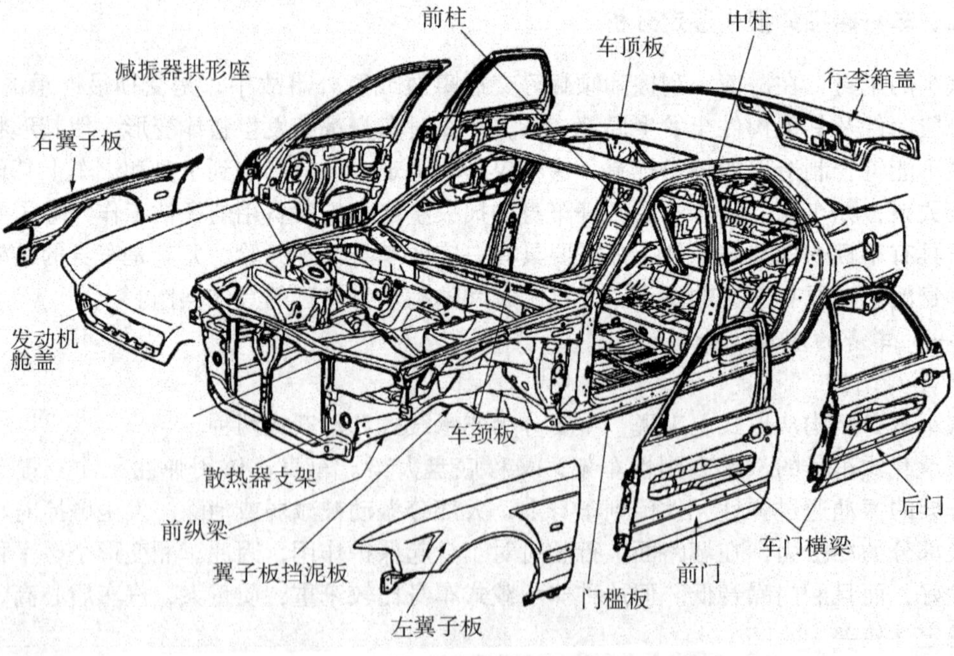

图 6－10 车身主要钣金件名称

（1）前段车身。它包括前保险杠和前围板之间的所有部件。前段车身主要是由翼子板、前段纵梁、前围板及发动机罩等构件组成。大多数轿车的前部装有前悬架及转向装置和发动机总成，当汽车受到正向冲击时，依靠前段车身来有效地吸收冲击量。为此，前段车身在构造上保证有足够的强度、刚度。所以，一般是将前悬架支承座的断面制成箱形封闭式结构。

①翼子板。翼子板与车轮拱形罩同属前车身的主要覆盖件，它不仅起着使车身线条流畅的作用，而且使前车身的整体性更强了。

②前纵梁。前纵梁前细后粗截面不等，是前车身的主要结构件，能够提高汽车受冲撞时对冲击能量的吸收。同时，用于装配发动机总成及其他汽车附件等。

③发动机罩。发动机罩多由高强度钢板冲压成网状骨架和蒙皮组焊而成。多数轿车还在夹层之间使用了耐热点焊胶，使之能够确保刚度并在其间形成良好的消音胶层。

（2）中段车身。中段车身构成乘员舱。由车身底板、立柱（A 柱、B 柱和 C 柱）、门槛板、车顶横梁、车顶纵梁等承载结构件和焊接在立柱上的车顶板组成，其中车顶板底部一般都装有隔垫和内衬，起到隔热、隔音和美化的作用。

中段车身侧体装有车门，侧体立柱、门槛及周边采用高强度钢制成的抗弯能力较高的箱型断面。车顶、车底和立柱等构件，均用焊接方式组合在一起。

中段车身的、与车窗连接的立柱起着支撑风窗和车顶的作用，一般下部粗大，上部的截面尺寸需要考虑驾驶视野而缩小。

车身底部是中段车身的基础，而且汽车行驶中传递给车身的载荷都是通过底部传递并加以扩散的。除选用高强度钢板冲压外，车身底板上还配置了抗载能力强的车身纵梁和横梁。车身测量与维修用的基准孔也反映在车身的横、纵梁上。

（3）后段车身。它包括后挡风玻璃到后保险杠之间的所有布局。轿车后段车身是用于放置物品的部分，可以说是中段车身侧体的延长部分。悬架直接作用于后车身上。为确保后车身的强度，车身重量由中段车身径直向后延伸，到相当于后桥部位再形成拱形弯曲。这样既能保证后桥本身的刚度，又不至于使后桥与车身发生干涉。而且，当车身后部受到追尾碰撞时，还能瞬时吸收部分冲击能量，以其变形来实现对乘客室的有效保护。

（4）左侧和右侧。在事故勘察，制作查堪报告和评估单时，经常要说明是车辆的左侧还是右侧受损，是维修左侧还是右侧的零部件，在查阅配件信息和专业的估损资料时，也要区分左右两侧的配件。

3. 车身板件及连接方式

（1）车身板件：车身板件包括金属板件和塑料板件，这些复杂的板件，在工厂都是冲压或模制而成，而事故车钣金维修则不能用模具，所以维修后板件形状尺寸有误差。

（2）车身板件的连接方式：车身板件的连接方式有三种：第一种是焊接、粘接或铆接，主要用于安装永久固定的静止零件，如纵梁、散热器支架、地板、车顶、立柱和后侧围板等；第二种是用各种紧固件，如螺栓、螺母、卡夹等连接，用于安装可以拆卸的静止零件，如进气格栅、保险杠、车身内饰等零件；第三种是铰接，用于安装可以转动或开闭的零件，如引机盖、行李箱盖、车门等。

焊接是一种永久性连接，是通过加热熔化焊接材料，使两个零件交融到一起，冷却后便形成永久连接。金属和塑料零件都可以用焊接方式连接。

压装或卡装是通过过盈配合或卡夹将零件固定到一起。这些装配方式因有利于降低生产成本而得到越来越广泛的应用。

胶粘零件是利用高强度的环氧树脂或专用粘剂将零件固定到一起。金属和塑料零件都能用粘结剂粘合。

（二）车身碰撞损伤的形式

1. 非承载式车身损伤的形式

非承载式车身损坏主要是车架损坏，其损伤形式有以下五种：

（1）侧弯损坏，由侧面碰撞所引起，碰撞后一侧受压，另一侧受拉伸的作用造成车架或车身发生侧向弯曲变形，见图 6－11。侧弯通常出现在车辆某一侧的前部或后部，其结构识别特征是：受压的一侧纵梁的内侧出现皱褶，而对面那根纵梁的外侧出现凸痕；其外观识别特征是：拉长一侧的车门边缝增大，缩短一侧的车门边缝缩小，甚至出现折痕。

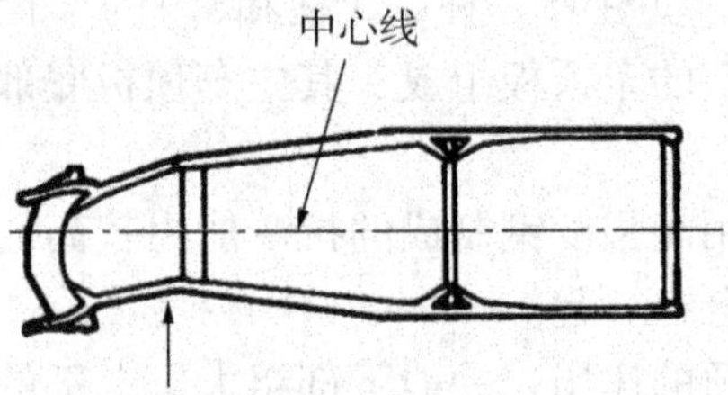

（a）侧面前部受击，前面发生侧弯

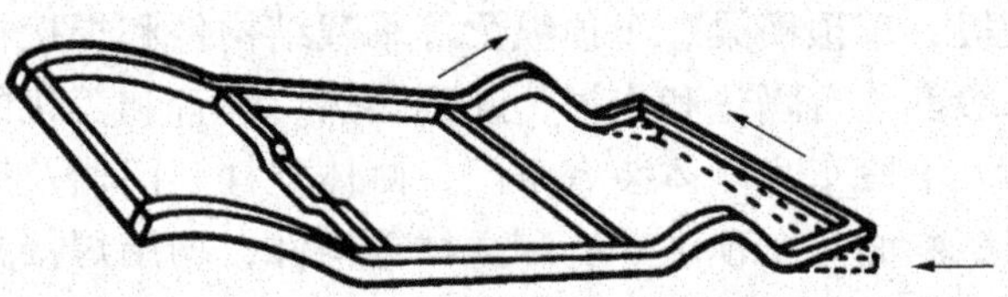

（b）碰撞和侧弯都出现在后部

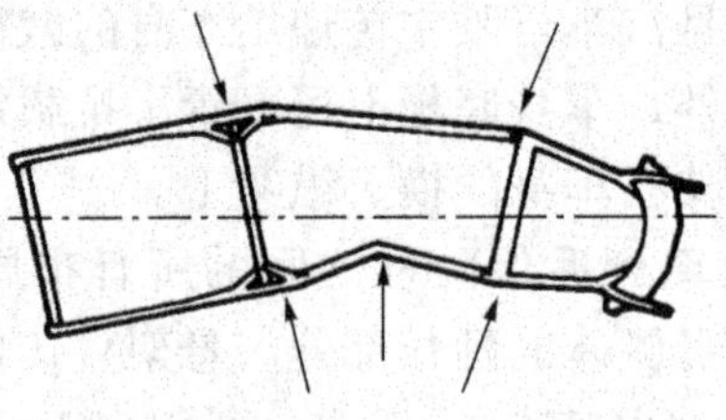

（c）严重时前后同时发生侧弯损坏

图 6－11　各部位侧弯损坏

（2）下凹损坏，由前部或后部的正面碰撞引起，这种损坏明显的外观特征是车架或车身上某一段比正常位置低，见图 6－12。它可能发生在某一侧，也可以在两侧同时发生，见图 6－13。

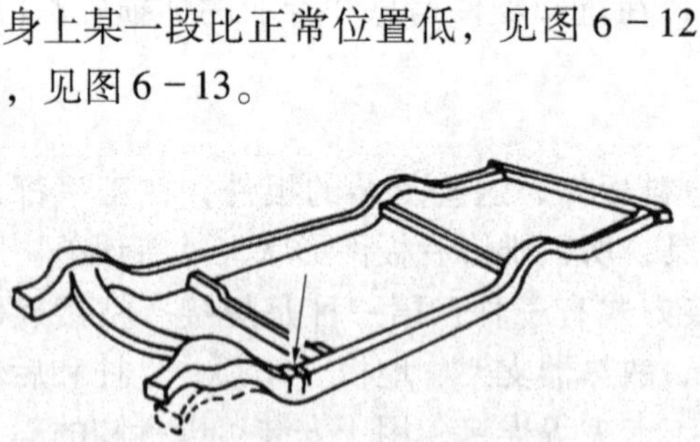

（a）前部下凹常在发动机下部的车架上出现折皱凸痕

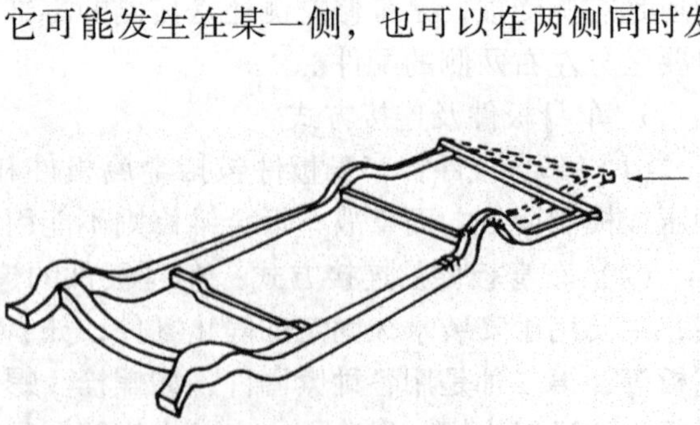

（b）后部下凹与前部下凹表现基本一致

图 6－12　碰撞引起的下凹

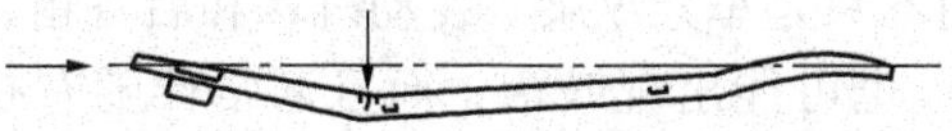

（a）前面碰撞造成的下凹　　（b）后面碰撞造成的下凹

图 6－13　正面碰撞引起的前后下凹

下凹损坏的明显特征是翼子板和车门之间缝隙顶部变小，下部变大；还可能会出现车门下垂的现象。

碰撞后车架上会产生许多微小的皱痕或扭结，使车身板件变形，但这些皱痕或扭结却很难发现。

（3）挤压损坏，由正面碰撞造成的。挤压损坏造成车辆某一部分比正常尺寸短，伴随皱褶变形。它一般发生在发动机罩或后备箱上，车门不会受压缩变短，见图 6－14。

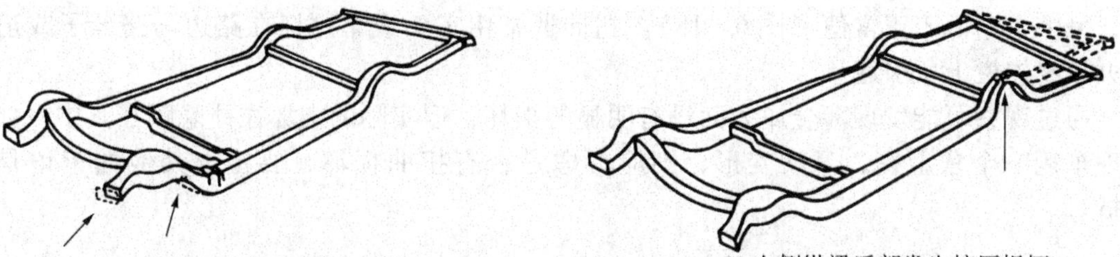

(a) 左侧纵梁前部发生挤压损坏　　(b) 左侧纵梁后部发生挤压损坏

图 6－14　左侧纵梁前后部发生挤压损坏

挤压的特征是翼子板、发动机罩、车架各梁出现皱痕和严重的扭折变形，车轮处的车架或轮罩还可能上翘，使悬架弹簧座变形，见图 6－15。

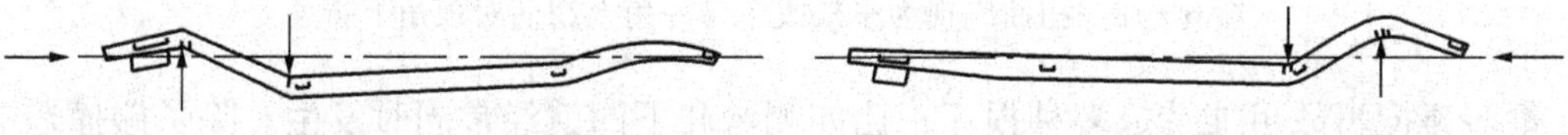

(a) 前面碰撞造成挤压和皱褶损坏　　(b) 后面碰撞造成挤压和皱褶损坏

图 6－15　挤压损坏的特征

（4）错移损坏，是车辆的一侧向前或向后移动，整个车架或车身由长方形变成平行四边形（图 6－16）。错移是由于车体角上受到前部或后部猛烈的碰撞造成的，严重的错移损坏导致整个承载车身报废，因为修理太费时间，得不偿失。

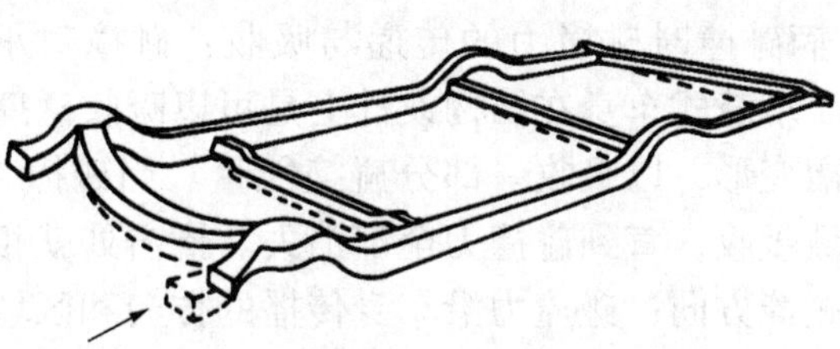

图 6－16　碰撞使车架边梁后错

严重的错移损坏会影响整个车架或车身，而不只是车架纵梁。发动机罩和后备箱、靠近后车轮后侧围板处、乘员舱或（和）卡车地板也可能出现皱褶，而且通常伴随有挤压和下凹损坏，见图6-17。

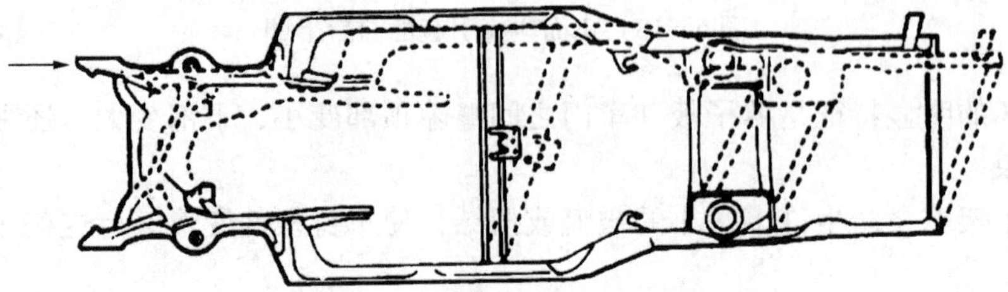

图6-17 严重的错移损坏

（5）扭曲损坏，是指车辆在对角线方向上产生变形，即对角线上的一个角高出正常值，另一个角低于正常值（图6-18）。扭曲通常由车头或车尾撞在路边马路牙子或道路中央隔离护栏上所引起。

通过观察可能发现薄金属表面没有明显的损坏，但实际的损坏往往隐藏在其中。如果发现车辆一个角上翘，悬架变形，则应考虑是否有扭曲损坏，要检查其他的车角是否下折。

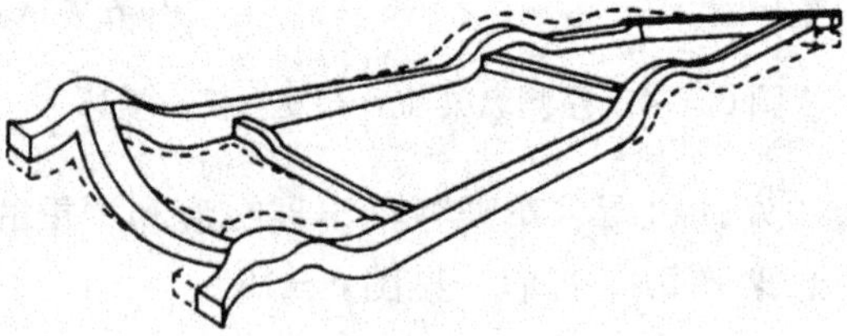

图6-18 扭曲表现为车架或车身一角上翘而对顶角下折

很多碰撞事故可能造成多种损坏，比如侧弯和下凹就经常同时发生。除了碰撞造成的直接变形以外，车架还可能因惯性力的作用产生二次变形损坏。例如，在剧烈的碰撞中，发动机可能因惯性的作用前后移动，这样会使发动机支座（车架横梁）也会变形。如在翻车事故中，由于发动机重量较大，滚翻时的离心力常把安装发动机的横梁拉弯。在损失鉴定中，通过比较车身门槛板与前后车架之间、翼子板与发动机罩之间的间隙情况，就可以初步判断车架是否变形了。

2. 承载式车身损伤的形式

（1）承载式车身车辆碰撞时碰撞力的传递与吸收：碰撞对承载式车身车辆的损伤，可以用圆锥模型来描述。承载式车身在结构设计上是可以吸收碰撞能量的。碰撞时，撞击处的车身发生一定的皱褶变形，以吸收一部分碰撞能量。当碰撞力向车身结构件传播时，它会被车身上更多的区域吸收，直到碰撞力全部消失。撞击处就相当于圆锥的顶点。

圆锥的中心线指向碰撞方向，碰撞力沿车身传播的方向和区域，就像圆锥的截面一样沿轴线扩大。圆锥的顶点和碰撞点称作初次损坏区，见图6-19和图6-20。

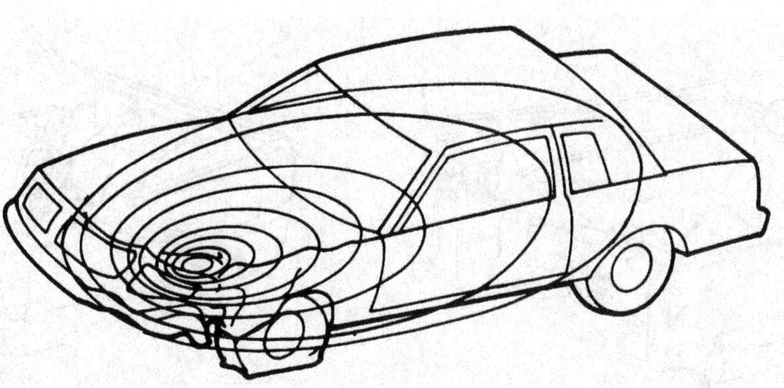

图6-19　碰撞力以圆锥体模式在承载式车身的传播与影响

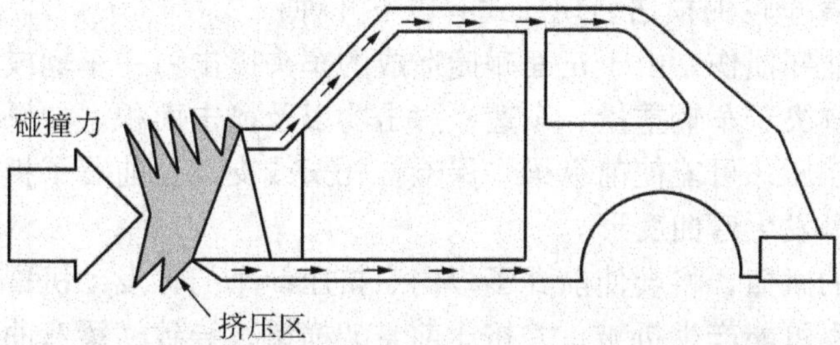

图6-20　碰撞能量沿着乘员舱穿过各部件而逐渐消散

由于承载车身是由薄金属板连接在一起的，碰撞被大部分车身壳体吸收。碰撞波沿车身传播的作用称为二次损坏。通常，这种损伤是向车身内部结构或与车身碰撞相对的部位发展，见图6-21。

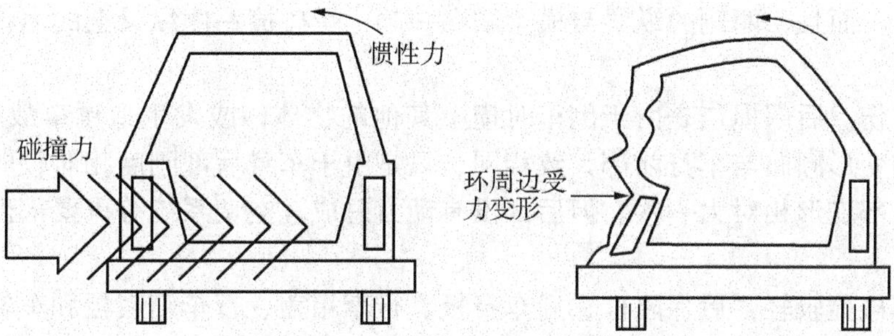

图6-21　由于惯性作用，车顶向碰撞的一侧移动

为了控制二次损坏的分布区域，保护车内乘员的安全，在承载式车身车辆上设计了一些变形吸能区。变形吸能区在碰撞力作用下按预先设定的方式变形，保持乘员舱的形状，并吸收掉二次损伤的能量，见图6-22。

换一句话说，正面碰撞由车身的前部和吸能区共同吸收，见图6-23；后部碰撞由车身后部吸能区吸收；侧面碰撞将由撞击区的门槛板、车顶边梁、中立柱和车门共同吸收。

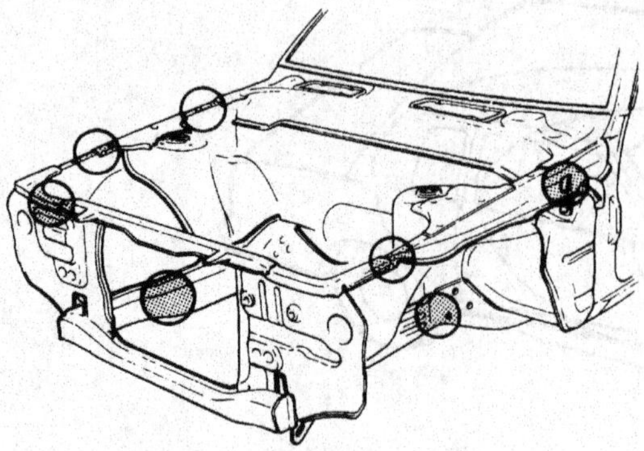

图6－22　承载式车身的前吸能区

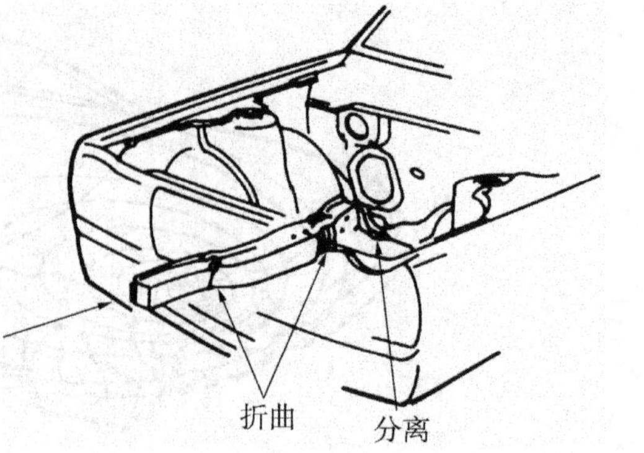

图6－23　车架弯曲及断裂效应

（2）承载式车身车辆的损伤表现形式有以下几种：

①前部损伤。前部损伤是由于正面碰撞造成的车头撞击另一车辆或是其他物体引起的损伤，碰撞力大小取决于车辆重量、车速、撞击物以及撞击面积。如果轻微碰撞，将造成保险杠会受到向后挤压，可能使前纵梁、保险杠托架或支架、前翼子板、散热器及其支架和发动机罩锁支架等发生弯曲变形。

如果比较严重的碰撞，将会使前翼子板向后挤压前车门；发动机罩铰链将上弯，触到发动机罩；前纵梁也可能产生折皱，并挤压前悬架横梁，导致横梁弯曲，甚至可能会使前翼子板挡泥板（也称翼子板裙板或内翼子板）和车身前柱（特别是前门铰链上部区域）将发生弯曲变形，这导致前车门下垂。此外，前纵梁褶皱加大，使前悬架摆臂也可能弯曲，减振器可能会损坏，前围板和前地板也可能受损，发动机支撑错位，空调通风装置受损，前挡风玻璃破碎，车轮定位可能会失准。

如果前部碰撞与整车轴线有一个夹角，前纵梁以连接点为转动轴，向水平和垂直方向产生弯曲变形。而且，两侧的纵梁与横梁联在一起，受碰撞一侧纵梁上的力将通过横梁传给另一侧纵梁。

②后部损伤。后部损伤是由于倒车时撞上其他的物体，或发生追尾事故引起的损坏。其变形规律和变形倾向与车身前部大致相同，只是由于车身后部刚度相对较弱，在相同的碰撞力下，后部变形相对大一些。但后部没有动力总成、空调系统等重要部件，损失相对小一些。

如果后部碰撞较轻，后保险杠、后车身板、行李箱盖、行李箱底板和车轮上方的后侧围板产生变形。

如果后部碰撞较重，后侧围板挤压到车顶板底部，甚至造成车身中柱弯曲，后部碰撞的冲击能量大部分使这些部件以及后纵梁的变形而吸收。需要特别注意的是，现代轿车的燃油箱大多位于坐椅下面，在发生较严重的追尾事故时，可能会使燃油箱产生裂纹而造成汽油泄漏，汽油极易燃烧，碰撞火星或静电火花都有可能造成严重的火灾。因此，在勘察汽油泄漏的故障时一定要十分小心。

③侧向损伤。承载式车身的侧面抵抗碰撞方面相对比较薄弱。一旦碰撞，可能会造成车门、车门槛板、车身中柱、前翼子板或后侧围板变形。严重时，甚至会导致地板变形，如果是前翼子板部位受到侧面撞击，前轮往往会向内挤压，从而影响到前悬架横梁和前纵

梁。如果碰撞严重，悬架系统的零部件可能损坏，即使悬架不见损坏，前轮定位也会遭到破坏，轴距发生变化，甚至会使转向装置及其支座损坏。如果是前翼子板或后侧围板部位受到较大的垂直碰撞，碰撞力会传递到撞击点另一侧的车身上，从而造成对面板件变形。

④顶部损坏，是由于落物砸伤汽车或汽车滚翻引起的损坏，顶部损坏不仅局限于车顶板，还可能造成车顶侧梁、后侧围板和车窗的损坏。

车辆滚翻时，车身支柱和车顶板会弯曲，相应的支柱也会被损坏。根据滚翻方式的不同，还可能造成车身前部或后部损坏，其辨认特征是车门及车窗附近发生变形，且易于发现。

（3）对于承载式车身车辆，典型的碰撞作用过程及变形特点如下：

①碰撞的瞬间（约 1×10^{-6}s），碰撞波试图使结构缩短，造成车身中部结构横向、垂直的变形趋势，而且碰撞力以冲击波的形式开始向撞击点以外的区域扩散。由于车身材料的惯性和弹性，有保持恢复原来形状的趋势，所以变形不能马上产生。

②碰撞继续作用，在撞击点出现可见凹扁变形，能够吸收碰撞能量，保护乘员舱。同时，冲击波加剧扩散，其他区域也出现变形、撕裂或松散。

③设计合理的承载式车身车辆，在大的碰撞力作用下，乘员舱车身板的变形将是外凸的，而决不能内凹，保持乘客不受伤、车门能打开。

类似非承载式车辆的侧弯损坏，承载式车身车辆也会发生横向变形，这可通过测量横向尺寸是否超过正常值来确定。

④即使撞击点是车身上的棱角顶点，碰撞波也会扩散到很大范围，可能造成车身结构的扭转变形。和非承载式车身车辆一样，承载式车身的扭转变形也是整个撞击过程的最后作用，事故后，通过同时测量高度、宽度尺寸是否超过正常值，就可以判断是否发生了变形。

（三）车身损失鉴定分析

对于车身的损失鉴定，我们以轿车为例进行分析。

1. 保险杠损失鉴定分析

前后保险杠的作用是在车辆发生低速碰撞时保护车辆的前部和后部，不同种类的车型保险杠不仅结构各异，而且材料各不相同。如图6－24所示，当汽车发生正面碰撞（含追尾）时保险杠横梁和吸能装置可能发生变形，保险杠杠皮大多为塑料件，可能发生擦伤、撕裂、断裂、凹裂等损坏。保险杠横梁和吸能装置一般变形（含中度变形的）可采取修复校正方法处理。但对于极个别变形很严重的，因涉及安装尺寸要考虑更换。保险杠杠皮对于轻微擦伤、撕裂、凹裂变形的可采取塑焊方法进行处理，并保证外观不能有明显痕迹。特别是高档小轿车，一般情况下不得更换。对于撕裂、断裂较严重的和有掉块的，修复后达不到车容要求的可予以更换。个别高档小轿车，保险杠由几部分组合而成（如导流板），原则上损坏哪一部分更换哪一部分，不必更换总成。还有些越野吉普车，保险杠为金属电镀件，事故发生时在碰撞力的作用下，镀铬层很容易发生皲裂或剥落，对于此类保险杠一旦损坏，通常只能更换。因为修复后很难保证保险杠表面的光洁度，影响美观。对于轻微变形，亦可采取修复，但修复整形后须经表面电镀处理。

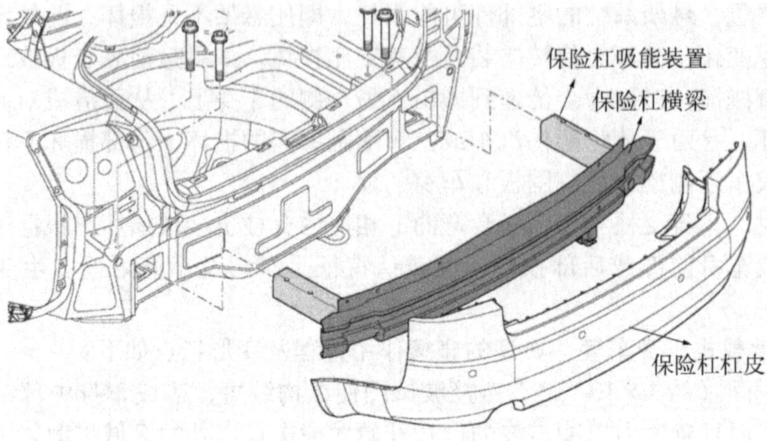

图 6－24　保险杠

2. 发动机罩损失鉴定分析

如图 6－25 所示，一般车辆的正面碰撞以及前侧斜交碰撞都会不同程度地引起发动机罩变形，尤其是正面碰撞导致发动机罩变形翘曲的程度将会更大。一般小轿车发动机罩由蒙皮和内加强筋两部分组成。轻微碰撞，因变形部位不受内加强筋限制，钣金容易操作的，可不必将蒙皮与内加强筋剥离。对于碰撞较严重（一般撞出皱褶）且整形操作受影响的，则必须将蒙皮与内加强筋剥离后进行整形修复，相对来讲作业难度及工作量要大，在损失鉴定时应考虑工时费用的区别。

一般情况下，大多数正面（侧前斜交）碰撞，发动机罩都可以进行修复处理，除非特别严重的正面碰撞，否则不要轻易更换。

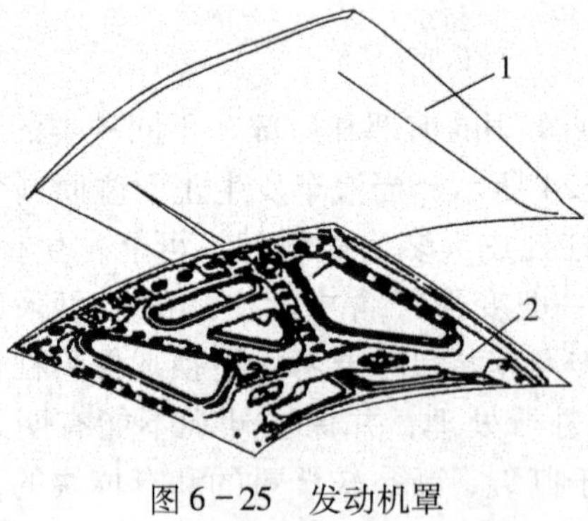

图 6－25　发动机罩
1—蒙皮；2—内加强筋

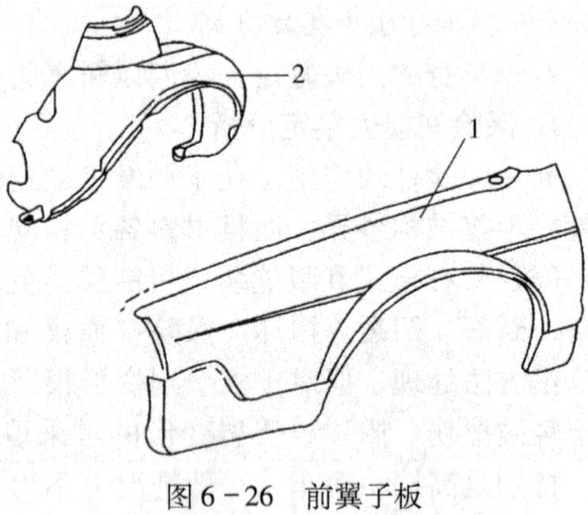

图 6－26　前翼子板
1—翼子板面板；2—前轮罩

3. 前翼子板损失鉴定分析

如图 6－26 所示，以前大部分车辆前翼子板都是由冷轧薄板制成，现在有些车辆使用玻璃钢和塑料翼子板。对于一般正面碰撞与斜交碰撞，翼子板的损坏程度都不是十分严重，基本上都可采取修复方法进行处理。对于金属翼子板，一般用钣金工艺修复；对于玻璃钢翼子板，破损或撕裂后可以用玻璃纤维修理包进行修补；塑料翼子板损坏后可以进行焊接或粘接。对于严重的斜交碰撞则可能造成翼子板面板报废，同时也将波及与它相连结的前轮罩板等其他车身件。对于严重的正面碰撞，翼子板前部损伤将十分严重，一般小轿车此部分几何形状较为复杂（弧度、弯度）且牵涉与前大灯以及前中网的安装、配合，遇有严重死褶或撕裂破碎的，难以恢复到原来几何形状的可以考虑更换。

4. 前围损失鉴定分析

小轿车前围部分的结构、形状都比较复杂，它是由以下几个构件组成：前风窗与发动机罩过渡板、前围板（机舱隔板）和侧板等组成，前围板焊接在地板上，在非承载式车身上，它是地板的一部分。通常侧板与铰链和挡风立柱（A 柱）相连。在前围总成中还包括各种支撑、延伸件、支架、支柱和加强件。当汽车发生正面、侧面碰撞时，都会造成前围不同部位的变形，变形程度取决于撞击力的大小。当汽车发生正面碰撞时，对于轻微的碰撞或者局部的碰撞，前围总成中的支撑附件可能会变形，一般可以采取整形修复的办法处理，造成前风窗与机盖过渡板、雨水收集盒、前围板变形者，一般都是特大事故的碰撞造成的。特大事故的碰撞致使前纵梁弯折，发动机后移，都能触及这些部位。对于这些部位的损失鉴定一般都采用修复的方法来解决。因为这些部位的变形，都是碰撞后的间接损伤，变形程度一般都不太严重。当前围板需整形修复时，大多需要将发动机总成抬下。发生前围板变形时，发动机多数含程度不同的损伤也需抬下发动机进行检查，且校正前梁也必须将发动机抬下。

5. 前纵梁、横梁和翼子板挡泥板损失鉴定分析

前纵梁和翼子板挡泥板如图 6－27 所示。

（1） 前纵梁和横梁的损失鉴定分析。当汽车发生正面碰撞、侧面斜交碰撞时，往往会造成双边纵梁或单边纵梁弯曲变形，较大的碰撞还可能造成弯折或破损。前纵梁和横梁在车体的结构中，是汽车承载发动机、变速器、前悬架、转向、传动、行驶等支撑和传力的结构件，起着相当重要的作用。前纵梁的变形会造成车体的扭变，轻度变形会影响汽车的行驶。前纵梁的变形，一般用眼睛观察就可以断定。

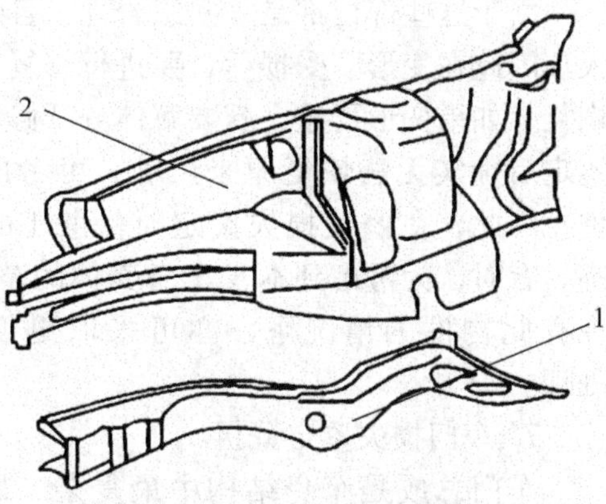

图 6－27 前纵梁和翼子板挡泥板

1—前纵梁；2—翼子板挡泥板

鉴定方法：若前纵梁弯曲变形，则前纵梁上的漆皮将会脱落，铁皮起皱，左右前翼子板的缝隙大小不一，发动机罩向两边偏移等。

损失鉴定处理：在一般情况下，大多采取校正处理。若前纵梁变形弯折严重，如强行按校正处理，则很难达到原来的几何形状尺寸，有些附件以及发动机总成将会装不到原来位置，而更为严重的是：汽车的前轮定位等技术参数将会得不到保障，影响事故车辆修复后的行驶技术性能。对于纵梁和横梁变形程度较大的，这些纵梁、横梁以及它们的延伸件、加强件都可以单独购买到，一般情况下可采取更换处理。目前，大多数轿车有前纵梁和横梁构件，很多情况下前纵梁是与翼子板挡泥板连为一体，横梁是与散热器支架连为一体的，如桑塔纳、夏利等。更换时一般采取与前围板焊接处理，在焊接时应拆除仪表台以及前围板上的其他附件。

（2）翼子板挡泥板损失鉴定分析。翼子板挡泥板在轿车前部左右两侧，通常用螺栓或焊接在纵梁和前围板上，也可以说是轿车前部的一个结构组合件，对增大前段车体强度具有重要的作用。它与前纵梁配合，是一个多功能的部件，具有以下几个功能：一是为悬挂提供安装位置，构成轮室；二是保护发动机不被飞溅物伤害；三是为发动机舱内的多种零部件提供安装面。减振器塔座是它的主要组件，用来固定前悬挂系统的减振器支柱和螺旋弹簧。当汽车发生正面碰撞或侧面碰撞，都能造成翼子板挡泥板不同程度的变形。正面碰撞，一般会造成前纵梁支撑及翼子板挡泥板前部变形，如果从侧面碰撞或者严重正面碰撞则可能造成减振器塔座变形，从而影响前轮定位参数。

当汽车发生正面碰撞，翼子板挡泥板前部变形，一般都采取整形修复处理。若碰撞严重，造成前纵梁弯折，翼子板挡泥板破损，在决定更换前纵梁的同时，将翼子板挡泥板一同更换。若从侧面碰撞，使减振器塔座变形严重或破损，可更换翼子板挡泥板。

6. 车身立柱损失鉴定分析

车身立柱包括左右侧前立柱（A 柱）、左右侧中柱（B 柱）、左右侧后翼子板三角窗框架（C 柱）等部位。这些立柱的构造是由内、外板组合成为一个封闭的单元体。它的作用是连接其他部件组成一个适合的空间，以满足汽车内部的各种装饰和乘员座位及其他设备的布置，是轿车中部最主要的结构组成件。当汽车发生正面碰撞，一般来说对此部位的变形影响不大，如碰撞严重也只能造成立柱的变形。但对于汽车的侧面碰撞或倾覆则会造成前柱、中柱、后翼子板三角窗框架受损变形。其受损程度，与碰撞力的大小相关。

由于这些部位都是一些组合件，且焊接比较牢固，所用的材料强度高、板件厚、刚度大。因此在变形、受损后，要进行修复难度较大。轻微凹陷变形，可用顶和拉的方法即可恢复，如果变形严重，就要解体分开修整，再最后组合。如该部件弯折或破损严重，经过鉴定后确实无法恢复原来尺寸，可考虑更换此件。因此，在修复损失确定时一般工时费用较高。有时，为考虑到本身车身壳体的整形基准，在有此构件的情况下，亦可采取更换的方法处理。

7. 车门损失鉴定分析

车门总成是车身结构中最复杂、最昂贵和最关键的部件之一。车门的结构是由车门框架、车门外板（俗称蒙皮）、外加强板、加强板、车门内板及其他附件组合而成，如图 6－28 所示。车门通过铰链连接在车身立柱上。在汽车碰撞事故中，造成车门变形、破损的主要原因是该车被侧面碰撞或倾覆。一般情况下，碰撞比较容易造成车门的中下部变形破损，而倾覆则容易造成车门的中、上部变形破损。一般轻度的擦碰，只能伤及车门的外表（如凹陷、局部破损），如碰撞严重，不但会造成门面板的凹陷、破损，而且会造成车门框架及其组合附件的变

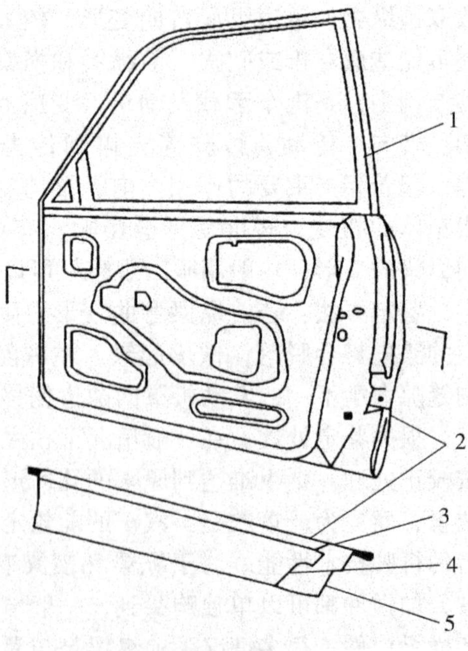

图 6－28　车门本体
1—窗框；2—蒙皮；3—外加强板；4—加强板；5—车门内板

形、损坏（如玻璃升降器、升降器电机、导槽、玻璃、门顶等），因此碰撞变形严重的车门在损失鉴定时，应细心检查车门所有附件的完好程度，并由此确定修复或更换。

车门是由许多相关的附件组成，当汽车发生碰撞、倾覆造成车门的变形或破损时，首先应判定哪个部位变形破损，再根据变形破损的程度，决定该部位是修复还是更换。由于车门是由多组合件组成，在损失鉴定时可采取哪个附件变形破裂，就修复或更换哪个附件。如：该车门面板破裂严重，就采用更换面板的方法处理，有些车型面板有专卖的成品，而有些车型的面板在社会上无销售，可采取修复吸杯、撬棍和液压拉伸、挖补等方法修复。若车门框架、面板同时变形破损，修复后很难达到原来的几何形状及尺寸或修理不经济时，可考虑更换新件，新件车门框架、面板连成一体供应。但车门的其他附件如完好无损，可继续安装使用。所以说，在更换车门前，特别是更换车门总成（含所有的附件）时更应该注意。不要放弃对未变形旧件的再利用，防止损失鉴定范围扩大而造成不必要的赔付。

8. 车顶损失鉴定分析

车顶由车顶蒙皮与骨架所组成，在轿车附件中是一个较大的整体冲压件。从形状上看，车顶是一个曲线完美的抛物线体，本身结构并不复杂，但在车身中却起着许多关键性的作用。它的前部与前立柱（亦称挡风立柱或 A 柱）焊接，侧部与中立柱（B 柱）焊接，后部与后翼子板上部焊接，是轿车主要附件的连接中心，车顶本身结构比较薄弱，轿壳内上部有一加强筋给予支撑，所以说轻微的直接碰撞都会造成车顶的凹陷变形。

车顶的凹陷变形基本上来自以下几个原因：

（1）汽车发生正面碰撞，其碰撞力通过前纵梁与前立柱促使车顶前部、侧中部轻度弯折凹陷变形。

（2）汽车发生后部碰撞，碰撞力通过后翼子板促使车顶后部或侧中部轻度弯折凹陷变形。

（3）汽车发生中部碰撞，碰撞力通过前柱、中柱、后翼子板促使车顶中部弯折凹陷变形。

（4）车顶与物体发生直接碰撞，容易使车顶发生严重变形或破裂。

（5）汽车发生倾覆，会使车顶发生严重的凹陷变形，甚至破裂。车顶经碰撞、倾覆发生变形破裂，一般比较明显，在损失鉴定过程中难度不大，容易发现。

车顶的轻度变形或局部凹陷，通过简单的整形就能恢复到原来的形状，不会影响相关的附件，工时费用较低。如果变形面积大，局部破裂，遇到这种情况，整修工艺就比较复杂。因为，车顶是一个较大曲线体，连接的部位较多，弧度和其他附件相互不对，达不到原来的位置，又影响相邻附件的安装和使用尺寸，车顶是汽车的一个较大的钣金件，修复的质量，直接影响整车的外观。

车顶的重度变形、破裂一般都采用修复整形的方法进行处理。在整形修复时，多采取将车顶蒙皮剥离，修复后再重新焊接。目前，大部分轿车无车顶蒙皮构件，但有些轿车有此构件（如夏利小轿车），对于有此构件的，考虑整形修复质量，亦可视情况予以更换。一般来讲，凡车顶蒙皮严重凹陷且大面积损伤的，其车顶骨架也会有不同程度的变形损伤。对于骨架的校正相对难度较大一点，它牵涉基准定位问题，相对来讲修复费用也要高一些。凡车顶凹陷变形时，整形修复都需将车顶内饰拆下，涉及内顶装潢工时费用；有的车顶内饰属一次性的，在考虑装潢工时费用的同时还需考虑材料费用。

9. 车身底板

汽车发生碰撞、倾覆，对车身底板来说，一般不会出现较大的变形。因为，车身底板的位置在汽车的底部，前边有前围的保护，侧面有车门、立柱及底板边梁的保护，后面有后备箱底板保护，车身底板处于中央位置，且车身底板的结构也比较特殊。车身底板的周边是框架结构，它的平面冲压加强筋密布，表面又增加了十字形骨架。所以说车身底板的变形，除非严重碰撞，否则一般不会造成变形，若造成车身底板变形，其原因大致有以下几点：

（1）汽车发生正面碰撞，碰撞力通过前纵梁的根部传递给车身底板，使车身底板前部变形。

（2）汽车发生正面碰撞，使发动机变速器严重后移，造成车身底板前部变形。

（3）汽车侧面受外来力的巨大冲击，造成底板边梁及车身板的侧面变形。

（4）前、后被其他汽车碰撞的夹击力，促使车身底板成拱曲变形。

（5）车身底部碰撞异物，造成车身底板的局部变形、破裂。

（6）汽车的严重倾覆造成车身底板的变形。

当汽车发生碰撞、倾覆后，车身底板的变形一般都不十分明显，尤其是轻度变形。原因是每辆汽车，在车内都铺有地板，遮盖着底板的金属件，为了鉴定的准确性，可将汽车举升查看，以便准确鉴定。

车身底板的变形，一般都采用修整的办法来恢复原来的几何形状及尺寸，破裂的要进行焊补。如车身底板锈蚀，可用挖补的办法来进行恢复，修复好的车身底板必须牢固，要保证行车安全。因为车身底板在车身构件中，是一个承载件，它关系到驾驶员及乘车人的生命安全。尤其是对老旧汽车及锈蚀严重的汽车，在损失鉴定时，应给的辅助材料一定要给，而且还要充足（如挖补用的铁皮），要防止修理厂该补的地方不补，凑合焊接，这种做法后果甚为严重。当车身底板定为修复时，应注意这一点，切勿粗心大意。

10. 后翼子板损失鉴定分析

轿车的后翼子板又称后侧板或后侧围板，从门槛板和车顶延伸到后部车身，构成后部车体的侧面，其形体构造较为复杂，它与车身后部焊接成为一体，前上部为后侧窗框架，中上部为后窗玻璃框架，内侧前部与后轮罩板焊接。后翼子板的碰撞有以下原因造成：

（1）倒车碰撞。后翼子板的碰撞一般是驾驶员在倒车时，麻痹大意撞上其他物体，这种碰撞一般变形不大，只是后翼子板侧角造成凹陷变形。

（2）追尾碰撞。其他车的追尾碰撞所造成的变形、破损比较严重。

（3）侧面碰撞。其他车辆从侧面碰撞一般使后翼子板变形严重，涉及后翼子板侧窗框架，后窗玻璃框架及门锁框架等变形损坏。

（4）会车、超车的擦碰。这种变形程度不会太大，只是在表面上擦伤。

（5）倾覆碰撞。车辆倾覆造成的后翼子板损坏变形。

后翼子板受严重碰撞之后，由于检查的部位较多，因此要求鉴定人员工作必须细心。因本次事故碰撞所涉及的相关部位，都应仔细观察，做到不漏项目，以保证修复后的车辆能恢复原样。

一般来说，轻微的碰撞，只是对翼子板面板损伤，修复整形后能够达到表面光滑、弧度均匀，恢复到原来的几何形状。对于翼子板尾部的凹陷一般经过修复后都能达到原来的尺寸，操作工艺简单。对于侧面碰撞，较为严重者一般需解体整形，操作工艺复杂，工时费用相应要高。在损失鉴定时，要根据变形程度及变形部位的修复难度确定工时费用。对于碰撞后变形、破损严重的，为保证车身后部的标准尺寸和车身外形几何形状要求，可更换此件。

11. 后围损失鉴定分析

如图6－29所示，后围与左、右后翼子板尾部焊接，下部与行李箱底板焊接。后围的结构比较简单，碰撞变形后的恢复较容易。后围的碰撞有以下原因造成：

（1）倒车碰撞。开车人在倒车时未发现后面的障碍，盲目倒车，致使后围遭受碰撞造成损坏变形。

（2）追尾碰撞。其他车辆的追尾碰撞造成后围的凹陷、后围的变形。如果碰撞严重，一般肉眼即可看出变形程度；若轻微碰撞，则变形程度较轻，可用行李箱盖的门锁机构进行试验，一般后围稍有轻度变形，行李箱盖锁与后围锁架就连接不上，或连接困难。

后围的变形破损，在损失鉴定过程中都是以修复为主（无单体件可供更换）。由于它的结构简单，恢复后基本上无后遗故障，因此在损失鉴定方面，比较容易掌握，而且损失鉴定工时也不会太高。

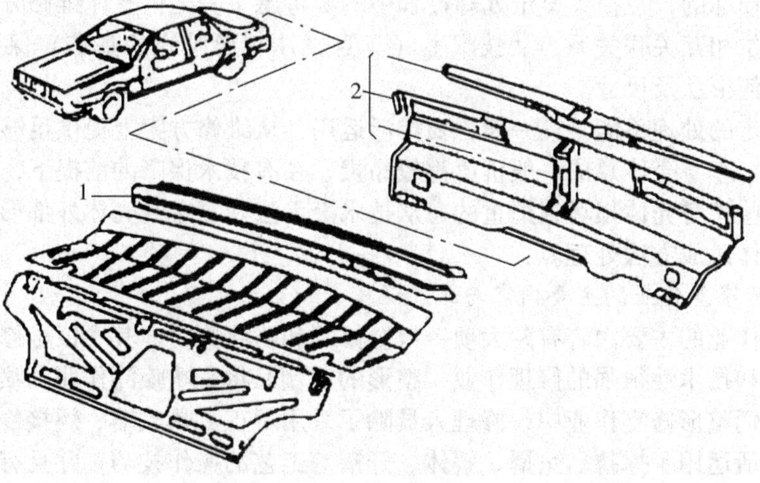

图6－29　后围

1—封闭板；2—后围板总成

12. 行李箱盖损失鉴定分析

如图6－30所示，行李箱盖的变形、破损一般来自两个方面的碰撞：一个是从后侧部位的碰撞，一个是从尾部的正面碰撞。侧面碰撞行李箱盖一般只是轻度变形，或者移位；正面碰撞，行李箱盖变形、拱曲、破损比较严重。

行李箱盖由蒙皮和骨架两部分组成，它的构造也比较复杂，通常由外板和内板、内衬、锁门隔板、支架盖锁内饰板构成。为了提高行李箱的强度和吸能效果，在行李箱内板上装有加强筋。行李箱盖的内外板件结构形式加大了钣金维修的难度，如果在事故中严重损坏，一般只能更换内外板件。当行李箱盖碰撞变形后，通过整形修复基本上都能恢复原来的形状，修复后的行李箱盖在使用上不会出现影响其他附件的性能，所以行李箱盖的变

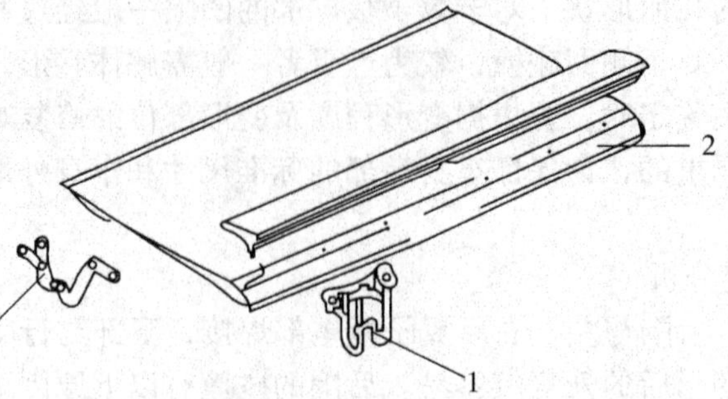

图 6-30 行李箱盖

1—行李箱锁；2—行李箱总成；3—行李箱盖铰链总成

形，一般都采用修复的方法处理。但对严重皱褶、破损的行李箱盖，在无法修复的前提下，也可采取更换的办法处理。

从上述车身损失的分析可以看出，碰撞倾覆事故带有很大的随意性，它所造成的损坏及车身壳体的变形部位、变形面积、变形程度千差万别，但其变形损坏都比较直观，在损失鉴定过程中所需掌握的是根据变形面积、程度以及整形工艺难易程度核定工时费用。对于局部损坏，可按上述方法分部位进行确定。但对于严重碰撞、倾覆事故造成车身壳体大范围严重变形损坏的，在损失鉴定处理过程中既要考虑车身壳体整体维修方案，更重要的还要考虑各部位相互关联关系，从技术上（车身壳体整形维修的基准）保证车身壳体整形修复后的几何形状及尺寸。

对损失鉴定的处理不能千篇一律，要灵活运用，从维修方案上提供足够的整形修复质量的技术保障。车身壳体总成一般价值都较昂贵，在有技术保障的前提下，不得轻易采取更换。对于一些车身壳体损坏很严重的，从技术上无法恢复车身壳体外部形状的可考虑采取更换车身壳体总成方法处理。

（四）车身修复作业的主要内容与工艺

车身修复作业的主要内容有两大项：钣金修复和喷涂修复。其中钣金修复是一项综合性、难度较大和技术性很强的修理作业，整形的质量又将影响喷涂作业和喷涂质量。

在事故车辆整形修复作业中，修理人员除了采用矫正、热收缩、焊接修补等一般操作工艺外，还灵活运用了撑拉、垫撬、解体、开褶等工艺的操作技巧，并且有能力分析事故损坏部位的受力情况，以及所涉及的影响范围。

事故车整形修复，首先应对事故车辆状况做仔细的、全面的观察，判断出汽车受碰撞瞬间外力作用位置、大小及方向，并对车身几何尺寸检测和分析，分清主要受力变形位置和波及的次要变形位置以及变形的程度，确定修理方案。根据检测结果，从骨架的初步矫正入手，有针对性地采取撑拉、垫撬、解体、开褶、整平、焊修、挖补等工艺，视情节分别或交错地进行。事故车修复后，车身各钣金件外形尺寸和工作性能应基本达到原厂设计要求，若质量未达到要求或者其他零部件装配困难时应返工。

1. 钣金修复的主要作业内容与工艺

车身钣金修复的主要内容包括：鉴定、拆卸、修整与装配等。

（1）鉴定。鉴定就是用尺子、样板或模具等对车身损坏部位进行检查，以确定损伤的性质和具体的修复方法。这项工作往往要与拆卸结合起来进行，否则无法准确鉴定完整的损伤情况。

（2）拆卸。为便于车身的维修操作和彻底的检验损伤，同时避免维修操作时对被拆卸件造成不必要的损伤，要对有关件进行拆卸。拆卸的原则是尽量避免零件的损伤和毁坏，连接件的拆卸方法除用扳手外，还可以根据实际情况采取钻孔、锯、錾、气割等修理工艺。

（3）修整。车身变形的修整作业内容和方法很多，根据不同形式的损伤采取不同的修理方法，具体有：锤敲、撑位、挖补、氧-乙炔焊、气体保护焊、手工电弧焊、电阻点焊、铝合金钎焊、等离子切割等。

（4）装配。将经过修整的车身和局部附件、需要更换的部件和拆卸件，按原车的要求进行总装。

2. 车身喷涂修复作业的主要内容与工艺

车身进行钣金整形后的工序就是喷涂工序。工艺过程包括：铲底（脱漆）、表面预处理、涂料选择和调色、实施喷涂工艺。

（1）铲底。根据车身维修和车身原漆受损的情况，需要部分和全部地除去车身上的旧漆，以保证涂装工艺的质量要求。常用的方法有：火焰法、手工或机械法、化学脱漆法等。

（2）表面预处理。预处理的工序是：去锈斑，除污垢，进行氧化、磷化、钝化处理等。去锈除污的目的是增加涂层和腻子与基体金属的附着力；氧化、磷化、钝化处理的目的是防锈，延长车身的使用寿命。

（3）涂料选择和调色。根据原车面漆的质地和色号，选择涂料和调色。车身涂料除面漆外，还需要各种辅料，如底漆、腻子、稀释剂、清漆、固化剂、防潮剂、红灰、胶纸等。

（4）涂装工序。涂装工序主要包括：头道底漆的喷涂，刮涂腻子，喷涂二道底漆，用红灰填补沙眼、气孔，喷涂末道底漆，面漆喷涂，罩清漆，喷涂后处理。

头道底漆为防锈底漆，目的是防锈和增加腻子与基体金属的附着力。腻子至少要刮涂两三遍，并进行打磨，涂腻子的目的是将修整时留下的不平修平。整形效果越好，腻子的使用量越小。

三、发动机、底盘的损失鉴定

汽车发生碰撞、倾翻等交通事故，车身因直接承受撞击力而造成不同程度的损伤，同时由于波及、诱发和惯性的作用，发动机和底盘各总成也存在着受损伤的可能。但由于结构的原因，发动机和底盘各总成的损伤往往不直观，因此，在车辆损失鉴定查勘过程中，应根据撞击力的传播趋势认真检查发动机和底盘各总成的损伤。

（一）发动机损伤的鉴定

现代轿车，尤其是中小型轿车大多采用发动机前置前轮驱动的布置形式，常用的发动机一般是横置的直列四缸、V 形六缸和 V 形八缸三种形式。发动机支座固定发动机并缓冲发动机的振动，支座通常位于发动机的左右和前侧。

前置前轮驱动的布置形式轿车发生正面碰撞事故、后置发动机的大型客车发生追尾事故时都不可避免地会造成发动机及其辅助装置的损伤。

一般发生轻度碰撞时，发动机基本上受不到损伤。当碰撞强度较大，车身前部变形较严重时，发动机的一些辅助装置及覆盖件会受到波及和诱发因素的影响而损伤，如空气滤清器总成、蓄电池、进排气歧管、发动机外围各种管路、发动机支承座及胶垫、冷却风扇、发动机正时传动罩和机油盘等，尤其对于现代轿车，发动机舱的布置相当紧凑，还可能造成发电机、空调压缩机、转向助力泵等总成及管道和支架的损坏。更严重的碰撞事故会波及发动机内部的轴类零件，致使发动机缸体的薄弱部位破裂，甚至导致发动机报废。

当汽车发生侧面碰撞时，车架横梁会发生大幅移动造成皮带轮弯曲受损，受损的皮带轮无法修理，必须更换。如果皮带轮受损，导致水泵或压缩机也可能受损。在严重的正面和侧面碰撞中，发动机支座可能受损，如果支座受损，通过修理横梁可以恢复；如果支座弯曲或断裂，就应该进行更换。

在对发动机损伤检查时，应注意检查有关支架所处的发动机缸体部位有无损伤，因为这些部位的损伤不易发现。发动机的辅助装置和覆盖件损坏，可以直接观察到，可以采用旧车拆卸、更换或修复的方法。若发动机支架、正时传动罩和基础部分损坏，则需要将发动机拆下进行维修。当怀疑发动机内部零件有损伤、破裂或缸体有破裂损伤时，需要对发动机进行解体检验和维修。必要时应对零件的隐伤进行探查，但应正确区分零件是在事故前或事故后形成的隐伤原因。因此，在对发动机损失鉴定时，应考虑到修复方法及修复工艺的选用。

（二）汽车底盘的损失鉴定

1. 悬架系统的损失鉴定

悬架是车架（或承载式车身）与车桥（或车轮）之间一切传力装置的总称。悬架系统的作用是：把路面作用于车轮上的垂直反力、纵向反力（牵引力和制动力）和侧向反力以及这些反力所形成的力矩，传递到车架（或承载式车身）上；悬架系统还承受车身载荷；悬架系统的传动机构维持车轮按一定轨迹相对于车架或车身跳动；对于独立悬架还直接决定了车轮的定位参数。

由于悬架直接连接着车架（或承载式车身）与车桥（或车轮），其受力情况十分复杂，在碰撞事故中，悬架系统（尤其是独立悬架系统）经常受到严重的损伤，致使前轮定位失准，影响车辆正常行驶。

车辆遭受碰撞事故时，悬架系统由于受到车身或车架传导的撞击力，悬架弹簧，减振器，悬架上支臂、下支臂，横向稳定器和纵向稳定杆等元件会受到不同程度的变形和损伤。悬架系统元件的变形和损伤往往不易直接观察到，在对其进行损伤鉴定时，应借助检测设备和仪器进行必要的测量及检验。这些元件的损伤一般不宜采用修复方法修理，应换新件，在车辆损失鉴定时应引起注意。

2. 转向系的损失鉴定

转向系的技术状况直接影响着行车安全，而且由于转向系的部件都布置在车身前部，通过转向传动机构将转向器与前桥连接在一起。当发生一般的碰撞事故时，撞击力不会波及转向系元件。但当发生较严重的碰撞事故时，由于波及和传导的作用，会造成转向传动机构和转向器的损伤。

转向系易受损伤的部件有：转向横拉杆、转向器、转向节等。更严重的碰撞事故会造成驾驶室内转向柱调整机构的损伤。

转向系部件的损伤不易直接观察，在车辆损失鉴定时，应配合拆检进行，必要时做探伤检验。

3. 制动系的损失鉴定

车辆制动性能下降会导致交通事故，造成车辆损失。车辆发生碰撞事故时，同样会造成制动系部件的损坏。

对于普通制动系，在碰撞事故中，由于撞击力的波及和诱发作用，往往会造成车轮制动器的元件及制动管路损坏，这些元件的损伤程度需要进一步的拆解检验。

对于装用ABS系统的制动系，在进行车辆损失鉴定时，应对有些电子控制元件进行性能检验，如ABS轮速传感器、ABS制动压力调节器。管路及连接部分的损伤可以直观检查。

4. 变速器及离合器的损失鉴定

变速器及离合器总成与发动机组装为一体，并作为发动机的一个支撑点固定于车架（或承载式车身）上，变速器及离合器的操纵机构又都布置在车身底板上。因此，当汽车发生严重碰撞事故时，由于波及和诱发等原因，会造成变速器及离合器的操纵机构受损，变速器支撑部位壳体损坏，飞轮壳断裂损坏。这些损伤程度的鉴定，需要将发动机拆下进行检查鉴定。

四、电器、电子系统的损失鉴定

碰撞引起的金属变形可以轻易毁坏汽车的导线、电器设备和电子元件。汽车线束沿车身部件曲折布置，如挡风玻璃立柱、门槛、车门、后侧围板和车顶板及其他一些部件。这些区域的损坏常常会切断或磨损保护导线的绝缘层，从而导致短路或断路，碰撞力还会拉扯导线接头。

（一）电子控制系统的损失鉴定

现在，几乎所有的汽车系统都是由计算机控制的，包括燃油系统、点火系统、充电系统、悬架系统、制动系统、空调系统、安全气囊和其他系统。对这些电子设备因为碰撞导致的故障损坏，只要搞清楚电路，采用诸如示波器、解码器等现代检测设备，并遵循一些简单的原则，就能查找出碰撞损失的故障。首先是检查这些线束、插接器的破损，通路还是短路或断路，再来检查传感器、执行器和计算机电子控制单元是否损坏。

（二）电器设备的损失鉴定

汽车电器设备包括电源部分和用电部分。电源部分有蓄电池、发电机和调节器；用电部分有起动机、点火系、照明装置和辅助设备等。

汽车碰撞直接撞击电器设备零件，造成电器零件壳体变形、断裂等直接损坏。正确判定电器部件的事故损坏范围，并确定可修复和报废的界限是理赔损失鉴定的关键。

1. 蓄电池

汽车蓄电池一般安装在发动机盖里、驾驶员座位下或车架纵梁外侧。当蓄电池在事故中受到撞击时有可能造成如下损坏：

（1）蓄电池外壳产生裂纹或破裂，致使电解液溢出。损失鉴定时，根据裂缝的部位和过程，确定对壳体进行修补或单独更换外壳。

（2）连接板断裂。可进行焊接修理。

（3）极柱折断。可将折断处清洁干净，重新焊修。

（4）极板组因碰撞而变形，活性物质脱落。可更换单格极板组。

蓄电池所损坏的各部件均可单独更换零件予以修复处理，在损失鉴定中轻易不得更换总成。只有当外壳破碎，极板组栅架弯曲、变形，活性物质脱落无法修复时方可更换总成。

2. 发电机

发电机一般安装在发动机机体前部的侧面，当车辆发生碰撞时容易造成发电机以下损坏：

（1）发电机皮带盘破裂或变形。皮带盘破裂，一般应予更换。

（2）发电机外壳破裂。凡发生壳体破裂的一般应予更换。

（3）电枢轴因碰撞弯曲。对电枢轴轻微弯曲可进行校正处理；严重的弯曲应该更换。

（4）前、后端盖支臂螺孔处断裂。发生断裂的可进行修焊处理。

3. 起动机

起动机安装在发动机后侧飞轮壳上，一般事故不会使其受损，只有当车辆严重碰撞造成飞轮壳受损或起动机本身遭直接撞击时，才可能使起动机部分零件造成以下损坏：

（1）驱动机构的驱动齿轮变形、牙齿断裂，更换驱动齿轮。

（2）后端盖因碰撞断裂，应更换。

（3）电枢轴弯曲，可进行校正处理。

（4）启动开关变形损坏。可根据损坏程度确定是否需要更换总成，电磁式起动机开关若碰撞凹陷，可导致内部线圈短路，一般应更换开关总成。

（5）推动离合机构的传动叉如果变形，可拆下校正，但校正后应摆动灵活，工作可靠。

4. 照明装置

照明装置（灯具）在碰撞中首当其冲极易损坏。对灯罩破裂的，如有灯罩配件可更换灯罩，无灯罩但有半总成的可更换半总成。对于灯具底座（或称后壳）破裂的可采取塑焊修补的方法处理。

5. 仪表板

仪表板由仪表台面、仪表及各类开关组成。仪表台面大多数为塑料件，其表面处理造型，都对汽车驾驶室内起一个装饰作用，尤其是轿车类。有些汽车，其仪表台面为一整体，而有些汽车，其仪表台面由几部分组合而成。

在碰撞事故中极易造成仪表台面挤压弯折及破裂。对于台面轻微弯折或破裂的可采取塑工处理；台面内支架破裂的可进行塑焊处理；对于有组合部件的可更换部分组件，对于仪表损坏的可单独更换仪表；对于仪表未损坏，而仪表台面严重损坏的可单独更换仪表台面。仪表台总成一般价值都较高（尤其是高档轿车类），轻易不得更换仪表台总成。

（三）空调系统的损失鉴定

汽车空调系统包括：制冷压缩机、冷凝器、蒸发箱、储液罐（俗称干燥瓶）、暖气水箱、鼓风机等组成。

1. 冷凝器

冷凝器与水箱一起被安装在水箱框架上。一般的正面碰撞极易造成冷凝器损坏。对于冷凝器轻度弯扭变形的，可采取校正方法处理；严重变形或破漏的一般应予更换。对冷凝器外部连接的空调管道直接撞击弯折、破裂的一般都应更换。

2. 制冷压缩机

制冷压缩机的损坏一般表现为：皮带盘变形、压缩机轴弯曲变形、压缩机壳体破裂、压缩机空压管接头损坏等。皮带盘的轻微变形可采用校正方法处理，严重变形的可更换皮带盘；压缩机轴弯曲变形可校正处理；壳体破裂的一般应予更换；空压管接头损坏的可设法更换接头。制冷空压机技术要求高、价格昂贵，一般不得轻易更换，但维修技术确实无法达到技术要求，或配件市场无配件可供更换时，也可采取更换总成处理，但所更换的空压机旧总成件必须收回，以便以后损失鉴定时充分利用可用零件。

3. 干燥瓶

干燥瓶遭受碰撞损坏时一般采取更换办法处理。但干燥瓶连接管道损坏时，只需更换连接管，不必更换干燥瓶总成。

4. 蒸发箱与鼓风机

蒸发箱及鼓风机在碰撞过程中极易遭受挤压致使壳体破碎。一般壳体局部破碎都可采取塑焊方法处理，但对于壳体大面积破碎的，亦可采取更换壳体处理（有壳体配件的），一般不得轻易更换总成。

第三节　火灾和水淹事故车的损失鉴定

汽车保险事故的损失赔偿除了道路交通事故以外，还包括火灾车和水淹车。在二手车交易市场上或生产厂商的二手车置换管理部门，通常把火灾车和水淹车与碰撞事故车等同看待，如上海通用诚新二手车就把火灾车和水淹车视为事故车。

一、汽车火灾事故的损失鉴定

根据《机动车辆损失保险条款》保障责任部分的规定，车辆发生火灾、爆炸事故属于保险赔偿范围。所谓火灾是指在时间或空间上失去控制的燃烧所造成的灾害。它是外界火源以及其他保险事故造成的火灾导致保险车辆的损失，不包括车辆自燃引起的损失。所谓自燃：一是车辆本身漏油、漏电等技术状况不佳引起的；二是违反车辆安全操作规程造成的；三是载运货物本身原因引起的火灾损失。

因此，在对火灾事故车辆进行损失鉴定时，应依据公安消防部门出具的火灾原因证明，确认火灾原因及是否应负保险赔偿责任。对于车辆的自燃损失，当然不在火灾保险赔偿责任之内，如果要保证车辆自燃不受损失，那只有投保自燃损失附加险，保险公司才可以根据保险合同条款的有关规定进行赔偿。

（一）火灾事故车的损坏情况及损失鉴定

汽车起火燃烧以后，其损失的大小取决于接触火焰的位置、火势的大小和火烧的时间。火灾对车辆损坏分整体燃烧和局部烧毁两种情形。

1. 整体燃烧发生的情形及损失鉴定

所谓整体燃烧是指：机舱内线路、电器、发动机附件、仪表台、内装饰件和坐椅烧损，机械件壳体烧熔变形，车体金属件脱碳，表面漆层大面积烧损。

外界火源、车辆被火源包围的，或车辆自燃起火大都有汽油参与燃烧的，火势一般猛烈，且持续的时间较长，由于车身面漆、车身附件和汽车内衬都属于易燃品且有毒，发动机附件及车辆上的油品也会加剧燃烧，促使火灾损失加重。这种情形一般会对车辆造成整体燃烧。

车辆整体燃烧时，火灾过后，这些附件的品种和数量都不复存在，车辆的车身（尤其是承载式车身）是由薄壁板材制造的，发生严重的火灾后，金属车身会降低其强度和刚度，致使车身塌陷；除了车身钣金件的损失之外，一些看似坚固的基础件，如发动机、变速器、离合器、车架、悬架、车轮轮毂、前桥、后桥等，在长时间的高温烘烤作用下，会因“退火”而失去应有的精度，无法继续使用，车辆丧失修复价值。如确定车辆有修复价值，定损时应借助其他型号的车辆进行。

2. 局部烧毁发生的情形及损失鉴定

所谓局部烧毁是指机舱着火造成发动机前部线路、发动机附件、部分电器、塑料件烧损；或轿车车身或驾驶室着火造成仪表台、部分电器、装饰件烧损；或货运车辆货箱内着火。

车辆火灾事故发生在外界火源边缘，或汽车自燃着火燃料不足，火烧持续时间短，则可能产生局部烧毁。

局部的损失，损失范围只局限在过火部分的车体油漆、相关的导线及非金属管路、过火部分的汽车内饰。只要参照相关部件的市场价格，并考虑相应的工时费，即可确定出损失的金额。

如果燃烧持续了一段时间之后才被扑灭，则损失严重。凡被火“光顾”过的车身的外壳、汽车轮胎、导线线束、相关管路、汽车内饰、仪器仪表、塑料制品、外露件的美化装饰等可能都会报废，定损时需要考虑到相关需要更换件的市场价格、工时费用。

（二）火灾车辆的损失鉴定的处理方法

（1）对明显烧损的进行分类登记。

（2）对机械件应进行测试、分解检查，特别是转向、制动、传动部分的密封橡胶件。

（3）对金属件，特别是车架，前、后桥，车身钣金件类，考虑是否因燃烧而退火、变形。

（4）对于因火灾事故而遭受损害的，分解检查工作量很大，且检查、维修工期较长，一般很难在短时期内拿出准确估价单，只能是边检查边定损，反复进行。

二、汽车水灾事故的损失鉴定

近些年来，气候的变化异常，加上我国土地使用费的上涨，不少地方停车场地的环境不佳等多种原因，汽车遭受暴风雨、洪水的浸袭损害的事故时有发生。

2004 年 7 月 10 日，北京暴雨造成大量汽车受损，车主和各大保险公司均损失惨重。

2010 年 5 月 7 日，一场水浸大街小巷的暴雨，使广州 35 个停车场遭受水淹，1 400 多辆车遭受“没顶之灾”。经过近 4 天的排水，广州中海康城小区两层地下停车场内，370 多辆车陆续从车库中被拖出来。这些车全身泥土，车内充满污水和“黄泥汤”，到处斑驳破旧，惨不忍睹。广东保监局统计显示，截至 5 月 11 日 12 时，全省各保险机构共接受涉及车险报案数 1. 824 万件，初步估计损失金额 1. 7 亿元。

如此大范围的事故损害，在短时间内要对众多的车型、受损程度不一的车辆进行损失鉴定与评估，的确让鉴定评估人员感觉非常棘手。它首先是要鉴定责任范围，回答是否赔偿的问题；其次是要鉴定损失，回答赔多少的问题。本章介绍水淹车价值受损的原因和鉴定评估的一般思路。

（一）影响水灾事故车损伤的因素

1. 水的种类

（1）按水的性质通常分淡水和海水。由于海水水淹损失的案例在我国的保险事故相对比较少，目前尚无统计数据。

（2）按水的混浊情况分清水和浊水。目前多数水淹损失中的水为雨水和山洪形成的泥水，但也有由于下水道倒灌而形成的浊水，这种城市下水道溢出的浊水中含有油、酸性物质和各种异物，对汽车的损伤特别大。

2. 水淹高度

水淹高度是确定水损程度的重要参数。它是以汽车上重要的具体位置对车辆损害程度来划分的，通常分为 6 级，每级的损失程度各不相同，相互之间差异较大。以轿车为例，水淹至轿车的高度位置如图 6－31 所示。示意图中车辆有 6 个不同的高度位置被水淹浸，这 6 个具体位置分别为：

（1）制动盘和制动毂下沿以上，车身地板以下，乘员舱未进水；

（2）车身地板以上，乘员舱进水，而水面在驾驶员坐椅坐垫以下；

（3）乘员舱进水，水面在驾驶员坐椅坐垫以上，仪表台以下；

（4）乘员舱进水，水面在仪表台中部；

（5）乘员舱进水，水面在仪表台面以上，顶篷以下；

（6）水面超过车顶，汽车被淹没顶部。

图 6－31　轿车水淹高度位置示意图

3. 水淹时间

汽车被水淹时间的长短也是其水淹损失程度的一个重要参数。水淹时间的计量单位通常以小时为单位分为 6 级，每级的损失程度各不相同。其分级描述为：第 1 级：$T \leqslant 1h$；第 2 级：$1h < T \leqslant 4h$；第 3 级：$4h < T \leqslant 12h$；第 4 级：$12h < T \leqslant 24h$；第 5 级：$24h < T \leqslant 48h$；第 6 级：$T > 48h$。

4. 汽车的电子配置和装饰

现代车辆，特别是轿车或高级轿车，其电子产品和装饰，在车辆上的应用多，价值高，如 ABS 防抱死系统、安全气囊、自动变速器、真皮坐椅、高档音响、车载 DVD 及影视设备，等等。这些部件的布置位置和材料都会影响到损失的大小程度。

（二）水淹事故车的损失情况与评估

车辆被水淹后主要产生如下危害：一是电器、插接器等进入污水，干燥后根本无法去除残留在这些地方的杂质，容易造成短路、断路等故障，尤其是容易产生时好时坏的软故障；二是造成金属件的锈蚀，尤其是海水对汽车金属件、电器件的腐蚀更强，如发动机一些零部件浸水后很容易损坏；三是对装饰件产生膨胀变形、开裂，地板和一些不可见部位的受潮、霉变等等。

1. 水淹高度为 1 级时的损失评估

造成的受损部件的损失主要是制动盘和制动毂。损坏形式主要是生锈，生锈的程度主要取决于水淹时间的长短以及水质。

因此，当汽车的被淹高度为 1 级，被淹时间也为 1 级，通常不计损失；被淹时间为 2 级或 2 级以上时，水淹时间对损失金额的影响也不大，损失率通常为 0.1% 左右。

2. 水淹高度为 2 级时的损失评估

除了造成 1 级水淹高度时所造成的损失之外，还有：车辆的四轮轴承进水；车身悬架下部连接处因进水而生锈；配有 ABS 的汽车的轮速传感器的磁通量传感失准；地板进水后车身地板如果防腐层和油漆层本身有损伤就会造成锈蚀；少数汽车将一些控制模块置于地板上的凹槽内，会造成一些控制模块损毁。这一级的损失率通常为 0.5%～2.5%。

3. 水淹高度为 3 级时的损失评估

除了造成 2 级水淹高度所造成的损失之外，还有：坐椅和部分内饰的潮湿和污染，真皮坐椅和真皮内饰严重损伤。一般来说，水淹时间超过 24 h 后，还会造成桃木内饰板的分层开裂；车门电机进水；变速器、主减速器及差速器可能进水；部分控制模块被水淹；起动机被水淹；中档车行李舱中 CD 换片机、音响功放被水淹。这一级的损失率通常为 1.0%～5.0%。

4. 水淹高度为 4 级时的损失评估

除了造成 3 级高度所造成的损失外，还有：发动机进水；仪表台中部音响控制设备、CD 机、空调控制面板受损；蓄电池放电、进水；大部分坐椅及内饰被水淹；音响的喇叭全损；各种继电器、保险丝盒可能进水；所有控制模块被水淹。损失率通常为 3.0%～15.0%。

5. 水淹高度为 5 级时的损失评估

除造成 4 级高度所造成的损失以外，还有：全部电器装置被水泡；发动机严重进水；离合器、变速箱、后桥也可能进水；绝大部分内饰被泡；车架大部分被泡。损失率通常为 10.0%～30.0%。

6. 水淹高度为 6 级时的损失评估

当汽车的水淹高度为 6 级时，汽车所有零部件都受到损失。损失率通常为 25.0%～60.0%。

第四节　事故车损失评估

通过对事故车的损失鉴定发现，有些事故车全部毁损，有些则部分损伤。理论上，任何受损的车辆都可以修复到原状，甚至修复到全新的状态。但是从经济、技术和安全的角度考虑，如果车辆的维修费用超过了车辆的实际现金价值，则将车辆定为全损。

一、汽车部分损失评估

汽车部分损失评估实质上是对维修费用的评估，也是保险人对保险事故车进行赔偿的金额。在对车辆进行损伤鉴定之后，应仔细地分析出各个维修项目，做出需要维修或更换的评价，并做出维修计划，根据维修计划完成修理费用的评估。

维修计划包括的内容一般有：需要维修或更换的项目、维修工艺、需要采购或外协加工的项目、维修时间等。无论是公估公司评估、保险公司的定损还是维修厂家的费用估算都应该根据当地和厂家的实际情况进行统筹安排。尽量缩短维修的时间，充分利用人员和设备等资源，最大限度地完成维修工作。一般的碰撞损伤修理工作，可由流程图6－32表示。制定出修理流程后，将要根据计划做出维修工时的估算。

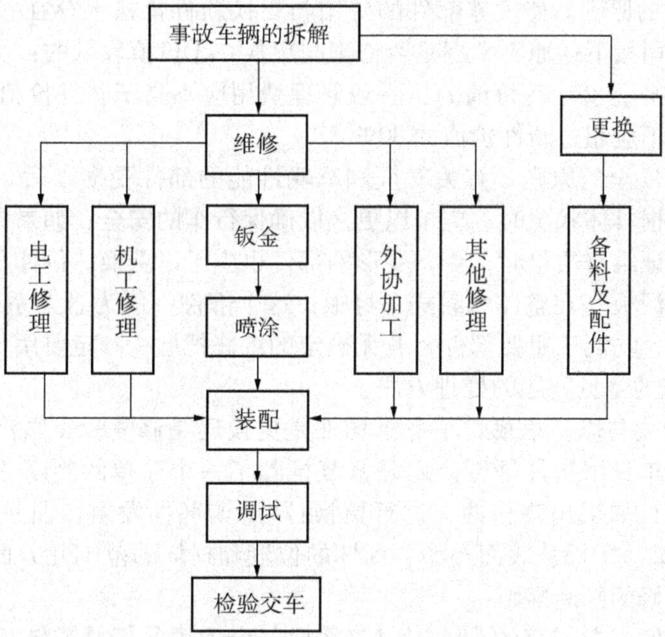

图6－32　事故车损伤修理流程图

（一）判断零部件更换与修理的技术标准

1. 零部件更换与修理的安全技术标准

事故车的修复标准首先应该遵守行车安全的原则，其损伤件是换还是修应该执行安全技术标准。国标 GB 7258 —2004《机动车安全运行技术条件》规定了机动车辆（含挂车）的整车及其发动机、转向系统、传动系统、行驶系统、照明和信号装置等有关运行安全的技术要求。其中大部分要求与汽车修理，尤其是事故车辆修理并无直接的规定关系，但间接地规定了车辆正常行驶所必需的技术条件，是事故车修复应重点遵守的标准。

事故车辆由于碰撞、翻车等导致转向、制动等部件的机件受损，修复后的转向、制动系统的机件必须达到“技术条件”的要求。但是，由于事故中未受损机件在正常使用时磨损严重，往往使转向、制动等系统达不到技术要求，这也是需要按规定更换的零部件。更换这些零部件的费用应当计入维修费用之中，这一部分的维修费用应由车主承担。比如汽车事故使制动总泵损坏，虽然更换了制动总泵，但因制动分泵、制动蹄片磨损严重，这时就应该根据安全技术标准更换，这部分的配件和修理工时费就应该由车主负担。

2. 零部件更换与修理的质量技术标准

事故车辆的损伤件是换还是修应该执行部颁标准 JT3101—1981《汽车修理技术标准》。比如载重车前轴在事故中碰伤扭曲，应测量其变形尺寸，校正修理后达到技术标准，如果达不到标准或损坏严重而无法修复，则应更换。

（二）零件更换与修理确定的一般原则和常见问题的处理方法

1. 零件换与修确定的一般原则

（1）质量寿命原则。修理后零部件的使用寿命应能达到新件使用寿命的 80% 以上，且应能与整车的使用寿命相匹配。

（2）合理经济的原则。修理零部件的费用与更换新件价格上存在一种合理和经济的关系，一般保险公司按下述原则掌握是否修理与更换：①价值较低的：一般修理费用应不高于新件价格的 30%；②中等价值的：一般修理费用应不高于新件价值的 50%；③总成的修理费用，一般不应超过新件价值的 80%。

（3）确保行车安全的原则。有关安全和车辆性能的部件受损以后，如果没有探伤条件，无法确定其受损具体状况时，应予以更换以确保行车的安全；如果没有有效的矫正设备或检验设备来保证维修质量时，受伤变形的部件也应予以更换。例如车辆的侧梁、承载式车身的翼子板挡泥板（在整体承载式车身中，这个部件一般为悬架系统的支撑）、发动机副梁、传动轴等，均属于重要部件，若无确定的维修把握，一定要用更换的方法修复。

2. 零件换与修的常见问题的处理方法

（1）钣金件的换与修。承载式车身结构件是更换还是修复？美国汽车碰撞修复协会经过大量研究，对车身结构件是更换还是修复推荐了一个简单的判断原则，即“如果发生弯曲，进行修理！如果出现扭曲，进行更换！”所谓部件发生扭曲是指弯曲超过 90°，一般弯曲不超过 90°。下面从表面类型、损坏的位置和损坏的范围几方面因素考虑，用来作为钣金件的换与修的判断准则：

①如果损坏是发生在平直的表面上，它将比一个尖锐的折叠或转角处的弯曲容易校直。沿着尖锐形状边缘发生的扭曲一般要求更换。

②如果损坏的位置靠近纵梁末端，压碎的范围对它没有影响，更换的要求不像压碎范围内的损坏或纵梁末端的要求那么严格。压碎范围内的扭曲要求更换。

③如果损坏发生在发动机或转向安装支撑附近，循环应力加载会产生疲劳变形。这些安装点扭曲都要求更换而不是修理。

④紧紧地折叠在一起的金属又叫“死褶”，是由于激烈的冲击而变硬，要求更换。

这一判断原则，或许对读者有所帮助，是否符合我国的修理实际，有待在实践中予以检验。

在我国保险理赔实际中，对车身损伤的换与修是按以下方式处理：对于非结构性的板件，如前、后翼子板，发动机舱盖，车门外皮等，如无撕裂、死褶或裂伤部位非常小，均属于可以钣金修复的情况，否则，可以考虑更换；对于结构性的板件，由于其在车身中所起到的承载作用，需要仔细考虑整体更换车身总成。

（2）老旧车型修复的换与修。对于一些老旧车型，其配件在市场上已经很难购买，且价格昂贵。虽然采用更换的方法维修可以保证质量，但考虑到昂贵的维修费用和距离法定报废时限的时间很短，还是应采用修理的方法更经济一些。

（3）特殊零部件的修与换。

①仪表类。对于车辆碰撞损伤，其仪表损坏由于没有有效的检测手段，并且仪表也不易检查。所以，凡有明显碰伤、破损的都需要更换。有些车型的仪表可以进行单独的更换，而多数的轿车采用组合仪表，需要整体进行更换。

②电器元件。现代汽车的电器元件和部件应用非常广泛，对于各种传感器、继电器等元件，尤其是 ECU 部件，价值较高，一般不容易损坏，如怀疑有问题，可用试换法确认已损坏，由于无法进行修理，只能更换。

对于车内的音响系统，在大的碰撞事故中会有不同程度的损伤，这类设备的修理价格应有一定的控制。一般维修价格以不超过原机价格的 30% 为宜。

③电镀装饰件。该类零件属于装饰品，在碰撞损伤后失去作用，应予更换。

④橡胶、塑料和玻璃制品。车上的橡胶制品，如软管、油封、防尘套、缓冲垫等属于低值易耗品，一般都应更换，但轮胎除外。轮胎在行驶中被扎坏，属于正常损坏，不在车损保险责任范围之内。但由于轮胎爆裂或碰撞引起的轮胎损坏，则属于保险赔偿范围。在确定轮胎更换时，还要考虑轮胎的实际磨损状况，确定实际价值。

车身塑料制品在现代汽车上的应用也很广，有些车身还使用玻璃钢型材等复合材料作为非结构件（如保险杠、翼子板等）。这些制品通常是可以用粘接或塑料焊接的方法进行修复的，但如果损伤严重，或已经残损，则应当更换。

车身玻璃属于不可修复件，必须更换。

⑤车身附加设备的损坏。有些车主在购买车辆以后对爱车进行了装修，新增了不少的设备，音响、车身外观饰件和一些车辆改装等。这些车辆在碰撞损伤后，由于新增设备的价值通常较高，在进行维修费用估算，尤其是涉及需要更换时，往往会很高。此时如果是保险公司的定损，就要看该车主是否投保车辆新增设备险。因为按照保险公司的有关条款，车损险赔偿范围仅限于该车型的原厂配置。所以如果车主未投保新增设备险，则损伤的估价应以原厂配置为标准确定。

（4）外协加工和专项修理条件的利用。在车辆损失评估时也要考虑对外协加工和专项修理等条件的利用。在汽车维修市场上有许多专项维修业户，他们对某些专项修理非常精通，维修质量有保证且价格合理。对于有些修理厂，因本厂没有相应的设备和技术人才，某些可以维修的项目需要采取更换的方法来修复，如此增加修理成本，不如将这些项目送到专项维修厂家进行修理，则可大大降低维修的费用，对厂家或保险公司都是有利的事。

例如铝合金件的修理，铝合金件在汽车上的应用非常广泛，如发动机的缸体，缸盖，变速器壳和车身许多板件、结构件等使用铝合金材料。铝合金件在发生撞击后极容易损坏，而现在的修理厂很少配备能够焊接铝合金的人员和设备，所以只能采取更换。但实际上，对于可修理的铝合金件进行修理后，不但其质量可以保证，修理费也会下降很多。所以，充分利用市场上的专项修理业户，也是开发利用有效资源，降低维修成本的一条好的途径。无论是维修厂家还是保险公司，都应该充分考虑利用。

（三）损失费用的估算

事故车损失费用的估算实质上是车辆维修费用的估算。

1. 车辆维修费用的组成

车辆的维修费用主要由工时费、材料费、外协加工费和税费等几个部分构成。

（1）工时费。工时费的计算公式如下：

工时费 = 工时费率 × 工时定额

其中，工时费率即维修工作中每工时所需的费用单价，一般因维修作业项目和工种的不同而有所差异；工时定额即完成单项修理所需的工时数，一般在行业有相应的规定。具体的工时费计算将在下面介绍。因工时费中是含有利润的，因此按照该公式计算出的费用即是维修所需的实际工费，不应再加利润。

（2）材料费。材料费是维修工作中所需要更换的零件费用和使用的材料，如涂料及其配套固化剂、稀释剂及需要添加的运行材料等费用。一般汽车修理所需的消耗（如需清洗用品，钣金焊接所需的氧气、乙炔气，普通砂纸和水、电消耗等）不应包含在其中。这部分费用应在工时费率中已经包含了。但是，如果一辆事故车需要更换更多种配件时，会有一些小件和塑料件、橡胶件、螺栓、垫圈、电线及插头等损坏或丢失。这些零件价值不高，但数量众多，计算起来比较麻烦，此时可凭经验适当增加辅料费用，计算到工时费中。

（3）外协加工费。外协加工费是维修过程中因厂家条件所限或某些必须专项修理的项目，也包含为降低修理成本而需要的专项修理，需要外协加工和专项修理的实际费用。这部分费用应按实际发生进行估算，不得另行加价。

（4）税费。税费应按照国家规定执行。税费是维修厂家进行结算收费时必须收取的，因此在进行维修费用估算时也应考虑在内，尤其是在维修费用很大时更加不能忽略。

2. 确定维修费用需要的资料。

做好车辆碰撞的损失评估工作，准确地判定所需维修费用，除必需的专业技能外，还要借助很多资料，这些资料可以帮助估损人员更好地把握维修的费用。估损常常要用到的资料除车辆的维修手册外，还有零配件价格表和维修工时定额等。

（1）零配件和喷涂材料的价格。

①零配件的价格。作为优秀的定损人员，应该对市场上各种车辆的零配件价格有深入的了解。在现在汽车销售市场整车价格风云变幻的情况下，零配件市场价格也有较大波动。随时掌握最新的零配件价格无疑对维修费用的评估具有不可估量的作用。

在国外，维修费用的估算是有一定时间性的，主要的一点就是配件的价格变化。在国内也同样如此，对于修理厂家来讲，配件的使用和销售是利润的一大来源。按有关规定，厂家按出厂价进货的零配件可以加价 30%；按照批发价进货的零配件可以加价 15%；按照零售价进货的零配件不准加价销售，但可以收取 3% 的代购手续费。厂家的零配件渠道和来源不同，零件的差价也很大，给厂家带来的利润是有差异的。根据配件市场的价格对维修材料费用进行估算是最为准确的。

汽车零件通常有原厂件、副厂件和拆车件（或二手件、翻新件、回收件）这三种。

原厂件是指汽车主机厂向其特约维修站或 4S 店提供的配件，另一种获取原厂件的方法是直接从主机厂的配套件供应商处购买。原厂件质量有保障，但价格较高，而且综合型修理厂还难以购买到。

副厂件是指非主机厂或其配套件供应商提供的配件，是汽车配件的另一种重要来源。副厂件一般价格比较便宜，但是其质量问题一直受到质疑。近几年来，随着副厂件厂商生产工艺的不断改进，质量有了很大的提高，因此保险公司应当鼓励在事故车修理中大量使用合格的副厂件。

拆车件是指从旧车上拆下来经防腐处理、重新喷漆和翻新后配件。拆车件一般比原厂新件和副厂件都要便宜很多。我国目前对于拆车件还是禁止销售的，但是对于车身覆盖件使用合格的拆车件不会影响车辆的安全、质量和美观，尤其对于老旧事故车修理，使用拆车件更为经济合理，有时可以解决紧缺难求的问题。

除了配件种类的复杂之外，我国目前零配件市场上价格也十分复杂，一方面有正厂和副厂价格之分，还有不同的地区、不同渠道的零配件价格差别也很大。即使是同样的零件，在同一地区在不同的市场其价格也有差别。在这种情况下，估损人员在作维修费用评估时主要参考主机厂商零件手册中的配件价格，但是，要注意查阅最新的零件手册。

一些保险公司为了统一零件报价做了大量工作，甚至开发了自己的采价和报价系统，如杭州的机动车辆保险理赔参考资料调研中心、北京中车行公司、北京中车检公司、北京精友公司、美国 Mitchell 公司、德国 DEKRA 公司等。估损人员可以根据需要收集数据以供使用。

②喷涂材料的价格。在碰撞修复预算中，喷涂工作所需要的原子灰、底漆、中涂漆、面漆、清漆和相应的固化剂、稀释剂等喷涂材料和抛光蜡、美容用品等的消耗量及其价格相差相当大。有多大的面积需要涂装修理，需要何种方法涂装修理，每升涂料可喷涂的面积等都需要有比较精确的计算。车辆使用何种涂装材料，其价格相差很远。因此，估损人员不但需要有一定的实际工作经验，还要根据实际情况进行仔细的分析，适当掌握材料的价格和控制维修费用。

（2）维修工时定额和工时费率。

1）维修工时定额。维修工时定额是指完成单项修理作业需要的工作时间。作为一个衡量维修作业工作量的单位，通常并不以工人工作 1 h 的实际工作时间来确定，而是比较笼统地规定了该项维修所需的工作量。工时定额是根据修理的项目确定的，国产车建议查阅主机厂《工时手册》或专业《估损手册》，手册中通常将工时分为拆卸和更换项目工时、修理项目工时、大修工时、喷漆工时、辅助作业工时等。不同车型、不同总成的工时定额一般差别较大，甚至不同年款的车型也有较大的差别，因此，《工时手册》中的工时数据经常更新。对各类工时包含的操作内容如下：

①拆卸和更换工时。拆卸和更换工时包含的操作有：把损坏的零件或总成从车上拆下来，拆下该零件上的螺栓安装件或卡装件，把它们转移到新件上，然后再把这个新零件或总成安装到车辆上，并调整和对齐。

②拆卸和安装工时。有时为了修理一个受损零件，需要把一个相邻的零件拆下来，然后再安装上去。这种工时称作“拆卸和安装工时”，有时主机厂《工时手册》或专业《估损手册》中也单独给出拆卸和安装工时。注意：它与上面的“拆卸和更换工时”是不同的。

③修理工时。修理工时包括的操作有：分解、重新组装、清洁、检查、测量、诊断、故障排除（电气系统）、调整、确认等操作的工时。修理工时的确定比“拆卸和更换工时”要复杂得多。零件价格的不同、地域的不同、修理工艺的差异等都可能造成修理工时的不同。部分主机厂的《工时手册》和《零件手册》中提供了主要总成和零部件的修理工时。

④大修工时。大修工时包含的操作有：把一个总成或分总成（如保险杠和悬架）从事故车上拆下来，将其拆解开来检查，更换或修理损坏的部件，然后再重新安装到车辆上，并调整对齐好。对估损人员而言，大修时间实际上是一条计算工时的捷径。例如，对于被撞坏的保险杠，很多情况下只需更换其中的部分零件而不是整个总成。此时如果没有大修工时，需要计算保险杠各个零件的拆卸和安装工时和重叠工时，比较烦琐，如果有大修工时，则只需查阅这个大修工时即可。

⑤辅助作业工时。这部分工时通常包含以下操作：把汽车安放到修理设备上并进行故障诊断；用推拉、切割等方式拆卸被撞坏的零部件；相关零部件的矫正与调整；去除底漆、沥青、油脂及类似物质；修理生锈或腐蚀的零部件；松动锈死或冻结的零部件；检查悬架系统和转向系统的定位；除去破碎的玻璃渣子；更换防腐蚀材料；修理作业中当温度超过60℃时，拆装主要电脑模块；拆装车轮和轮毂罩；如果新件上没有安装孔而需要重新打孔；因使用副厂件而需要进行一定的改装或改动等等。

2）工时费率。工时费率是指完成一个工时所需的费用，即每工时收费的单价标准。工时费率一般随着工作地区（如经济发达的城市和经济落后的乡镇）、修理厂类别（如一、二、三类修理厂、4S店和综合修理厂）和工种（如钣金、机修和漆工）的不同有所差异。估损人员应当对各地区的工时费率进行调研，以确定当前适用于该地区平均工时费用。

①政府对维修工时定额和工时费率的管理。维修工时定额和工时费率是由地方政府物价部门和地方汽车维修管理部门等政府机关，根据本地区汽车维修业平均工时和本地多数保有车型联合制定的指导性价格为标准。它有利于平衡和统一本地区的车辆维修价格。

②车型的工时定额和工时费率。近些年来，由于汽车技术的发展，新车型新技术不断涌现，汽车修理技术明显有了高低之分。因此，某些地区在维修收费标准上也按车型划档次，执行“汽车维修车型系数”，在计算维修费用时要将基本工时定额乘以车型系数，使不同档次的汽车修理的收费标准拉开了较大距离。

③维修厂家的工时定额和工时费率。根据维修厂家的类型各维修厂家由于其本身条件和实际情况在政府指导工时定额和工时费率的基础上适当上浮和下浮，报当地车辆维修管理机关批准后可以按本厂规定实行。

④4S店的工时定额和工时费率。一些汽车生产厂家和其4S店也根据本地区的政府指导性工时定额和工时费率，自行制定了专一车型维修工时定额和工时费率。因其4S店在本地区该种车型维修中的权威和垄断地位，在对这种车型进行损伤维修估算时也应该重点参考执行。

⑤进口乘用车工时定额和工时费率的参考资料。对于部分进口乘用车，工时定额和工时费率一般有以下几个来源，可供估损员参考：可以查阅该车型的《碰撞估损指南》，如Mitchell公司和Motor公司编写的《碰撞估损指南》，指南不仅提供了各总成的拆装和更换

工时，部分总成还提供了大修工时，并且考虑到了各部件之间的重叠工时，是比较好用的估损工具。

3. 维修工时的确定

根据车损情况做出维修计划，按照每个维修项目估计确定维修工时，再根据工时定额可以计算出维修工时费，确定维修工时是计算维修工费的关键。车辆碰撞维修操作中主要包含以下几种工时：

（1）拆装工时。事故车辆的修理和正常的汽车维修不同，事故车修理中拆装工时常占有很大的比例。例如一辆轿车的侧面与另一辆车发生碰撞后，其两车门受损、B 柱和部分车顶损坏。要修理顶部就要拆除内顶饰板和 B 柱内饰板等部分，修理后要按照原样装好。往往拆装所需要的工作量比整形修理所需的工时还要多。拆装特定零部件的工时在工时定额中有明显规定，只要按照维修要求计算即可。

为碰撞修复而产生的拆装工时有三种形式，即显性拆装工时、隐性拆装工时和整车拆装工时。在计算工时核算时，要根据实际情况分别计算。

①显性拆装工时。修理某些零部件时，拆装该零部件所需的工时。在上例中，两车门需要整形，那么拆装这两个车门所需要的工时即为显性工时。

②隐性拆装工时。维修某些零部件，需要首先拆除不需要修理的完好的部件，在修复装配时也是如此，这部分工时即为隐性工时。在上例中，为校正车顶而进行的内顶饰板和中柱内饰板等的拆装操作即为隐性工时。轿车前部正面或前角碰撞后，会造成纵梁和前翼子板挡泥板的损坏。而要校正或更换纵梁或翼子板挡泥板，除要先拆除水箱支架、水箱、冷凝器、风扇、翼子板等（这些部件已经损坏，他们的拆装工时是显性的，亦包含在该单项修理的工时中）外，还要拆除发动机才能进行。发动机的拆除作业即为隐性工时。隐性工时在轿车的碰撞修理中是经常有的，估损人员应充分注意。

③整车拆除工时。非承载式车身车辆在发生翻车和重大撞击事故时，会造成车架的严重变形。为校正或更换车架，就要拆下车体、吊下发动机、变速器、前后桥、悬架等几乎所有的车身零部件，在修复后则按照拆卸的相反顺序逐一装复，这就构成了整车的拆装工时。

（2）换件工时。事故车修理中，某些零部件经鉴定已经损坏，更换这些零部件所需要的工时称为换件工时。例如，轿车前部碰撞，前保险杠及保险杠衬板、散热器格栅、水箱框架、灯具、翼子板等需要更换。更换这些零部件所需的工时，计为换件工时。

（3）钣金工时。事故车辆的钣金件因碰撞而变形，对其整形修理所需的工时称为钣金工时。钣金工时的定额根据车辆的钣金件部位和损伤程度等有很大的区别，一般按照钣金件的损伤程度将其分为轻度、中度和重度损伤三类：

①轻度损伤：指部件弹性变形或划伤、刮伤，损坏较轻。其钣金修理工时费用为新件价格的 10%～20%，如轿车的前翼子板、车门的轻微擦碰变形等。

②中度损伤：指部件凹凸变形较大，有褶或局部变形较小，但有死褶。中度损伤的校正需要局部拆开进行整形操作，其钣金修理的工时费用为新件价格的 20%～35%，如轿车的前门立柱、中立柱等钣金修理。

③重度损伤：指变形严重、有死褶、损坏面积达 50% 以上，接近报废程度，修理难度较大。其钣金修理工时费用为新件价格的 35%～50%。如平头货车的前门立柱、前围

板、车门和驾驶室总成等。

不同档次、不同类型的车型和不同损伤部位其钣金整形的工时费用也有所差异，比较重要的结构件和外观要求比较高的覆盖件工时定额要高一些。现在不少业内人士在实践工作中总结了诸如轿车，吉普车，微型车，中型、大型客车，轻型、中型货车等钣金工时定额标准供同行参考，表6－1为某省中高档轿车（车价在25万～60万元之间）金属构件钣金工时的参考定额。

表6－1　中高档轿车钣金工时定额（节选）　　单位：工时

序号	部位＼工时定额＼损坏程度	轻度	中度	重度	需更换
1	前框架	15	20	25	15
2	发动机罩	20	30	40	15
3	前翼子板	15×2	20×2	25×2	15×2
4	前纵梁挡泥板总成	20×2	35×2	50×2	50×2
5	车顶	40	70	100	80
6	前门前立柱	20×2	30×2	45×2	30×2
7	车门中柱	15×2	25×2	35×2	25×2
8	车门	20	30	40	15
9	后备箱盖	20	35	50	15
10	后翼子板	20×2	35×2	50×2	50×2

（4）机修工时。事故车辆维修中，对机械部分进行的检查、调整、修理所需要的工时称为机修工时。例如变速器在碰撞中发生损坏，更换变速器壳体（变速器总成大修）所需要的工时即为机修工时。

在事故车损伤维修中机修工时与总成大修或维修作业是相同的，可参考汽车修理工时定额进行计算，但有时应相应增加拆装工时。

（5）电工工时。电工工时包括对电气设备和电子控制的维修以及配合其他工种作业进行的灯具拆装，线路的更换或修整，仪表台及仪表的拆装，蓄电池的电解液补充和充电，仪表传感器等的拆装，发动机、起动机的检修等，可参照工时定额确定。

（6）调整工时。调整工时包括总成机件检修后的调试、磨合、制动、转向、离合器、四轮定位等修正后的路试检验，以及所有修理部位的检查等所需要的工时。

（7）喷涂维修费用。按喷、烤漆工时定额和收费标准，其喷涂费用＝工时费＋材料费。

以某省某个时期“轿车喷、烤漆成本核算参考定额”为例，一辆普通桑塔纳轿车喷、烤普通漆：

①铲底30%以下，全车喷、烤漆为120工时；

②铲底30%～60%，全车喷、烤漆为160工时；

③铲底60%以上，全车喷、烤漆为200工时。

铲底即旧漆处理。全车喷涂应包括底漆、原子灰、中涂、面漆和打磨等处理的费用和材料费用。一般事故车辆全车喷漆，轿车内部不喷涂，其铲底面积可按30%～60%计算，如果在二类维修企业，每工时收费标准为5元，车型系数为1.4，则喷、烤漆工时的费用为：5×160×1.4=1 120元，材料费约860元，喷、烤漆房使用费400元，加利润加税费（按成本的18%计）后，该车全部喷涂所需的费用总计约为2 800元，见表6-2。

表6-2　某地区轿车喷、烤漆成本核算参考定额（节选）

序号	作业项目	夏利7100		普通桑塔纳	
		漆用量	金额/元	漆用量	金额/元
1	原子灰	2桶	120	3桶	180
2	面漆	1.2 L		1.5 L	
3	固化剂	0.6 L	450	0.75 L	550
4	稀释剂	0.7 L		0.8 L	
5	底漆	1.3kg	45	2 kg	80
6	稀释剂	1.3kg		2 kg	
7	砂布	10张		15张	
8	砂纸	15张	30	20张	50
9	胶带	7盘		10盘	
10	贴护纸	—		—	
11	材料费合计		645		860
12	普通漆内、外喷	增加250元	895	增加300元	1 160
13	喷金属漆	增加300元		增加300元	
14	烤漆房使用费		400		400
15	外表全喷工时费	5×120×1	600	5×160×1.4	1 120
16	内、外喷工时费	5×120×1	750	5×200×1.4	1 400
17	普通漆外表喷烤成本		1 645		2 380
18	增加18%利润、税费		约1 900		约2 800
19	普通漆内、外喷烤成本		约1 900		约2 680
20	金属漆外表喷烤成本		1 945		2 680
21	增加18%利润、税费		约2 300		约3 160

桑塔纳轿车车身除地板外共由15块组成，各部分的单件喷、烤漆费用见表6-3。

表6-3 桑塔纳轿车车身各部件喷、烤漆费用

序号	车身部件名称	喷、烤费用/元
1	前围框架	100
2	发动机罩（内、外）	450
3	前纵梁挡泥板总成	100×2=200
4	车顶	400
5	前翼子板	200×2=400
6	后翼子板	250×2=500
7	车门	250×4=1 000
8	后备箱盖（内、外）	300
9	后舱后围	100

单件的喷、烤漆和铲底费用要高于整车，这是因为单件喷涂时涂料及消耗要高于整车喷涂的使用量和底材处理的比例，故单件费用高于整车费用。

金属漆的费用要高于普通漆，原因很简单：金属漆的价格要高于普通漆；金属漆要喷清漆，而普通漆就没有喷清漆。一般金属漆的整车喷烤价格要比普通漆的整车价格高300元左右；珍珠漆的费用比金属漆还要高，整车喷涂费用比使用金属漆高200～300元。

（8）其他工时。汽车维修中还有外协加工工时和辅助工时等。一般的修理企业安装玻璃、修焊水箱、玻璃钢或铝合金制品的修理焊接等，需要到专门的专业加工厂完成。此外，外协加工工时费用应根据实际发生费用估算。另外，有些大型修理厂，其专业分工细致，专有缝纫工、轮胎工等。如有这些工种的参与，也应当将其工时计算在内。

（9）特种车辆的维修工时。在损失评估工作中有时会遇到特种车辆的损失评估问题，因为特种车辆，比如消防车、冷藏车、大型吊车、重型自卸车、豪华大型轿车等。一般都附加有其他的机械设备，且价值都很高。这类车辆类型繁多，批量较小，发生事故的概率也比较低。但是，一旦发生事故，损失都比较大，维修起来相对复杂、专业一些，有些车型还需要到专门指定的维修企业进行维修，有的甚至还需要到原制造厂或专业厂维修。所以对专用车辆进行损失评估时需要多多了解技术和价格方面的信息。在估损时需要参考制造厂或专业修理厂的标准进行。

二、汽车全部损失评估

（一）汽车实际现金价值

任何汽车在使用中都会发生有形和无形的损耗，因此都有一定的寿命。通常随着汽车使用年限和行驶里程的增加，汽车的实际现金价值会逐渐降低，这是事故车保险理赔中一个非常重要的数据。实际现金价值的估算理论和实际估算的方法在旧机动车鉴定评估业已经逐渐被行业和社会所接受、认同。而在保险理赔行业还停留在以使用年限的直线折旧法进行粗略的估算，其估算方法在前面章节有所介绍，在此不再赘述。

（二）汽车全损

如果汽车的维修费用超过了汽车的实际现金价值，则将汽车定为全损。各保险公司在确定“全损”时都有自己的原则和计算公式，但大多数公司都考虑以下三种情况：

（1）当维修总费用等于或超过实际现金价值时；

（2）当维修总费用等于或超过实际现金价值的某个百分比时，如75%或80%；

（3）当维修总费用加上汽车的残值等于或超过实际现金价值或实际现金价值的某个百分比时。

从以上三种情况看来，后两种情况是在维修费用低于实际现金价值就定为全损。对于所有的全损，保险公司的核赔员都应当对维修方法和费用进行复核，以确认是否合理，是否真的达到了本公司的全损标准。保险公司将向车主支付汽车实际现金价值的金额，汽车残值的所有权随之转到保险公司名下。保险公司通常与一些回收单位有长期合同，可以在很短的时间内将残骸按一个百分数的折扣处理，对于比较新的车型，这个百分比一般为20%～30%，对于较老的车型，通常可低一些。

（三）全损上限

每辆汽车都有一个实际现金价值和一个根据实际现金价值计算出来的全损上限，对于一般的小修或中度修理，其维修费用远低于全损上限。对于发动机和变速器等总成，一般在拆解之前很难精确地计算出其维修费用，因此在估损时通常会留出一些余量。留出余量并不意味着估损报告可以是不完整的，估损员还是要尽力做出一份完整而精确的估损报告，同时要搞清楚哪些地方还会有一些隐伤，可能需要补充。

一般情况下，保险公司做出维修的决定不是很困难，但如果前期估算出来的维修费用很接近全损上限又有隐伤待定时，做出维修决定就不容易了。

【案例6-1】

一辆装有双顶置凸轮轴发动机的汽车前面发生碰撞，车身钣金件受到中度损伤，发动机气缸盖出现裂纹并松动。由此推断气门组或其他发动机内部构件可能损坏，但在解体之前不能得到精确的估价。

【案例分析】

假设这辆汽车的全损上限为10万元。估损人员对所有钣金件和其他机械构件的维修费用进行了全面的估算，但没有包含凸轮轴和发动机的维修费用，假设得到的估损费用是5万元，那么距离全损还有5万元的余量。如果保险公司确信修复发动机的费用将远低于5万元，那么就会允许维修厂对车辆进行维修。

在这个案例中，保险公司让估损报告处于“开放”状态，以便将来补充。这并不意味着修理厂就可以将剩下的这5万元全部用于发动机的维修。保险公司应当对发动机拆解过程中发现的损坏和所需的维修工艺进行确认，必要时，还应当将相关信息给核赔员进行分析确认。

“开放”的估损报告对于保险公司不是一件好事，应当尽量尽早“关闭”。对于拉伸、钣金和面板更换等事故车的常规维修操作，保险公司和维修厂都能够精确地估算出维修费用，因此很少做出“开放”的估损报告。但对于发动机和机械构件的维修，以及电子诊断等操作，通常需要制作“开放”的估损报告。因为汽车技术的飞速发展，如燃油喷射、发动机电控、自动变速器、防抱死制动、电控悬架等新技术的不断应用和发展，使诊断和维修越来越困难，即使是经验丰富的维修技师有时也很难估计出诊断和维修的费用，更不用说估损员了。只有当汽车维修行业的所有技工都在这些诊断和维修方面受到良好的培训，并积累了丰富的经验之后，估算这些费用才不至于如此困难。

（四）事故车修理厂、实际现金价值和全损

对于维修厂的估损人员来说，实际现金价值和全损上限也是非常重要的数据，因为75%以上的事故车维修是通过保险理赔结算的。也就是说，每4个事故车维修业务中，就有3个需要在价格上与保险公司达成一致。虽然维修厂的估损人员应当在估损单中写明所有他们认为需要更换的零件及相关维修操作，但如果在估损时不考虑全损上限，可能就会与保险公司的损失评估人员在价格评估上产生较大的分歧。

无论保险公司还是维修厂都不希望出现全损，因为全损意味着修理厂得不到任何业务，而保险公司也要支付最高限额的理赔款。所以双方应当共同努力，尽量防止汽车全损。

（五）汽车残值的处理

在做保险汽车损失评估时，经常需要确定更换件的残值。绝大多数保险条款都规定残值协商作价折归被保险人，但在实际操作中残值大多数折归了修理厂。当保险公司与被保险人或修理厂协商残值价格时，保险公司为了提高效率和减少赔付，常常会做一些让步。

三、事故车损失的评估报告

一份好的估损报告不仅仅是在干净的表格中准确地填写一系列零件价格和工时费用，而且融入了估损员的知识、经验和良好的判断力，并且需要最新的价格和工时数据。事故车损失价格的评估要反映客观实际，并且兼顾各方面的利益。首先必须保证消费者的安全和维修质量，所有必需的操作和零件应当列全，包括拉直、校正和调整等；其次必须保证维修企业获得公平合理的报酬；再则必须保证保险公司和消费者个人的经济付出是合理的。在确保安全和质量的前提下，选择的零部件和维修方法应当尽可能经济。

在对汽车的损伤做完必要的鉴定与费用估算工作后，需要以书面的形式对汽车的损伤情况进行记录。这份记录将对制定汽车的修复计划起到决定性的作用。

事故车损失的评估报告，可以是单独的损伤鉴定报告，也可以与汽车损失的费用估算合而为一。对于保险公司或修理厂家，对汽车损伤部位及其修复费用做出的定损单或维修费用评估单，通常都以损伤鉴定和损失评估两者合一的形式对被保险人或委托修理的客户进行报告。所报告的费用和修理方案及修理时间等多为估算。而作为承修厂家的接车业务人员对汽车损伤情况进行的检验单，则多以损伤鉴定报告的形式与托修单（也称《托修任务委托书》）一同下达到修理车间，作为下一步的修理的依据。最终的修理费用和维修时间等，需待进一步确定后，与客户进行协商和统一结算。

（一）损失评估报告的编制

对事故汽车的损失报告和维修预算表格，保险公司、中介公司（公估公司或价格鉴证中心）、修理厂等不同的单位其格式、称谓等各不相同，但报告所载明的主要信息都是一样的。主要内容应包括：送修单位或车主的信息、汽车的信息、汽车损伤的情况、计划的修理方式、预计的维修费用、待定项目等。价格鉴证中心的损失评估报告的结构和内容比保险公司和修理厂家还要正式，其文书都是以司法语言表达。

下面以保险公司损失评估报告的主要内容做简单介绍。

1. 委托单位或车主的信息

委托单位或车主的信息主要有：委托单位或车主的名称、地址、邮编、联系电话等。保留这些信息可以通知委托方提车结算，或就维修方面临时发生的问题（如维修项目、维修费用、维修时间等的变化）及时与委托方取得联系，便于双方协商解决。

2. 汽车的信息

（1）汽车基本信息。汽车的基本信息包括：汽车的厂牌型号、VIN代码和发动机号、生产年款、登记日期和车牌号等。记录这些内容可以为维修中配件的购买和查阅维修手册等维修帮助信息提供很大的帮助。

（2）车身颜色。车身颜色主要指车身颜色代码和有无改色。记录这些信息对于车身的涂装修复有很大的帮助。车身涂装修复要尽量做到无痕迹修补，即让人不能看出汽车是经过车身修复的。

（3）汽车的行驶里程和车身的类型。记录汽车的行驶里程和车身的类型（承载式或非承载式），有助于车身维修技师对汽车的修复作出正确的计划。

（4）交通管理部门的证明文件。如系事故汽车，或需要全车改色的汽车，还应有交管部门或相关部门出具的事故证明和车管部门出具的改色证明文件。但如果承修的是经保险公司定损后的汽车，这一项则可不必填写。

3. 汽车损伤的情况和计划的修理方式

经过对汽车的损伤鉴定之后，接下来的工作就是要对汽车的损伤情况进行仔细的记录。对于汽车的损伤情况，首先要对碰撞进行简单的描述，记载当时的车速、碰撞物体、碰撞角度、驾驶员采取的措施情况、汽车的载重等。便于维修技术人员对汽车进行进一步的检查和分析；再则提出维修方案。对车身或其他机修、电器修理中的零部件或结构件是修理还是更换，在经过损伤鉴定之后应该已经确定。例如，如果前格栅和相关的部件损坏了，列出需要修理和更换的部件如下：

（1）前格栅……更换；

（2）支架……矫直；

（3）发动机室侧板……更换；

（4）饰条……更换；

（5）锁闩支撑……整修。

记录损伤情况和维修方案后，还要记录所有必需的数据：在每条简明的叙述之后，填上本操作中所需的所有配件价格和工时。表6－4是一个中度碰撞事故车的估损单示例，估损单中所列的零件名称应与《估损手册》和《零件手册》中的一致，因为在手工估损单中一般不填零件号，所以正确的零件名称将有助于订购零件时查询零件号。另外，这样可以避免在复核估损单时，或者参照估损单进行修理或订购配件时造成混淆。

表6－4　手写估损报告示例

车牌号码	××××	车损险■ 三者险□	保险单号码		
出险时间	2006.03.12	保险期限	1年		
车型	一汽捷达	排气量（L）	1.6L	车架号码	
发动机形式	化油器□ 电　喷■	缸数	4	燃料	汽油■ 柴油□ 燃气□
驱动	前驱■ 后驱□ 四驱□	变速箱形式	自动□ 手动■	备注	

序号	更换配件名称	数量	估价	核价	修理项目	工时费估价	工时费核价
1	发动机舱盖	1			事故拆装：发动机舱盖、右前翼子板、横梁、侧梁、进气歧管、空调散热器水箱、曲轴皮带盘、右前减震器、轮胎、排气管，拆卸发动机、仪表台等		
2	右前翼子板	1					
3	左大灯	1					
4	右大灯	1					
5	空调散热器	1					
6	轮胎	1			事故发动机：发动机检修		
7	左转向灯	1					
8	发动机饰盖	1			事故钣金：校正左右纵梁、校正横梁、修复中网支架、修复前围上横梁		
9	曲轴皮带盘	1					
10	排气管	1					
11	右前减震器	1					
12	防雾灯	1			事故喷漆：车身前部、横梁、纵梁		
13	中网	1					
14	发动机时规盖	1					
15	进气歧管	1			事故电工：空调检修、灯光检修、仪表检修		
16	空气滤清器总成	1					
17							
18							
材料费小计					工时费小计		

公估公司核定修理费价格合计：人民币　　拾　　万　　仟　　佰　　拾　　元　　角　　分

4. 待定项目

无论是保险公司的定损，还是承修厂方的接车人员，在经过损伤鉴定而确定了维修和更换项目之后，都应该在维修中加以执行。因此，在估损中要严肃认真，受损汽车原则上应一次定损，尽量不留追加修理项目。但也要预防万一，再仔细的工作难免也会有疏漏。因此，在鉴定书中应保留待定一项，以免造成不良的后果。

（二）典型案例分析

【案例6-2】

2002年3月1日，武汉市某公司驾驶员张某驾驶鄂A×××××号普通桑塔纳轿车，行至雄楚大街桂园路三岔路口，因避让右侧的摩托车而向左急转弯，由于方向过度与大树相撞，碰撞后该车前部受到严重损坏，如图6-33所示。所幸没有造成人员伤亡，由于该车向中国人民保险公司投保了机动车损失险，张某向中国人民保险公司提出索赔。于是，保险公司派员对该车进行损伤评定。

图6-33　事故车全貌

【案例分析】

该车辆事故是道路交通事故，碰撞形式是车物发生正面碰撞，保险理赔人员对事故车进行了查勘确定是否该赔的问题后，接下来的工作就是对损失进行鉴定评估，解决哪些该赔，该赔多少的问题。

1）整体情况。鉴定评估人员对整体情况了解到：该车是普通型桑塔纳轿车，采用JV型发动机，前置前驱动，承载式车身。碰撞形式是车物发生正面碰撞，碰撞部位发生在车辆前方正中间，分析车辆在市内行驶，速度过快，被撞物是树木，面积较小，刚度不大，碰撞作用力通过了车辆的质心，其力的传递方向由保险杠吸收后沿前车架纵梁向后传播，止于前围板。估计损失不是很严重。故无需特殊检测设备和解体检查就可鉴定损伤部件。

2）损失鉴定。鉴定评估人员首先从碰撞点沿着力的传播方向由前向后、由左向右、由外向里地检查。再是查阅碰撞定损手册，列出所需更换的零部件名称，确定损伤零部件后按车身及附件、发动机、底盘和电器设备等分类登记，注明是维修还是换件；最后确定在哪里修，用什么配件，如何修等修复方案。

3）损失评估并出具报告。查阅各种零部件价格，并且应用科学的计算方法合理确定修理工时、油漆工时（根据武汉市维修管理部门核定的收费标准，工时费率为8元/工时）及配件价格，对该车做出全面、合理、科学的交通事故车辆损失评估报告。其损伤评估报告如表6-5所示。

表6-5 事故车鉴定与评估报告

车主	张××	牌照号	鄂A×××××	车型	普桑
驾驶员	张××	出险地点	雄楚大街桂园路三岔路口	出险时间	2002.03.01
车架号	WVWZZZ33ZXW××××××	发动机号	JV××××××	车辆颜色	红色
序号	修理项目			工时数	备注
	发动机罩钣金			15	手工
1	右前纵梁挡泥板总成整形			20	校正器
	左前纵梁挡泥板总成整形			12	校正器
2	左前翼子板钣金			12	手工
3	前围钣金			12	校正器
4	换件工时			30	手工
6	发动机抬上、抬下			20	人工
9	喷漆			90	人工
工时合计				211	
工时费	大写：壹仟陆佰捌拾捌元整			小写	1 688.00元
序号	更换零部件		单位	数量	单价（元）
1	前组合大灯		只	2	448.00
2	前雾灯		只	2	140.00
3	前保险杠		个	1	750.00
4	前保险杠支承		个	1	140.00
5	右翼子板		个	1	260.00
7	水箱散热器		个	1	380.00
8	水泵皮带		根	1	30.00
9	风扇皮带		根	1	20.00
10					

续表 6-5

序号	更换零部件	单位	数量	单价（元）
11				
12				
13				
14				
15				
16				
17				
零件费合计	大写：贰仟柒佰伍拾陆元整		小写	2 756.00
修理费合计	大写：肆仟肆佰肆拾肆元整		小写	4 444.00

保险当事人各方经协商同意并达成如下协议：（1）同意按本确认书确定的更换配件项目、修理范围及对保险事故车辆进行修理的费用；（2）修理质量须符合维修办或车辆管理部门质量标准，修理质量和修理时间由承修厂负责；（3）更换配件项目需要报价的，本确认书只确认更换配件项目的数量，金额以保险公司报价为准。

盖章	核报价 年 月 日	承修厂 年 月 日	被保险车方 年 月 日	三责车方 年 月 日	保险公司 年 月 日

【案例 6-3】

在湖北武汉一桑塔纳 2000 型轿车前部左侧碰撞受损，因图片印刷不清，在此不再给出，分析方法同案例 6-2，在此将现场查勘记录表 6-6 和损失评估单表 6-7 推荐给读者，以窥见一斑。

表 6-6　汽车受损现场查勘记录

委托人：×××　　　　委托书编号：20051126××

号牌号码：鄂 A×××××		车架号码（VIN）：WVW77733ZTW＊000×××＊	
厂牌型号：上海大众 SVW7180GLI	车辆类型：轿车	检验合格至：2006 年 5 月	
初次登记年月：1997 年 8 月	使用性质：家庭自用	漆色及种类：红、双涂层烤漆	
行驶证车主：×××	行驶里程：20.5 万 km	燃料种类：汽油	车身结构：承载式
方向形式：左	变速器类型：五挡手动	驱动形式：前驱	损失程度：☐无损失 ■部分损失 ☐全部损失
查勘时间	（1）2005 年 11 月 26 日	（2）	（3）
查勘地点	（1）×××修理厂	（2）	（3）
受损时间：2005 年 11 月 25 日	保险期限：2004 年 5 月 8 日—2005 年 5 月 7 日	出险地点：×××××	

续表 6－6

损 失 清 单					
序号	损失项目	数量	损失情况	修复方式	备注说明
0101	前保险杠	1	破损	更换	
0102	前保险杠骨架	1	严重变形	更换	
0103	前保险杠左支架	1	严重变形	更换	
0104	前保险杠右支架	1	轻微变形	校正	
0105	左右雾灯	各 1	破碎	更换	
0201	前护栅	1	破碎	更换	
0202	前徽标	1	破碎	更换	
0301	左右前照灯	各 1	破碎	更换	
0302	左右角灯	各 1	破碎	更换	
0303	左前照灯下饰条	1	破碎	更换	
0401	散热器框架	1	中度变形	更换	
0402	前横梁	1	轻度变形	校正	
0403	扭力梁	1	断裂	更换	
0501	冷凝器	1	变形	修理	不漏
0502	回收加注 R134 制冷剂		回收后加注	修理	
0601	散热器	1	严重变形	更换	
0602	冷却液		加注	加注	
0603	风扇护罩	1	中度变形	更换	
0604	主风扇及电动机	1	破损	更换	
0605	水泵传动带	1	破损	更换	
0701	发动机罩	1	中度变形	校正	
0702	发动机罩锁	1	轻度变形	修理	
0801	左前翼子板	1	轻度变形	校正	
0901	左前纵梁	1	轻度变形	校正	
1001	事故处	$2m^2$	部分脱漆	涂漆	

当事人签字：××× 查勘员签字：×××

表 6-7 汽车损失评估单

编号：20051126××

车主：×××	牌照号码：鄂 A×××××	事故日期：2005 年 11 月 25 日
厂牌型号：上海大众 SVW7180GLI	车辆类型：轿车	结构特征：承载式车身
颜色、漆种：红、双涂层烤漆	VIN（车架号）WVW77733ZTW＊000×××＊	

序号	损失项目 零件编号（视情况）	数量	修理方式	材料费	工时费	备注
0101	前保险杠	1	更换	340		
0102	前保险杠骨架	1	更换	96		
0103	前保险杠左支架	1	更换	10	1.5×80	
0104	前保险杠右支架	1	校正			
0105	左右雾灯	各 1	更换	2×160		
0201	前护栅	1	更换	60	0.2×80	
0202	前徽标	1	更换	13		
0301	左右前照灯	各 1	更换	2×350		
0302	左右角灯	各 1	更换	2×60	0.7×80	
0303	左前照灯下饰条	1	更换	5		
0401	散热器框架	1	更换	320	3×80	
0402	前横梁	1	校正		1×80	
0403	扭力梁	1	更换	25		
0501	冷凝器	1	修理		3×80	事故后不漏
0502	回收加注 R134 制冷剂		修理			
0601	散热器	1	更换	500		
0602	冷却液		加注	60	3×80	已漏
0603	风扇护罩	1	更换	70		
0604	主风扇及电动机	1	更换	250		
0605	水泵传动带	1	更换	15	0.2×80	
0701	发动机罩	1	校正		3×80	
0702	发动机罩锁	1	修理		0.2×80	
0801	左前翼子板	1	校正		1×80	
0901	左前纵梁	1	校正		2×80	
1001	事故处	$2m^2$	涂漆		2×400	
1101	辅助作业			80	1×80	

材料费合计：2 978.00 元	材料管理费合计（12%）：357.00 元	工时费合计：1 584.00 元	
涂饰费：800.00 元（含税）	外加工费：0	税金：836.00 元	修理工期：
修理费总计（RMB）：陆仟伍佰伍拾伍元整（6 555.00 元）	残值：（约）伍拾元（50.00 元）		

车主：××× 承修厂：××× 保险公司定损员：×××

【案例6－4】

案情介绍：在湖南某地区一高级轿车碰撞严重受损，虽然经过维修检验合格，但车主还是认为碰撞受损的车辆价值大大贬值，遂向法院起诉，要求对车辆因碰撞造成的贬值损失进行评估。法院对此案件受理，委托湖南××价格评估有限公司进行损失评估并出具损失评估报告。评估报告如下。

价格评估结论书

湖南××价评字【20××】第××号

××法院：

湖南××价格评估有限公司（以下简称乙方）接受××法院（以下简称甲方）的委托，遵循合法、独立、客观、公正等原则，按照国家规定的标准、程序和方法，依法对甲方委托的××轿车因被碰撞受损造成的车辆贬值进行了价格评估。现将价格评估情况综述如下：

一、价格评估标的

××轿车因被碰撞受损造成的车辆贬值。

二、价格评估目的

为法院办案提供价格参考依据。

三、价格评估基准日

本次价格评估的基准日为：20××年×月×日。

四、价格定义

价格评估结论中所指价格是：评估标的在评估基准日期，采用公开市场价值标准确定的客观合理的价格。

五、价格评估依据

（一）国家有关的法律、法规及技术标准文件

1. 《中华人民共和国价格法》。

2. ……

（二）甲方提供的资料

1. 委托书。

2. ……

（三）乙方收集的有关资料

1. 网上查询资料。

2. 市场调查资料。

六、价格评估方法

根据委托评估的目的要求，确定本次价格评估主要采用市场法。

七、价格评估过程

1. 接受委托后，我们成立了价格评估小组，并制定了价格评估作业方案。

2. 评估人员对被评估车辆及其发生被碰撞情况进行了解：

（1）该车车牌号码：××；车辆类型：小型轿车；所有人：×××；品牌型号：×

×；车辆识别代号：……

（2）经了解，……

（3）根据××公司保险定损单中所列的更换维修项目看……

（4）至评估基准日时，该车基本修理完毕。

3. 进行市场调查：

（1）评估人员对该款汽车新车的销售价格进行调查的结果是：评估基准日前后时间，我市汽车市场上该款汽车新车的平均销售价格为××元/辆。

（2）评估人员通过设计的《调查问卷》对二手车销售市场进行调查，以取得车辆因被碰撞受损造成贬值的第一手统计资料……

4. 评定估算：

（1）根据评估人员市场调查搜集到的相关资料和确定成新率的相关规定，确定本次评估取该车的新车购置价格为××元……

（2）根据评估人员对二手车销售市场进行调查后，取得的车辆因被碰撞受损造成贬值的统计资料，本次车辆贬值评估取其贬值率为××，则该车因被碰撞受损造成的车辆贬值为：××元。

八、价格评估结论

××轿车因被碰撞受损造成的车辆贬值为：￥××元（人民币××元整）。

九、价格评估限定条件

1. 甲方提供资料客观真实。

2. ……

十、声明

1. 价格评估结论受结论书中已说明的限定条件限制。

2. ……

十一、价格评估作业日期

20××年×月×日至20××年×月×日。

十二、价格评估机构

机构名称：湖南××价格评估有限公司

机构资质证书编号：×××××

法定代表人盖章（签字）：×××

十三、价格评估人员

姓　名	执业资格名称	资格证号	签字
×××	注册价格鉴证师	×××××	
×××	注册价格鉴证师	×××××	

十四、附件（复印件）

……

湖南××价格评估有限公司

20××年×月×日

【本章小结】

1. 本章主要的基本概念有：事故车、事故车鉴定与评估、事故车评估的价值。

2. 我国事故车损失鉴定与评估的基本模式有：保险公司为评估主体的协商评估和以独立的第三方为评估主体的中介评估模式。目前以协商评估为主流模式，按照国际惯例由独立的第三方进行评估将是以后的发展趋势。

3. 事故车损失鉴定与评估工作有其独特的特点，对评估人员提出了较高的素质要求，尤其是对职业道德水平提出了很高的要求。

4. 事故车损失鉴定与评估要做到客观、公平、公正和合理，应遵循五个基本原则和规范的程序以及科学的方法。

5. 对事故车的合理赔付首要的工作是对事故车进行损失鉴定，鉴定步骤首先是对事故车的整体情况进行把握，再就是对碰撞情况的分析，根据事故车不同的碰撞形式发生的损坏情形，分析哪些是事故原因造成的，哪些是非事故原因造成的；哪些是本次发生的，哪些是原来存在的；正确确定哪些应该赔，哪些不该赔；确定哪些应该修理，哪些应该是更换的项目，并作出维修计划。

6. 我们把火烧车、水淹车也定义为事故车，它们与碰撞事故车损坏的形式不同，但对车辆现时损伤作用以及以后对车辆技术状况的影响结果与碰撞事故车有过之而无不及。

7. 事故车的评估实质上是对维修费用的评估，在目前维修市场、配件市场价格比较混乱、维修工艺水平相差比较大的情况下，要正确选用维修材料，正确确定工时定额，正确确定材料和工时价格，评估出被保险人、保险人和修理厂都能接受的价格。

8. 编写事故车损失鉴定与评估报告，作为保险公司赔付客户和与修理厂结算的依据，同时也是维修厂向维修车间下达的维修指令。如果保险人与被保险人发生赔偿纠纷，可为法院办案提供价格参考依据。

【复习思考题】

1. 事故车损失评估的价格包含哪几个价值概念？各价值概念的含义是什么？
2. 我国事故车损失鉴定与评估的模式有哪些？当前的主流模式是什么？
3. 事故车损失鉴定与评估应该遵循哪些基本原则？
4. 简述保险公司对事故车损失鉴定与评估的程序与方法。
5. 事故车损失整体分析的主要内容有哪些？影响汽车的损伤的因素有哪些？
6. 承载式车身和非承载式车身在各种碰撞类型中有哪些损伤形式？
7. 分析承载式车身在各类碰撞中哪些部位易于损坏？对损坏件如何处理？
8. 如何对汽车底盘、汽车电器、电子设备进行损失鉴定？
9. 如何对水淹、火灾事故车进行损失鉴定？对损坏件如何处理？
10. 判断零部件更换与修理的技术标准和一般原则是什么？对零部件更换与修理常见问题如何处理？
11. 国产车主机厂的工时手册或专业估损手册中，通常将工时分为哪几个类型？各类型包括哪些操作？
12. 事故车部分损失的维修费用主要由哪几个部分构成？其材料费和工时费如何确定？
13. 试对一辆经济型轿车正面碰撞中度受损的事故车进行损失鉴定评估。并写出鉴定评估报告。

第七章　汽车保险欺诈的预防与识别

【学习要点】

- 了解汽车保险欺诈犯罪的成因；
- 熟悉汽车保险欺诈犯罪的特征；
- 掌握汽车保险欺诈的常见表现形式及特征；
- 能识别常见的欺诈现场及欺诈行为。

第一节　汽车保险欺诈的成因与特征

汽车保险欺诈，即情节严重的汽车保险欺诈，是指投保人、汽车修理企业、汽车保险欺诈犯罪团伙等故意虚构保险标的，或者对发生的交通事故编造虚假的原因或者夸大损失程度，或者编造未发生的交通事故，或者故意造成被保险人死亡、伤残，骗取保险金且数额较大的行为。

汽车保险欺诈具有很大的隐蔽性，有社会原因、历史原因、投保人的原因和保险公司的原因。汽车保险欺诈骗赔现象是国内外汽车保险行业都面临的一个问题，是现代社会的一个毒瘤。随着我国改革开放的深入，保险作为社会保障体系的一个重要组成部分得到了迅速发展，但是，各类保险诈骗行为也凸显出来，并且成为当前保险业最大威胁之一。面对汽车保险欺诈日益增多的情况，保险公司应在实践中认真总结经验教训，针对汽车保险欺诈骗赔的不同特点，采取有针对性的防范措施，预防和制止汽车保险欺诈骗赔现象的蔓延。

一、汽车保险欺诈犯罪的成因

产生汽车保险欺诈犯罪的原因有很多，既有社会的、经济的、人性的因素，也包括保险公司内部的经营管理、社会法律环境等因素。下面从社会因素、行业因素和法律因素三个方面进行分析。

1. 社会因素

首先，市场经济条件下还不能消除经济犯罪。拜金主义、个人本位主义和利己动机是经济犯罪的思想基础，为追求利益不择手段为经济犯罪提供了客观条件。正如托约·登宁所讲：一旦有适当的利润，资本就大胆起来，如果有10%的利润，它就保证到处被使用；有20%的利润，它就活跃起来；有50%的利润，它就铤而走险；为了100%的利润，它就敢践踏一切人间法律；有300%的利润，它就敢犯任何罪行，甚至冒着绞首的危险。保险是商品经济的产物，并伴随商品经济的发展而发展。在此经济背景下，保险才得以积累起全社会范围的基金规模，才得以具备足够抵御不可抗力可保风险的偿付力，为人们提供丰富多样的保障。而随着保险事业的发展，险种的增多以及保险金额的迅速提高，汽车保险欺诈一旦得逞的诱惑力更大。保险合同可以使投保人支出少量的保费，获得远高于保费的保险保障。低投入高收益在某种程度上为汽车保险欺诈提供了动力源泉，促使一些人期望欺诈成功而迅速致富。

其次，法制观念淡薄。一些人认为保险公司是一块肥肉，总是想方设法捞一把。于是采取各种欺骗手段，隐瞒事实真相，托关系，找熟人，总想碰一碰，目的是得到经济补偿。认为“有鱼没鱼”向保险公司撒一网，既不偷，也不抢，捞着了赚，捞不着算，对自己的做法，不认为是违法犯罪。社会公众对保险的认识相对肤浅，他们不能理解保险公司所存在的客观经营风险，也不承认保险公司可以拥有以保险费去弥补成本的权利，认为保险公司是“一本万利”，对保险欺诈普遍持宽容态度，这也是此类犯罪猖獗的一大原因。

2. 行业因素

首先，保险业自身包含的机制性因素。保险运行的基本原理是组织社会千家万户、各行各业的忧虑者，分险种类别组合成各个基本同质的群体，并按各类风险出险率以及损失平均值计收保险费，从而筹集起相当规模的保险基金，用以补偿或给付少数遭受灾难者，起到“一人困难，众人分担”的作用，本来是极有意义的事情。但是保险对投保人或被保险人而言，其交付的保险费只是其中很小的一部分，而一旦发生保险事故则可获得众人的帮助，最终可获取大数额的保险金。保险制度的这一运行机制无疑会被别有用心的投保人恶意利用，企图谋骗保险金。在保险合同关系中，要求当事人具有比一般合同投保人更高的诚实信用。诚信原则是建立在各方当事人诚实正直的品格之上的，这无疑是这个原则先天的一个不足或漏洞，为汽车保险欺诈犯罪提供了绝好的机会。

其次，保险业实际运作中的因素。保险公司在管理和制度建设方面还很欠缺，或者不能严格执行已有的规章制度，防范意识薄弱，防范手段有限，使得汽车保险欺诈案件难以被识破和制止。而有些保险公司面对激烈的市场竞争时，一味强调追求争夺市场份额，忽视安全运营的重要性，置条款规章于不顾，盲目追求经济利益，片面要求业务员扩大业务量，为骗保留下了隐患。有些保险公司采取粗放式经营，抱着“盛到碗里都是菜”的态度，不能在核保前对保险标的进行科学的风险评估，发生赔案时，第一现场查勘率不高，辨别真假能力不强，过于依赖有关机关的证明。由于保险业激烈竞争，保险业务的开展难度很大，因此有的保险业务员为完成业务量、多收一点保费而忽略承保工作的审慎性。一些不法保险代理人或保险公司委托定损单位内外勾结，损公肥私的事例时有发生：要么与投保人共同策划汽车保险欺诈，并分享“成果”，要么直接欺诈委托人。由于保险中介人在保险经营中的特殊地位，保险的需求方和供给方由“两角关系”演变为“三角或多角关系”，使得汽车保险欺诈更显得错综复杂。一些素质低的理赔员一方面故意向客户夸大保险标的，任意承诺，借机向客户索要回扣；一方面诱骗、逼迫客户到其关系的汽车修理厂家进行修理，再向厂家索取回扣，以便达到吃了客户吃老板的目的。

3. 法律因素

一是调查乏力。由于保险欺诈行为复杂多样，所以在其调查上存在困难，对于涉案金额较小的案件，保险公司在理赔时，或由于人力、财力不足，或由于工作人员重视不够，导致理赔调查不够详尽，公安机关则因其案件不够“档次”而放在一边；涉案金额大的案件，欺诈行为者往往是团伙犯罪，手段高明，令人防不胜防，特别是电子化在保险业的广泛运用，电子保单的出现，使欺诈行为者可以更隐蔽、更有效地达到目的，对此，保险公司显得力不从心，公安部门也调查乏力。

二是处罚乏力。在涉案数额较小或情节较轻微的保险欺诈中，欺诈者往往只承担一定的民事责任，而对于那些骗赔被识破的人，一般也只是进行批评和教育，很少将其移送公安部门处理。由于处罚乏力，使得很多犯罪分子感到这种犯罪成本较低，自然有恃无恐。

二、汽车保险欺诈犯罪的特征

当前我国的汽车保险欺诈犯罪活动主要具有以下几个特征。

1. 汽车保险欺诈行为的隐蔽性

在所有诈骗行为中，汽车保险欺诈犯罪的隐蔽性是最高的之一。究其原因，主要是因为：首先，汽车保险欺诈者作为保险合同的一方当事人或关系人，与保险人存在着合法的保险合同关系，汽车保险欺诈行为往往被合法的保险合同所掩盖，难以引起社会公众和保险人的怀疑；其次，投保对象数量庞大，涉及社会的各个领域，保险人不可能对每一个投保人都进行详细调查，而保险标的完全在罪犯控制之下，保险人无法直接管理，甚至在出险后也难以对保险事故进行及时勘验调查，这使得罪犯有机可乘；再次，保险欺诈者实施诈骗的时间十分充裕，不仅在保险合同的有效期限内，而且在保险合同订立前和订立时，均可实施欺诈行为。由于欺诈行为都是经过欺诈者的周密安排和精心策划，保险人即使发现，也很难搜集到相关欺诈的证据。

2. 社会危害的多重性

汽车保险欺诈侵犯了保险人的财产所有权，进而造成保险基金的流失，降低了保险公司的赔付能力，损害了广大保户的合法利益，影响保险的社会保障作用；保险业作为与银行业、证券业并驾齐驱的三大金融支柱，受到保险欺诈的严重干扰，发展缓慢，某种程度上削弱了保险业的金融实力；汽车保险欺诈直接对保险标的构成威胁，造成社会安全，公民人身财产权利的损害。如在汽车保险欺诈中，一般会涉及交通事故或者其他破坏公私财物的行为，有的还会导致正常的车辆驾驶人或乘坐人受伤，有的甚至将黑手伸向社会流浪人员或残疾智障人员；而在内外勾结的案件中，还会有保险公司内部人员进行的相应犯罪行为。

3. 作案方式的多样性

由于保险业务本身比较复杂，因而行为人为了骗取保险金，也就必然会有多种多样的作案方式。有的是向不同保险公司进行投保，故意制造事故重复多次索赔；有的是谎称汽车失窃骗取保险赔偿；有的是或加大事故损失，或利用假发票骗取保险赔偿；还有的是汽车修理厂为牟取高额利润，故意制造事故或加大事故损失。一辆投保车辆多次出险，一位被车祸撞伤的人多次“受伤”，一套伪造的资料多处使用。保险诈骗犯罪的作案方式表现出智能性与凶残性的结合。罪犯一般有较高的智商，周密策划犯罪过程，团伙作案，同时其犯罪手段有的极其残忍，如罪犯先办理保险，然后杀害被保险人，并以此骗取保险金。

4. 犯罪主体的明确性

保险关系的一方当事人为投保人、被保险人，另一方当事人为保险人，即保险公司。保险关系的存在是进行汽车保险欺诈犯罪的前提和基础，对罪犯而言，骗取保险金是在行使保险合同的约定“权利”；对保险人而言，支付保险赔偿金是在履行保险合同的约定义务。由此可见，当投保人、被保险人或代理人提出索赔时，通过审查，如果认定有虚构事实或者隐瞒真相的情形，则索赔人无疑是犯罪的最大嫌疑人。与保险合同有关的其他当事人如鉴定人、证明人、财产评估人等，也可能与投保人、被保险人相互勾结共同实施诈骗而成为犯罪的主体。

5. 主观目的的贪利性

汽车保险欺诈的犯罪形式虽然形形色色，行为人实施保险欺诈行为的动机也多种多样，有的是为了谋取私利，有的是为了转嫁损失，但所有的保险欺诈行为无一例外的都是为了非法获取保险金。

第二节 汽车保险欺诈的常见表现形式及特征

一、汽车保险欺诈的常见表现形式

近些年来，以骗取保险金为目的的汽车保险欺诈犯罪呈上升趋势。参与汽车保险欺诈的人员，一般对事故认定、保险理赔、汽车修理等程序和法律规定都比较熟悉，利用保险业务中存在的漏洞，达到骗保的目的。目前常用的汽车保险欺诈表现形式主要有以下几种：

（1）购买价值不高的二手高档汽车，投保高额的车辆保险，然后在路上故意制造事故，或者监守自盗而谎称车辆被盗，向保险公司索赔。

（2）制造虚假的交通事故骗取保险金。主要是通过更换车辆报废的零部件、单方事故后再重新伪造双方事故，或者本不属于保险范围事后制造事故骗取修理费等。

（3）利用报废车辆伪造机动车行驶证等手续进行投保，故意制造事故现场后到保险公司领取保险理赔金。

（4）恶意重复保险。为了获取最大的经济利益，犯罪分子往往对同一台车辆在多家保险公司同时重复投保，对发生的同一起伪造的交通事故，向多家保险公司分别报案，使得到的赔偿远远超过保险价值。

（5）伪造虚假的公安交巡警部门交通事故责任认定书，或者向交巡警隐瞒事实真相，骗取警方的事故证明，从而达到犯罪目的。

（6）伪造、变造修理发票以及开具大头小尾的修车发票，私刻其他修理厂家的财务税务章进行诈骗。犯罪分子为了在理赔时不被保险公司发现总是在一家修理厂修车，私刻其他修理厂家的税务章，“瞒天过海”，以此达到骗保的目的。上述形式均为专业团伙常用手法。

（7）利用套牌车骗保，即“真车”正常保险，在套牌车出险后，用真车保险手续申请保险理赔，骗取车辆保险理赔金，此类形式常见于亲朋好友之间。

（8）修理厂利用便利“偷梁换柱”进行骗保。主要是汽车修理从业人员利用保险公司部分工作人员不肯自行评估的机会，多估车辆损失。此外，还有维修人员利用他人正在维修的车辆制造事故，骗取保险。

（9）交通事故发生后，隐瞒无证驾车或酒后驾车等违法行为，或由他人掉包顶替违法驾驶员，以规避保险中相对应的责任免除条款，此类形式随机性很大，因而隐蔽性更强。

二、汽车保险欺诈的常见表现特征

目前常见的汽车保险欺诈犯罪活动主要表现有以下几个特征。

1. 专业团伙作案

在作案环节中，此类团伙成员分工明确，策划周密，有专人负责选择撞车部位和方式，有专人负责接送司机并选择撞车地点，还有专门的人员负责整理材料，向保险公司提出索赔。他们选择的作案时间通常在夜晚；作案地点往往在车少人稀的偏僻地段；在作案工具上，则选择购车成本低、维修配件费用高的高档二手车进行诈骗。组成团伙合伙作案，这是近几年出现的新型保险诈骗术。诈骗人早在投保前就进行一系列策划，投保（一般都是高额投保）出险、报案、索赔每一步骤都是按着事前预谋好的计划行事。这类诈骗往往是那些常年与保险公司打交道的人，他们熟知保险公司各种规定及漏洞所在。这类案子往往是损失金额大，隐蔽欺骗性强，不易被发现。

2. 汽车修理厂家骗保

汽车修理厂的正常利润有两部分：一是工时费，通常为30%左右；二是材料费。一些不法汽车修理厂利用便利条件，在对事故车辆维修时就开始做手脚，他们有的还和保险公司理赔员内外勾结，利用车主怕麻烦、图省事的心理，骗取相关委托理赔手续后，一方面报损向保险公司索要更换部件和维修的费用，另一方面则“偷梁换柱”，将出问题的部分简单修理一下，或者更换一个价格低得多的组装甚至劣质部件，从中牟利。如汽车配件可以分出6个档次：正厂的、副厂的、仿正厂的、仿副厂的、品牌的、仿品牌的。一般原厂原装的配件，被称为正厂配件；原厂生产的非原装配件，被称为副厂配件；品牌的配件则是一些专门生产汽车配件的品牌厂家。同时，市场上还有一些仿造以上三种配件的厂家，他们所生产出来的配件则是仿造品。拿一台本田雅阁的大灯来说，正厂大灯的市场价约为1 500元，而副厂的300元即可买下，仿品牌的价格会更低，汽车修理厂赚取差价的行为成为其除正规维修外的第二个赢利点。

还有一种情形就是一些驾驶员及车主或在事故中有酒后驾驶、无证驾驶等行为，或车辆投保的险种不足，或车辆某些部位的机件发生故障损坏，他们为规避保险中相对应的责任免除条款，与汽车修理厂相互勾结，将本不属于保险赔付范围的情况，事后制造事故骗取修理费。

3. 汽车投保及维修费用较高

用作汽车保险欺诈的道具多是那些购买成本较低的老款高档车、修理费高的车上，如老款宝马车、奔驰车等，不法之徒作案前还会向保险公司投保高额的车辆保险。一旦需要修理或发生肇事，修理费用很高，而且还经常买不到零配件，修理费用超过实际购车价格。保险公司一般的做法是按照修理费用不超过现行市场购车的价值赔付。就是这样的赔付，足以用这笔赔款重新购买一辆新的高档轿车。

4. 作案地点偏僻、作案时间多为夜晚

由于见不得“阳光”，汽车保险欺诈犯罪活动选择的作案地点往往在市区行人、车辆较少，没有道路交通监控录像的交叉路口或相对偏僻地段，有的干脆就选择在人车罕至的偏远地区；同时，作案时间也往往选择在晚上20：00到凌晨3：00之间。

第三节　常见的欺诈现场及识别

由于在制造事故时需要作一定的准备，欺诈现场不可能设在人、车流量大的主干道上，所以欺诈现场通常发生在车流量较少的路段。事故为单方肇事的汽车保险欺诈现场中，遗留在现场的多半是一些二手高档车或是老款的原装进口车型，这些汽车通常会“不小心”撞上电线杆、花坛之类的固定物；在两车相撞的汽车保险欺诈现场里，这些二手高档车或是老款的原装进口车型通常也会在事故中担当“主角”；在车辆被盗类的汽车保险欺诈现场里，车辆投保人或驾驶员会恰好将汽车停放在不引人注意、没有监控设施或摄像监控死角的地方，然后车辆会适时地“不翼而飞”。保险公司工作人员在查勘上述现场时，还会发现报案人的“亲朋好友”总会及时，甚至在你到来之前就赶到了现场。

经过现场的认真查勘，以及对车辆相关痕迹的比对，还是能发现一些汽车保险欺诈现场的蛛丝马迹。汽车之间相撞或是撞击固定物后，车辆相互撞击部位之间或与被撞固定物对印的位置，总会形成相应部位的物质交换，可以通过对事故车辆碰撞角度、高度、痕迹、部位的现场检查，以及被撞固定物的痕迹、高度与车辆被撞部位是否吻合来确定事故的真伪；可以根据汽车之间接触部位的受损情况，判断出撞击来自哪个方向及受损程度；可以检查事故现场有没有两车撞击后刹车所留下的泥土痕迹、散落物碎片、车轮制动拖印、轮胎挫痕、汽车机油或汽油遗留在地面的油渍等；还可以通过仔细检查汽车被撞部位的新旧程度、车辆灰尘的减层情况来判断事故现场的真伪。例如：2005 年 2 月某日凌晨 1 时，大连人保财险接到驾驶员王××的报案，称他开的宝马车（车主另有其人）在甘井子区石灰石大道（非常偏僻的地方）与洒水车发生追尾碰撞，要求保险公司来人处理。保险公司的理赔人员接案后立即赶赴现场进行查勘。查勘中发现诸多疑点：疑点一：残留物与现场不符，宝马车的前大灯碎了，但现场却没有找到大灯碎片；疑点二：撞击的痕迹与现场不符；疑点三：撞击的受力点与现场不符，宝马车的撞击点是在底部。后经公安机关的介入调查，才使这起恶意诈骗保险案告破。原来，事发的前两天，王××酒后将车撞在路边的水泥墙上，他知道酒后驾车保险公司不赔，但为了得到保险公司的赔付，就伙同好友孙××（洒水车的驾驶员）自导自演了这场撞车事故。

保险机构应当加强与公安部门的联系，保险机构之间以及内部还应当加大对现有管理技术的投入，建立车辆保险联合信息平台，共享车辆信息资源，通过信息平台，能发现哪些投保车辆频繁出险，可以建立可疑人员、车辆的“黑名单”，能够有效预防发生汽车保险欺诈犯罪活动，杜绝一起事故重复索赔欺诈案的出现。保险机构要提高事故现场勘验的技术手段和能力，在查勘、估损、赔付的环节上，进行严格的监督管理，还可以聘请专业的保安公司参与打假，防止保险代理人、修理人员、不法犯罪分子利用这些漏洞进行骗保；应当通过加大相关业务知识的培训，完善责任追究制度，提高现场勘验人员查勘现场的业务水平和鉴别能力，加强其职业责任意识。同时，从保险公司内部管理角度而言，严格照章办事，落实各项制度规定，是有效预防汽车保险欺诈案件发生的重要措施。首先是严格承保审核制度，尽量把垃圾业务过滤掉。其次是严格理赔审核制度。这就要求保险业务人员一定要严格照章办事，有条件的要坚持到达现场获取第一手资料，发现疑点及时与公安机关沟通。严把理赔质量关，坚持领导审批制度。各保险公司要对汽车索赔情况进行登记，在各保险公司系统内及公安机关相关部门定期通报，建立可疑人员的“黑名单”，形成有效的资源共享资料库。

【案例7-1】

某保险公司接报案电话：一辆五菱牌微型普通客车（以下简称面包车）与一辆三星牌小型普通客车（以下简称小客车）在某县某河路段发生交通事故，此事故致使三星牌小型普通客车坠落山崖。保险公司进行调查后得知，三星牌小型普通客车虽然受损严重，但该车驾驶员并未受到什么伤害，感觉到此案有欺诈嫌疑，于是委托有关鉴定机构进行鉴定。

相关鉴定机构随即到交通事故现场作了调查，查阅了交通事故现场图、交通事故现场照片，并对面包车、小客车进行鉴定：

1）检验面包车。

①车牌号：××××××；厂牌型号：五菱牌 LZW×××××；车辆识别代号：LZWNBCH×××××；发动机号：×××××；车辆尺寸：3 320 mm×1 395 mm×1 895 mm（图7-1）。

②前保险杠右侧破裂、下坠，右前车门弯曲变形，车门玻璃破碎，前面罩中部靠右侧离地高度90 cm处轻微凹陷变形（图7-2），前挡玻璃完好。

图7-1

图7-2

2）检验小客车。

①车牌号：××××××；厂牌型号：三星牌S×Z××××；车辆识别代号×××××；发动机号：××××××，车辆尺寸：4 895×1 830×1 640 mm（图7-3）。

②后车门左侧凹陷变形，最大变形深度4 cm，左后轮罩折弯变形，最大变形量6 cm（图7-4、图7-5）。

③前保险杠及发动机罩右前部见撞擦痕迹，前挡玻璃破碎，车顶扭曲变形（图7-6）。

图 7-3

图 7-4

图 7-5

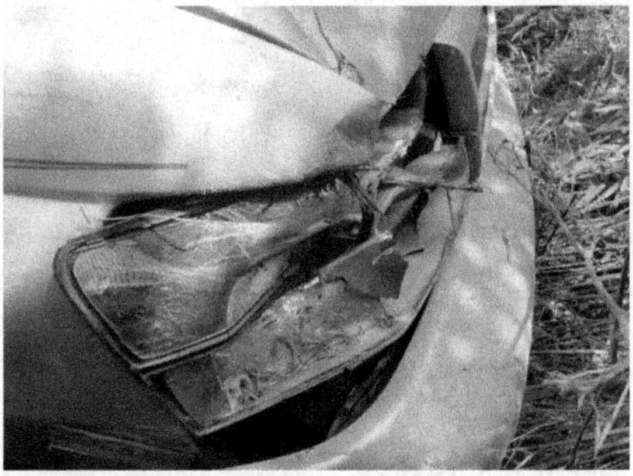

图 7-6

3. 交通事故现场情况。

事故现场位于某县某河路段（图 7-7），干燥沥青路面，傍山上坡路段，有效路面宽度 5.4 m，面包车车头向某河方向，右前、右后车轮距离道路右侧边缘 0.3 m、0.5 m；右前轮处 1.1 m×1.8 m 散落有玻璃碎片。小客车侧翻于山崖下，路右侧石块表面留擦划痕迹并见大面积石块松动（图 7-8）。

图 7-7

图 7-8

经事故现场查勘，有效路面宽度为4.0 m，事故地点至车后40 m处为直线路段，高度落差为2.5 m（图7-9），事故发生时面包车停车位置前面右侧有长3.5 m的拓宽面，最大宽度为3.6 m，其中2 m宽为土质平面，1.6 m宽为石头垒砌，凹凸不平（其示意图见图7-9）。

图7-9

【案例分析】

根据车身痕迹、交通事故现场图及现场照片分析：

1）面包车前部右侧与小客车后部左侧追尾碰撞接触。

面包车前部右侧留有碰撞痕迹，其形态为中部偏右侧凹陷变形；小客车左后部有碰撞痕迹，左后轮罩凹陷变形6 cm；从接触痕迹形态、高度及方向分析，两车碰撞形态为错位追尾碰撞，入碰角约170°。

从现场照片分析：面包车右前、后车轮距离道路右侧边缘0.3 m、0.5 m；右前轮处1.1 m×1.8 m散落有玻璃碎片，说明碰撞点位于面包车右前轮处，且碰撞发生时面包车与道路呈近似平行状态。即事故发生时小客车与道路同样呈近似平行状态。

2）面包车与小客车的碰撞接触不能致使小客车坠落山崖。

根据公安部《典型交通事故形态车辆行驶速度技术鉴定》（GA/T643—2006）计算公式计算面包车车能量：

①计算面包车车辆变形的能量：

$$v_e = \frac{105.3x}{3.6} = \frac{105.3 \times 0.06}{3.6} = 1.76\ \text{m/s}$$

$$E_0 = \frac{1}{2}m_1 v_e^2 = \frac{1}{2} \times 1\,450 \times 1.76^2 = 2\,245.8\ \text{J}$$

②小客车滑落山崖所需最小能量。

坡度系数：$\theta = \arcsin\frac{2.5}{40} = 3.58°$

$$E_2 = m_2 g f_2 s_2 = 2\ 300 \times 9.8 \times 1 \times 4.5 = 101\ 430\ \text{J}$$

③面包车提供小客车坠落山崖的最小变形量。

$$v = \sqrt{\frac{2E_2}{m_1}} = \sqrt{\frac{2 \times 101\ 430}{1\ 450}} = 11.83\ \text{m/s}$$

$$x = \frac{3.6v}{105.3} = \frac{3.6 \times 11.83}{105.3} = 0.405\ \text{m} = 40.5\text{cm}$$

即小客车坠落山崖需要面包车碰撞小客车后传递给小客车的最小能量为 101 430 J，该能量致使面包车碰撞后的最小变形量应为 40.5 cm，远大于面包车的实际变形量 4 cm。

由此认定面包车与小客车的碰撞接触不能致使小客车坠落山崖。

【结论】

①面包车前部右侧与小客车左后部左侧追尾碰撞接触。

②面包车与小客车的碰撞接触不能致使小客车坠落山崖。

【本章小结】

1. 汽车保险欺诈严重影响保险事业的健康发展，面对汽车保险欺诈日益增多的情况，针对汽车保险欺诈骗赔的不同特点，采取有针对性的防范措施，预防和制止汽车保险欺诈骗赔现象的蔓延。

2. 产生汽车保险欺诈犯罪的原因有很多，既有社会的、经济的、人性的因素，也包括保险公司内部的经营管理、社会法律环境等因素。我们要知道从社会的、法律的和行业的三个方面了解保险欺诈犯罪形成的原因。并知道其犯罪行为的隐蔽性、危害性，作案方式的多样性，犯罪主体的明确性和主观目的的贪利性等犯罪特征。

3. 归纳起来，汽车保险欺诈的犯罪活动不外乎有九种常见表现形式及四个犯罪特征，掌握了这些，我们可以有针对性地加强防范和正确识别。

【复习思考题】

1. 试述我国汽车保险欺诈犯罪形成的原因与犯罪的特征。
2. 汽车保险欺诈的常见表现形式有哪些？有什么特征？
3. 走访事故现场，试分析判断事故现场的真伪。

参考文献

[1] 李景芝，赵长利．汽车保险与理赔［M］．北京：国防工业出版社，2008.

[2] 董恩国，陈立辉．汽车保险与理赔［M］．北京：北京理工大学出版社，2008.

[3] 杨学坤，付铁军，常兴华．汽车保险与理赔［M］．北京：北京理工大学出版社，2007.

[4] 祁翠琴．汽车保险与理赔［M］．北京：机械工业出版社，2004.

[5] 张庆洪，何清堃．机动车辆保险［M］．北京：机械工业出版社，2005.

[6] 赵新民．机动车辆保险与理赔实务［M］．北京：电子工业出版社，2005.

[7] 陈继儒，肖梅花．保险学［M］．上海：立信会计出版社，2002.

[8] 许飞琼．财产保险案例分析［M］．北京：中国金融出版社，2004.

[9] 朱才华．我国责任保险市场发展的初步分析［J］．西南财经大学学报，2002，3.

[10] 邓晓东，练姿秀．我国汽车消费信贷保证保险生存与发展问题探析［J］．福建金融，2006，2.

[11] 王伟，杜传进．我国汽车保险产品创新研究［J］．人文社会科学版：湖北经济学院学报，2006，2.

[12] 黄大庆，刘娜．汽车保险［M］．北京：地震出版社，2000.

[13] 杨立旺．机动车辆保险投保与索赔［M］．成都：西南财经大学出版社，1999.

[14] 周延礼．机动车辆保险理论与实务［M］．北京：中国金融出版社，2001.

[15] 何文炯．保险学［M］．杭州：浙江大学出版社，2000.

[16] 王绪瑾．保险学［M］．北京：经济管理出版社，2001.

[17] 黄大庆．汽车保险［M］．北京：地震出版社，2000.

[18] 胡援成．财产保险［M］．北京：东北财经大学出版社，2000.

[19] 人保财险网站．www. e－picc. com. cn.

[20] 汽车保险．http：//baoxian. carschina. com.

[21] 中国汽车保险网．http：//www. 51289500. cn/index. php.

[22] 中国平安．http：//www. pingan. com.

[23] 石社轩. 汽车保险与理赔［M］．武汉：武汉理工大学出版社，2008.

[24] 王云鹏. 汽车保险与理赔［M］．北京：机械工业出版社，2010.

[25] 隗海林. 汽车保险与理赔［M］．北京：人民交通出版社，2009.

[26] 马彦云，唐金成，周剑湘，等．机动车辆保险与事故车损失鉴定［M］．北京：金盾出版社，2003.

[27]（美）詹姆斯·E·杜菲．汽车碰撞后的修复［M］．李杰，译．北京：机械工业出版社，1998.